中国社会科学院创新工程学术出版资助项目

新常态下的
金融创新与金融发展

何德旭　吕　铀　潘　博　等◎著

中国社会科学出版社

图书在版编目（CIP）数据

新常态下的金融创新与金融发展／何德旭等著．—北京：中国
社会科学出版社，2016.1
ISBN 978 - 7 - 5161 - 7616 - 0

Ⅰ.①新… Ⅱ.①何… Ⅲ.①金融事业—经济发展—研究—
中国 Ⅳ.①F832

中国版本图书馆 CIP 数据核字（2016）第 025314 号

出 版 人	赵剑英	
责任编辑	喻　苗	
特约编辑	王　衡	
责任校对	邓雨婷	
责任印制	王　超	

出　　版	中国社会科学出版社	
社　　址	北京鼓楼西大街甲 158 号	
邮　　编	100720	
网　　址	http://www.csspw.cn	
发 行 部	010 - 84083685	
门 市 部	010 - 84029450	
经　　销	新华书店及其他书店	

印刷装订	三河市君旺印务有限公司	
版　　次	2016 年 1 月第 1 版	
印　　次	2016 年 1 月第 1 次印刷	

开　　本	710×1000　1/16	
印　　张	24.5	
插　　页	2	
字　　数	389 千字	
定　　价	89.00 元	

新常态下的金融创新与金融发展

主要撰稿人

何德旭　吕　铀　潘　博　史晓琳　张雪兰
王朝阳　王卉彤　郑联盛　饶　明　聂　颖
张　捷　钟　震　苗文龙　张庆君　董　捷
周　宇　饶云清

序　言

　　一般而言，一个国家现行的经济体制、当下的经济环境和金融格局在很大程度上构成了金融创新的初始条件和现实基础。按照熊彼特（J. A. Schumpeter）的解释，所谓创新就是建立一种新的函数，也就是把一种从来没有过的生产要素和生产条件的新组合引入生产体系。或者说，创新是一种创造性的毁灭过程，通过创新活动可以促进经济的发展和社会的进步。以此为基础，金融创新就是在金融领域内建立"新的生产函数，是各种金融要素的新的结合，是为了追求利润机会而形成的市场改革"。按照较为权威的解释，金融创新泛指金融体系和金融市场上出现的一系列新事物，包括新的金融工具、新的融资方式、新的金融市场、新的支付清算手段以及新的金融组织形式与管理方法等内容。

　　从现有的研究成果来看，学者多采用供求分析框架，即从需求与供给两个方面来讨论金融创新的动机。需求方面的因素包括消费者和投资者的风险规避、消费平滑和市场占先等，相关的理论假说如格林勃姆（S. I. Greenbum）和海沃德（C. F. Haywood）的财富增长理论，他们认为随着财富的增加，人们要求避免风险的愿望增加，金融创新也随之产生；米尔顿·弗里德曼（Milton Friedman）的货币促成理论认为金融创新的出现主要是货币方面因素的变化所引致，其目的是抵制通货膨胀和利率汇率波动。供给方面的因素包括金融机构本身追求超额收益、规避监管和分散风险等行为，比如西尔伯（W. L. Silber）的约束诱导型理论认为金融业回避或摆脱其内部和外部的制约是金融创新的根本原因；凯恩（J. Kane）的规避管制理论认为金融创新主要是金融机构为了获取利润而回避政府管制所引起的；希克斯（J. R. Hicks）和尼汉斯（J. Niehans）的交易成本理论认为降低交易成本是金融创新的首要动机。此外，创新的环境也是非常重要的，全球化、技术进步、宏观经济发展都会改变投资者的风险感受，并导致金融机构风险与收益的改变。韩农（T. H. Hannon）和麦道威（M. McDowell）提出的技术推进理论就认为，新技术的出现及其在金融方面的应用，是促成金融创新的主要成因，特别是计算机和电信设备新发明在金融业的应用，是导致金融创新发生的重要因素。

然而，一项金融创新出现之后，能否对整个金融体制和经济发展造成影响却还需要考察该项创新的采纳与扩散情况。对创新采纳的实证观察发现，在一般情况下，采纳都会被延迟，并且企业不会同时采纳某种创新，因此，从创新到扩散使用要经过较长的时间。而且，在国内和国际市场之间，金融创新的扩散是双向的。哈灵顿（Harrington）指出，创新往往首先在管制较少的国际市场上进行试验，如果获得成功，随后就会被引入不同国家的国内市场；如果创新首先出现在国内市场，就会很快在国际银行业务中被采纳，并进而扩散到其他国内市场。由此可以看出，大型的国际金融市场在创新过程中，无论是作为创新的源泉还是作为创新的扩散途径，都发挥着关键性的作用。

理论研究表明，金融创新与经济体制、金融体制之间存在着密切的互动关系。以戴维（L. E. Davies）、塞拉（R. Scylla）和诺斯（D. North）为代表的制度改革理论认为，金融创新本身就是一种与经济制度互相影响、互为因果的制度改革，金融体系的任何因制度改革而引起的变动都可以视为金融创新。实证研究也发现，金融制度结构的发展演变与所有金融创新过程及其起因的探讨都有联系。史密斯（Smith）对金融市场（包括外汇、企业并购咨询、银团贷款、欧洲债券、国际股权、欧洲商业票据以及欧洲中期票据市场）进行了一个多国别的比较研究，发现这些工具大多数是在美国或者由美国机构发明的，其目的主要是回应或规避某些管制措施。尤其是金融创新给金融监管带来了新的挑战，透过整个金融监管的历史演变可以看出，金融发展史就是管制、放松管制、重新管制和重新放松管制的不断循环过程，其中管制和放松的每一次循环都相对进入了更高一级的程度。这其中，金融创新可能会加大金融体系的风险，并进而导致金融危机。许多金融衍生工具的出现，都使得投机活动更为猖獗，为投机者提供了更大的方便。历史上，英国巴林银行和日本大和银行的倒闭都与金融衍生工具有着直接的关系。

金融创新的影响还体现在金融与经济发展的方方面面。不同的金融创新产品会给货币流通速度、货币政策、货币供求、金融法制、金融发展带来不同的影响和冲击。以货币政策的传导机制为例，金融创新削弱了商业银行的传导中介角色，强化了非银行金融机构的中介作用；在一定程度上改变了货币政策的传导机制，使传统的传导机制受阻；同时还影响了货币政策的传导时滞，从而使货币政策执行变得更加复杂。对于实体经济而言，金融创新的影响主要体现在由此所带来的金融发展（如提高金融机构和金融市场的运行效率、强化金融服务业的产业发展能力等）对经济增长的促进作用上。此外，通过提供更多的资产选择或交易方案，金融创新能够加速金融产品的流动性、提高融资效率，并由此推动资源的合理配置，提高经济发展中的资源配置效率。

总体来看，现行的经济和金融体制构成了金融创新的初始条件，加上技术、经济发展和供给需求等方面的影响，共同决定了金融创新的方向和内容。随着一种创新被其他金融机构采纳以及在整个金融系统的不断扩散，整个金融组织结构和金融市场结构等都将随之发生变化，并由此进一步促进金融与经济的发展。当然，金融产品创新同时也给监管和现行经济和金融体制带来了冲击，在冲击不断加剧的情况下，管理当局将不得不对现行的经济和金融体制进行变革，以适应已经改变了的金融结构，其结果将是金融体制的创新与发展。改变了的经济和金融体制又将成为下一轮金融创新的初始条件，如此循环往复，不断推动着金融系统的更新与整体经济的发展。

众所周知，中国经济已经进入一个前所未有的"新常态"。消费需求、投资需求、出口和国际收支、生产能力和产业组织方式、生产要素相对优势、市场竞争特点、资源环境约束、经济风险积累和化解、资源配置模式和宏观调控方式等都发生了深刻的变化。特别是在宏观经济方面，经济增长速度、经济发展方式、经济结构和经济发展动力已经不同于以往任何一个时期。在经济"新常态"背景之下，必然要求金融机构、金融市场、金融供求、金融产品、金融分工、金融监管等与之相适应。

可以说，认识、适应、引领"新常态"，已经成为当前和今后一个时期中国金融改革、金融创新与金融发展的大逻辑。

　　基于这一宏观背景，本书全面、深入地探讨了经济发展新常态下的金融创新、金融改革与金融发展，既有货币政策、股票市场、利率市场化、金融监管等老问题的新变化，也有普惠金融、互联网金融、环境金融、区域金融、投资者保护等新问题的新趋势。

　　本书的第一章在分析金融经济周期运行机理的基础上探讨了金融经济周期背景下货币政策框架的新变革。第二章从交易标的、交易中介、运行机制、股票市场的对外开放等方面剖析了中国股票市场改革与创新发展的逻辑。第三章着力探讨利率市场化下的利率风险管理，介绍了我国商业银行的利率风险，并利用 VaR 模型计量商业银行的利率风险，给出了利率市场化的利率风险管理建议。第四章对普惠金融的内涵及其发展的相关问题进行了阐述。第五章讨论了互联网金融的演进过程、对传统金融体系的影响、风险及监管问题。第六章描述了环境金融的基本概念及其在中国的实践与发展趋势。第七章以京津冀一体化为主要研究对象，论证了区域金融协同的模式选择与运行机制。第八章主要讨论特定区域（上海自由贸易试验区）的金融改革与创新趋势。第九章在中国《存款保险条例》公布的背景下，分析了存款保险制度建设中存在的问题和改进路径。第十章针对我国证券投资者保护机制存在的问题，提出了进一步完善的思路。第十一章基于系统重要性金融机构在金融体系中的重要地位，在对宏观审慎监管进行国际比较的基础上，提出了我国系统重要性金融机构宏观审慎监管的政策建议。第十二章介绍了金融监管协调机制建设的国际经验和中国存在的问题，并给出了对策建议。第十三章阐述了次贷危机后全球金融监管改革的新趋势和新挑战。

　　经济发展新常态下的中国金融创新与金融发展是一个宏大的选题，还有许多问题值得深入分析和研究。希望本书的探讨能够引发人们对中国金融更多的关注和思考！

目　录

第一章

金融经济周期背景下货币政策
框架的新变革

2008 年全球金融危机以后，各国央行货币政策实践中出现了许多新变化。比如，数量宽松、扭转操作、"零下界"、前瞻性指引等。宏观调控政策框架决定于经济周期性质。深入考察 2008 年金融危机前后的经济波动，可以发现其表现出明显的金融经济周期特征。金融经济周期[①]强调银行等金融机构信用创造的内在规律及其潜在影响，它以信用扩张和房地产价格波动为明显标志，危机通常发生在货币、信用周期的顶点。在少数没有发生危机的国家，货币、信用进入收缩阶段后，高杠杆率、资产泡沫以及庞大的货币、信贷存量使得经济、金融系统相对脆弱，实体经济放缓的持续时间比一般经济周期更长。[②]

我国虽然没有发生内源式的金融危机，但自全球金融危机后，经济整体处于下降通道中。2009 年至 2010 年上半年，在大规模刺激政策下经济有所反弹，但从 2010 年第二季度至 2013 年年底，经济又连续 15 个季度下滑。同时，金融资产膨胀、结构性高杠杆率、资产泡沫等问题突出，金融经济周期下行阶段特征非常明显。从各国经验来看，在该阶段债务增长放缓，经济活力与资产价格下滑，债务/收入比上升，货币环境趋紧，资产

---

① 国内学者也将其翻译为"货币信用周期"。

② Claudio Borio, "The Financial Cycle and Macroeconomics: What have we Learnt?", BIS Working Paper, No. 395, 2012.

价格泡沫破裂风险增大。如果货币政策稍有不审慎，极易造成"债务—通缩式"衰退。因此，我们需要基于金融经济周期的大背景，重新审视货币政策的调控框架，探讨其改革和创新的方向、策略与具体措施。

一　金融经济周期的运行机理

（一）中国存在金融经济周期

金融经济周期（Financial Cycle）是一个较新的概念，它是指金融与经济活动在内外部冲击下，通过金融体系传导而形成的持续性波动和周期性变化。[①] 金融加速器（Financial Accelerator）理论是金融经济周期理论的核心和基础[②]，它将金融市场摩擦融入经济周期波动的分析框架中，阐述了信贷市场不完美性导致最初的反向冲击通过信贷市场状态的改变被加剧和传递的机理。由于金融加速器的存在，货币、信用超越经济短周期内在规律，和资产价格相互交织，在一段时间导致过度繁荣，破灭后又对实体经济造成巨大冲击。20 世纪 80 年代以后，主要发达经济体金融经济周期特征凸显。国内学者的研究也表明我国存在金融加速器效应。崔光灿（2006）运用两部门动态宏观经济学模型，考察了资产价格波动对经济稳定的影响，认为在我国宏观经济运行中可以运用金融加速器机制解释由于资产价格波动带来的宏观经济波动。[③] 赵振全、于震、刘淼（2007）运用门限向量自回归（TVAR）模型对信贷市场与宏观经济波动的非线性关联展开实证研究，发现 1990—2006 年我国存在显著的金融加速器效应；信贷市场在宏观经济波动中既是重要的波动源，也是波动的有力传导媒

---

① Mishkin F. S., "Lessons from the Asian Crisis", *Journal of International Money and Finance*, 1999, 18（4）：709 – 723.

② Bernanke, B., & Gertler, M., "Agency Costs, Net Worth, and Business Fluctuations", *The American Economic Review*, 1989, 14 – 31. Bernanke, B. S., Gertler, M., & Gilchrist, S., "The Flight to Quality and the Financial Accelerator", *Review of Economics and Statistics*, 1996, 78（1）：1 – 15. Bernanke, B. S., Gertler, M., & Gilchrist, S., "The Financial Accelerator in a Quantitative Business Cycle Framework", *Handbook of Macroeconomics*, No. 1, 1999, 1341 – 1393.

③ 崔光灿：《资产价格，金融加速器与经济稳定》，《世界经济》2007 年第 11 期。

介。① 汪川、黎新、周镇峰（2011）得出了相似的结论。② 袁申国（2009）利用 1999—2008 年月度数据，使用 VaR 和脉冲响应函数分析了房地产信贷市场货币政策资产负债表传导过程中金融加速器效应的区域差异性，发现房地产市场存在显著不同的金融加速器效应。③ 杨胜刚、侯坤（2011）对我国金融加速器传导机制的非对称性进行实证研究，结果表明非对称性明显，负面冲击加速经济衰退的作用大于正面冲击对经济增长的作用。④ 袁申国、刘兰凤（2011）基于 427 个上市公司的面板数据，以负债—资产比系数估值作为金融加速器效应的衡量指标研究地区差异性，结果表明西部地区金融加速器效应最大，中部次之，东部最小。⑤ 袁申国、陈平、刘兰凤（2011）通过 ML 方法估计含金融加速器和不含金融加速器的小型开放经济 DSGE 模型，验证了开放经济中金融加速器的存在。⑥

　　我国 21 世纪以来的经济波动也表现出明显的金融经济周期特征。我国先是经历了货币、信用的膨胀阶段，经济呈现"房地产价格上升—外部融资溢价降低—信贷扩张—产出增加"的螺旋式循环，这正是金融经济周期扩张阶段的典型特征。2009—2010 年大规模刺激后所出现的金融资产膨胀、结构性高杠杆率、资产泡沫等又是金融经济周期"临界点"的表现。金融加速器理论告诉我们，高杠杆率、资产泡沫以及庞大的货币、信贷存量使得经济、金融系统相对脆弱，资产价格泡沫破裂对经济产生加倍收缩。金融市场动荡溢出到实体经济，形成循环反馈，二者交织、强化，小的外生冲击极易被放大为经济的剧烈波动。因此，我们有必要深入理解金融经济周期生成、演化的微观机制，认清我国经济周期的性质和

---

① 赵振全、于震、刘淼：《金融加速器效应在中国存在吗?》，《经济研究》2007 年第 6 期。

② 汪川、黎新、周镇峰：《货币政策的信贷渠道：基于"金融加速器模型"的中国经济周期分析》，《国际金融研究》2011 年第 1 期。

③ 袁申国：《信贷市场金融加速器效应区域差异性研究——以房地产业对货币政策的传导为例》，《山西财经大学学报》2009 年第 8 期。

④ 杨胜刚、侯坤：《中国金融加速器机制非对称传导的实证研究》，《中央财经大学学报》2011 年第 7 期。

⑤ 袁申国、刘兰凤：《中国金融加速器效应的地区差异比较研究》，《财经研究》2011 年第 11 期。

⑥ 袁申国、陈平、刘兰凤：《汇率制度、金融加速器和经济波动》，《经济研究》2011 年第 1 期。

发展阶段，预判在经济潜在增速下降、货币增长减速过程中的中长期风险，适时调整货币政策调控框架，更前瞻、更灵活地应对新情况与新问题。

（二）金融加速器效应产生机理

现实中的信息不对称会产生借贷者间的委托—代理问题，导致外部融资溢价。① 假设总融资需求不变，外部融资溢价通常与借款者的资产净值负相关，后者由企业利润、资产价格等影响和决定，随经济周期正向变动，导致外部融资溢价随经济周期反向变动，由此触发融资约束的变化以及投入、产出的变动，信贷市场状况的改变放大和传导了最初真实或货币冲击效应，称作金融加速器。② 下面我们阐释在既定投资机会、信息成本和市场利率条件下，企业资产净值和投资支出的正向关系。在图 1—1 中，r 是风险调整后的市场真实利率，W 是企业净财富，S 和 D 分别是资本供给、需求曲线，K 是投资水平。不存在信息问题和融资约束下企业得到的最佳资本供给量为 r 与 D 相交的 K^*。在 W_0 的净财富水平下，资本供给为 W_0，实际投资为 K_0，与最优值差 $K^* - K_0$；当净财富上升到 W_1（$W_1 > W_0$），实际投资增加到 K_1，与最优值差 $K^* - K_1$。可以看出，净财富上升导致外部融资溢价降低、投资增加③，这就使得非预期的资产价格（或抵押品相对价格）下降等独立于总产出、对借贷者资产净值的冲击会成为真实经济波动的源头。

下面，我们以货币政策为例更直观地阐述金融加速器机制。企业（或家庭）的真实融资成本是无风险利率加外部融资溢价。货币政策直接影响的是无风险利率，这就是传统的利率渠道或叫资金成本渠道，如图 1—2 中 I 所示。货币政策影响企业（或家庭）的资产负债表，对经济的作用通过影响外部融资溢价进而真实融资成本实现，这就是金融加速器机

---

① Bernanke, B., & Gertler, M., "Agency Costs, Net Worth, and Business Fluctuations", *The American Economic Review*, 1989, 14 – 31.

② Bernanke, B. S., Gertler, M., & Gilchrist, S., "The Flight to Quality and the Financial Accelerator", *Review of Economics and Statistics*, 1996, 78 (1), 1 – 15.

③ 许多实证研究对这个理论假说做出了大量的检验，如 Fazzari (1988)、Hubbard (1988) 和 Hubbard (1998) 利用美国公司的时间序列数据进行了实证研究，其结果支持该理论假说。

制,如图1—2中Ⅱ所示。金融动荡中,资产价格的剧烈变化严重影响企业(或家庭)以及银行的资产负债表状况,金融加速器机制对实体经济的作用进一步强化,如图1—2中Ⅲ所示。

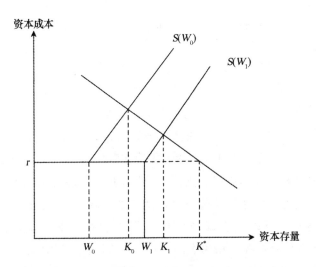

图1—1　企业净值和投资支出的正向关系

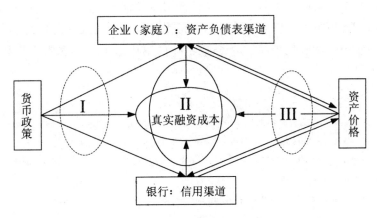

图1—2　货币政策的金融加速器效应

（三）金融经济周期的形成机制

金融加速器理论表明，宏微观部门的资产负债表状况对经济周期变化有重要影响。金融市场的不完全性使借款者的融资条件依赖资产/负债的比值，这归因于（可抵押）资产净值与外部融资溢价间的反向关系。如果最初冲击恶化微观主体资产负债表，受融资约束的企业（或家庭）所获信贷额降低，将导致投资支出、总需求和产出收缩。现实中，房地产是最重要的抵押品之一，房地产价格波动与宏观经济基本面的变化被证实非常接近，甚至领先于经济基本面。金融加速器效应的存在使房地产价格、银行信贷以及宏观经济具有非常紧密的联系，房价上涨通常会导致银行信贷扩张。[①] 信贷推动是20世纪80年代许多国家房价出现剧烈波动现象背后诸多因素中最重要的影响因素。[②] 信贷扩张以及随之引发的资产价格上涨通过金融加速器强化及其他供给机制带来实体经济的扩张，因此，房地产价格、银行信贷以及宏观经济具有非常紧密的联系以及长期稳定关系。[③] 从世界经验来看，几次大的金融经济周期都是以房地产泡沫破灭，甚至金融危机的形式完成转折。资产价格与银行信用的联系在金融危机期间表现明显，金融加速器效应实际强调了经济周期和信用风险的关系。因此，信用波动在经济周期形成中具有重要作用。伯南克（1983、1995）在分析大萧条期间货币与金融总量的相对重要性后，强调金融系统的崩溃才是决定大萧条的深度和持续性的关键因素，在大危机中更为重要的是信用而非货币，微观机理是"金融危机—信用成本上升—真实产出持续下滑"。[④]

---

① E. Davis, H. Zhu, "Bank Lending and Commercial Property Cycles: Some Cross - Country Evidence", Bank for International Settlements Working Paper, No. 150, 2004.

② F. Allen, D. Gale, "Bubbles, Crises, and Policy", *Oxford Review of Economic Policy*, Vol. 15, No. 3, 1999, 9 – 18.

③ S. Gerlach, W. Peng, "Bank Lending and Property Prices in Hong Kong", *Journal of Banking & Finance*, Vol. 29, No. 2, 2005, 461 – 481.

④ Bernanke, B. S., "Non - monetary Effects of the Financial Crisis in the Propagation of the Great Depression", *American Economic Review*, Vol. 73, 1983, 257 – 276. Bernanke, B. S., "A Conference Panel Discussion: What do We Know About How Monetary Policy Affects the Economy?", *Federal Reserve Bank of St. Louis Review*, 1995, 77 (3), 127 – 130.

金融加速器对经济周期波动的影响还在于对冲击传导具有放大和持续效应，这主要通过资产价格当期和未来的变化实现。负向冲击导致受融资约束的借款者收入、净值减少，信贷约束收紧，被迫削减投资，当期资产价格降低。资产价格降低进一步导致企业资产净值减少，投资缩减，如此循环形成冲击的放大效应。在第一轮放大效应基础上，未来一期受约束企业投资减少，并进一步降低资产价格，此逻辑延伸至未来各期，形成冲击的持续效应，资产价格的下降是现在和未来期的累积效应所致。此过程中，信贷收缩是内在驱动力量：经济紧缩、资产价格下降导致借款者资产净值下降，融资约束收紧，被迫削减投资、产出，资本需求进一步减少，这反过来加剧资产价格的下跌。换言之，宏微观部门资产负债状况跟随经济周期同步、内生变动放大和扩展经济周期，这正是金融经济周期的核心。

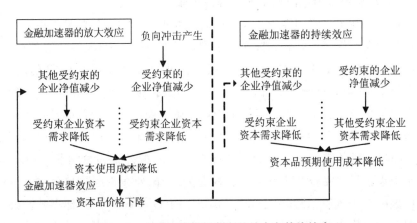

图1—3　金融加速器机制下的放大和持续效应

（四）金融经济周期的下行阶段

金融经济周期顶部过后，利率提高、资产价格下降等极易导致外部融资溢价上升、银行收缩信贷、经济活动放缓。如果再叠加资产价格泡沫破裂将产生"资产价格下降—外部融资溢价上升—信贷紧缩—产出放缓"的螺旋式循环，严重时会导致"债务—通缩式"衰退。按演化进程具体分三个阶段：（1）初期，宏观、微观部门资产负债表恶化。经济活动放缓使利润、现金流增速放缓，外部融资溢价上升，银行收缩信贷、降杠杆。（2）中期，金融机构资产负债表恶化。持续的基本面恶化使贷款违约率上升，银行贷款损失增加、盈利下降、资本减少，金融体系流动性不足、资产负债表恶化，对信贷形成更大的收缩作用。（3）危机期，前述状况以更迅速、猛烈的形式呈现，资产价格非理性下跌，金融中介服务被破坏，银行出现系统性危机。金融系统崩溃在导致金融机构信息中介功能瘫痪的同时，还会通过货币供应量减少引起债务紧缩，使经济出现"债务—通货紧缩式"的自我加速恶性循环。① 因此，Irving Fisher（1933）提出一个重要的论断：信用市场条件恶化并不仅是真实经济活动下滑的简单被动反映，其本身就是导致经济衰退和萧条的主要力量。②

二　货币政策面临的主要问题

（一）我国金融经济周期的非理性扩张

过去十几年，我国经历了经济的高速发展，与之相伴的是货币、信用的扩张和资产价格的膨胀，金融经济周期特征明显。2008 年金融危机前，我国经济存在着如下内在循环：大规模公共投资直接增加 GDP 的同时，推动资本/劳动力比例的上升，带来总供给的扩张。欧美举债消费下的外部需求消化国内剩余产出，经济呈现高投资、高出口。经济循环背后是独特的"货币循环"。1993 年以来，中央银行以基础货币向商业银行购汇成为货币供给的关键渠道，这始于"高出口"下的外汇占款增长。1993 年以来中央银行主要资产项目发生显著变化，"国外净资产"项目占总资产的比重由 1993 年的 11.3% 上升为 2010 年的 83.1%，"对其他存款性公司债权"项目则由 70.3% 下降至 3.7%。与此同时，高储蓄支撑下的信贷投放持续扩张。中央银行以基础货币向商业银行大量购汇构成货币之水的源泉，信贷扩张放大注入金融体系的货币流量，二者共同导致经济"超货币化"。货币超发带来以房地产为代表的资产泡沫，出现"信贷扩张、资产泡沫与总产出扩张"的螺旋式循环，我国特有的土地财政及供地融资机制加重了这种效应。房地产泡沫拉高土地出让价值，放松地方政府融资约束，银行信贷大量涌向地方融资平台，这从货币供给明显的内生性可以

---

① Fisher, I., "The Debt - Deflation Theory of Great Depression." *Econometrica*, 1933, 1 (4):337 - 357.

② Ibid..

清晰地看出。1994—2002 年与 2003—2010 年，我国实际投资平均增速（剔除固定资产投资价格指数）从 11.9% 增加至 23%，增长近一倍。2003 年以后，广义货币（M2）减去基础货币（M0）的差额的增速与固定投资实际增速表现出高度同步性，这说明政府公共投资伴随信贷大规模扩张。货币供给的内生性在 2009—2010 年表现尤为明显。2009 年、2010 年基础货币增速是 11.4%、28.7%，广义货币增速却分别是 28.7%、19%，内生途径成为货币创造的主动力。[①] 与之对照，2003 年的投资率上升有 5 个百分点是在这两年完成的。

(二) 金融经济周期表现出"临界点"特征

金融经济周期上行阶段结束后，经济、金融系统的内生脆弱性增强，表现出高货币存量、高杠杆率、资产泡沫等"临界点"特征，这与我国现阶段的诸多现象吻合。

表现一，货币、信贷存量庞大。2003—2012 年，我国 M2 的平均增速达到 19.3%，M2/GDP 的比从 2003 年的 100% 上升到 2012 年的 128%。2003—2012 年，金融机构外汇占款从 23223 亿元增加至 258533 亿元，年均增长 28.2%。如果按照外汇占款增加额来投放基础货币，央行需净投放基础货币约 23.5 万亿元，假定货币乘数为 5 倍，货币供给将增加近 118 万亿元。由于对冲操作，基础货币年均增长 12.2%，贷款年均增长 17.1%，M2 实际增加 55.1 万亿元。[②] 与此同时，银行体系信贷快速扩张，贷款余额对 GDP 的比例从 2002 年的 109% 上升到 2012 年的 121%。相对于经济规模，信贷的绝对水平很高，且近几年通过银行表外业务和非银行金融机构的信用增长很快。

表现二，结构性高杠杆率。信用扩张体现为非金融企业部门的杠杆率上升。Wind 数据显示，非金融上市公司资产负债率从 2002 年的 49% 上升到 61%。作为微观部门代表的企业整体债务率我们可以基于融资规模估计。企业融资渠道包括金融机构贷款、委托贷款、信托贷款、未贴现银行

---

① 2010 年以后，由于社会融资总量中非传统信贷信用的扩张，（广义货币 M2 - 基础货币 M0）增速放缓，但投资增速降幅不大。其中，在央行统计的社会融资总量中，信贷外的信用供给所占比例高达 47%。

② 2005 年以后，由于央行的对冲操作，基础货币的增加少于外汇占款。

承兑汇票以及企业债券。[1] 2012 年年末，非金融企业与其他部门贷款 50 万亿左右，企业贷款约 40 万亿；企业债券存量为 4.2 万亿，地方政府融资平台大约占 37%，非政府企业债券存量为 2.6 万亿；信托贷款存量大约为 2.7 万亿，企业大概占 1.8 万亿；再加上 1 万亿未贴现银行承兑汇票以及 1.3 万亿委托贷款，企业负债大约为 46.7 万亿，为 GDP 的 90%。从图 1-4 中的国际比较可以看出，这在发展中国家中是很高的。[2]

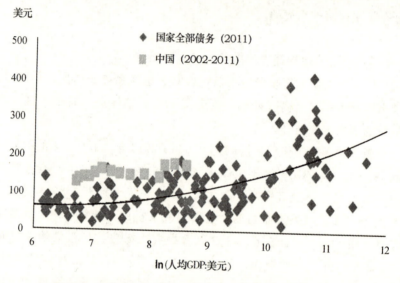

图1—4　总体债务水平的国际比较（总体债务/GDP%）

表现三，资产价格泡沫。我国房价收入比高于大部分国家和地区，中、美两国差距尤其大。[3] 主要城市的房价租金比在 2007—2011 年快速上涨，达到 30—50 倍，对应的租金收益率为 2%—3%，显著低于世界大

---

① 企业贷款还应该包括私人间的贷款，这在民营企业中比较普遍，由于数据缺乏可得性，暂不考虑。

② 由于数据获得性的原因，这里的总体债务是政府负债加上私人部门的国内贷款部分，不包括私人部门的国外贷款部分。外债总额占 GDP 平均为 41%，根据估算私人部门外债平均不会超过 20%。

③ 彭文生：《渐行渐远的红利：寻找中国新平衡》，社会科学文献出版社 2013 年版。

多数国家和地区。房地产价格的膨胀提高了企业和居民的借贷能力（抵押品价格上升），增加了银行放贷意愿。房地产按揭贷款和开发企业贷款占银行总贷款的比从 2005 年的 14% 上升到 2013 年第三季度的 19%。房价高速攀升带来居民部门金融杠杆率上升，住户贷款从 2009 年一直上升，2012 年与 GDP 的比例已接近 30%。

（三）"债务—通缩式"调控风险与困境

当前，我国已进入金融周期的下行阶段，货币政策核心要警惕"债务—通货紧缩式"风险。我国潜在经济增速下降已成共识，经济发展由高速增长期进入增速换挡期。① 在经济下行背景下，货币、信用还面临内外因素共同驱动的收缩压力。从内生因素来看，人口老龄化，劳动力部门转移放缓导致生产者对消费者比率降低，储蓄率下降，资金供给持续高增长的中长期结构基础改变。对比金融机构资产和存款增速可见，在 2011 年前二者大致相当，但此后资产的扩张显著超过存款。从外部因素来看，美联储量化宽松政策（QE）退出后，未来将有超过千亿美元的资金流出新兴市场。根据 EPFR 的数据显示②，2007—2013 年累计有 1600 多亿美元资金流入新兴市场股票基金。2013 年年中，美联储缩减量化宽松政策预期出现后，新兴市场国家中，印度、菲律宾、土耳其、泰国等经常账户赤字缺口国家或经济增长倚重外债的国家汇率贬值、资本流出、资本市场急跌。QE 退出无疑也将通过国际资本的跨境波动对我国流动性大环境产生影响：资本流出导致外汇占款减少，银行间市场资金供给减少；风险溢价上升，推高风险资产收益率。2009 年以来，经济再平衡以及出口增速放缓使得我国经常账户余额/GDP 不断下降。两因素叠加使得新增外汇占款不再是货币"放水"源头，甚至阶段性地成为"吸水器"。

在潜在经济增速下降，货币、信用进入收缩周期的大背景下，微观部门却处于较高杠杆状态，逐步降低杠杆率是大势所趋。根据刘煜辉（2013）核算，2013 年非金融部门整体债务率大致相当于 GDP 的 201%。假设加权平均债务成本为 7%，则总债务利息相当于 GDP 的

---

① 刘树成：《中国经济增长由高速转入中高速》，《经济学动态》2013 年第 10 期。

② EPFR，英文全称 Emerging Portfolio Fund Research，即新兴市场投资基金研究公司，是美国一家基金研究机构。

14%。如果 GDP 实际增长 7%，若想债务率不上升，则社会融资总量占 GDP 的比需控制在 18% 以下。与此同时，经济却表现出对债务越来越强的依赖性。自 2009 年开始，社会融资总量占 GDP 的比都接近 30%，而名义经济增速却下降了近一半。因此，如果控制信用扩张以促使债务率逐步下降，经济增速维持在 7%—7.5% 的难度就很大。更为重要的是，经济下行使得企业净利下降，资产周转率降低，权益乘数飙升，资产负债表状况不断恶化，随之而来的是偿债能力下滑、信用风险上升。从金融加速器产生机理可以看出，微观部门资产负债表的恶化将加重经济下行压力，形成负反馈循环。此外，杠杆率本身也受资产价格影响。在经济扩张期，资产价格上升放松融资约束，杠杆率上升，但还未到顶部。一旦资产价格下降，负债名义价值不变，净资产大幅下降，杠杆率将大幅上升。因此，一旦经济下行叠加资产泡沫破裂，会加重"去杠杆—产出收缩—价格下降"的螺旋式循环，严重时将产生第二部分谈到的"债务—通货紧缩式"的衰退。因此，在金融经济周期下行的大背景下，如何在总量货币政策和微观审慎政策间协调，如何在流动性管理和抑制杠杆间平衡，考验着央行的智慧。

除此之外，内外因素叠加还使我国货币政策未来将面临蒙代尔"不可能三角"式的调控困境。截至 2013 年年底，我国的外汇储备有 3.82 万亿美元，对可能的资本流出似乎有强大的"保护盾"。但我们还要看到私人部门近 1.5 万亿美元的对外债务。在美联储货币政策调整的潜在风险下，私人部门由人民币资产向外汇资产转移将导致资本流出、汇率贬值。蒙代尔"不可能三角"告诉我们，对汇率的控制、独立的货币政策和资本自由流动只能放弃一个。资本的跨境流动越来越难管控，货币政策就只能权衡对利率和汇率的控制力。如果央行对汇率波动袖手，在大规模的货币错配下，汇率贬值增加债务实际价值，提高负债/资产比率，加重流出态势，对投资、产出形成更大的收缩压力；如果再伴随资产泡沫破裂，资本流出、汇率贬值的紧缩效应将更强。如果央行要守住汇率，面对下跌所带来的紧缩压力有两种选择：其一，利率降低、货币放水，但这将使国内"去杠杆"的努力失败；其二，紧缩货币、提高利率，这将伤及本已脆弱的经济，加速资产泡沫的破裂。这种两难的境遇，我们必须未雨绸缪。

三　货币政策框架新变革

（一）从通胀目标制到目标多元化

在全球金融危机前的二十多年里，包括新兴市场在内的多国央行都实行通货膨胀目标制。通货膨胀目标制下，央行制定一个目标——通货膨胀，一个利率——政策利率。金融危机以后，坚持通胀目标制的国家央行目标趋向多元化。例如，美联储将目标定为保持低通胀和充分就业。虽然央行目标与货币政策目标有所区别（后者更窄一些），但前者的变化决定着后者框架的调整。在金融经济周期的背景下，是否对资产价格进行干预、价格稳定与金融稳定的关系，以及政策工具运用中汇率的地位是货币政策调控框架中三个关键问题。

1. 货币政策对资产价格的干预

货币政策和资产价格的关系一直是政策制定者关注的重要问题。学者们主要有两种观点：Bernanke 和 Gertler （1999）认为，当资产价格的波动是由非基本因素引起时，有弹性的通货膨胀目标制是最优的。只有当资产价格的波动影响了预期通货膨胀，货币政策才应该对资产价格的波动做出反应。[1] 相反，Issing （2002）认为，纯粹的通货膨胀预测并不能捕捉到资产价格变化，在传统的泰勒法则框架下，资产价格变动并不能触发政策反应。[2] Christiano 等 （2006） 为此提供了理论支持。[3] Cecchetti 等（2002）认为，资产价格的失调会对投资、消费造成扭曲，破坏产出和通货膨胀的稳定。货币政策可以减少资产价格泡沫产生的可能性和投资泡沫与崩溃的恶性循环。因此，当资产价格高于基础价格时，中央银行应该提高利率；反之，应该降低利率。由于金融资产重要性日益增强，资产价格波动对经济的影响越来越大，可以通过关注货币和信贷总量的演进作为金

---

① Bernanke, B. S., Gertler, M., & Gilchrist, S., "The Financial Acceleration in a Quantitative Business Cycle Framework", *Handbook of Macroeconomics*, No. 1, 1999, 1341 – 1393.

② Issing O., *Monetary Policy in a Changing Economic Environment*, Presented at the Jackson Hole Symposium, Federal Reserve Bank of Kansas City, 2002. 8.

③ Christiano L., Motto R., *Monetary Policy and Stock Market Boom - bust Cycles*, Mimeo, Banque de France, 2006.

融失衡的一个信号来改善货币政策效果。① Adrian 和 Shin（2009）认为资产价格与金融周期密切相关，经济向好时，金融机构资产负债表往往扩张，同时伴随资产价格的大幅上升。② 王培辉（2010）的研究表明，货币—股票价格的非对称影响关系明显依赖于经济状态。③ 在经济高增长与低增长、通货膨胀与通货紧缩、货币高增长与低增长、股票价格高增长与低增长等不同经济状态、不同冲击方向、不同冲击规模下均表现出一定的非对称性。王晓明（2010）对银行信贷和资产价格的顺周期关系进行研究，指出银行信贷过度介入股市和房市是资产价格大幅上涨和下跌的主要动因。④ 李连发和辛晓岱（2012）基于银行信贷扩张和经济周期特征分析我国信贷扩张与产出和通货膨胀的事实，为此类问题的研究提供了一个新的分析框架。⑤

　　以上我们看出，对于这个问题危机后也没有明确结论。较为一致的看法是，央行不应该对资产价格的变动置之不理，很多央行在实践中采用了口头干预。货币政策应对的困难在于不知道政策对资产价格的时间特性以及货币政策在多大程度上会对资产价格起到作用。笔者认为应建立灵活的资产价格波动应对规则。中央银行应该充分考虑资产价格波动可能对信贷变动、金融稳定和经济稳定产生的不利影响，密切关注资产价格下跌对经济的紧缩作用。如果资产价格的波动没有脱离基本面引起信贷、总需求收缩进而带来通货紧缩压力时，中央银行无须对资产价格变化做出反应；但是，当资产价格下跌形成了通货紧缩压力时，中央银行就应该积极调整货币政策。如果货币政策对通货紧缩压力没有反应，甚至强化通货紧缩压力的时候，政策调控将会对经济产生持续的破坏作用。

---

　　① Hildebrand P. M., Discussion of "Money and Monetary Policy: The ECB Experience 1999—2006: The Role of Money – money and Monetary Policy in the Twenty – First Century", *European Central Bank Working Paper*, 2008, 176 – 189.

　　② Adrian T., Shin H. S., Money, Liquidity and Monetary Policy, Annual Meeting of the American Economic Association, 2009.

　　③ 王培辉：《货币冲击与资产价格波动：基于中国股市的实证分析》，《金融研究》2010 年第 7 期。

　　④ 王晓明：《银行信贷与资产价格的顺周期关系研究》，《金融研究》2010 年第 3 期。

　　⑤ 李连发、辛晓岱：《银行信贷、经济周期与货币政策调控：1984—2011》，《经济研究》2012 年第 3 期。

2. 货币政策中汇率稳定的地位

在传统的货币政策框架中，汇率处于从属地位。学者认为，与通胀目标制相契合的汇率安排是完全浮动汇率制。在浮动汇率制下，国际收支平衡不是太重要的目标。如果对汇率进行管理，可能会损害反通胀的可信度，不利于宏观经济稳定。[①] 1997—1998 年的亚洲金融危机表明汇率的大幅波动会给经济造成巨大的伤害。因此，学者开始质疑通胀目标制的框架缺陷[②]，并思考是否应该将汇率稳定引入目标框架之中。[③] Ostry 等（2012）认为，对新兴市场经济体而言，经济主体对货币错配的承受能力较弱，汇率波动的负面影响更大。[④] 对汇率进行适度管理，将传统的通胀目标制与有管理的浮动汇率制结合起来，有利于金融稳定与应对危机。在政策工具方面，除了使用利率工具应对通胀外，还可运用对冲干预工具来管理。姚余栋、李连发、辛晓岱（2014）通过构建包含资本流动扰动的开放经济模型，考察了在通胀率与实际汇率双重目标下运用利率与对冲干预工具的"双目标双工具"货币政策框架。[⑤] 结果显示，存在资本流动扰动时，"双目标双工具"政策框架优于通胀目标制。存在需求和供给扰动时，如资本流动有一定摩擦，"双目标双工具"政策框架同样优于通胀目标制。

我国明确将"保持国际收支平衡"列为货币政策四大目标之一，但并未明确将汇率稳定作为货币政策的最终目标之一。在实践中，央行通过实施有管理的浮动汇率制，运用对冲干预等手段来避免汇率的大幅波动，

---

① Savastano M. A., Masson P. R., Sharma S., *The Scope for Inflation Targeting in Developing Countries*, International Monetary Fund, 1997.

② Blanchard O., Dell, Ariccia G., Mauro P., Rethinking Macroeconomic Policy, *Journal of Money, Credit and Banking*, 2010, 42（s1）：199 – 215.

③ Engel C., Currency Misalignments and Optimal Monetary Policy：A Reexamination, National Bureau of Economic Research, 2009. Chamon M. M., Ostry M. J. D., Ghosh M. A. R., *Two targets, Two Instruments：Monetary and Exchange Rate Policies in Emerging Market Economies*, International Monetary Fund, 2012. De Paoli, Bianca, "Monetary Policy and Welfare in a Small Open Economy", *Journal of International Economics*, 2009, Vol. 77（1）, 11 – 22.

④ Chamon M. M., Ostry M. J. D., Ghosh M. A. R., *Two Targets, Two Instruments：Monetary and Exchange Rate Policies in Emerging Market Economies*, International Monetary Fund, 2012.

⑤ 姚余栋、李连发、辛晓岱：《货币政策规则，资本流动与汇率稳定》，《经济研究》2014年第 1 期。

这接近于Ostry等（2012）提出的"双目标双工具"政策框架。[①] 姚余栋、李连发、辛晓岱（2014）的研究也表明我国货币政策实践与"双目标双工具"最优政策的部分特征一致，对冲干预对通胀、产出缺口与外汇储备偏离程度、存款利率对外国利率分别做出了显著反应。[②] 笔者认为，基于金融经济周期的背景和视角，建立一个包含汇率目标在内的货币政策框架具有重要的意义。1997年亚洲金融危机时期，泰国、菲律宾、马来西亚、新加坡、韩国和印度尼西亚等贬值国经济急剧崩溃表明货币贬值并不必然通过传统的"蒙代尔—弗莱明"模型中的"支出—转换效应"带来产出扩张，或者此效应之外还存在更强大的收缩力量。这就是开放经济中的金融加速器效应，该效应在新兴市场尤为明显。这是因为，新兴市场国家普遍存在货币错配，部分或全部外债以外币计价，收入主要由本币计算。资产、负债币种结构不同导致宏微观部门的资产负债表会对汇率变化非常敏感。我们以风险升水增加来描述负向外部冲击。[③] 在货币错配存在条件下，汇率贬值增加债务实际价值，减少资产负债表的资产净值，提高负债—资产比率。资产净值减少使得外国资本所要求的风险升水增加，导致外国借贷资本收缩，对投资、产出等形成收缩作用。随着基本面持续恶化，本币汇率在"贬值预期自我实现"下加速下跌，推动最初负向冲击扩散和蔓延，货币错配与本币贬值相互作用，私人和公共部门净值降低，国内信贷、外国借贷资本的收缩与投资、产出下降形成反馈循环，最终导致借贷国的债务危机以及金融、经济危机。因此，如果不对汇率进行管理，汇率大幅波动所带来的福利损失可能并不比通货膨胀带来的损失小，对存在大规模货币错配的新兴市场经济体而言，面对资本流动扰动，建立包含汇率目标在内的货币政策框架具有重要的意义。

　　3. 货币政策与金融稳定的关系

　　金融危机以后，保持金融稳定成为央行目标多元化的一个内容。谈到

　　[①] Chamon M. M, Ostry M. J. D., Ghosh M. A. R., *Two Targets*, *Two Instruments*: *Monetary and Exchange Rate Policies in Emerging Market Economies*, International Monetary Fund, 2012.

　　[②] 姚余栋、李连发、辛晓岱：《货币政策规则，资本流动与汇率稳定》，《经济研究》2014年第1期。

　　[③] 用风险升水的增加刻画不利的外部冲击，而以下的情况也适用于由于消费者的偏好变化等真实冲击或外国利率提高等名义冲击导致的货币贬值。

金融稳定与央行目标的关系，就不得不涉及宏观审慎政策与货币政策的关系。金融危机之后，《巴塞尔资本协议 III》中重点引入"宏观审慎"的理念。2009 年年初，国际清算银行提出"宏观审慎"的概念，希望借此解决顺周期性、金融监管不足等问题。一般认为，货币政策的主要目标是维护价格稳定、控制通货膨胀、保持产出平稳。对于金融系统中出现的不稳定，应该由另一种宏观经济管理政策，即宏观审慎政策来控制与执行。从前面对金融经济周期生成机理的讨论我们看出，价格稳定并不能保证金融稳定、经济稳定，有可能出现经济平稳有序，但金融失衡快速发展，信贷快速扩张，资产价格泡沫膨胀，系统性风险累积。货币政策通过信贷、资产价格等不同传导渠道会对宏观审慎政策的金融稳定目标产生影响。因此，两者并非完全独立。对于宏观审慎政策与货币政策关系的讨论，Beau等（2012）采用欧盟和美国 1985—2010 年的数据研究发现，在大多数情况下，货币政策可以对经济进行很好的管理，但在受到金融冲击的情况下，最好的政策组合是货币政策关注价格稳定，同时有独立的宏观审慎政策管理信贷的过度增长。[①] Paolo 等（2012）通过对政策行为评估，发现利率对房地产价格和信贷增长做出反应的时候，有利于稳定一些经济变量，但对于其他的经济变量有扩大波动的效果。[②] 因此，利率供给可以用于达到控制通胀的目标，但并不能用于宏观审慎所关注的金融稳定。货币政策与宏观审慎政策各自发挥不同作用，缺一不可。近年来，国外学者多采用 DSGE 模型分析宏观审慎政策与货币政策。Angelini 等（2011）通过带有银行部门的 DSGE 模型分析了宏观审慎政策与货币政策间的相互联系。[③] 结果认为，在金融和房地产市场受到冲击的情况下，宏观审慎政策的优势更加明显。Unsal（2011）使用带有实际摩擦的开放经济体的 DSGE模型，分析了货币政策与宏观审慎政策间的关系，结论是引入宏观审慎管

---

① Beau, D., Clerc, L., & Mojon, B., Macro – Prudential Policy and the Conduct of Monetary Policy, Banque de France, 2012.

② Paolo Gelaina, Kevin J. Lansinga, Caterina Mendicino, "House Prices, Credit Growth, and Excess Volatility: Implications for Monetary and Macroprudential Policy", *International Journal of Central Banking*, 2012.

③ Angelini, P., Neri, S., & Panetta, F., Monetary and Macroprudential Policies. Banca d'Italia, 2011.

理举措是有明显福利改善的，宏观审慎政策能够有效地作为货币政策的补充。[1] Suh（2012）构建了金融加速器机制下的动态随机一般均衡模型（BGG – NKDSGE），分析结果表明最优货币政策以稳定通胀为目标，最优宏观审慎政策针对稳定信贷的目标，在国家经济受到金融冲击的时候，宏观审慎政策的使用和采纳具有非常明显的福利增进效果。[2] 马勇和陈雨露（2013）考察了宏观审慎政策规则及其政策搭配问题，指出宏观审慎政策的协调搭配应避免"政策冲突"和"政策叠加"问题。前者会削弱政策效果并增加政策实施成本，后者则可能导致经济系统以一种非预期方式调整。[3] 王爱俭和王璟怡（2014）在 Suh（2012）框架基础上，基于 DSGE 模型的研究表明，宏观审慎政策中的逆周期资本工具是福利增进的，该工具对于稳定金融波动有积极的意义。[4] 宏观审慎政策对于货币政策能够起到辅助作用，特别是在市场受到金融冲击的时候。

我国央行设有金融稳定局，把金融稳定作为管理的重要内容，并与货币政策协调。2010 年，我国明确提出要"构建逆周期的金融宏观审慎管理制度框架"。[5] 周小川（2011）指出，宏观调控要有更多的逆周期政策，再加上货币政策会出现一些非线性情况，这就要借助其他工具增加一些逆周期调控手段，这是设计宏观审慎金融政策的初衷[6]。笔者认为，央行应该将经济增长、货币稳定、金融稳定纳入统一框架。金融加速器效应的存在表明，货币稳定、金融稳定和经济稳定有内在的逻辑统一性，因此，单纯追求反通货膨胀是非常危险的，必须把金融稳定协调考虑纳入框架体系。在经济扩张阶段，整个经济体通货膨胀水平不断提高，同时，在金融

---

① Unsal, D. F., Capital Flows and Financial Stability: Monetary Policy and Macroprudential Responses. International Monetary Fund, 2011.

② Suh, H., Macroprudential Policy: Its Effects and Relationship to Monetary Policy (No. 12 – 28). Federal Reserve Bank of Philadelphia, 2012.

③ 马勇、陈雨露：《宏观审慎政策的协调与搭配：基于中国的模拟分析》，《金融研究》2013 年第 8 期。

④ 王爱俭、王璟怡：《宏观审慎政策效应及其与货币政策关系研究》，《经济研究》2014 年第 4 期。

⑤ 周小川：《金融政策对金融危机的响应——宏观审慎政策框架的形成背景，内在逻辑和主要内容》，《金融研究》2011 年第 1 期。

⑥ 同上。

加速器效应推动下不断濒于过度负债状态，提高利率等强力去通货膨胀过程会是非常危险的。因为，利率提高会恶化企业、家庭的现金流，降低银行等金融机构的预期回报率，刺破资产价格的泡沫，引起金融市场动荡，通过金融加速器效应对经济产生回波效应，导致经济的剧烈波动甚至衰退。因此，在启动反通货膨胀程序之前，货币当局要密切关注金融状况和经济体的财务状况。货币稳定和金融稳定是相互交织和相互强化的政策目标取向，追求货币稳定必须兼顾金融稳定，反之亦然。否则，后果将是灾难性的。同样，在金融经济周期的下行阶段，货币政策面临着经济减速、货币收缩过程中的资产去泡沫问题。为约束金融资产膨胀，需要收紧流动性，使资金价格回归供需决定的实际水平；但是，资金价格大幅下降会恶化企业、家庭的现金流，降低资本预期回报率。资产价格泡沫一旦破裂将引起金融市场动荡，通过回波效应导致经济剧烈波动甚至衰退。因此，更要权衡"货币稳定、金融稳定、经济稳定"三方面的关系。中央银行要密切关注宏微观部门的资产负债表状况，充分考虑债务积累因素和杠杆化程度。现阶段，我国货币政策由过去"通货膨胀—经济增长"的目标搭配转化为兼顾金融资产膨胀和房地产泡沫带来的系统性风险，货币政策目标在"稳增长、防（金融）风险、控通胀"三者的平衡中，更多倾向于前两者，避免影子银行—房地产泡沫—地方政府融资平台"三位一体"的金融风险发生成为货币政策坚守的"底线"，这是非常正确而明智的。

（二）从数量型到价格型货币政策

20 世纪 90 年代以来，利率逐渐取代货币供应量成为西方国家货币政策的中介目标。Taylor（1993）提出的"泰勒规则"指出，央行需要根据产出、通胀与目标值的偏离程度来调整短期名义利率。[①] 近年来，经济周期特点和性质的变化迫使"泰勒规则"不断拓展。在金融经济周期中，资产价格波动对实体经济的影响日益显著，学界将资产价格引入"泰勒规则"，探讨利率是否需要对资产价格波动反应。汇率稳定对于开放经济，特别是存在大规模货币错配的新兴经济体至关重要。开放经济中外部

---

① Taylor, John B. , *Discretion versus Policy Rules in Practice.* Carnegie - Rochester Conference Series on Public Policy, 1993, 195 - 214.

冲击的存在必然会对一国货币政策产生影响，"泰勒规则"也不应忽略汇率因素。[①] Laxton 和 Pesenti（2003）将汇率因素纳入了"泰勒规则"中。[②] Dong（2008）基于澳大利亚、新西兰、英国、加拿大四国的货币政策，考察了实际中货币政策是否关注了汇率变动。[③] 产出与通胀对利率的非对称反应、中央银行的非线性偏好都使得货币政策调节具有非线性特征。因此，非线性"泰勒规则"在货币政策操作中的应用也日益受到关注。[④] 下面重点讨论在金融经济周期背景下的两个重要问题：如何利用"利率走廊"更好实现央行的利率目标，以及如何处理由资产负债表变化所引起的货币政策传导受阻问题。

1. "利率走廊"管理

所谓"利率走廊"（Interest Rate Corridor），亦称"利率通道"（Interest Rate Corridor Channel），是由中央银行设定的短期存贷款利率为上下限，以存贷利差为走廊宽度，以控制银行间拆借利率逼近目标利率的货币政策操作系统。"利率走廊"理论最早可追溯至19世纪末的经济学家威克塞尔。[⑤] 20世纪，央行大多采用准备金、货币供应量为操作变量，利率走廊系统并不盛行。直至20世纪90年代，加拿大、英国、日本、欧盟等国家和组织央行共同抛弃了准备金制度，在盯住利率的过程中采用利率走廊作为货币政策实施框架。金融危机后，欧盟、加拿大、日本、英国等国家和组织的"利率走廊"理论从传统的"利率走廊"系统移向地板

---

① Svensson. Open – Economy Inflation Targeting. NBER Working Paper 6545, 2000.

② Laxton, D. and P. Pesenti. *Monetary Rules for Small Open*, Emerging Economics, NBER Working Paper 9568, 2003.

③ Wei Dong. Do Central Banks Respond to Exchange Rate Movements? Some New Evidence from Structural Estimation. Bank of Canada Working Papers, 2008.

④ Martin, Christopher and Costas Milas. *Modelling Monetary Policy: Inflation Targeting in Practice.* Economica, 71, 209 – 221, 2005. Castro V. Are Central Banks Follows a Linear or non Linear (augmented) Taylor Rule. NIPE Working Paper, 19, 2008. 中国人民银行营业管理部课题组：《非线性泰勒规则在我国货币政策操作中的实证研究》，《金融研究》2009年第12期。吴吉、林黄辰：《非线性"麦卡勒姆规则"下的中国货币政策检验》，《经济评论》2013年第3期。

⑤ Wicksell, K., "The Scandinavian Monetary System after the War", Selected Essays (1999), 1917.

系统。"利率走廊"理论也是近年来学者关注的热点。Clinton（1991，1997）基于对加拿大央行在零准备金制度下货币政策操作框架的分析探讨了"利率走廊"系统的基本原理；[①] Woodford（2001）分析了拆借市场上政策利率的决定机制，探讨了无现金经济中如何执行货币政策的"利率走廊"系统问题；[②] Woodford（2001）、Whitesell（2006）比较了准备金制度与"利率走廊"系统的均衡效率以及二者结合控制利率的随机游走问题；[③] Gaspar 等（2004）与 Guthrie 和 Wright（2000）分析了"利率走廊"组成成分的作用机制；[④] Keister 等（2008）针对金融危机以来各央行执行货币政策的操作框架实践对"利率走廊"模型进行了扩展；[⑤] Berentsen 和 Monnet（2008）在动态一般均衡框架下研究"利率走廊"系统问题。[⑥]

　　"利率走廊"最有代表性的是对称利率走廊。央行向银行提供贷、存款两个短期融资工具。通过前者，银行可无限制地从央行取得隔夜贷款，后者是银行在央行隔夜存款的利息。图1—5 中，i^* 是央行目标利率，i^l 表示隔夜贷款利率，i^d 为准备金存款利率。商业银行以走廊上、下限内的利率水平在拆借市场拆入资金。准备金需求量 D 在 i^l 与 i^d 时呈完全弹性，在利率走廊上下限之间向右下方倾斜。S 表示准备金供给量，位于 R^* 的

①　Clinton, K., "Implementation of Monetary Policy in a Regime with Zero Reserve Requirements", Bank of Canada Working Paper 97 - 8, 1997.

②　Woodford, M., "Monetary Policy in the Information Economy", NBER Working Paper, No. 8674, 2001.

③　Woodford, M., "Monetary Policy in the Information Economy", NBER Working Paper, No. 8674, 2001. Whitesell, W., "Interest Rate Corridors and Reserves", *Journal of Monetary Economics*, 53（6）: 1177 - 1195, 2006.

④　Gaspar, V., G. Quiros & H. Mendizabal, "Interest Rate Determination in the Interbank Market", European Central Bank Working Paper No. 351, 2004. Guthrie, G. & J. Wright, "Open Mouth Operations", *Journal of Monetary Economics*, 2000, 46: 489 - 516.

⑤　Keister, T., A. Martin & J. McAndrews, "Divorcing Money From Monetary Policy", *Economic Policy Review*, 2008, 14（2）: 41 - 56.

⑥　Berentsen, A. & C. Monnet, "Monetary Policy in a Channel System", *Journal of Monetary Economics*, 2008, 55（6）: 1067 - 1080.

垂直准备金供给曲线由央行决定，R^* 左侧的水平供给曲线由准备金存款利率决定，R^* 右侧的水平供给曲线由央行贷款利率决定。准备金供给与需求决定拆借市场利率 i^*，准备金余额为 R^*，无论准备金需求如何波动，市场利率总是被控制在"利率走廊"的上下限之间。因此，"利率走廊"框架会限制政策利率的游走，并将利率政策与央行流动性政策相分离，有助于中央银行在危机期间向市场提供巨量流动性。金融危机后，"利率走廊"出现了两大变化。

第一，从对称利率走廊向地板系统的退化。在 R^* 基础上进一步增加准备金供给会使供求在需求曲线的水平区域相交，均衡利率降至走廊下限，利率走廊系统退化为地板系统。此时，央行目标利率等于准备金存款利率，如图 1-6 所示。一方面，央行通过移动利率走廊即可调整目标利率。例如，央行只要将 i_1^l、i_1^d 分别提高到 $i_1^{l'}$、$i_1^{d'}$，则目标利率就会从 i_1^* 提高到 i_2^*，而准备金供给量仍为 R^* 不变。这种弹性对于金融危机期间央行增加流动性具有重要意义。另一方面，央行还可以在不改变目标利率的前提下调整准备金供给量。在传统的准备金制度下，随着准备金供给的增加，市场利率推到目标利率以下，甚至最终面临零利率下限问题。在利率走廊系统中，准备金供应量增加使供给曲线右移，如图 1—5 所示从 R_1^* 移到 R_2^*，目标利率由 i^* 下降到 i^d，此后，由于目标利率的下降受走廊下限的限制，准备金供应量进一步增加，目标利率被锚定在 i^d。这样，利率政策与流动性政策相分离，这也正是金融危机后，较多央行货币政策执行框架从对称走廊移向地板系统的原因。与地板系统紧密相关的还有一个重要问题，即"零下界"与"量化宽松"政策。危机后，伴随经济低迷，各国通货膨胀持续下降，甚至出现紧缩。如果依照泰勒规则，央行所制定的目标政策性名义利率是零甚至负数。实际上，进入负数是不可操作的，这就是"零下界"问题。[①] 进入"零下界"后，也就是政策利率调到零以后，价格工具没有办法使用，但货币政策还要进一步放松，就必须使用数量型工具，继而出现了"量化宽松"政策。金融危机以来，美联储连续实行了三轮"量化宽松政策"。

---

① "零下界"问题在学界和实际操作中都是较新的问题。

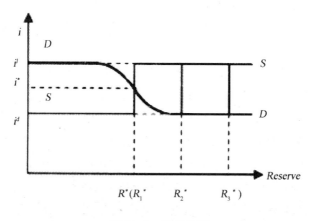

图1—5　利率走廊

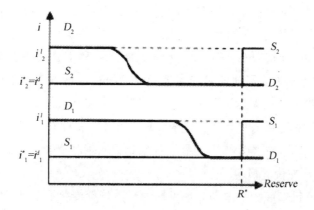

图1—6　地板系统

　　第二，利用"扭转操作"调控中长期利率。"利率走廊"调控的是短期利率。通常，短期利率会生成相应中长期利率，即收益率曲线。危机后，各国出现的新情况是短期利率已经几乎降到零，但中长期利率却难以下降，对经济复苏形成阻碍。对此，以美联储为代表的央行使用了"扭曲操作"（twist operation）。具体做法是，在量化宽松政策实施过程中，美联储将原先持有的短期国债到期兑付后所获得的资金用于购买美国财政部发行的长期国债，极力推低长期国债收益率，扭转长期收益率高于短期收益率的常态。借助扭转操作，美联储事先人为打造了一条通货紧缩时才会出现的收益率曲线，降低了长期国债的不确定性和风险，最终使得美国长期国债成为受欢迎的融券标的物、流动性的发源地和推升其他各类资产价格的发动机。

危机前 20 多年货币政策研究进展使我国央行更加关注价格型政策，但实践中却没有真正实现向价格型工具的转变。近年来，经济中的货币存量（广义货币与金融资产之和）远大于年度货币和商品供应总量，特别是 2009 年以后，货币、债务增长失控，与 GDP 增速脱节，货币供给对经济增长影响日益下降，数量指标逐步失效。2013 年和 2014 年，央行再次反复强调货币政策要从数量型工具转为价格型工具。"利率走廊"对我国货币政策未来的操作有很大的借鉴，实际上，央行已经开始了这样的探索，表现就是 SLO 和 SLF 两大工具的设立。2013 年，央行创立了公开市场短期流动性调节工具（Short-term Liquidity Operations，简称 SLO）向大中型商业银行提供资金，同时创设了常备借贷便利（Standing Lending Facility，简称 SLF）向符合条件的中小金融机构提供短期流动性支持。央行规定，当 Shibor 的隔夜、7 天期和 14 天期回购利率分别高于 5%、7% 和 8% 时，地方法人金融机构可向当地的人民银行申请 SLF 换取资金，这实际就是封住了"利率走廊"的上限。伴随利率市场化，（1 年）存款基准利率和（1 年）贷款基准利率等基准利率可能不复存在。因此，央行可以更深入地参考"利率走廊"模型，设立目标政策利率和区间。

2. 资产负债表问题

本次危机之前，绝大部分观点认为货币政策传导不会有大问题。在原来的货币政策中，基本假设是商业银行会顺利把价格从存款者转移给贷款者。传统理论对于美国 1929 年开始的"大萧条"，以及 20 世纪 90 年代日本长达 15 年的大衰退基于货币供给方的解释是，股市崩溃导致银行不良贷款等问题凸显，造成信用紧缩，流动性陷阱产生，企业借贷困难，最终引发了经济的大规模倒退。然而，对于 20 世纪 90 年代以后日本经济的大萧条，辜朝明提出"资产负债表衰退"这一概念。他认为，经济泡沫破灭造成资产价格暴跌，企业等微观主体资产大幅缩水、负债飙升，资产负债表失衡。此时，大多数企业将目标从"利润最大化"转为"负债最小化"，尽可能减少负债，修复受损的资产负债表。相应地，银行等金融机构也开始清理自己的资产负债表，金融系统长时间不太活跃，金融服务缺失，实体经济出现缺血情况。实际上，传统理论与"资产负债表衰退"理论虽有差异，但都强调了一点，即在危机期间，货币政策的传导出了问题。不管是资金需求方——家庭、企业，还是资金供给方——银行，对资产负债表清理，都可能造成信贷紧缩、流动性停滞、经济衰退。此时，不管货币政策如何，微观主体的行为都将使货币政策无法顺畅传导，效果大打折扣。2008 年金融危机中也出现了这样的状况。2008—2009 年，众多银行开始降低杠杆、补充资本，美联储期望并推动银行向实体经济贷款，但迟迟未能奏效。因此，货币政策框架中必须要考虑企业、家庭、金融部门的资产负债表状况及行为在传导机制生成中的影响。在金融经济周期的下行阶段，微观部门处于较高的杠杆状态，逐步降低杠杆率是大势所趋。另一方面，经济下行使企业净利下降，资产周转率降低，权益乘数飙升，资产负债表状况不断恶化，随之而来的是偿债能力下滑、信用风险上升。从金融加速器产生机理的分析可以看出，微观部门资产负债表的恶化和经济下行会形成"去杠杆—产出收缩—价格下降"的螺旋式循环。目前，我国企业负债率高企，金融机构的不良贷款问题也不断凸显。未来，企业、银行等微观主体可能要面临资产负债表进一步恶化的问题。一旦银行等金融机构出现大规模的清理资产负债表行为，就会出现流动性不足、信贷紧缩、资本不够，严重时将产生金融动荡和经济衰退。

因此，在金融经济周期的背景下，笔者建议应该建立健全金融监管的稳定框架，并将货币政策和金融监管协调起来。在金融监管实践中，既要充分考虑金融稳定的需要，也要考虑金融监管对宏观经济造成的周期影响，构建兼顾金融稳定和经济稳定的金融监管框架。因此，在金融监管实施中，应该着力推动银行等信贷金融机构逆周期的发展模式。逆周期的发展模式是指在经济周期内，采取与顺周期模式相对应的操作。具体来说，当经济处于上升期时，银行适度提高贷款标准和放贷利率，适当提高损失准备金比率。而当经济处于下行阶段时采取与上述相反操作。由于逆向周期模式和顺周期模式的操作相反，在银行应对经济周期波动时具有稳定器的作用。逆周期发展模式可以在经济扩张周期里，避免金融系统积累过多系统性风险，减少经济突然逆转时的损失；在经济衰退周期里维持信贷的正常增长。因为货币政策通常具有逆向周期特性，推动商业银行逆周期的发展模式还可以加强货币政策平抑周期波动的效果。金融监管政策从维护金融稳定的角度出发具有顺周期效应，而货币政策从平抑经济波动的角度出发，本质上讲是要求反周期效应的，因此，货币政策和金融监管的职能冲突在所难免。如果不能实现二者的有效合作与协调，为使两个机构更好运作的分离政策可能反而会带来两项职能同时受到削弱的结果。因此，在金融监管中，必须考虑金融监管的制度、框架及准则等与货币政策的协调和与货币当局的沟通和协调问题。

第二章

中国股票市场改革与创新发展的逻辑

我国股票市场自建立以来便伴随着一轮又一轮的不具规律的暴涨暴跌，其月度振幅不仅在幅度上而且在大幅波动的频率上均远远大于外围市场。[①] 这样的股票市场显然还不是成熟的市场，不能有效地服务于实体经济的发展。因此，我国股票市场发展的过程也必然伴随着一系列的改革。事实上，自1990年12月19日上海证券交易所正式营业以来，我国股票市场一直是在探索中发展，在改革中创新。但整个改革与发展的进程，并非自下而上的"自然演进"[②]，而是在市场化要求与国情之间寻求平衡，由政府和市场共同推动下的渐进演进。股票市场成立之初，交易机制为T+0，也无涨跌幅限制，然而国际通行做法与我国国情尚不相符，以致投机盛行。于是，从1995年1月1日开始实施T+1交易机制，1996年12月开始实施股票涨跌幅为10%的停板制度，一直延续至今。同股同权是成熟股票市场的基本要求，但在姓"社"姓"资"以及国有资产是否会流失等问题盛行的时代，股权分裂却是当时推进体制改革和实现公司上市的一个理性选择。但是这样的制度安排，随着股票市场的发展，其弊端也逐渐显现，以致在2004年1月证券监管部门开始着手股权分置改革。但股权分裂仅仅是我国股票市场存在的众多问题之一。作为核心交易中介的证券公司在经营中的高风险甚至是违规经营，以及作为交易标的的上市公司的治理乱象，都需要政府作为市场的培育者和监管者采取措施予以纠

---

① 何德旭、饶明、谯海：《中国股票市场的风险与安全隐患》，《上海金融》2013年第3期。

② 在1992年10月国务院证券委和中国证监会成立之前，我国的股票市场基本上处于自我演进、缺乏规范和监管的状态，其间，股票发行市场也不乏混乱。

正。尽管中国股票市场发展的成就巨大，但总的来讲中国股市还不是宏观经济的"晴雨表"，企业只关心如何顺利入市融资，投资者基本没有分享到经济增长带来的红利而只能关心股票价格的涨跌。因此，我国股票市场的改革与创新具有长期性，还需要在综合平衡体制因素和市场因素力量的基础上，通过渐进方式对影响股票市场健康发展的多个方面继续深化改革与创新。

一　交易标的：上市公司治理与新股发行定价

（一）公司治理：从框架到机制

我国早期的上市公司来源于经过股份制改革的国有企业。从我国公司治理的制度建设进程来看，1993—2002 年基本上构建了股东大会下设董事会和监事会两个平行机构的"双层治理模式"，2002—2005 年建立和完善了独立董事制度。[①] 然而，上市公司治理本质上涉及从治理结构到治理机制的转变，从治理理论到治理原则（准则）的转变、从单法人治理到集团治理的转变、从国内公司治理到跨国公司治理的转变，以及从传统企业治理到网络治理的转变的过程。[②] 因此，完善上市公司治理是一个渐进的系统转变过程，只能在企业公司化过程中逐一解决公司治理中存在的诸多问题，从规则、合规和问责三个要素完善公司治理水平。

在 2002 年 1 月《上市公司治理准则》颁布后，上市公司基本确立了治理结构框架和原则，走上了规范化的发展轨道。但在实际经营中，由于股权分置导致缺乏法人治理的共同利益基础，还存在公司治理"形似而神不至""三会"运作流于形式的问题及其滋生的其他问题，难以形成有效的投资决策、日常经营风险控制和激励机制，对股票市场基础性制度的建设造成较为严重的不良影响。如在公司治理中所有者缺位、官员监督中的"廉价投票权"问题、"内部人控制"问题和"外部人控制"问题；又如，股东大会往往成了"大股东会"，董事会权力蜕变成董事长权力；

---

① 郑志刚、孙娟娟：《我国上市公司治理发展历史与现状评估》，《金融研究》2009 年第 10 期。

② 南开大学公司治理评价课题组：《中国上市公司治理状况评价研究》，《管理世界》2010 年第 1 期。

经营者与董事重叠过多，董事会难以行使决策、任免、监督和考核等职能。① 再如，国有控股的上市公司经理人的任命不是通过董事会提名委员会推荐候选人，最后由股东投票选举产生，而是通过特定的党政组织系统直接任命考核；而且成为上市公司的 CEO 对于一些官员而言，只是获得政治晋升的跳板，这就使得上市公司经理人一定程度上只关心上级部门的政治导向。② 由此导致的经营行为短期化和经营目标多元化现象则不可避免，发生如关联交易、掏空等诸多问题。因此，上市公司要实现规范发展，必须纠正公司在运营过程中忽视甚至偏离股东利益的导向。据统计，中国证监会在 2007—2009 年的上市公司治理专项活动中，经过自查和公众评议，就发现违反公司治理相关规则的问题共计 10795 个。③ 上市公司依据《公司法》《上市公司治理准则》《上市公司股东大会规范意见》《上市公司章程指引》等法律法规以及《关于提高上市公司质量的意见》等文件，经过专项治理，截至 2009 年年底，已完成整改 8395 个治理问题，整改率达到 98% 以上，上市公司治理取得了较大的成效。一些上市公司的管理层因公司治理不合规也受到了经济处罚甚至是刑事处罚，公司治理实现了从轻视甚至忽视问责到真正问责的转型。④

　　虽然 2005 年开始的股权分置改革显著提升了我国部分上市公司治理机制的有效性⑤，公司治理也实现了从建立治理结构向完善治理机制转型；然而，从上市公司整体的治理机制看，其有效性依然有待提高。比如，近年来，中国越来越多的上市公司在发布财务报告后又通过各种各样的补充更正公告对之前的财务数据进行重述⑥，扭曲股票市场中财务会计

---

① 何德旭、饶明、谯海：《中国股票市场的风险与安全隐患》，《上海金融》2013 年第 3 期。

② 郑志刚、孙娟娟：《我国上市公司治理发展历史与现状评估》，《金融研究》2009 年第 10 期。

③ 参见《尚福林主席谈中国资本市场二十年》，载于中国证监会研究中心网文选《站在新的历史起点上》，第 10 页。

④ 李维安：《中国公司治理改革：转型的二十年》，《南开管理评论》2010 年第 6 期。

⑤ 汪昌云、孙艳梅、郑志刚、罗凯：《股权分置改革是否改善了上市公司治理机制的有效性》，《金融研究》2010 年第 12 期。

⑥ 上市公司进行财务重述的内部原因主要是出于管理层的自利动机，如在公告前抛售公司股票或者执行更多的股票期权，或出于公司并购、个人晋升、粉饰业绩以避免被撤换等多种原因。

信息的可信度及其定价功能和治理功能，损害投资者利益①；又如，在公司治理上一般不存在"内部人控制"和"外部人控制"问题的、出资人为自然人或家族的民营创业板上市公司，上市后业绩变脸，其高管不惜辞职进行套现的现象还较为普遍。②再如，上市公司落实投资者回报的分红机制和推动中小股东和机构投资者参与治理的机制尚未普遍建立等。这些都反映出部分上市公司治理机制的失效。

时至今日，从首次上市前后和再融资前后的情况看，我国上市公司的治理质量和水平在逐年提高，多数公司满足了强制性的治理要求，但由于受体制、机制等多种因素的影响，其距离真正意义上的现代企业制度还存在一定的差距，还需要继续进行改革与完善，进一步弱化上市公司的行政型治理，强化经济型治理。2014年《中共中央关于全面深化改革若干重大问题的决定》明确提出"允许更多发展混合所有制经济，允许非国有资本参股国有资本投资项目，允许企业员工持股"。这将有利于形成资本所有者和劳动者利益共同体，削弱国有上市公司中一股独大所引致的弊端，而且管理层的逐渐市场化而非国家派遣，无疑将在一定程度上强化上市公司的公司治理水平，促进公司治理机制的完善。

（二）新股发行定价改革：促进一级市场和二级市场协调发展

从理论上讲，股票发行应当是一种市场化的甄选机制和定价过程，市场参与各方之间竞争博弈的均衡结果是优胜劣汰，形成合理的价格。从历次新股发行的实际情况看，我国股票市场就一直存在新股二级市场和一级市场的价差现象，即不是低价发行，造成"新股不败"的神话，就是高价发行，引发新股频频破发。而新股发行制度改革，其实质就是实现市场化定价，使新股价格真实反映公司价值，实现一级市场和二级市场均衡协调发展，切实保护投资者的合法权益。

我国新股发行制度改革历程基本上是从行政管制向市场化渐进演进，

---

① 戴亦一、潘越、刘思超：《媒体监督、政府干预与公司治理：来自中国上市公司财务重述视角的证据》，《世界经济》2011年第1期。

② 何德旭、饶明、谯海：《中国股票市场的风险与安全隐患》，《上海金融》2013年第3期。

新股发行定价也是一个逐渐市场化、逐渐改变新股报价不合理现象的漫长过程。大致讲，该过程可分为以下五个阶段：（1）1990—1998 年年底基本是由行政管制决定股票发行，如以固定市盈率水平确定新股发行价格，以及内部认购证和新股认购证与银行储蓄存款挂钩，全额预缴款方式配售，等等；（2）1999 年摆脱行政束缚，开始放宽与淡化市盈率水平发行方式，确立发行的利益关系人决定价格的原则；（3）2001 年开始"半市场化"的上网定价发行，由审批制向核准制演进；（4）2004 年颁布实施《关于首次公开发行股票试行询价制度若干问题的通知》，迈向市场化的询价制发行方式；[①]2009 年 6 月发布《关于进一步改革和完善新股发行体制的指导意见》，完善询价和申购机制、优化网上发行制度；（5）2013 年年底发布《关于进一步推进新股发行体制改革的意见》后，我国股票发行制度又向市场化、法制化方向推进了一步，理顺了发行、定价、配售等环节的运行机制。在 2014 年 6 月开启的新一轮新股发行中，由于严格控制超募，新股发行定价可以通过数学公式计算出来。[②]而且也推出了相应的配套改革措施，即市值配售限制不参与二级市场的"打新专业户"申购新股；网上配售不按持股市值进行比例配售；网上发行先缴款再配售。可以说，目前监管层通过窗口指导实现了新股发行围绕行业市盈率上下波动的局面，在一定程度上避免了市场诟病多年的"高价发行、高市盈率和超高募集资金"现象。

毋庸讳言，促进一、二级市场协调发展的改革也并非一直往均衡的价格收敛。因为新股发行体制改革本身就是一个系统工程，包括发行定价和申购中签两方面的市场化，而且每一方面的改革均涉及多个因素。具体来讲，在新股发行定价环节要能够反映市场价格，监管机构对于上市公司，要强化对其信息披露的真实性和准确度、针对性、全面性、可读性的审查，以及对其超募资金实施严格的监管；对于机构投资者，要强化对其在询价过程中的约束力；对于承销商，在要求其提高定价能力、引导理性竞价的同时，还应要求其为市场提供高质量的投资价值研究报告。在申购中签方面，不但要优化网上发行机制，将线下、线上申购参与对象分开，对

---

① 吕立新、饶明：《IPO "新政"还要往前走》，《瞭望》2010 年第 6 期。

② 如果拟上市公司在发行中不安排老股转让，投资者只要根据募集资金、发行费用、发行数量这几个参数就可算出发行价，即（募集资金＋发行费用）/发行数量＝发行价。

每一只股票发行，任何股票配售对象只能选择线下或线上一种方式进行新股申购；而且要对线上单个申购账户设定上限。此外，还需要加强对所有参与人的新股认购风险提示，以期避免市场大起大落。

虽然新股发行采用注册制是坚持市场化和法治化取向的要求，这样不仅可以降低政府对市场的影响，而且可以优化股票市场结构和完善融资主体，但是，时至今日，我国新股发行尚未实现注册制发行。其中一个重要的原因在于，注册制改革的实施要有法理依据，要以修订《证券法》为前提。当前，关于注册制的相应方案还在制订过程中，等方案制订完成后还要公开征求意见，很显然，我国新股发行实现真正的市场化还任重道远。

二　交易中介：券商治理与创新发展

在推动国有企业股份制改造和社会多元化资产形成、有效盘活社会资产存量、拓宽居民投资渠道，以及推动资本市场信息透明度建设等多个方面，我国的证券公司功不可没。但因最初是由商业银行或信托公司的证券营业网点发展而来，我国的证券公司在管理上缺乏现代管理经验。在其发展初期，由于粗放经营、内控机制不完善甚至形同虚设，以及普遍存在严重的短期行为，证券公司不但经营效率低下，而且违规经营乱象丛生。比如，为吸引客户，券商不惜丧失原则和立场为客户进行一些虚假包装，与会计事务所和审计事务所互相勾结，扶持一些质次的公司上市；再如，在市场低迷时，许多券商营业部为了生存，采用各种手段违规融资，甚至挪用客户保证金或通过营业部柜台以发行国债再保管单的形式，大量融入资金进行实业投资及资金拆借，而且在投资亏损或拆借无法收回时进行滚动发债。据中国证监会统计，截止到 2002 年 5 月底，当时 118 家证券公司的净资产总额为 917 亿元，但不良资产却高达 460 亿元，不良资产率超过 50%。[①] 于是，2002—2004 年市场结构的调整，导致一批证券公司多年积累的风险集中爆发，严重影响股票市场的安全运行。2005—2007 年中国证监会对证券公司经过两年半"刮骨疗毒"式的综合治理（风险处置、

---

① 何德旭、高伟凯、王轶强：《中国证券公司考察报告》，《经济学家》2003 年第 2 期。

日常监管和推进行业发展并举），先后关闭和处置了 31 家高风险证券公司如华夏证券、南方证券和汉唐证券等，彻底化解了证券业的历史遗留风险;[①] 发展至今，证券公司已进入良性发展的轨道，出现大面积破产的概率很小，但其综合竞争能力依然较弱。虽然竞争力强弱是一个相对的概念，但是其原因无疑与券商业务创新能力相对较弱密切相关，一方面这是监管制度所致，另一方面则是券商自身因素所致。

从券商自身角度看，制约其综合竞争力不强的原因主要有两方面。一方面，作为股票市场的中介主体，我国证券公司在基础金融功能方面受到了不同程度的限制：（1）支付功能受限，"客户资金账户"只是一个虚拟账户，并无实际头寸，只能以银证转账的方式封闭运行，熊市时则资金外流；（2）托管功能缺失，使得融资融券和场外金融产品的创新受到限制；（3）场内竞价交易功能基本没有，场外做市商交易功能薄弱。[②] 这自然制约了券商在产品和业务上的自主创新能力提升，进而制约了综合竞争能力的增强。

另一方面，作为资本市场上为投融资双方提供金融服务的核心中介机构，与国际上成熟的大型券商相比，我国证券公司在业务模式方面也存在较大差距。（1）业务结构不合理，营业收入结构中对各类中介业务尤其是代理证券买卖的经纪业务具有高度的依赖，严重依赖市场行情的"靠天吃饭"的初级盈利模式依然存在，而且行业同质化严重，缺乏分工，竞争成本较高。（2）资产管理业务市场份额仍然相对较低，行业影响力有限，资管业务发展结构不均衡，通道业务比重较大。[③]（3）投资银行业务主要集中在 IPO、再融资和并购重组上，业务面狭小，而且很少利用资本市场价值发现功能将公司的发展与承销上市联系起来考量。[④] 此外，证券承销过程中发行人资格审查、发行规模和上市时间在很大程度上都由监管机构决定。[⑤]（4）券商自主创新相对滞后，不但创新产品类型少、参与

---

① 刘鹤翚：《我国证券公司盈利模式创新研究》，《财经问题研究》2013 年第 2 期。

② 《再造我国证券公司作为投行的三大基础功能》，《中国证券报》2012 年 8 月 6 日。

③ 孙永文：《券商资产管理业务：问题与对策建议》，《证券市场导报》2014 年第 8 期。

④ 李文华：《证券公司创新发展路径探析》，《证券市场导报》2013 年第 2 期。

⑤ 何德旭、饶明、谯海：《中国股票市场的风险与安全隐患》，《上海金融》2013 年第 3 期。

度不高，而且业务链条不完善，资本实力弱，抗风险能力差，难以抵御国内商业银行和海外投资银行主导的竞争和业务侵蚀。[①] 可以说证券公司创新能力的丧失而非经营风险，将是证券行业未来最大的系统性风险。在自主创新已经成为我国转变经济发展方式和调整经济结构的重要支撑，证券行业佣金浮动和息差收入变革，业务集中度降低及行业竞争加剧的时代背景下，创新发展与转型已经是证券行业的发展趋势，而放松管制则是促进券商自主创新的助推器。

从监管制度看，我国的监管制度对券商的自主创新存在较多限制，2004 年 8 月才开始逐渐放松管制，为支持证券公司探索创新发展空间，发布了《关于推进证券业创新发展有关问题的通知》。但试点证券公司进行创新尝试的领域主要集中在集合资产管理业务和信息技术方面。近年来随着一系列促进创新发展机制的政策措施的逐步推出，证券行业以创新为主导的市场化改革则进入了一个新的阶段，国内证券公司传统的盈利模式也迎来了转型的机遇。

2011 年 10 月推出的《证券公司业务（产品）创新工作指引（试行）》，在加大鼓励证券公司"创新"行为的同时，完善了相应的容错机制，为券商的业务创新奠定了基础。2012 年 5 月证券行业召开第一次创新大会，监管层拟定《关于证券公司改革开放、创新发展的思路与措施》，明确了证券业下一个阶段发展的"路径图"，并从 11 个方面出台措施支持行业发展。[②] 同年，《金融业发展和改革"十二五"规划》进一步明确支持和促进证券公司在开展融资融券及转融通、中小企业私募债、新三板、直投等创新类业务；鼓励券商上市、支持并购重组、券商及期货资管业务松绑等多个方面的创新发展。证券公司的业务创新也由此将视线从证券市场移到更为广阔的金融市场，业务创新出现规模化和集群化的趋势。不过，由于刚起步，创新业务收入在券商收入中的占比虽然有所上升，但创新业务盈利能力并不高，也存在一些风控问题，

---

① 赖章福：《完善证券业务架构，创新券商盈利模式》，《中国证券》2012 年第 12 期。

② 包括提高证券公司理财类产品创新能力、加快新业务新产品创新进程、放宽业务范围和投资方式限制、扩大证券公司代销金融产品范围、支持跨境业务发展、推动营业部组织创新、鼓励券商发行上市和并购重组、鼓励券商积极参与场外市场建设和中小微企业私募债券试点、调整完善净资本构成和计算标准、人才激励机制和适当性管理要求 11 个举措。

而且券商自主创新还未起主导作用，证券行业也存在一些制约业务创新的问题①，因此，2013 年券商创新大会强调把风险控制在可控范围内，尤其要重视合规管理。2014 年券商创新大会则强调要深度创新，在坚持服务实体经济发展、服务社会财富管理，防范系统性、区域性金融风险，做好传统业务的基础上，进一步提高券商的创新发展能力。具体涉及五个方面：一是放宽行业准入，鼓励市场竞争；二是实施业务牌照管理，探索功能监管；三是拓展基础功能，推进全面创新；四是拓宽融资渠道，提升资本实力；五是实施双向开放，加快国际化进程。2015 年 4 月 13 日中登公司全面放开"一人一户"限制，从微观层面将加速行业盈利模式由通道式向资本中介（两融、股权质押、收益权互换等）及资本运作（新三板做市、并购基金、个股期权等）转型，促进券商提高市场化程度和创新能力。

　　总的来讲，我国证券公司的业务创新基本上是沿着监管部门主导创新向券商自主创新主导的路径在逐渐演进，即制约创新业务发展的政策及体制因素逐渐消除为券商业务创新打开空间，证券公司根据自身情况和市场机会进行差异化、专业化及特色化的主动创新氛围正逐步形成。可以预见，随着券商创新业务领域及空间的拓展和创新能力的增强，券商在四大传统业务领域也将出现转型。（1）经纪业务将由通道型服务向财富管理型服务转型，在产品、营销、投资顾问队伍、客户适当性管理等多个层面提供更多的增值服务，满足客户的各类投融资需求。（2）投行业务将由单一融资通道服务向综合金融服务转型。（3）证券自营业务将由相对单一的投资模式向多样化的、策略性的投资模式转型，从证券投资向价值投资和风险管理过渡。（4）资产管理业务将从原来局限于权益类产品的模式向覆盖全系列金融产品的大资产管理模式转变。② 届时，券商将从"轻资产、低杠杆"转向"重资产、高杠杆"；从"以牌照为中心"转向"以客户为中心"；从"规模扩张、同质竞争"转向"经营分化、特色发

---

　　① 如市场很大但行业很小，业务资格管理制度与多层次资本市场体系建设不适应，放开证券公司通道业务与放开证券公司业务范围不同步，证券公司产品创新能力与社会投融资需求不匹配。参见中国证券业协会会长陈共炎在 2013 年 5 月 8 日券商创新大会上的讲话。

　　② 周小全、邓淑斌：《我国证券公司业务转型路径之思考》，《金融理论与实践》2012 年第 11 期。

展"。但是这一转型也将是一个渐进的过程，而且各家券商不但进度不一，而且所发展的重点也将会有较大的差异。

三　运行机制：体制与市场的博弈

（一）政策因素仍然是影响股票市场运行效率的重要因素

我国股票市场从无到有，本身就是一种制度创新。作为"新兴加转轨"的股票市场，在其向成熟市场发展的过程中，政府的作用是不可或缺的，政府不但要扮演市场的"培育者"，还要扮演市场的"监督者"。无论是参与股市的构建，还是对基本财产权实施保护，提高交易过程和程序的透明度，以及保护投资者信心，都需要政府有所作为。在此情形下，采取非市场化的行政命令来影响或调控股票市场在所难免。

毋庸讳言，这种多元化的政府行为目标往往存在潜在的冲突，而且由于政府政策安排与股票市场内在运行规律之间的差异，也降低了股票市场的运行效率。无论是正式以政府部门文件或出台政策，还是以非正式途径传达政府部门政策意向，或是通过非公开渠道"组织"一些机构投资者贯彻政策意图[1]，或是通过新华社或《人民日报》发表股评文章，这些都常常演化为对股市的过度干预或不当干预。在资本市场运行和发展所依赖的制度和政策尚不完善的情况下，由于相关的调控制度和政策具有很大的不确定性特征，股市自然会强震或过度反应。[2] 实证研究表明，无论是证券供给和需求政策因素，还是制度性政策或投资者预期性政策都会对股市波动产生显著的正向影响。[3] 尤其是，股票市场周期性变化与政策事件周期性变化更是显著互动，利好性政策事件将导致股市下跌势头转弱或从熊市转为牛市，利空性政策事件则导致股市上涨势头转弱或从牛市转为熊

---

① 王国刚：《中国资本市场热点分析——政策研究报告》，企业管理出版社2003年版。
② 王曦、叶茂：《我国股票市场"政策市"现象的理论阐释》，《学术研究》2011年第1期。
③ 王明涛、路磊、宋镭：《政策因素对股票市场波动的非对称性影响》，《管理科学学报》2012年第12期。

市。[1] 在这种"政策市"特征明显的股票市场中,广大市场参与者理性的选择,显然是"相机抉择",并设法事先把握政策变化的趋势,抢占先机以获得最大利益。于是,上市公司会采取各种手段说服政府通过立法和其他行政力量,出台对其有利的政策来保持在行业中的垄断和优势地位;[2] 投资者也会设法早点寻找各种所谓"政策"和"消息"。自然地,我国股票市场的运行机制便受到了扭曲,不但各种不规范现象严重,而且也给投资者的投资行为造成了误导。于是,股票市场应具有的金融功能难以有效发挥,如资本的价格发现与合理定价,储蓄与投资的直接转化,以及社会资金与产业资本的有效融合;等等。

由于政府政策对股票市场运行存在较为直接的影响,而且每一项政策的制定和出台都会涉及多方面的利益,因此,在我国股票市场的改革与创新发展中,减少政府政策对于股票市场的直接干预,并将其引向市场化发展的道路,是提高股票市场效率的关键所在。尽管政府政策对股票市场运行依然存在重要的影响,但总的来讲,随着我国股票市场规模的壮大和投资者的日渐成熟,政策事件对中国股票市场的冲击在减弱,而且管理部门的管理模式也在逐渐精细化,在出台股市政策时也更加审慎。[3]

(二) 体制因素与市场因素的博弈均衡:股权分置改革

从理论上讲,资本市场应具有健全的定价功能,股票价格应反映上市公司的内在真实价值,也是约束股东行为的重要的公司外部治理机制。然而在股权流动性分裂的情况下,上市公司的所有权和经营权并未真正清晰到位,各股东之间也未形成"风险共担、利益共享"的平等局面。虽然上市公司股权流动性分裂是当时条件下的必然产物,也是中国资本市场得以建立、存在和发展的必要制度前提,但是由于股权流动性的分裂所导致

① 胡荣才、龙飞凤:《中国股票市场政策市的新特征》,《财经理论与实践》2010 年第 5 期。

② 毛平、肖潇:《股市中的政策风险防范》,《经济导刊》2010 年第 2 期。

③ 胡荣才、龙飞凤:《中国股票市场政策市的新特征》,《财经理论与实践》2010 年第 5 期。

的八大危害①，我国股票市场的运行一直处于不正常的状态，不但股票市场价格发现机制扭曲，甚至连正常的市场预期也难以形成。这不但使得股票价格不能作为监督和评判上市公司的标准，而且也使得流通股市场的股价波动与流通股比例密切相关。②

2005 年 4 月 29 日，中国证监会发布《关于上市公司股权分置改革试点有关问题的通知》，无疑为我国股票市场的正常运行扫除了一个最大的体制性障碍，形成了同股同权，使得股票市场各种机制的作用得到一定程度的发挥。股改使得非流通大股东获得了流通权，大股东损害上市公司利益的行为受到自我约束，③ 降低了大股东的掠夺动机。④ 比如，原来的非流通股股东在股改方案中承诺支付对价，股权结构进一步均衡。由于控股股东（原非流通股股东）受二级市场行为主体的约束，股票价值进入控股股东的目标函数，也改变了以往的行为模式⑤，股改之后公司控制者会更加关注资本市场的变化，存在充分披露公司信息的动机，有效地提升上市公司自愿性信息披露水平⑥，使得大股东与中小股东利益基础有一致化趋势，客观上大大降低了企业完善公司治理的成本⑦，而且也有助于以机

---

① 即（1）从根本上损害了上市公司股东之间利益的一致性，使非流通股股东（大股东）与流通股股东（中小股东）之间的利益关系处在完全不协调甚至对立的状态；（2）是市场内幕交易盛行的微观基础；（3）必然引发市场信息失真；（4）导致上市公司控股股东或实际控制人扭曲的战略行为；（5）中国上市公司疯狂追求高溢价股权融资的制度基础；（6）造成了股利分配政策的不公平，利益分配机制处在失衡状态；（7）使中国上市公司的并购重组带有浓厚的投机性；（8）客观上会形成上市公司业绩下降、股票价格不断下跌与非流通股股东资产增值的奇怪逻辑。参见吴晓求《股权流动性分裂的八大危害——中国资本市场为什么必须进行全流通变革》，《财贸经济》2004 年第 5 期。

② 魏军锋：《非流通股对股票市场和上市公司的影响》，《经济学季刊》2004 年第 2 期。

③ 廖理、沈红波、郦金梁：《股权分置改革与上市公司治理的实证研究》，《中国工业经济》2008 年第 5 期。

④ 丁守海：《股权分置改革效应的实证分析》，《经济理论与经济管理》2007 年第 1 期。

⑤ 曹红辉、刘华钊：《股权分置改革绩效评价：对大股东行为模式影响的分析》，《经济学参考》2009 年第 5 期。

⑥ 张学勇、廖理：《股权分置改革、自愿性信息披露与公司治理》，《经济研究》2010 年第 4 期。

⑦ 廖理、沈红波、郦金梁：《股权分置改革与上市公司治理的实证研究》，《中国工业经济》2008 年第 5 期。

构投资者为代表的其他股东发挥更加积极的监督内部人的角色，改善了上市公司治理机制的有效性[1]，提升了公司价值。

作为我国资本市场上的一项具有里程碑意义的制度性突破，股权分置改革后，虽然股价将反映上市公司的内在价值，企业价值将逐步和市值统一；但是，股权分置改革本身并不能立刻使中国上市公司的治理实现脱胎换骨的转变，也并不能消除股市的所有问题。[2] 在全流通的格局尚未完全形成之前，股权分置改革后遗留下来的限售股解禁以及因新老划断后新股发行出现的新增限售股，其认购价格远低于社会公众股东的认购价格，这在事实上已经对股票的市场定价机制造成了扭曲，其减持本身就意味着对社会股东利益的严重侵犯。而且何时流通和以何种方式流通，成为股市头上的"达摩克利斯之剑"，给市场造成了不稳定的预期。此外，在股权分置改革后内幕交易也存在进一步加剧的可能[3]，出现了群体化、普遍化、网路化的趋势，而且往往与市场操纵联系在一起，并以并购重组和利润分配为主。[4] 但总的来讲，股权分置改革推进了我国股票市场的市场化和健康发展，其积极影响远远大于其附带的负面影响。

（三）增强市场化因素的力量：发展机构投资者

从理论上讲，机构投资者拥有技术、资金和信息优势，对价值投资理念和组合投资理念有较为深刻的理解和实践，持有股份数量多而且持有周期较长。国际股票市场的实践表明，机构投资者持有比例较高的股票的波动性相对比较小，机构投资者对降低市场整体波动性具有明显的推动作用[5]，而且有助于改善上市公司的公司治理水平，促进股票市场健康有序发展。内在机理在于，在"机构—机构"的博弈格局中，信息分布是相

---

① 汪昌云、孙艳梅、郑志刚、罗凯：《股权分置改革是否改善了上市公司治理机制的有效性》，《金融研究》2010 年第 12 期。

② 廖理、沈红波、郦金梁：《股权分置改革与上市公司治理的实证研究》，《中国工业经济》2008 年第 5 期。

③ 马元驹、张军、杜征征：《内幕交易与内幕交易监管综述》，《经济学动态》2009 年第 9 期。

④ 中国证监会研究中心网文选《站在新的历史起点上》，第 45—55 页。

⑤ 王咏梅、王亚平：《机构投资者如何影响市场的信息效率》，《金融研究》2011 年第 10 期。

对对称的，每一个机构都能在交易过程中了解个股的分布程度以及对方的大致成本，于是股票的分布类似于商品市场"寡头垄断"的折断的需求曲线模型，率先提高价格者将遭受损失，显然并非机构的明智选择。①

　　然而我国股票市场的投资者结构，一直是以个人投资者为主导，投资者盲目跟风和追涨杀跌的同质化现象较为严重，整个市场交易的年换手率一直居高不下，投机性强，"羊群效应"显著。随着改革的逐步推进，尤其是 2000 年提出"超常规发展机构投资者"，我国股票市场中机构投资者的数量在逐渐增加，投资者结构正逐渐改善。中登公司 2013 统计年鉴提供的数据显示，机构投资者期末累计 A 股账户数量已从 2000 年的25.66 万户上升到了 65.53 万户。但机构投资者数量的增加对市场运行机制改善的进展也并不顺利。如部分机构投资者奉行逐利原则过于追求短期收益；再如公募基金经常面临短期业绩排名的压力和基金份额可能随时要求被赎回的压力，同样具有快速多变甚至短期投机的特点。但总的来讲，机构投资者数量的增长和对投资者结构失衡的渐进修复，在长期内将有助于股市运行机制的不断完善。

四　股票市场的对外开放

　　大量的实证研究表明，证券市场开放对市场发展具有显著的积极影响，推动了证券市场的发展。如降低国内公司的资金使用成本，使得证券市场趋于稳定②，市场价格的协同波动性减弱并逐步趋于理性，市场有效性得到增强③；而且市场开放增加了市场流动性，可以促进资源有效配置和更快的经济增长。关于一国或地区证券市场是由内资主导还是由外资主导与发达国家和新兴国家（地区）的划分并没有必然的联系，但经济实

---

　　① 马君潞、牛凯龙：《中国资本市场结构矛盾和系统风险》，《南开经济研究》2004 年第 1 期。

　　② Tai, Chu‐Sheng, "Market Integration and Currency Risk in Asian Emerging Markets", *Research in International Business and Finance* (I)：2007, 98 – 117.

　　③ Song, Inman, E. B. Douthett & K. Jung, "The Role of Accounting Information in Stock Market Liberalization：Evidence from Korea", *Advances in International Accounting*, 2003, （16）, 67 – 84.

力的强弱与是否拥有强大的国际性券商存在着必然的联系，行业集中度与证券公司的竞争力也存在着明显的关联。[①] 因此，我国股票市场对外开放是深化金融改革的必然发展趋势。

　　国际经验表明，一国（地区）资本市场开放要取得较为理想的效果，应选择在宏观经济运行稳定的时期，并在真实证券化率达到 30% 以上时，采取渐进式的开放政策，美国、英国、日本、韩国、中国台湾、泰国和阿根廷的实际情况皆是如此。[②] 我国证券市场对外开放的进程遵循的正是在条件成熟基础上的渐进式路线。在我国经常账户开放且具备持续创汇能力的基础上，我国企业才开始境外上市（1993 年 7 月青岛啤酒发行 H 股）、境内证券公司在香港设立分支机构进行本土化经营、境内资本市场向境外投资者开放发行 B 股（1991 年 11 月上海真空电子发行 B 股），以及成立合资证券公司、合资基金公司和合资期货公司。在理性优质机构投资者（如中金公司、中信证券、中银国际，嘉实、博时、南方、华夏基金等）开始主导市场后，2002 年 11 月我国便开始 QFII 制度试点。Wind 资讯显示，截至 2015 年 4 月底，我国已有 280 家 QFII，规模达到 736.14 亿美元；2006 年 6 月开始 QDII 试点，华安基金获得首度额度为 5 亿美元，截至 2015 年 4 月，QDII 机构共计 134 家，投资总额度上升到 899.93 亿美元；2011 年 8 月我国又开始批设 RQFII 试点，首批额度 200 亿元人民币，截至 2015 年 4 月，投资额度增至 3637 亿元人民币。随着我国人民币国际化进程的逐步推进，作为在风险可控的条件下的逐渐松绑资本账户管制的突破性试验，中国证监会在 2014 年 4 月 10 日正式批复开展沪港通试点。这不仅将扩大两地投资者的投资渠道，改善上海市场的投资者结构，而且还可能促进资本市场的基本理念、交易机制、融资机制、退市机制、产品创新机制、投资者结构、投资者保护制度、监管执法等多个领域的变革，增强我国资本市场的综合实力。随着内地香港基金互认陆续推出，A 股在不久的将来会纳入 MSCI（摩根士丹利资本国际）全球指数。随着深港通试点提上议程，以及正在研究阶段的沪台通试点，大陆地区资本市场开放的广度和深度也将进一步提升。

---

　　① 王益、齐亮：《资本市场开放下证券公司竞争力的国际比较与中国的选择》，《经济科学》2003 年第 6 期。

　　② 王益、齐亮：《资本市场开放的国际比较与中国的选择》，《管理世界》2003 年第 6 期。

总的来讲，我国证券市场对外开放的力度正在加大，尽管在评价开放程度的高低上存在一定的分歧。郭树清（2012）的研究表明，我国证券市场通过迂回方式实现了高度开放。[①] 如大量的外资通过直投、参股、并购等方式，在国内企业公开发行上市前就早早进入，外资股东参与 A 股的程度超乎人们想象，算上大量的赴海外上市公司，中国证券市场的外资参与度就更高。但是依照 IMF 等相关机构的概念和标准，中国股本市场开放度还属于较低水平。比如，外国居民在中国证券市场只能买卖 B 股，不能交易 A 股，只有少量的 QFII 和 QDII 在证券投资中实现了资金的双向流动，等等。

需要指出的是，随着证券市场的对外开放，未来资本跨境活动的规模和频率猛增，将增加市场的复杂性和风险，增加国内货币政策的执行困难，加大金融危机发生概率的负效应。无论是投资者还是监管者都需要做好心理准备和专业知识准备，在迎接机遇的同时应对相应的挑战。对于投资者而言，在学习专业知识的同时要更新投资理念，积累市场经验；对于监管者而言，则需要改革与创新，实现监管框架和理念的国际化，防范短期资本流动冲击，维护金融稳定。因此，在推进我国股票市场开放的过程中，要优化开放次序以降低开放风险。

五　结语

我国股票市场从无到有发展至今，无论是支持国有企业股份制改革，还是提高我国直接融资的比例，对国民经济的发展都发挥着重要而巨大的金融支持作用。但与国际成熟的股票市场相比，我国股票市场还存在诸多不足：其一，上市公司质量不高；其二，金融交易品种单一而且缺乏风险对冲机制，金融创新能力也不够；其三，股票发行及公司在并购重组中存在制度性扭曲，交易的定价过程也在很大程度上受行政因素影响；其四，投资者结构不完善，机构投资者发展严重不足；其五，信息透明度不高、内幕交易时有发生，监管与调控乏力，相关的法律尚待规范和完善；以及

---

① 郭树清：《中国资本市场开放和人民币资本项目可兑换》，《金融监管研究》2012 年第 6 期。

掌握现代金融服务工具和技术的专业人才还比较缺乏，等等。虽然实体经济对金融运行具有决定性的作用，但金融体系的健康与否也对实体经济的运行具有至关重要的影响。股票市场作为一国金融体系的重要组成部分，其稳定运行是金融安全的本质要求和重要体现。因此，只有继续深化改革，对当前股票市场运行中的风险进行疏导和逐渐化解，才能使其在风险可控的条件下高效地运行，并有效促进我国实体经济的发展，并让广大投资者分享整个国家经济增长带来的经济红利，进而更有效地服务于实体经济的发展。

第三章

利率市场化下的利率风险管理

　　随着中国政府近年来逐渐放开对银行的利率管制，我国利率市场化的序幕由此拉开。推行利率市场化改革给包括商业银行在内的银行系统传达了政府加快推进利率市场化的信号。所以，中国政府已经开始构建国际主流金融体系，实现利率市场化。然而，在中国政府以及央行不断地加快推行利率市场化时，银行所承受的市场利率风险也如影随形。利率风险的含义是当利率水平因市场需求而发生变化时所引起金融资产价格的变化。因为商业银行的主营业务和资产负债主要是以金融资产的方式存在的，当利率在变化浮动时，这些金融资产的价值也会随之发生变化，进而直接影响商业银行业务运营的稳定性以及财务状况的安全性。在货币金融市场上商业银行的利率风险管理意识、利率风险管理工具先进程度以及利率管理团队人才水平直接决定其利率风险，所以在此利率市场化的改革背景下，中国商业银行想要确保健康、平稳经营的最大的问题与挑战在于如何衡量商业银行的利率风险水平，如何在面临利率风险过程中有效地防范风险以及在此背景下实现整个银行系统的科学有效的市场利率风险管理。由于中国政府长久以来严格控制银行利率，利率波动性小，信息流通性高以及利率风险可控性好，所以我国商业银行十分淡化与忽视市场利率风险，再加上过高的不良资产比例是商业银行最突出的问题，这导致商业银行过于重视防范信贷风险，而直接忽视运用科学的风险度量方法以及有效的风险管理体制。商业银行普遍存在的疏忽是银行利率风险管理的量化工具只是微量的静态定性指标。

一　利率市场化风险研究成果综述

（一）利率市场化研究

利率市场化的相关研究理论汗牛充栋，其中利率市场化理论的最高峰是由 20 世纪 70 年代的 McKinnon 和 Shaw（1973）共同提出的金融抑制和金融深化等相关理论。[①] 金融深化和金融抑制最早的研究对象是发展中国家的银行金融体系特点与水平，这为发展中国家的银行金融系统在今后改革利率市场化提供了有效的理论基础。接着，Karlyn（1989）为全面而精确地研究发展中国家经济增长和实际利率之间的关系，第一次在模型中引入时滞这个衡量指标，并创新性地建立了动态和稳态两种金融模型。[②] 其中，在他创建的稳态金融模型中，银行等金融机构储蓄率水平直接影响市场投资规模，而国内储蓄率是由实际存款利率这个指标的关键性作用决定的。与此同时，研究发现实际存款利率也在一定程度上决定着市场投资效率，所以提升实际存款利率水平有助于市场投资规模的扩大。在动态模型中，Karlyn 相信周期性的经济增长率是由三个指标共同决定的，它们分别是实际存款利率、预期价格水平以及实际价格水平的比率。Madura 等（1995）建议发展中国家对于金融制度的作用机制和金融市场的运行机制应该有着更加深入的理解与行动，发展中国家在试水利率市场化政策实施进程中应该高度重视创立高水平的利率金融机构。[③] Wright 等（1996）研究学者从全程跟踪与研究部分发展中国家，比如秘鲁、阿根廷的利率市场化改革的各个政策细节与实施效果，他们重新思考了政府加强经济干预以及金融机构放宽利率管制的行为，通过构建模型与分析数据发现所谓具有发展中国家特色的市场逆向激励现象是在利率改革中出现的，这两者方法

---

①　McKinnon, Ronald I, *Money and Capital in Economic Development*, Washington D. C.: Brookings Institute, 1973.

②　Karlyn Mitchell, Interest Rate Risk at Commercial Banks: An Empirical Investigation, *Financial Review*, 1989（24）：431 – 455.

③　Madura Jeff, Zarruk Emilio R., Bank Exposure to Interest Rate Risk: A Global Perspective, *Journal of Financial Research*, 1995（18）：1 – 13.

分散了银行资产的风险。[①] 他们改进并补充了 McKinnon – Shaw 的相关理论,发现上述理论的缺陷在于只强调发展中国家在利率市场化改革中所获得的经济发展的积极作用,以及如果采取金融抑制措施对于经济发展的不利影响,但遗漏了利率市场化改革的合理方式和具体环境,这对发展中国家来说并没有切实可行的途径迈入健康有序的利率市场化改革进程。在继承与发展前辈的理论后,Stiglitz 等提出了著名的金融约束论理论,并强烈号召政府管理机构应该适当地约束利率水平。斯蒂格利茨等发展出的理论属于过渡性政策约束在政府完全放开利率管制之前,是保持审慎性态度对利率市场化改革,更是对金融深化论理论体系的关键补充内容。我国想要逐渐步入正常有序的利率市场化的实施轨道,就应该在充分参考与研究上述学者理论的精华与宝贵经验,并最大限度地考虑我国具体金融环境与国情实况的基础上大胆地摸索前进。

(二) 商业银行利率风险研究

Basel (2004) 实证分析了 1976—1983 年银行利率风险的实际暴露程度,以判断该银行群体的利率风险是否会因金融管制的放松和利率波动而增加,研究结果表明 1979 年以后商业银行因改变了其利率风险管理策略,所以其总的利率风险暴露程度比较小。[②] Donald 等 (2002) 从国际经济和各国之间的角度来研究银行业的利率风险,发现因为各国的银行利率风险各有不同,因此应该基于各自利率风险差异而制定实施不同的基础风险资本要求,另外,这些研究学者还发现,国内利率和国际利率的变动都可以引起除美国以外所有其他国家银行的内在价值的敏感性。[③] Senay Agca (2005) 研究在 1989—1999 年金融自由化的最后过程,韩国银行的股票回报率只呈现正相关关系与变幻莫测的银行短期利率浮动,但与可知的短

[①] Wright David M., Houpt James V., An Analysis of Commercial Bank Exposure to Interest Rate Risk, *Federal Reserve Bulletin*, 1996 (82).

[②] Basel Committee on Banking Supervision, *Principles for The Management and Supervision of Interest Rate Risk*, 2004: 33 – 35.

[③] Donald R. Fraser, Jeff Madura, Robert A. Weigand, Sources of Bank Interest Rate Risk, *Finance & Investments*, 2002 (7): 351 – 367.

期利率浮动和长期利率浮动没有关系[①]。Au Yong 等（2009）探讨研究了亚太银行市场汇率风险和利率风险变动与金融衍生工具项目的收益水平的相关性，研究实证显示长期利率风险（LTIR）与金融衍生工具项目的收益水平呈现正相关关系，与银行短期利率风险（STIR）呈现负相关关系。[②] 刘胜、谢赤（1998）认为商业银行所面对的银行利率波动风险一般可以分为银行层面的局部性风险与市场层面的系统性风险，还分别提出应对措施与根本治理方法来防范与管理这两种不同性质的利率风险。[③] 吕耀明、林升（1999）分析研究了利率变化过程的三个方面：市场效应、收入效应以及动态效应运作中风险的形成媒介。[④] 刘湘云、吕杏（2009）运用 SUR 模型跟踪研究了中国十几家商业银行长达七年的利率浮动与经营业绩数据，实证结果表明银行的利率风险水平受到特征比率影响较大。[⑤]

（三）利率市场化对商业银行利率风险影响的研究

关于利率市场化进程中对于商业银行的利率波动风险影响主要是利用中国的文献进行整理的，这些文献反映了中国近年以来利率市场化对于商业银行的影响，具有可参考性质。熊正德、乔海曙、刘洪善（2001）研究选择的对象是 15 个城市的 123 家城市商业银行特有的经营财务模式，并分析了其在中国政府推行利率市场化进程中所受到的冲击与发挥作用程度，认为城市商业银行在最终的利率市场化改革中会因其薄弱的财务稳定性与差劲的业务表现而面临着更大的利率风险，因此建议城市商业银行应

---

①　Senay Agca, "The Performance of Alternative Interest Rate Risk Measures and Immunization Strategies under a Heath – Jarrow – Morton Framework", *Journal of Financial and Quantitative Analysis*, 2005 (9): 645 – 669.

②　Au Yong, Hue Hwa, Faff Robert, Chalmers Keryn, "Derivative Activities and Asia – Pacific Banks Interest Rate and Exchange Rate Exposures", *Journal of* 55 *International Financial Markets*, Institutions and Money, 2009 (19): 16 – 32.

③　刘胜、谢赤：《商业银行利率风险管理初探》，《湖南大学学报》1998 年第 12 期。

④　吕耀明、林升：《商业银行利率风险管理研究》，《经济研究》1999 年第 5 期。

⑤　刘湘云、吕杏：《商业银行利率风险暴露——基于中国的银行数据的实证分析》，《广东金融学院学报》2009 年第 3 期。

该不断提高其风险防范能力。[①] 刘义圣（2002）选择的银行类型与研究对象是 25 家中小型规模的商业银行在此背景中所面临的挑战以及问题，研究结论是其将会在国家实施利率市场化过程中遭受比其他大型规模商业银行更大的冲击与困难。[②] 李春红、董晓亮（2012）分别研究了大型规模的商业银行和中小型规模的商业银行，他的结论与上述文献相符，表明中小型规模的商业银行将会受到较大的冲击，原因在于中小型规模的商业银行对于银行存贷款利差的利润依赖性比较强、网点数量分布少、市场金融产品议价能力差等。[③]

二　利率市场化下我国商业银行的利率风险

（一）利率市场化的特征和改革前景

利率市场化是指市场用"无形的手"来决定银行利率水平的定价，利率的结构调整、传导机制以及管理控制等层面将完全由市场来起主导作用。实施利率市场化过程的特征涵盖下面四个层次的视角：金融交易主体享有利率类型决定权、市场自身调控利率的时间结构、金融产品的数量结构以及市场利率风险结构。市场利率水平的基本导向将成为银行同业拆借利率，而以往处于主导地位的央行（或政府）退居间接影响银行金融资产的地位。利率市场化的主要试验地是在拉美地区国家，1970 年后，拉美地区的发展中国家大规模地拉开了利率市场化改革的序幕，然而由于这些国家因经验缺失而大多实施较为激进的利率市场化改革策略，大部分国家的利率改革是冒进而短暂的改革方式。之后，一些发达国家也先后迈开了利率市场化改革与利率管制开放的步伐，相对温和而科学的改革策略使得这些国家的利率市场化改革获得了成功。例如，在东亚国家，日本政府规划制定的利率改革开始于 1978 年，而最后

---

①　熊正德、乔海曙、刘洪善：《论我国商业银行资产负债利率风险管理》，《湖南大学学报》（社会科学版）2001 年第 1 期。

②　刘义圣：《中国利率市场化改革论纲》，北京大学出版社 2002 年版。

③　李春红、董晓亮：《我国商业银行利率风险管理的实证研究》，《华东经济管理》2012 年第 4 期。

在 1994 年才完成整个改革工作，这次成功的改革一共持续了 16 年；而同样成功的是韩国政府，它在整个利率市场化实施过程中前后共经历了 16 年之久，开始于 1981 年，最后结束于 1997 年。参考这些成功实施利率市场化进程的发达国家改革的案例和经验，结合我国的银行金融体系市场上的特殊情况和实际情况，我国也应该经历日本和韩国等国改革成功的流程。2013 年 3 月，易纲指出我国在实施利率市场化进程中应该采取稳步推进的措施与策略，千万不可一蹴而就，由上述资料显而易见，我国开展利率市场化改革是可以促进银行等金融行业健康有序发展的关键性措施，也是顺应国际金融改革潮流和形势的重大改革项目，是势在必行的，但是利率市场化改革的策略切忌急于求成，应该采用渐进温和的方式。

（二）利率市场化下商业银行的利率风险影响

商业银行的利率风险源于因为市场利率水平的无规律变动而可能承受的利差损失。伴随着中国政府不断推进利率市场化改革的进程与步骤，逐步放松管制利率波动范围与频率，商业银行将会面临加倍的利率风险。首先，在过去依旧由央行等管理部门直接决定利率水平的背景下，市场利率具有较小波动性的特征并且容易被预测到，所以商业银行的风险管理中并不重视利率风险管理。但是，伴随着金融管理部门不断放松监管利率风险，利率波动受到市场方面的作用越强，在市场调节机制的影响下，利率波动的可能性增多，商业银行难以预测利率波动的趋势。所以，商业银行应当引进更加科学先进的利率风险管理技术，设置更高的利率风险管理水准。接着，使得商业银行及其相关机构能够拥有在有效的竞争环境中的利率水平自主定价权是我国利率市场化改革的关键内容与核心观点，逐步形成由有效健全市场货币供求所决定的利率定价体系、最大限度地发挥市场的无形作用、减少政府盲目的行政干预是我国利率市场化改革的最终归属。由于我国商业银行当今的经营利润主要来自银行传统业务的存贷款利率利差所得，根据图 3—1 的数据变动可知，1991—2014 年，中国商业银行由于垄断等优势一直保持着较大的存贷款利率利差且该利差呈现较为平稳的变动。

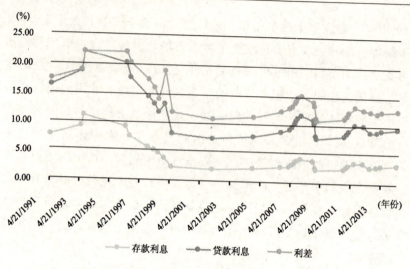

图3—1　1991—2014年存贷款基准利率变动情况

资料来源：中国人民银行网站数据整理所得。

　　然而，利率市场化改革进程的加快将会使得银行存贷款利差空间不断压缩，进而银行利润水平不断下降，这将施加更多的业务经营压力于商业银行身上，盈利空间的压缩势必会迫使商业银行创新盈利业务，优化管理改革。

（三）利率市场化下商业银行利率风险的成因

　　利率风险源于市场利率水平的不确定性波动，由于市场利率波动的影响因素是多层次、多样化的，来源与形式各有不同，所以可从微观银行主体与宏观经济环境因素来归纳利率市场化商业银行的利率风险缘由。宏观经济局势主要来源于国内外政治、经济、宗教、文化以及科技等因素的变动，主要包括宏观经济环境变动、国内外政局动荡、金融市场风险波动、国际汇率和利率波动等，这些宏观变量将会通过市场调节机制来影响市场利率水平，最终产生商业银行利率风险的影响因素和冲击。再加上市场对于宏观环境中的影响因素变动的反应是非常灵敏的，任何一项影响国际市场的事件发生或者因素的改变都会迅速地波及开来。微观银行主体主要来自银行自身经营水平与财务状况，涵盖其不匹配的资产负债信息、不健全的内部管理机制、失误的利率波动预测等。银行微观主体自身对于风险的控制与财务的安全性也在很大程度上影响着风险的形成。通常来说，上述因素的综合效用产生了实质性的风险，图3—2就形象地汇总了影响利率变动的各方面因素。

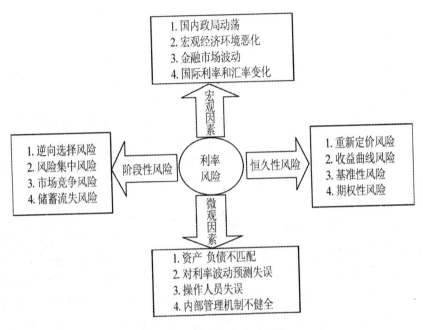

图3—2　影响利率变动因素

资料来源：中国银监会网站。

（四）利率市场化下商业银行利率风险的种类

在关于利率风险种类的研究中，长久以来，不同的学者与专家设立了商业银行利率风险的多种标准，笔者使用的是巴塞尔监管委员会公布的四种风险。

1. 收益率曲线风险

收益率曲线风险是指两种资产的收益率在非同一期限内产生的差额随着固定的收益曲线斜率变动而改变所产生的风险。收益曲线是指连接由同一发行者发行的期限不同但是具有相同风险的投资收益率所得到的曲线，这条曲线具有正负两种形式的斜率，不同的斜率产生的收益率曲线风险也不同。我国商业银行一个普遍存在的现象就是通过不断吸收大量的短期存款来为长期借款做支撑，这也是商业银行获得利率变动的利差的根本途径。但如果投资品收益率曲线呈现反常浮动，商业银行利用上述方式所获得的利率利差营利性就会大打折扣，因此将会面临与构建较为严重的银行利率期限结构风险，对于商业银行的正常经营业务，这会引发巨大的财务危机与冲击。

2. 重新定价风险

引发重新定价风险的重要原因是银行内部不匹配的表外业务的到期期限或重新定价期限。由于银行的重新定价期限不都是完全同步的，所以这种存贷款商业银行可能长期持续地出现不匹配的利率敏感性负债和利率敏感性资产问题，也就是所谓的重新定价缺口。对于商业银行而言，重新定价缺口的最为理想的数值是零，即利率敏感性负债和资产这两者完全吻合，否则银行就可能会在利率波动时遭受损失。

3. 基准风险

基准风险又被叫作利率定价基础风险，它是指银行在负债和资产的期限完全吻合的基础上，因为经济主体所依据的不同的基准利率或者不同的利率水平的变化幅度而产生的利率风险。在某一固定时期内，当银行利息收支的基准利率波动出现不同步时，尽管商业银行不存在资产负债上的重新定价风险，但由于商业银行收益和现金流的利差出现波动，这也会产生极其不利的影响。

4. 期权性风险

期权性风险又被叫作选择性风险，它是指如果商业银行的表外业务和资产负债中所有隐含有期权的业务与产品都会面临此类风险。投资者通过产品的期权交易可以获得变更某种金融产品合同现金流或者某种金融交易工具的权利，但是对上述这两者交易并没有强制性的投资者义务，投资者或购买者可以有在任何对自身不利时放弃、有利时执行的权利。因此金融产品期权交易工具具有很强的非对称性的支付特点，对于处在不利的一方而言这种期权性风险将会带来巨大的影响。在我国实行利率市场化改革之后，商业银行将会难以预测利率的变动调整，商业银行客户也会不断调整与改变自身所持有的资产和负债、顺应银行利率水平的变化从而获取最大的收益性，但是这种调整会使商业银行处于不利的一方，因此这将会大大地增加商业银行的期权性风险。

（五）商业银行利率风险度量方法的分析比较

在国内外衡量利率变动风险的方法中，比较常见的一共有三种方法，下面将简要阐述这三种方法的运算机制与特征。

1. 利率敏感性缺口分析法

利率敏感性缺口有两种衡量指标，分别是相对变量和绝对变量。利率敏感性缺口的相对变量指标是指利率敏感性资产和利率敏感性负债之间的比值。在一定时间范围，如果该比值大于1，就说明显示有正缺口；相反，若该比值小于1，就说明利率存在负缺口；若该比值恰好等于1，就说明不存在缺口。计算数值与大小的含义与上文的数据吻合且相同，这种计算方法在20世纪七八十年代较为流行，国家纷纷采取此类方法来衡量本国的利率风险，但随着下面两种新的度量方法的出现，这种计算方法的热度有所退减。

2. 持续期分析法

持续期分析法又称为久期分析法，是依照一定时间范围内的加权资产负债的到期日的度量方法。持续期分析法最初是麦考利（Macaulay）提出来的，所以又叫作麦考利久期（简称D）。久期不只是一个时间范围，更是可以表明利率波动中的价格波动的敏感度。通常来说，如果持续期的时间越长，价格对于利率的敏感度就越强，也就是银行利率风险越大。久期凸度可以用来衡量在特定时间范围内缺口利率风险所产生的误差，它是衡量资产负债价格收益率曲线的弯曲程度的工具。由于存在凸度，具有相同久期的资产负债会有不一定相同的利率风险，一般来说，久期相同时，资产负债的凸性越大则其风险越小。

3. VaR 模型

Markowitz（1952）在阐述投资组合选择理论时研究并提出了 VaR 方法[①]，1997 年 J. P. 摩根集团首创性地在衡量市场利率中运用到 VaR 模型。VaR 就是通常意义上的在险价值，它是指给定的置信范围在将来某特定时间的区间内，某一证券组合资产（或金融资产）能够遭受的最大损失。

---

① Markowitz, H. M., "Portfolio Selection", *The Journal of Finance*, 7 (1), 1952: 77 - 91.

根据不同的概率分布方法在资产组合收益估计中的运用，VaR 的计算方法可以被分为参数法、非参数法和半参数法三种，下面将详细阐述最常用的非参数法。非参数法涵盖蒙特卡罗模拟法和历史模拟法，历史模拟法是最能够被操作与理解的。该模拟法建立在过去的试验经验基础上，通常假定资产的未来收益率与过往的收益率呈现趋同变动，其核心思想是用因子的变化和特定时期的风险去表示这个变动过程与形式。

三　基于 VaR 模型的商业银行利率风险计量的实证分析

　　传统金融风险管理方法和工具是远远不能做到 VaR 模型中对于风险衡量的效果的，所以 VaR 模型被广泛地运用于国内外各大商业银行的大多数业务中，涵盖着外汇业务、人民币业务、金融衍生产品业务等。本章分析研究的例子是中国商业银行的主要业务——人民币业务，并且运用 VaR 模型来实证分析商业银行。因为人民币业务主要面对的市场风险是银行间同业拆借市场业务，所以笔者主要运用 VaR 模型来研究银行同业拆借市场的数据。同业拆借市场是提供存贷款利率的金融机构调剂临时性或者短期的头寸场所，也是中国货币市场的关键组成部分。1996 年以来，中国人民银行有效地管理和监督中国银行间同业拆借市场，所以其在金融监管机构的监督下健康稳步发展，中国银行间同业拆借利率是中国货币市场当今直接的唯一市场利率，银行间同业拆借利率可以灵活快速地显示出货币市场上资金的流通供求情况，所以金融业界普遍认为银行间同业拆借利率可以当作货币市场上的基准利率。所以，笔者运用 VaR 实证分析工具来分析银行间同业拆借利率风险是有学术依据与市场依据的。

（一）VaR 估算因子的选取

1. 样本数据的选取

　　本章主要实证研究商业银行在利率市场化背景下利率风险状况，分析工具将使用 TARCH – GED 模型和 GARCH – GED 模型并且运用 VaR 法。数据选取区间与研究对象是从 2012 年 1 月 1 日至 2013 年 12 月 31 日的日度文件的 Chibor（也称银行间同业拆借利率），数据的样本容量为 6309 个，样本数据的来源是具有丰富的数据储存与高准确度的国泰君安数据库。

2. 置信水平的选择

因为实证需要运用模型后验测试以检验实证结果的可信度，因此需要选择置信水平。如果在后验测试中所运用的置信区间数值过高的话，实证观测值的非拒绝域的区间就会过小，而有限的非拒绝域会让实证结果产生疑惑：小概率事件到底是因为过小的允许例外点数引起的还是实证模型不能充分衡量风险。出于上述分析考量，一般在实证研究中可行性的置信水平都不能够设置得过高，参考 J. P. 摩根金融集团的置信水平数据，笔者选择 95% 的置信水平。

3. 持有期的选择

在较长的资产组合持有期之下，资产组合也需要较长的时间跨度，所以相应地也需要数量更多的历史样本数据。考虑到中国商业银行普遍都是频繁地进行头寸组合清算，再者由于本章实证部分有限的数据样本，所以不能选择过长的持有期，综合上述因素，持有期的时间跨度是 1 个交易日来测度商业银行的 VaR 值。

（二）模型实证计算与分析

在进行 VaR 模型检验之前，为了消除异常利率数值给实证研究造成的误差并得到更加有说服力的结果，笔者先对银行间同业拆借利率进行对数处理，结果如下：$r_t = \log (R_t) - \log (R_t - 0)$ 其中 r_t 表示对数日收益率序列，R_t 表示 t 时刻的利率，笔者运用的分析工具与软件是 Eviews 软件。

表 3—1　　　　　　　　**对数日收益率序列（r_t）的正态性检验结果**

描述性数据

	N	平均值	标准差	偏度	峰度
利率	33154	.0001035 0590866	.1122078 8078164	0.055283	31.2596

单因素 K—S 检验

		Interest rate
N		3154[a]
指数参数[c]	平均数	0.06204899967492
最极端的差异	哈尔克—贝拉概率	
Kolmogorov – Smirnov Z		1.974
Asymp. Sig.（双尾）		.001

注：a. 有超出规定的范围内分布 1156 的值。这些值被跳过。

　　b. 检查分布是指数。

　　c. 从数据计算。

1. 正态性检验

由 Eviews 软件验证的结果显示，r_t 的均值是 0.000103，标准差是 0.1122，偏度是 0.055283，峰值是 31.2596，这表明这个利率时间序列具有"尖峰厚尾"的特点。另外，该序列的 J – B 值是 32856.25，P 值为 0，这暗示这个利率时间序列服从正态分布。

2. P – P 图检验

另外，为了得到更加全面的数据，笔者也利用统计软件 Eviews 中的 P – P 图法去再次验证样本的正态性，经过处理可得图 3—3。

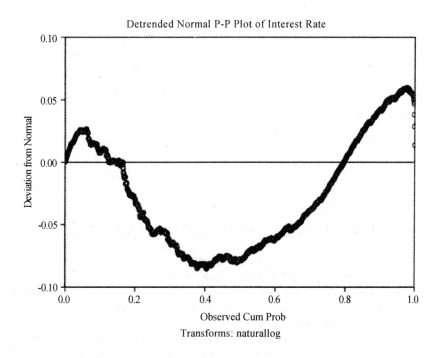

图3—3 对数银行利率 P – P 图

根据图3—3中的点数分布，数据残差都是基本上在 Y = 0 附近分布，大部分的残差绝对值处于 0.10 左右，这显示笔者选择的样本数据所呈现的正态性是稳定良好的。

3. 平稳性检验

表3—2　　　　　对数日收益率序列（r_t）的平稳性检验结果

	数值	t – 检验	P 值
Augmented Dickey – Fuller test		– 596，823	0.00000
测试临界值	1% level	– 3.52698	0.00000
	5% level	– 2.25964	
	10% level	– 2.09635	

　　由上述 ADF 检验的数据结果表明，在 1%、5% 及 10% 的显著性水平下，它们的单位根检验的临界值依次是 - 3.52698、- 2.25964 和 - 2.09635，都大于 ADF 的检验值 - 5.96823，这也证实了这个对数日收益率序列 r_t 是平稳序列，所以可以进行下面的模型构建与 VaR 数值的计算。

　　4. 构建 GARCH 模型

　　在 GED 分布下，假设 GARCH（1，1）模型是：

$$r_t = u + \varepsilon_t \tag{1}$$

其中，ε_t 服从 GED 分布。

　　GARCH（1，1）模型在 GED 分布下的回归结果如表 3—3 所示。

表 3—3　　　　　　　　　　模型在 GED 分布下的回归结果

变量	系数	标准误差	z - 检验	P 值
C	0.000638	0.000253	4.69823	0.0000
RESID	0.607349	0.12863	5.12863	0.0000
GARCH	0.495909	0.05712	8.10855	0.0000
GEDPARAMETER	0.766308	0.034596	20.85632	0.0000
R^2	- 0.000000	独立变量平均值		2.08E05
调整 R^2	0.001185	独立变量标准差		0.08693
标准回归	0.092563	Akaike 信息准则		- 2.82393
平方和残值	8.569355	Schwarz 准则		- 2.47593
数值可能性	1358.589	Hannan - Quinn 准则		- 2.56932
德宾 - 沃森统计	1.96935			

　　根据表 3—3 所示数据可以知道，基于 GED 的分布下，GARCH（1，1）模型的各个参数系数都显著，P 值都是小于 0.05，所以在（GED）分布下 GARCH（1，1）模型能较好地拟合数据。将每个参数系数置入上述

模型的方程中可得到：

$$r_t = 0.000103 + \varepsilon \qquad (2)$$

$$\delta_t^2 = 0.000638 + 0.607349\varepsilon_{t-1}^2 + 0.495909_{t-1}^2 \qquad (3)$$

其中，ε_t服从 GED 分布。通过综合分析上述方差方程的参数值，可以总结出以下几点。

首先，利率长期平均的波动性参数项是 0.000638 来反映的，这个数值说明长期平均利率波动的总体水平是比较低的。

其次，α_1 表明在外界全部因素作用下，利率波动率的总体变动状况，如果 α_1 大于 0，这表明在外界各个因素的综合作用下利率波动率的变动逐渐加剧；如果 α_1 小于 0，表明在外界各种因素综合作用下，利率波动率变动的作用较小，根据表 3-3 数据可以看出利率收益率序列波动会随外界综合作用冲击的增强而加剧。

再次，β_1 可以衡量每个指标的波动性是否配备长期记忆性，也就是说无限长期价格波动和过去价格度量指标的波动能否有相关性。根据实证结果 $\beta_1 = 0.607349$，这显示收益率序列配备长期记忆性。

最后，$\alpha_1 + \beta_1$ 的数值可以度量利率序列波动的持续性，如果 $\alpha_1 + \beta_1$ 大于 0，则显示银行利率在未来一段较长的时间内的历史性大幅波动将会延续下去。反之，则说明不会延续下来。上述方差方程的数值表明在未来一段时间内样本银行利率波动还会延续。

5. 构建 TARCH 模型

为了实证分析杠杆效应是否体现在对数的日收益率序列中，笔者将会构建模型 TARCH（1，1）以证实研究结果。假定 TARCH（1，1）在 GED 分布下的模型是：

$$r_t = u + \varepsilon_t \qquad (4)$$

$$\delta_t^2 = \alpha_0 + \alpha_1\varepsilon_{t-1}^2 + r_1\varepsilon_{t-1}^2 d_{t-1} + \beta_1\delta_{t-1}^2 \qquad (5)$$

其中，ε_t服从 GED 分布。

TARCH（1，1）模型在 GED 分布下的回归结果如表 3—4 所示。

表3—4　　　　　　TARCH（1，1）模型在 GED 分布下的回归结果

变量	系数	标准误差	z - 检验	P 值
Variance Equation				
C	0.000216	0.000219	5.29E25	0.0000
RESID	0.461479	0.018635	0.96855	0.0000
RESID^2	− 0.458459	0.018263	− 5.29683	0.0000
GARCH	0.777258	0.05256	8.10855	0.0000
GED PARAMETER	0.766308	0.034596	28.2896	0.0000
R^2	− 0.000000	独立变量平均值		2.52E06
调整 R^2	0.001096	独立变量标准差		0.093442
标准回归	0.092563	Akaike 信息准则		− 2.92563
平方和残值	8.69358	Schwarz 准则		− 2.56932
数值可能性	1529.589	Hannan - Quinn 准则		− 2.56932
德宾 - 沃森统计	1.971563			

从表 3—4 的研究回归结果可以分析得出 TARCH（1，1）模型在 GED 分布下的参数都是显著的，因此在 GED 分布下 TARCH（1，1）模型如下面所示：

$$r_t = 0.000103 + \varepsilon_t \qquad (6)$$
$$\delta_t^2 = 0.000216 + 0.461479\varepsilon_{t-1}^2 - 0.458459\varepsilon_{t-1}^2 d_{t-1} + 0.777258\delta_{t-1}^2 \quad (7)$$

其中，ε_t 服从 GED 分布。

根据上文方差方程中的指标显示，其中 r_t 表示杠杆因子系数，当 r_t 数值不等于 0 时，这表明在外部冲击下利率波动率呈现非对称的状态，也就是说利率有杠杆效应的存在。根据 TARCH（1，1）模型在 GED 分布下的系数回归结果可以分析出 r_t 不等于 0 而且参数系数呈现显著状态，所以在

外部环境市场冲击下，利率波动率呈现显著的杠杆效应且如果 r_t 是负数，则表明外部环境市场冲击作用在利率波动率的体现上更加明显。

6. 计算 VaR 值

上文已经计算出 TARCH – GED 模型和 GARCH – GED 模型的各个系数，所以基于上文模型可以计算在置信水平分别是 95% 和 99% 下的 VaR 模型的数值。VaR 模型详细的计算步骤如下。

第一步：查得在 GED 分布下，在置信水平 95% 的情况下，临界值 $Z = 1.645$，而在置信水平 99% 的情况下，临界值 $Z = 2.660$。

第二步：利用 Eviews6.0 统计软件中的 forecast 选项对分别在 TARCH – GED 模型和 GARCH – GED 模型下条件方差的利率收益率进行预测。

第三步：假定初价值 $W_0 = 1$，所以根据公式，这样就可以计算出 VaR 值在 95% 和 99% 两种置信水平下的两个模型下的数值。

表 3—5　　　　　　　　　　　置信水平

模型	置信水平	VaR 最大值	VaR 最小值	VaR 平均值
GARCH – GED	95%	0.0178563	0.0068935	0.010968
GARCH – GED	99%	0.0208563	0.0096574	0.013986
TARCH – GED	95%	0.0196823	001071360	0.014582
TARCH – GED	99%	0.0155625	0.0085963	0.011596

7. VaR 模型的后验检验

为了排除其他因素对于 VaR 模型的干扰以及检验以上 GARCH 类模型系数估计的准确性，还需要后续检验 VaR 模型，笔者使用的后续检验方法是失败率检验法。其中，失败率 $P =$ 失败天数/总样本天数，失败天数代表实际收益率大于 VaR 值的估计值的天数。如果置信水平 α 小于失败率 P，这表明该模型是低估了 VaR 值；如果置信水平 α 大于失败率 P，这说明模型高估了 VaR 值。

表3—6　　在 GED 分布下不同置信水平下 GARCH 类模型的失败率

模型	置信水平	总样本天数	失败天数	失败率
GARCH – GED	95%	6309	305	0.048
GARCH – GED	95%	6309	498	0.078
TARCH – GED	99%	6309	456	0.064
TARCH – GED	99%	6309	298	0.047

　　表3—6 的失败率的数据显示，模型度量利率风险的准确率较高，而且根据两个模型数据对比，GARCH – GED 模型的估计准确度低于 TARCH – GED 模型，这两种模型估计出的 VaR 值都能较好地反映利率市场化下我国商业银行利率风险的总体状况。

　　本章的目的是度量中国商业银行在利率市场化下面对的总体利率风险程度，为了具体化科学化利率风险计算结果，笔者构建了计算模型：GARCH 类模型运用 VaR 方法来对样本数据进行实证检验和分析，并得到以下几点结论。

　　首先，在正态性检验与平稳性检验中，结果显示中国银行间同业拆借的加权平均利率（Chibor）呈服从平稳分布的态势，并且具有条件异方差，所以样本数据符合建立 GARCH 类模型的条件。

　　其次，根据对于 GARCH – GED 模型的回归结果我们可以得出中国的利率波动受到外部市场波动冲击的作用较大，并且利率波动具备长期记忆性和持久性，这种长期记忆性和持久性在短期内是难以消除的。

　　再次，对样本数据在 VaR 模型的 GED 分布下的检验实证结果显示，利率波动率在外部冲击下具有显著的杠杆效应，并且数据还反映出更显著的负外部冲击的杠杆作用。

　　最后，VaR 模型的后验检验采用失败率方法，数据表明基于 GARCH – GED 模型和 TARCH – GED 模型的 VaR 模型在度量商业银行利率风险程度上具有良好的表现力，并且数据还显示在 TARTH – GED 模型中的数据检测效果更好、准确率更高。

四　利率市场化下的利率风险管理建议

上节的实证研究结果表明：一方面如果中国央行放松管理利率波动，商业银行利率波动的风险将会加大；另一方面，大型商业银行由于没有健全完善的利率风险管理体系，将会在利率市场化进程中受到更大的利率风险冲击。尽管中小商业银行在利率风险管理方面更具有灵活性与应对性，但是因为其自身薄弱的抗风险实力与利率变动惯性和时滞效应的作用，中小商业银行将会在利率下降阶段遭受更加严重的利率风险。针对上述不同规模商业银行在利率风险面前的表现，笔者将从三个方面入手，基于我国商业银行在利率市场化进程中的应对措施与可行性意见，他们分别是商业银行自身风险控制、银行利率风险管理的外部环境以及不同规模银行利率风险管理的侧重点等。

（一）构建科学的利率风险管理外部环境

1. 大力发展国内金融市场

当前我国存在着与发达国家相比极为不健全的金融运作和监管体系，政府应该允许并鼓励发展包括金融衍生产品市场和货币市场在内的全面的金融市场。其中，当商业银行面对着利率市场化的风险时，我国金融衍生产品市场能够提供多样化与多层次的利率风险管理工具与方式，同时金融衍生工具还基于利率风险转移的新媒介与途径，因为金融衍生产品兼有风险转移和货币杠杆性的功能。世界上大多数金融市场较为发达的国家，其利率信息传导性与时序性都是良好的，这说明高效的金融市场与多样化的金融产品可以促进市场利率的有效性。在大力推进金融衍生产品发展的同时，我国政府还应该鼓励与完善货币市场的发展，我国的货币市场主要涵盖着银行票据市场、同业拆借市场以及短期国库券市场。相比于发达国家，我国货币市场先天有诸多不足，包括货币产品交易品种单一、货币交易时间起步较晚、货币交易规模小等，因此为了加快推进货币市场，政府应该出台鼓励性政策，不断地增加交易主体类型和数量，活跃市场交易热情与氛围，日益丰富交易品种。

2. 加强利率风险的监管力度

在快速发展现有的货币市场的同时，为了有效监督与管理存贷款性金融机构在逐步放松利率管制过程中的利率风险，央行以及银监会等监管部门应该加大对于商业银行利率波动风险的监管力度。首先，人民银行应该全面调控基准利率的弹性波动，充分发挥基准利率对于市场利率波动的作用，此外人民银行还应该实现调整利率过程的标准化，此举有利于商业银行准确预测利率变动，降低商业所面临的利率波动风险程度。其他银行金融监管机构应该监督商业银行对外公布报告信息的及时准确性，及时审计存贷款性质的金融机构对外公布财务信息报表的真实性，跟踪和监督后续的利率风险。政府有关部门应该设立专门的利率管理机构，来应对特殊时期利率风险的有效防控与监督。此外，除了运用目前存在的资产负债率、资本充足率等商业银行利率风险衡量的指标之外，银行监督机构还根据国际标准设置了更加健全的银行资金监管指标体系，全面有序地检测存贷款性质和金融机构的利率风险暴露程度。

（二）加强从内部控制商业银行利率风险

1. 加强建设利率风险管理体系

由于我国商业银行长期置于利率管制这个"保护网"之下，因此没有清晰地认识与了解利率市场化下的风险体系，只有通过简单的手段与方式去防范利率波动风险。随着中国不断推进利率市场改革进程，为了全面应对市场利率风险，降低因利率变动带来的利润损失，商业银行应该从自身实际情况出发，逐步发展利率风险度量工具盒方法，基于运用利率敏感性缺口法等工具，整合拥有更高精确度的 VaR 模型和持久期方法等去测量市场利率风险。在国外悠久的利率学术研究著作以及成熟的市场利率交易监督经验中，关于利率风险的相关体系建设是富有成效的，我国政府与中央银行应该加大对于利率体系构建的相关研究，以积极地汲取国外的有效经验。另外，商业银行也应该加强内部风险部门设置的优化升级，成立专业的利率风险控制管理部门来全面、专业地管理利率风险，并适时转移与分散由利率市场化带来的利率风险。

2. 丰富银行业务的多元化发展

在银行业处于垄断地位的背景下，我国商业银行业务盈利主要由存款与贷款之间的利率利差带来，利率市场化将会使得货币在市场上的配置更加有效与自由，从而会在一般情况下提高存款利率并降低贷款利率，这两者利差的缩小将会大大冲击银行现存的盈利模式，所以为了减缓对于存贷款利率利差的业务依赖性，弥补盈利损失，商业银行应该推行企业业务多元化战略。商业银行应该积极拓展表外业务与中间业务力度与水平，优化银行战略与业务管理，提高生产效率等，从而降低利润水平大幅下降的风险。银行在这种金融环境中，应该提高对于市场风险的警惕与重视意识，抛弃以往认为有着国家"安全网"的保护就能够高枕无忧的腐朽陈旧的观念。商业银行应该加紧根据消费者需求与市场风险不断丰富其自身的银行业务与项目。同时，商业银行还应该在运用专业化团队与部门管理利率风险的基础上，开拓创新金融服务和金融业务，积极推出可行性的金融衍生业务，拓宽银行业务利润来源，有效地转移利率风险。

3. 大力引进和培养专业的利率风险管理人才

利率管制时期，由于商业银行对于利率风险控制与管理的运用实践较少，所以相关的专业化利率风险管理人才也比较匮乏，专业化的利率管理人才能从专业系统的利率管理角度出发，运用科学有效的利率度量工具与方法来准确地衡量市场利率风险，并根据中国市场的特征进行有效防范，从而降低商业银行的利率风险损失。随着国家推进利率市场化进程与速度，我国商业银行应该积极思考如何解决缺乏专业的利率风险管理人才的问题，全面提高利率风险度量方法更新与运用的能力。所以商业银行应该重视人才储备与引进项目，培养或高薪聘请一支精通数理金融计量工具、接受过扎实的专业教育，并能够灵活改进与运用利率风险度量方法的专业人才队伍。在人才队伍引进与培养层面，商业银行应要求人才兼备素质与能力，严格审查利率风险控制专业人才利率风险管理的素质和技能。在保证人才质量的同时，为了能够留住人才并积极发挥其工作积极性，商业银行要推行改革银行人事制度，实施绩效激励机制，以此来充分地发挥专业人才的专业能力。银行应该给予政府金融改革的风向标，提高相关从业人员的待遇与薪资，实现引进人才、留住人才的目标。此外，商业银行还应该定期开展高质量的利率风险管理员工的专业技能培训，不断增强员工应对管理利率波动所带来的风险的能力和意识。

（三）不同规模商业银行利率风险管理的侧重点

1. 大型商业银行应该改善长期资产负债

因为大型商业银行在利率变动调节幅度下的利率敏感性缺口较小，没有较高的利率变动敏感性，所以当银行利率上升时，这种负面被动的利率风险管理策略就会面对严重的利率风险。大型商业银行应积极采用 VaR 法、利率敏感性缺口法等工具实时地衡量与预测其利率波动所引致的风险，并有效地调整其 GAP 数值，使得商业银行的利率风险管理顺应利率变动的态势，进而取得科学地规避利率风险的成效。大型规模的银行应该抛弃以往天生具有优势的心理与想法，充分认识到其自身的风险程度，了解其存在的关于资产负债的薄弱点。同时，大型商业银行的中长期资产负债普遍存在严重的不匹配现象，其中短期存款对长期贷款的依赖性强，所以大型存贷款金融机构应该通过积极调整和改善其中长期资产负债结构，减少长期贷款对于短期贷款的依赖性，降低其面临的中长期利率风险。

2. 中小型商业银行应加强管理利率敏感性

对比大型商业银行的利率风险，尽管中小商业银行能够更敏感于利率变动的风险，也能更灵活地调整 GAP 数值，在利率市场化过程中相对面临较小的利率风险，但是因为利率变动的调整和传动需要时间，而利率变动的频率也非常快，中小城市商业银行缺乏良好的调整利率敏感性缺口准确性与及时性，由此引发严重的利率变动风险，所以中小型商业银行更应该不断加强利率敏感性缺口的管理。为了提高中小型商业银行反应和调整利率敏感性缺口的准确性和及时性，中小商业银行关键应该解决好其严重不匹配的中长期资产负债问题，另外，还要做好积极掌握、分析与研究自身内部资产负债信息与外部宏观经济信息工作，并提高其预测市场利率变动趋势的能力。中小银行在正视自身弱点的同时，也应该看到其拥有灵活的业务调整能力与敏感的利率嗅觉的相对优势。在新的金融时代背景下，中小银行要不断提高对于利率的敏感性管理与分析，从而实现在利率市场化的金融大环境中保持甚至创造出新的利润增长点。

第四章

普惠金融创新发展

金融制度和运行模式发展到现在，并非具备了完全竞争市场的理想条件，资金借贷并非完全由资金需求者的预期偿还能力决定，而是出现预期具有良好的偿还潜力但现有资产量低、不具备必要的社会关系、不够缴纳"金融租金"门槛的群体，难以改善当前的资金困局，即所谓的金融排斥问题。为了解决金融排斥，深入推进社会包容性发展，实现经济发展的成果共享，各国从不同层面推进普惠金融的发展。联合国在推广"2005国际小额信贷年"时提出构建"普惠金融体系"（inclusive financial sectors），与各国金融、经济、社会发展的诸多问题息息相关，因而受到广泛关注。对中国而言，这一理念与中国所提倡的"包容性发展""和谐发展"等战略思想一致，且普惠金融旨在解决现实中"三农"、中小企业等弱势领域的金融支持问题，通过提供优质、高效的金融服务，帮助弱势群体或企业充分利用金融资源，提升自身的经济能力和社会地位，促进经济和社会的协调发展。小额信贷的发展经历了从以扶贫为宗旨到扶贫和机构自身可持续并重的转变过程。[①] 这一过程中出现了一种专门为穷人提供小额贷款、储蓄、保险和汇款等一系列金融服务的机构，即"微型金融机构"（microfinance institutions，简称 MFIs）。[②] 随着微型金融的不断发展，参与主体呈现多样化特征，所提供的金融产品和服务也不断丰富，人们逐渐认识到这类金融服务不应被边缘化。杜晓山（2006）认为普惠性金融

---

① 张伟：《微型金融理论研究》，中国金融出版社 2011 年版。

② Imboden, "Building Inclusive Financial Sectors: The Road to Growth and Poverty Reduction", *Journal of International Affairs*, (2005) 58: 65 – 86.

是国家主流金融体系的有机组成部分，能提供高质量的金融服务以满足大规模群体的金融需求，且主要致力于拓展更贫困和更偏远地区的客户群体、降低金融需求群体和服务提供者双方的成本。① 从金融发展的角度来看，普惠金融体现了金融公平，强调全民平等享受现代金融服务的理念，是对现有金融体系的反思和完善；② 从经济发展的角度来看，普惠金融能提高人民收入、消除贫困，进而扩大内需、改善城乡二元结构，对于中国经济增长方式的改变和可持续发展具有重要意义。③

　　然而，普惠金融发展状况仍有不尽如人意之处。即便是国家政策引导、支持或拨付资金给金融中介，但金融中介为了降低管理成本，很少选择具备真正偿还能力的资金需求群体，而是"任务式"的一概而论，造成其有普惠金融之名号、未实现金融普惠之功能，未能包容更多的有利于社会发展的、具备良好信用的资金项目。Kempson 和 Whyley（1999）、Mandira Sarma（2010）概括了 5 类金融排斥：（1）机会排斥（access exclusion），即由于地理位置偏远或金融体系风险管理过程，部分群体被排斥在金融服务体系之外；（2）条件排斥（condition exclusion），即一些特定的金融限制条件将部分群体排斥在金融服务对象外；（3）价格排斥（price exclusion），即由于难以负担的金融产品价格将部分群体排斥在金融服务对象之外；（4）市场排斥（marketing exclusion），即由于金融产品销售和市场定位将部分群体排斥在金融服务之外；（5）自我排斥（self - exclusion），即由于害怕被拒绝或由于心理障碍，部分群体将自己排斥在金融服务体系之外。④

　　国内金融排斥的具体体现形式如下：一是资质排斥。由于政策导向、风险责任、救助保障等原因，银行融资集中在大型国有企业方面，

---

① 杜晓山：《小额信贷的发展与普惠性金融体系框架》，《中国农村经济》2006 年第 8 期。

② 焦瑾璞、陈瑾：《建设中国普惠金融体系》，中国金融出版社 2009 年版。

③ 王曙光、王东宾：《双重二元金融结构、农户信贷需求与农村金融改革》，《财贸经济》2011 年第 5 期。

④ Kempson, E. and C. Whyley, *Kept out or Opted out? Understanding and Combating Financial Exclusion*, Bristol: Policy Press（1999）. Kempson, E. and C. Whyley, "Understanding and Combating Financial Exclusion", *Insurance Trends*,（1999）21：18 - 22. Mandira Sarma, "Index of Financial Inclusion", Jawaharlal Nehru University, *Discussion Papers in Economics*,（2010）.

集中在石油、电力、房地产等行业，中小企业贷款难、创业投资贷款难等问题一直悬而未决。二是政策排斥。有政府施压、政策支持的群体、地区和项目就大力、全力金融支持，没有政府施压、政策支持的群体、地区和项目就很难得到金融服务。这就是"非均衡优先"经济发展战略与差别金融优惠政策。不同时期中央政府具有不同的经济偏好，但总体上为了提高经济增长，在资源有限的情况下，采取的经济战略就是实施集中全国力量重点优先发展某些地区、行业的差别政策。金融服务于经济，必然采取有区别的金融优惠政策。中央政府制定有差别的利率政策。20世纪80年代初，为加快东部经济特区建设，人民银行向经济特区提供低息贷款，不仅如此，还赋予东部地区尤其是广东省较大的利率浮动权和金融创新自主权。无疑，这些举措增加了东部地区投资规模，但增加了中西部地区的金融排斥。"优惠利率政策不仅打破了改革初期区域金融政策整齐划一的状态，同时引发了我国区域金融从行政型平衡状态向政府主导非均衡状态的过渡。"① 三是社会关系排斥。主要表现为人情社会下的关系型金融排斥和寻租型金融排斥。前者表现为，人情关系盛行的社会中，同银行内部高管人员有无熟人关系决定着融资难度。有关系者在金融资源稀缺的情况下优先得到融资，而无关系者往往得不到银行的任何贷款。后者表现为，银行内部高管人员出发的动机便是获利，且与企业交易之前无任何瓜葛。谢平、陆磊（2005）研究银行信贷定价时曾构造了一个模型，除正常的利息收入外，还包括三类收入，即 I 类寻租收入（贷款者向金融机构人员支付数目不菲的"好处费"，称之为门槛成本）、II 类寻租收入（随利率市场市场化程度提高金融机构持续索要的账外高额利息）和当前央行救助制度下金融机构因不良贷款巨大可能清盘而得到的资金注入。②

　　在此背景下，提出发展普惠金融，其意义不言而喻：避免现有金融体系增加，使金融体系运行更具有稳健性；避免金融资源过于集中于传统的大型企业，增加对社会发展具有重要价值但又缺少启动资金的项目或小企

① 崔光庆、王景武：《中国区域金融差异与政府行为：理论与经验解释》，《金融研究》2006年第6期。

② 谢平、陆磊：《中国金融腐败的经济学分析》，中信出版社2005年版。

业的资金支持，使国家发展更具有持续的、强劲的动力；避免金融资源过于偏好于当前资产价值高的群体，增加对信用良好、具有同等或更优偿还债务预期能力的贫困群体的资金借贷，使社会发展更为公平和健康；避免金融资源过于依赖于既有的利润来源，增加金融机构多元化、金融市场多层化的竞争，通过金融工具的创新和金融资源的民主分配解决经济不平等问题。

一　普惠金融的范畴与形式

（一）普惠金融的含义与实质

联合国在"2005 国际小额信贷年"提出的普惠金融体系，旨在号召各国建立一个持续为所有人，特别是被当前金融体系所排斥的群体，提供合适的金融产品和服务。其本意主要在于为所有实质上资信度较高的社会公众提供公平的金融交易机会。国内官方和学界一般将普惠金融界定在类似于公共扶持救助的范畴。例如，中国人民银行制定的"金惠工程"，包括扶贫贷款、助学贷款、小微企业贷款、高科技转化贷款等，并拨划了相应的再贷款规模、制定了相应的优惠利率政策。基于此，学者甚至发展出"普惠性金融悖论"命题①，其主要内容是，在资金运用方，普惠金融致力于使更多的弱势群体获得金融服务；在资金来源方，普惠即更多公众（存款人或投资者）按照合意的价格向金融机构或市场出售自己的金融资源。从宏观经济学角度，资金来源与资金运用的双重"普惠"势必导致一大悖论：在当前融资机制下，要照顾中小微型企业，则必须压低公众的资金回报；要提高公众投资收益，则金融资源垒大户、非普惠性问题将更突出。我们认为，厘清普惠金融的含义与实质必须区别清楚几个概念。

一是普惠金融区别于财政转移支付。财政转移支付是在满足一定条件下财政资金向特定群体的单方面转移，不涉及后期偿还问题，例如财政救济、财政抚恤、财政补贴等。普惠金融实质仍然是金融，金融就必须以信用为基石，讲究"有借有还"，获取普惠金融资金的主体需要按照契约偿

---

① 陆磊：《普惠金融的悖论》，《新世纪》2014 年第 7 期。

还本息。当前，一些研究文献或政策导向只强调或施压商业银行扩大到学生、农民等贷款群体，而不顾机构的风险管理水平和违约损失，甚至普惠金融贷款就不用偿还。显然，这种只强调单向输血的"普惠金融"，有悖于金融的本质，不能再称之为金融交易。

二是普惠金融区别于社会贫困救助。人们为了解决贫困问题，常常认为应当构建普惠金融体系，向贫困人口支持更多的信贷资源。例如，王曙光（2012）认为："金融减贫的宏观视角是以金融发展来减少贫困，包括金融体系的完善，微观视角则是以小额贷款等方式提供信贷支持，为贫困人群提供信贷资源。从贫困源头的不同解释出发，金融减贫的机制可从两个方面入手：一是资本视角；二是能力视角。前者是金融减贫的基本手段，后者是对金融减贫的更高要求。"① 其进而主张，发展那些更接近目标市场、拥有更完善的社区知识且拥有更有效的信贷技术的微型金融机构，可以弥补正规金融体系的不足，从而降低贫富收入差异，帮助传统上难以获得信贷服务的穷人摆脱贫困陷阱。解决贫困和解决收入差距是一个问题吗？发展中小金融机构就一定能解决贫困吗？显然，直接套用普惠金融来达到这些目的有待论证。但其中有个本质问题，贫困贷款对象是有发展潜力、能偿还本息、目前只缺少资金的贫困者，如果不考虑还款风险，只是强调贫困者获取金融贷款，显然是将普惠金融贷款混同于贫困救助。社会贫困救助是一种资金的单向流动，资金来源可以是社会、个人、企业，也可以是政府支出，对象主要是社会贫困群体。普惠金融不仅要偿还本息，而且对象并不局限于贫困群体，还包括当前金融制度下有经济行为和偿还能力但不符合金融服务条件的其他弱势群体。而且，简单地解决贫困不是普惠性金融范畴，解决有价值的技术、有经济前景的贫困是普惠性金融范畴。

三是普惠金融区别于小额信贷。将普惠金融混同于小额信贷是最常见的错误。现实中，小企业、农户、贫困群体等，贷款需求规模较小，而现有的金融体系由于风险管理技术和成本常常将能够还本付息的小额贷款拒之门外。研究文献表明，中小银行往往选择中小企业贷款，无论在中小企业贷款占银行总资产的比率还是在中小企业贷款占全部企业贷款的比率

---

① 王曙光：《告别贫困——中国农村金融创新与反贫困》，中国发展出版社2012年版。

上，小银行的指标均高于大银行。① 由此产生了在对中小企业融资上的
"小银行优势"（Small Bank Advantage）的假说。其原因主要在于：中小
企业的信息不对称问题比大企业更为严重，大银行在对量小频度高的中小
企业贷款上存在着规模不经济的问题，小银行在与大银行争夺大客户的竞
争中处于劣势，在与大企业打交道时亦处于不利地位；② 而向中小企业提
供融资服务方面拥有信息优势。③ 因此，为了解决中小企业的小额信贷，
人们主张发展中小银行，发展中小信贷就是普惠金融。笔者认为，小额信
贷一般概念是指金额较小、缺少担保的信用贷款，后来演化为传统的银行
机构如何改进风险管理、降低信贷成本、为小额信贷需求者提供服务方
面，此后又陆续纳入了保险、汇款、结算等服务内容。普惠性金融不仅包
括小额信贷，还包括金融体系对更能满足社会公众需求、推动社会发展、
提升公众生活水平并且依照契约偿还本息的投资项目能够公平评价、提供
债券、股权融资等服务。

　　因此，我们认为，普惠金融实质是突破现有的金融风险管理瓶颈，为
对社会发展有价值、有贡献的资金需求提供一种公平的融资机会，且这个
机会的成本和传统的信贷成本偏离不多。同尤纳斯的观点有些相似，即
"信贷权是人权—— 每个人都应该有获得金融服务机会的权利，只有每
个人拥有金融服务的机会，才能让每个人有机会参与推动经济发展"④，
但笔者认为不仅是信贷权，而且包括债券、股权融资权利以及公平参与各
种金融市场交易的权利。

（二）普惠金融体系框架与形式

　　普惠金融体系不仅仅是一个小额信贷、助学贷款或三农贷款之类的
资金借贷问题，它包括当前金融制度和管理水平下被排斥群体的普惠金
融需求体系、随着技术提升不断革新的普惠金融机构和市场体系、效率

① Berger, A. N. and Udell, G. F., "Small Business Credit Availability and Relationship Lend-
ing: the Importance of Bank Organizational Structure", *The Economic Journal*, （2002）112: 32 -
53.

② 李扬、杨思群：《中小企业融资与银行》，上海财经大学出版社 2001 年版。

③ 林毅夫、李永军：《中小金融机构发展与中小企业融资》，《经济研究》2001 年第 1 期。

④ UNDP: "Building Inclusive Financial Sectors for Development", 2006.

和便利性不断提升的普惠金融基础实施体系和相应的普惠金融政策监管体系。

一是普惠金融产品服务体系。被排斥的群体包括低收入群体、偏远地区群体、无证群体。[①] 被排斥群体的普惠金融需求包括资金账户、储蓄、信贷、转账、支付、保险等金融产品或服务。[②] 具体需求既包括教育、婚嫁、疾病等突发性事件融资需求，也包括转账、保险、支付等日常生活便利性需求，还包括创建企业、生意买卖、开矿运输等投资性金融需求。普惠金融产品服务体系应能够有效反应并满足被排斥群体金融需求。但显而易见的是，普惠金融体系并非万能的，它的对象是对传统金融体系下无法享受金融服务、获取资金且有价值的项目。除此之外还有并无利润价值、纯属生活应急的融资项目，此时可能更应该由政策性救助金融体系来解决。因此，传统金融、普惠金融、救助金融的服务对象各不相同，分别是符合现有信用评估标准或政策标准的项目群体，具备偿还能力、利于社会但需要革新评估方法方能满足融资条件的项目群体，传统和普惠金融都未能解决的能偿还的生活应急项目群体，具体如图4—1所示。

二是普惠金融机构与市场体系。普惠金融的具体供给形式包括：遵循市场竞争原则、商业经营原则的金融机构体系，以法治及解决信息不对称机制为基础的金融市场体系。机构体系包括能够提供普惠金融服务的正规银行体系、保险机构，专门以小额信贷为主的小微金融机构、小额担保公司、小额贷款公司，以及提供支付便利的第三方支付机构。市场体系包括多元分层开放的债权市场、股权市场、产权市场，市场治理依靠的是高效的法律体系、信用体系、信息体系。

三是普惠金融基础实施体系。普惠金融的基础实施是金融包容性实现的基础条件和辅助性条件。焦瑾璞、陈瑾（2009）进行了初步归纳，主要包括金融支付及清算设施，准确信用评估、划分信用等级、综合利用信

① FATF, "National Money Laundering and Terrorist Financing Risk Assessment", www. fatf - gafi. org, (2013).

② Asli Demirguc - Kunt, Leora Klapper, "Measuring Financial Inclusion: The Global Findex Database", The World Bank Development Research Group Finance and Private Sector Development Team, Policy Research Working Paper, (2012).

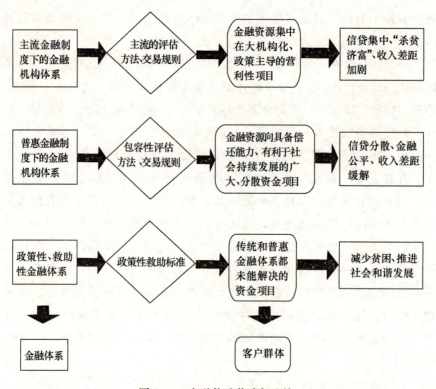

图 4—1　金融体系范畴与比较

用信息的信用管理服务，普惠金融培训、信息、咨询的教育技术服务，信息发布、能力建设、行业约束的网络设施服务。① 笔者认为：金融支付及清算设施一般由中央银行或财政资金投资、改造、升级，被排斥群体也应该拥有使用该设施的权利，不能因当前的金融中介而被拒之门外。信用管理服务不仅指现有的机构信用评价体系、官方建设的征信数据体系、市场上的信用评级体系，而且还包括大数据下网络交易记录、延期支付记录、社交网络记录等能反映主体信用实质的信用管理体系；不仅指普惠金融需求者的信用管理，而且还指普惠金融提供者的信用管理。否则，信用记录与评级就成为金融机构滥用的竞争手段，可能随意侵害消费者权益。教育技术设施是提升被排斥群体普惠金融意识和能力的基础。此外，反映普惠金融状况的信息发布、披露、行业约束体系也必不可少，它既是对前面基

---

① 　焦瑾璞、陈瑾：《建设中国普惠金融体系》，中国金融出版社 2009 年版。

础设施的有力支撑，也是前者的效果体现。

　　四是普惠金融政策监管体系。在发达国家，及时高效的普惠金融法律及监管体系是规范发展普惠金融不可或缺的手段；在发展中国家，结合实际的普惠金融政策可能更是引导、扶持普惠金融发展的保障。综合分析，普惠金融体系框架和表现形式可初步概括为图4—1。

二　政府、政策与普惠金融前期发展

（一）国际原则

　　联合国倡导各国发展普惠金融体系后，G20 根据各国政策制定者，特别是发展中国家领导者的经验和教训，提出了革新普惠金融的重要原则[①]。他们认为，革新金融普惠性[②]（financial inclusion，亦有译成"金融包容性"）意在通过安全、稳健的新方法，为贫困群体提供获取金融服务的机会。G20 制定的相关规则，目的在于帮助各国从政策环境、监管环境方面创新金融包容性，在维护金融稳定、保护消费者权益的同时，刺激金融创新、提高金融普惠程度。一是领导者原则（Leadership），即政府承诺培育一个帮助减轻贫困的普惠金融体系。二是多样性原则（Diversity），即通过执行提升市场竞争和激励的方法，以正常的、能够承受或支付的价格，扩大金融产品或服务的范围，包括储蓄、信贷、支付、转账、保险等。三是革新原则（Innovation），将推动技术和制度革新作为扩大金融机会的方法之一，包括解决或改善薄弱的基础实施。四是保护原则（Protection），鼓励通过一个综合的消费者保护方法，清晰政府、金融提供者和金融消费者在其中的角色和作用。五是增强原则（Empowerment），即发展金融知识和金融能力。六是协作原则（Cooperation），建立制度、明确政府协作责任，同时通过鼓励政府、商户及其他利益相关者之间的合作伙伴关系进行直接的咨询。七是知识学习原则（Knowledge），利用不断发展

---

　　① 中国人民银行江西赣州市心支行：《G20 发展普惠金融的政策框架》，《中国农村金融》2015 年第 7 期。

　　② 本书中"inclusive finance"统一译成"普惠金融"，主要指整个普惠性金融体系；"financial inclusion"统一译成"金融包容性"，主要指金融体系的普惠和包容程度。

的数据，制定有据可循的政策，衡量进步程度，并考虑设计一个监管者和金融提供者都能够接受的"检验—学习"方法。八是比例原则（Proportionality），在当前规则能意识到的金融缺口和金融壁垒的基础上，建立一个革新产品及服务的风险与收益成比例的政策和监管框架。九是框架体系（Framework），设计如下反映国际标准、本国环境、支持竞争的监管框架：适当的、有弹性的、基于风险的反洗钱反恐融资机制，非面对面金融代理的资格条件，一个清晰的电子存储价值监管机制，能够完成广泛合作和长期联系目标的市场激励机制。

（二）政府支持

根据国际标准和规则，许多国家发展了旨在提高金融机会、金融包容、金融稳定、金融效率的系列战略措施（见表4—1）。

表4—1　　　　　　　　　　各国普惠金融发展措施

利益相关部门	支持金融包容的措施
政府	签署2012年6月的G20普惠金融宣言，承诺发展G20金融普惠学习项目
	普惠金融作为金融部门扩张战略的一部分
	通过市场方法推动金融部门发展
	多种监管改革举措适度管理小微金融、信贷机构、电子货币和支付机构
	为监管者提供更大的运行独立性
	创造革新空间与利益相关者反馈
	金融教育和消费者保护辅助举措
	发展相应的银行及市场的基础设施
	收集更多的关于当前金融包容程度和金融壁垒的信息数据
	增加电子转账和金融包容发展的政府补贴

利益相关部门	支持金融包容的措施
监管者	以风险为本的金融监管，确保金融体系稳健和公众存款安全，推动发展与人口规模相适应的金融产品和服务
	持续提升监管小金融机构行为的能力
	创建利益相关者咨询、反馈的空间，制定这一领域的监管指引
	支持市场参与者金融创新的观点和努力，包括在传统金融服务工业之外直接参与创业投资等
银行、信贷机构、小金融和其他金融机构	更快的转移通道
	产品、渠道、流程等方面的革新，例如移动通信设备
	积极参与监管变化的讨论

（三）针对金融排斥群体的产品和服务

1. 中小企业贷款

（1）政府扶持介入。20世纪80年代一些经济学家提出政府行政介入改变交易条件缓解银行信贷配给导致的中小企业融资约束。其主要方式有：政策性金融机构直接向中小企业提供优惠贷款，如研发贷款；政府出面为中小企业融资提供担保；为中小企业融资提供利率补贴和支持。但政府介入应遵循一定的标准：一是政府只能介入私人部门不感兴趣、有前途的中小企业；二是政府做好长期扶持提供资金准备；三是多阶段投入资金[1]。这三个标准实质是要求政府能够解决信息不对称问题、选择有发展前途的中小企业、达到有限资源的高效配置。但现实中政府并不比银行更有信息优势，从而很难解决信息不对称问题，因此它替代市场提供的融资必然低效；长期提供资金多阶段投资迫使政府监控、评审成本增加，并混淆了政府角色；并且可能产生寻租问题，中小企业融资问题不但没有解决，还可能扭曲市场机制。因此，政府介入扶持低效率是不经济的。

---

[1]　保罗·冈珀斯、乔希·勒纳：《风险投资周期》，经济科学出版社2002年版。

（2）发展中小金融机构。多数经济学家认为中小金融机构较大银行更能收集较多的关于中小企业信息。但问题在于中小金融机构也并不比大银行更具备解决信息不对称的优势：一是中小金融机构规模小，没有大银行的规模经济优势，加大了经营成本；二是中小金融机构搜集相关信息仍需要花费高昂的成本，相对于银行搜集信息成本并没有降低，也就不能更有效地解决信息不对称问题。所以，无论国内的城市商业银行、信用合作社等还是国外的社区银行都没有使中小企业走出融资困境。

（3）关系贷款。银行与企业之间建立长期往来关系，以助银行解决银企之间的信息不对称。例如日本和德国，每一财团都由一个核心银行集团和其他与工业企业集团相联系的金融中介组成，其中大多数企业相互进行交易。企业和银行通过集团成员之间的相互持股联结在一起。由于持有股份，银行在财团企业的监管局（董事会）中派有董事，银行的执行人员通常在企业中占据最高的管理位置。这种安排，使得银行在收集信息和监控企业方面居于十分有利的地位，以解决银企之间的信息不对称问题，进而弥足信贷配给的不足。但问题在于若中小企业是企业集团内部新设成员，其融资自然不成问题；而个人新设中小企业融资问题仍未解除。

（4）政府引导扶持创业投资、市场选择中小企业不同于政府简单介入中小企业。在创业投资业发展的初始阶段，OECD 在 1997 年研究发现政府为促进创业投资发展，启动了公共创业投资项目（public venture capital programmer），主要有三种类型：①以政府权益投资、政府贷款和政府补贴的形式向创业投资基金直接提供资金。②以税收优惠、贷款担保和权益担保等形式提供融资激励。③规定哪种类型的金融机构可以进行创业投资的投资者管理条例。这一系列的优惠措施为创业投资发展创造了契机，而发展日益壮大的创业投资必然逐渐解决中小企业融资问题。这种政府通过扶持创业投资、创业投资利用市场力量选择中小企业的融资方式结合了政府干预和市场选择两者之长，较政府直接向中小企业贷款的经济效率要高得多。

2. 三农金融

因为政府左右了农村金融的制度变迁（中国大金融趋势亦是如此），其功能取向与制度供给必然由政府决定，而且随着社会经济结构与水平的发展不断变革。

1949—1981 年，我国实行的是完全的计划经济体制，政府工作重点是举全国之力发展工业经济。[①] "欠发达国家农民被要求按低于市场经济价格的价格向国家出售他们的农产品，或者以较高的价格从国有代理机构购买化肥、种子以及其他投入品，利润自然就会从农民手中转到国家。通过国家收购和价格控制从农民手中吸取的资金进入国库，被用于国家工业投资。"[②] 因此，最高效的措施就是压低农产品价格、降低工人劳动力成本，以最大限额获取工业利润并进行资本再投资。中国工业化体系的建立便是沿用了这一方法。然而，"欠发达国家的合作社，通常是政府用来征收农业剩余的一种工具"[③]。中国的农信社也不再是简单地国家对农村的金融扶持，更主要的功能是攫取农村剩余，为工业化体系建设服务。因此，农村信用社既是集体金融组织，又是国家银行在农村的基层机构。1979 年 3 月国务院恢复农业银行后，《关于改革农村信用合作社体制搞活信用合作社工作的意见》指出信用社是农业银行的基层机构。在此情况下，农村金融资金非农化流向十分严重，"农民'钱米借贷'问题也就因信用社民间借贷职能无法完善履行而依然得不到解决"[④]。

1982—1994 年，中国由计划经济向市场经济转型，并试图同国际惯例接轨，但由于工农业结构不合理、区域结构差异大、银行不良贷款比例过高等因素影响，国务院决定解决历史遗留的隐患。从 1993 年的《国务院关于金融体制改革的决定》到 1996 年《国务院关于农村金融体制改革的决定》，农村金融体制按照政策性和合作制的逻辑开始重新塑造。政策性农村金融建立标志——中国农业发展银行，承担国家粮棉油储备和农副产品合同收购、农业开发等业务中的政策性贷款，并代理财政支农资金的拨付及监督使用。由于农业发展银行的资金实力、经营

---

① 毛泽东在《论十大关系》中提出兼顾农业和工业，兼顾轻工业和重工业，但实际上一直以重工业为重点，如大炼钢铁等。

② 约翰·P. 鲍威尔逊：《国家和农民：试验中的农业政策》，《集体行动的逻辑》，上海三联书店、上海人民出版社 2000 年版。

③ U Tan Wai, "Taxation Problems and Policies of Underdeveloped Countries", *IMF staff Paper*, (1962) 9 (3), November.

④ 陆磊、丁俊峰：《中国农村合作金融转型的理论分析》，《金融研究》2006 年第 6 期。

体制以及金融腐败等因素影响，中国农业发展银行不但没能解决农业政策性贷款问题，反而业务收缩，几乎处于被架空状态。而合作金融的设计思想本来分农村金融联社从农行独立、组建农村合作银行两步，并加大农业贷款、服务农民，但实际上由于政策性金融的缺陷，农村金融却在政策性扶持与商业化经营之间徘徊，并出现严重的非农化贷款，账面不良资产率居高不下。[1] 政府开始审视农村金融的稳定运行问题和农业贷款扶持"三农"问题。

　　2003 年 6 月国务院印发《深化农村信用社改革试点方案》以来，在 8 省[2]3 年和其他 21 省 2 年试运行，人民银行将要兑现另外 50% 的央行票据，但问题在于农村金融改革成效颇有不尽如人意之处。周小川行长在农村金融改革之初便提出此次改革的目的就是"花钱买机制"，可归结为"（1）正视历史包袱；（2）提供连续的正向激励机制；（3）特别注重防范道德风险"[3]。体现在三个层次上：（1）改善农村金融经营机制；（2）提高资本充足率，消除降低不良资产；（3）满足农贷金融需求。为了改善财务状况，采用组建省联社增资扩股提高资本金规模、央行以发行票据形式兑付信用社 50% 的历史包袱降低不良资产，以利率市场化扩大信用社利差收入、促进收入上升。这三种措施体现了中央银行稳定农村金融运行的决心和力度，同时也体现国务院仍无法割舍农村金融，在当前的金融体系下希望它为解决"三农"问题做出重大支持，维持协调、稳定、发展。

　　按照服务三农的目标，多元化的中国农村金融体系逐渐形成。第一，农村金融主体——农信社的治理结构逐渐完善。（1）资本结构得到优化，资本充裕，放贷能力加强；（2）股权结构逐渐调整，服务范围不再局限于社员之间，在它对社会的服务中是以商业原则开展业务，合作金融的商业化性质效果初现；（3）省联社模式兼顾了区域差异，形成工业化进程较快地区的农村商业银行模式，农业、养殖业占主导地位地区的合作模式

---

　　① 1996 年年底，全国农村金融的农业贷款和包括乡镇企业在内的非农业贷款占比分别为 23.5% 和 76.5%，不良资产达 45%。

　　② 国发〔2003〕15 号文件同意吉林、山东、江西、浙江、江苏、陕西、贵州、重庆 8 个省市为第一批试点单位，参加深化农村金融改革试点工作。

　　③ 谢平、徐忠、沈明高：《农村金融改革的绩效评价》，《金融研究》2006 年第 3 期。

以及产粮、产棉为基础地区的联社模式并驾齐驱的局面，因地制宜地提供农村金融服务。

第二，邮政储蓄银行在农村以下的金融服务功能进一步强化。2007年成立中国邮政储蓄银行，逐渐发挥其服务面广、网点多的优势，成为名副其实的农村金融机构，打破了农信社独家垄断的局面，与国内其他商业银行形成良好的互补关系。

第三，农业银行回归农业，农村以下机构网点增加。中国农业银行是我国最大的涉农商业银行，其分支机构几乎遍布中国所有的乡镇。农业、农村和农民的信贷业务一直是农业银行的业务重点，包括专项农业贷款（扶贫、农业综合开发及粮棉油附营），常规农业贷款（农林水牧渔及农产品加工），乡镇企业贷款，农村供销社贷款，农副产品收购贷款和农业、农村基础设施贷款等。1980—2001年，农业银行累计发放涉农贷款94489亿元，占农行全部贷款的66%。

第四，政策性银行在经济不发达地区效率显著。中国农业发展银行是1994年成立的一家政策性银行，1995年4月完成省级分行的组建，1997年增设了地、县级基层机构，实现了业务由全面委托代理转为基本自营。起初，其业务主要集中在为粮棉油等主要农副产品收购和储备供应资金及为农村公共利益和公共项目提供有限的贷款。1998年以后，农发行主要集中精力加强粮棉油收购、调销、储备等贷款业务，原来由其承办的农村扶贫、农业综合开发、粮棉企业附营业务等贷款业务划转给有关国有商业银行。农业发展银行成立以来，每年都发放2000亿元左右的农产品收购贷款，远远高于农业银行和农村信用合作社对农村的贷款。农业发展银行的建立有效地配合了农副产品的收购、调销和储备，确保粮棉油收购资金的持续、稳定运营，促进了农村经济的发展。DEA评价结果显示，相比较而言，农业发展银行这类政策性金融机构则在经济发展中等水平和经济发展低水平的地区显示出较高的效率，成为经济欠发达农村经济起步的助推器。

第五，非正规金融与正规金融并行不悖。据不完全统计，现阶段，农户每年从民间金融市场借款约2000亿元，乡镇企业融资约2000亿元，乡村两级政府相关部门借债约1000亿元，还有巨额的私人借贷通过民间金融市场转换。具备适当规模的民间金融组织如合会、标会、轮会、互助储金会、扶贫基金会等为农村经济发展发挥了有益的补充作用，使诸如浙江省温州等地民营经济获得了迅速崛起与发展。

3. 创业贷款

"金智惠民"创业贷款是对农民创业项目发放的特定贷款，"金"即银行给予优惠利率贷款、财政提供贴息，"智"即科技部门提供技术服务。"金智惠民"创业贷款把银行贷款、科技服务和政府贴息有机结合起来，实现了对农民创业资金支持与技术支持的统一。

一是搭建创业基金平台。许多地方政府出资，作为创业基金用于农民创业小额贷款贴息，扶持农民发展第一、第二、第三产业项目。制定了《农民创业扶持基金管理办法》，并建立了较为完善的基金分配、管理、监督运行机制。

二是建立信贷资金保障机制。（1）制定贷款管理办法。人民银行指导信用社制定了《"金智惠民"创业贷款管理暂行办法》和《"金智惠民"创业贷款操作规程》。（2）对"金智惠民"创业贷款实行优惠利率，贷款利率比普通农户贷款利率少上浮30％。（3）实施灵活的担保方式。"金智惠民"贷款采取信用贷款、农户联保、有效资产抵押等多种担保方式，贷款期限根据申请人的生产周期确定。（4）贷款程序简便。"金智惠民"创业贷款，既可向当地乡镇农村信用社申请，也可向乡镇科协申请。对于符合"金智惠民"贷款条件的项目，科协优先向农村信用社推荐，农村信用社优先贷款，优先推荐政府贴息。农村信用社在营业网点设立了"金智惠民"创业贷款窗口，为农民贷款提供了方便。

三是构建科技支持网络。多地政府制定了"金智惠民"创业贷款暂行办法，建立了技术支持工作程序，定期发布适合农民创业的项目，并对申报的"金智惠民"贷款项目进行前期可行性评估。对群众投资生产的项目，建立科技跟踪档案，通过记录"金智惠民"科技指导登记表等形式，定期了解群众的科技需求情况。同时，充分整合新农村大学堂、成教中心、职业学校、现代远程教育站点等资源，为农民提供免费技术咨询、指导和培训，帮助解决群众生产过程中遇到的技术难题，最大限度地降低投资创业风险。

4. 农业保险

一是保险产品种类不断丰富。截至2013年年末，中央财政支持的险种有 15 种，主要包括能繁母猪保险、奶牛保险、水稻保险等。各省（市）区结合本地又推出 100 多种特色农业保险。如新疆的薰衣草、留兰香、红花、苜蓿种植保险；宁夏的压砂西瓜保险；云南的青稞、甘蔗保险；广西的芒果、竹子保险，等等。其中，部分险种覆盖面达 90% 以上，如新疆棉花的承保面积占总种植面积的 98.7%，宁夏奶牛的承保数量占总养殖数量的 95.5%。

二是政策支持力度不断加大。随着各级政府对于农业保险重视程度的不断加强，财政补贴力度逐年增加。《农业保险条例》出台后，各级政府积极发挥引导作用，全方位地保障农业保险工作顺利推进。其中，新疆农业保险财政补贴最多。2013 年，新疆农业保险分别获得中央和自治区财政补贴 13.12 亿元和 3.56 亿元。

三是保险保障范围不断扩大。截至 2013 年年末，西部 12 省（市）区农业保险累计为 2318.37 万户次农户提供风险保障 2698.69 亿元，支付赔款 60.83 亿元，受益农户 217.32 万户次，有力地促进了当地农业生产和农民增收。同时，农业保险覆盖区域逐渐扩大。其中，新疆农业保险实现全疆地州全覆盖，陕西农业保险经营区域也已覆盖到了全省所有市和县区。

四是服务体系不断健全。近年来，各地政府与保监部门大力推进农村保险服务体系建设，初步建立了"以县乡保险机构为主，政府'三农'保险服务办公室为辅，行政村保险协保为补充"的农业保险服务体系。

三　金融普惠发展衡量方法

对普惠金融进行研究的一个关键问题是对其发展状况做出定量的测度和评价，这方面的研究在国内还非常有限。在国外的相关研究中，Sarma（2010）借鉴联合国人类发展指数（HDI）的构建方法，选取银行渗透度、银行服务的可利用性和使用状况三个方面的指标来衡量不同国家的普惠金融状况，其中银行渗透度用拥有银行账户的人口比例表示，可利用性用人均所拥有的银行营业点数或 ATM 机数表示，使用状况用存贷款的

GDP 占比表示。[①] Arora（2010）划分了银行服务范围、便利性及成本等指标，用以比较发达和发展中国家金融服务可获得性的差异，其中银行服务范围用人均和单位面积的分支机构数表示，便利性用可开户或提交贷款申请的机构所在地、开户金额下限、账户余额下限等表示，使用成本用贷款利率、账户管理费、银行卡年费等表示。[②] Sarma（2010）主要忽略了使用金融服务的便利性和成本，Arora（2010）主要忽略了金融服务的使用状况，Gupte 等（2012）则在综合以上两类指标体系的基础上全面地比较了不同年度印度普惠金融指数的变化情况。[③] 此外，国际货币基金组织（IMF）开展的"金融接触调查"（FAS）则选取了商业银行、信用联盟和金融合作的分支机构数、ATM 机数量、存贷者数目、存贷款账户数目、存贷款金额等指标。尽管这些定量研究所选取的具体指标有所差异，但基本上都以覆盖更广大的地域、更广泛的人群为标准来衡量金融的普惠程度；不足的是，这些方法都采取了比较保守的给各指标变量赋以相等权重的做法，忽略了不同指标所能代表的金融普惠程度不同的事实。

（一）指标体系

1. 世界银行衡量普惠金融包容性的指标

世界银行发展研究部（2012）衡量普惠金融包容性的指标包括四个体系：（1）一般账户指标体系；（2）储蓄行为指标体系；（3）借贷指标体系；（4）健康、农业的保险指标体系。[④] 一般账户指标主要关注使用账户的机制（频率和方式）、这些账户的目的（个人还是企业，接受工作、政府或家庭的支付）、账户的使用障碍及一般账户的替代方案（例如移动

① Mandira Sarma, "Index of Financial Inclusion", Jawaharlal Nehru University, *Discussion Papers in Economics*, 2010.

② Aror R. U., "Mesawig Financial Access", Griffith University, *Discussion Paper in Economics*, (7)；2010，1 – 21.

③ Jamila Gupte, Gayathri Swaminath, Jay Danao, Hui Tian, Yang Li, Xinle Wu, "Signaling Property Study of Adhesion G – protein – coupled Receptors", *Letters*, Volume 586, Issue 8, 24 April (2012), 1214 – 1219.

④ Asli Demirguc – Kunt, Leora Klapper, "Measuring Financial Inclusion：The Global Findex Database", The World Bank Development Research Group Finance and Private Sector Development Team, Policy Research Working Paper, (2012).

货币）。账户集中度指标主要测量个人或合作体在银行、信用组织、邮局或小微金融的账户分布。接受支付的一般账户指标主要测量接受工资（工作劳动或销售商品）支付、政府支付或家庭成员支付的账户数量和分布。储蓄行为指标主要关注储蓄行为，当然这与账户使用存在一定的关联。借贷指标体系主要关注正常和异常借贷的来源、借贷的目的（抵押、医疗或者其他）和信用卡使用情况。

2. 普惠金融发展衡量指数

普惠金融的衡量指标主要有 HDI、HPI、GDI 和 IFI。在此，我们主要介绍 IFI，其计算式如下：

$$d_i = w_i \frac{A_i - m_i}{M_i - m_i}$$

w_i 为指标 i 的权重，$0 \leqslant w_i \leqslant 1$；$A_1$ 为指标 i 的实际值；m_i 为指标 i 的下限值，由预先设定的规则确定；M_i 为指标 i 的上限值，由预先设定的规则确定。方程（1）确保 $0 \leqslant d_i \leqslant w_i$，较高价值的 d_i 表明这个国家在指标 i 的方面普惠金融程度较高。如果衡量金融包容程度要考虑 n 个指标或方面，那么一国金融包容度可用 n 维笛卡尔向量 $D = (d_1, d_2, d_3, \cdots, d_n)$ 表示。$O = (0, 0, \cdots, 0)$ 表示普惠金融状况最差的情形，$W = (w_1, w_2, w_3, \cdots, w_n)$ 表示普惠金融状况最好的情形。一国的金融包容指标 IFI 就表示为从 D 到理想 W 的距离（归一化反欧氏距离）。具体计算公式为：

$$\text{IFI} = 1 - \frac{\sqrt{(w_1 - d_1)^2 + (w_2 - d_2)^2 + LL + (w_n - d_n)^2}}{\sqrt{w_1^2 + w_2^2 + LL + w_n^2}} \tag{1}$$

如果所有衡量金融包容程度的维度指标的重要性都相同，那么各个 w_i 都等于 1。此时，理想的普惠金融体系表示为 $I = (1, 1, \cdots 1,)$。n 维向量空间下 IFI 表示为：

$$\text{IFI} = 1 - \frac{\sqrt{(1 - d_1)^2 + (1 - d_2)^2 + LL + (1 - d_n)^2}}{\sqrt{n}}$$

在不同的经济总量水平和不同的时间点，可以在一定程度上测算出金融包容度。

（二）国际发展比较

以下根据世界银行 2013 年普惠金融报告数据及分析，将从账户与支付、储蓄、信贷、保险四个方面描述各国普惠金融发展状况。

1. 账户与支付

世界上，大约 50% 的成年人在传统金融机构（银行、信用合作组织或小微金融）有 1 个以上的账户，通过这些账户，他们能够享受基本的金融服务，如领取工资、获得贷款、获得政府支付等。但在经济发展中国家，收入差距悬殊、账户集中程度非常高。89% 的成年人有 1 个账户，而他们的账户总数占本国银行账户总数的 41%。在中东和北非地区，只有 18% 的成年人有 1 个银行账户。在许多地区，如刚果、柬埔寨、吉尔吉斯斯坦、也门等国家，95% 的成年人没有银行账户（见图 4—2 和图 4—3）。此外，在不同地区，每天生活支出低于 2 美元的极端贫困群体中，拥有账户的成年人的集中程度也不相同。在这些群体中，家庭收入扮演了重要作用，这对解释账户集中程度具有重要贡献。从全球视角分析，此类收入群

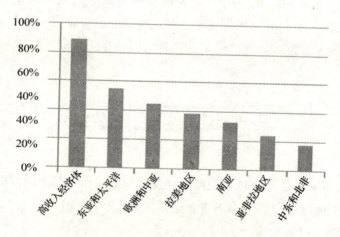

图4—2　有1个账户的成年人比例（%）

体中23%的成年人拥有1个账户，南亚、东亚地区的国家，有关数据对此类群体的金融服务状况描述较为准确，这些地区每天支出2美元以下群体中27%有1个账户，在中东和北非这一比例只有6%。

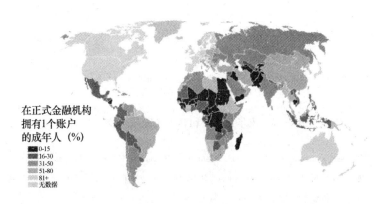

图4—3 拥有1个账户的成年人数比例的地区分布

资料来源：Asli Demirguc - Kunt, Leora Klapper, "Measuring Financial Inclusion：The Global Findex Database", The World Bank Development Research Group Finance and Private Sector Development Team, *Policy Research Working Paper*, (2012)。

2. 储蓄

人们为了解决未来可能发生的重大支出，如教育、婚礼、购房、医疗等，储蓄成为一种趋势。据世界银行数据显示，全球范围内，36%的成年人群体有储蓄账户或将近1年的货币收入存在待用，1/4的成年人在银行、信用合作组织或小微金融机构进行储蓄。高收入经济地区的成年人比非洲撒哈拉地区和东亚太地区的成年人更具有储蓄倾向。高收入地区45%的成年人具有银行储蓄行为，在欧洲、中亚、中东和北非地区，这一数据仅为7%。在其他地区，只有20%—25%的成年人在近1年进行了储蓄。同时，对于拥有账户的成年群体，高收入、高教育程度者更可能在银行储蓄。从贫富角度而言，发展中国家最富群体的储蓄额是底层群体储蓄额的3倍，而在高收入国家，这一数值为2倍（见图4—4和图4—5）。

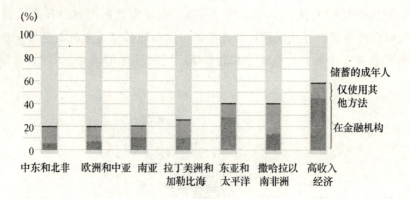

图4—4　成年人正式和非正式储蓄比较

资料来源：Asli Demirguc – Kunt，Leora Klapper，"Measuring Financial Inclusion：The Global Findex Database"，The World Bank Development Research Group Finance and Private Sector Development Team，*Policy Research Working Paper*，（2012）。

图4—5　各国成年人正式储蓄的比重分布

资料来源：同上。

3. 信贷

信用卡对人们需求和短期信贷具有显著的影响。高收入经济体中50%的成年人拥有1张信用卡，发展中经济体成年人信用卡拥有量近几年有所增长，但只有7%的成年人拥有自己的信用卡，这一数据仍然远远落后于高收入经济地区。一些地区持信用卡的成年人所占比重也非常高，如

在欧洲和中亚地区，土耳其、拉丁美洲、加勒比地区、巴西和乌拉圭
（见图4—6）等，80%的以色列成年人拥有信用卡。在一些国家，信用卡
市场非常不发达，如阿拉伯、埃及共和国、摩尔多瓦、巴基斯坦和塞内加
尔等，这里不到2%的成年人报告有信用卡。

　　由于信用卡的作用，高收入经济地区的成年人对短期信贷需求较少。
这有助于解释，为什么信用卡比例高的国家短期贷款比例较低。数据显
示，在芬兰，24%的成年人在过去的12个月从正规金融机构如银行、信
用社或在小额信贷机构借过钱（见图4—7）。在乌克兰，这一数据只有
8%，布隆迪只有2%。相反，乌克兰37%的成人在过去的12个月中向家
人或朋友借过钱，布隆迪报告的这一数据为44%，芬兰的这一数据
为15%。

拥有一张信用卡的成年人（%）
- 0-10
- 11-20
- 21-50
- 51+
- 无数据

图4—6　有一张信用卡的成年人比例分布

　　资料来源：Asli Demirguc - Kunt, Leora Klapper, "Measuring Financial Inclusion：The Global Findex Database", The World Bank Development Research Group Finance and Private Sector Development Team, *Policy Research Working Paper*, (2012)。

图4—7　各国新借款成年人比例分布

资料来源：Asli Demirguc – Kunt, Leora Klapper, "Measuring Financial Inclusion: The Global Findex Database", The World Bank Development Research Group Finance and Private Sector Development Team, *Policy Research Working Paper*, (2012)。

发展中经济体的数据显示，由于紧急情况或健康医疗是最常见的未偿还贷款原因（见图4—8），尤其是在柬埔寨、几内亚、马达加斯加、苏丹和也门共和国，其中30%以上成年人报告有未偿还贷款等情况。在收入报告中最贫穷的1/5人口，也容易由于紧急情况及卫生医疗发生贷款；在

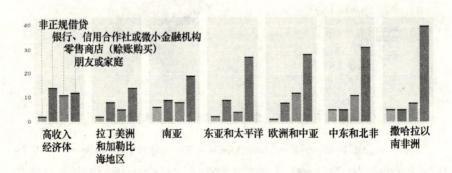

图4—8　正式和非正式贷款的来源比例比较

注：受访者可以回答一个以上来源。

资料来源：同上。

发展中经济体，最贫困群体中 14% 的成人是由于紧急情况或健康目的贷款，最富有的群体只有 8% 是由于紧急情况或健康医疗发生贷款。此外，学费是未偿还贷款的重要原因，在撒哈拉以南非洲地区，8% 的成年人借款未能按时还款。发展中国家，葬礼或婚礼也是未偿还贷款的原因，这一数据大约为 3%，在受冲突影响明显的国家和地区也比较常见，如阿富汗（29%）、伊拉克（13%）、索马里（11%），以及约旦河西岸和加沙地带（11%）。

4. 保险

保险是风险管理的重要工具，这种风险与个人健康或生活持续有重要关系。数据显示，经济发展中国家 17% 的成人购买支付医疗保险（除国民健康保险在适用情况下）。在撒哈拉以南非洲地区、欧洲和中亚以及南亚，这一数值低至 3% 和 4% —5%（见图 4—9）。在东亚和太平洋地区，这一数值较高的是中国，47% 的成年人的医疗保险由个人支付。对于种植业、林业、牧业、渔业，恶劣天气事件是重要的风险因素。近年来，小额保险已经较为流行地用于管理与天气相关的风险。但在一些地区，只有 6% 的农业、林业、渔业的成年人能购买到这种保险，在欧洲和中亚，只有 4% 的受访者购买。

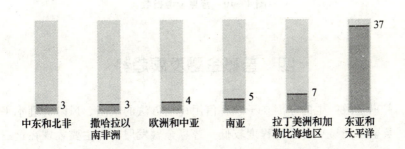

图 4—9 购买健康险的成年人比重

资料来源：Asli Demirguc - Kunt, Leora Klapper, "Measuring Financial Inclusion: The Global Findex Database", The World Bank Development Research Group Finance and Private Sector Development Team, Policy Research Working Paper, (2012).

5. 普惠金融发展衡量指数 IFI

根据式（1），可得出一些国家的普惠金融指数 IFI（如图 4—10 所示）。奥地利、比利时、丹麦等国的普惠金融发展程度最高，都在 0.8 以上。西班牙、希腊、法国的普惠金融程度较高，IFI 指数值为 0.6—0.8。土耳其、立陶宛、罗马尼亚、约旦、巴西、印度、墨西哥、秘鲁等国家的金融普惠程度较低，IFI 指数值在 0.4 以下。

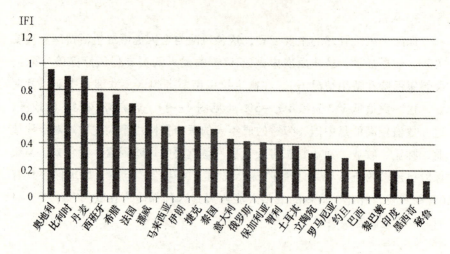

图 4—10　普惠金融指数

四　普惠金融发展趋势

普惠金融产生的原因在于现有信用评估方法的缺陷、风险管理水平约束，及金融交易平台公平程度较低。普惠金融发展趋势主要表现在这三方面问题的解决。

（一）技术革新、网络金融与普惠金融的发展

"普惠金融悖论"依赖于三个条件，一是传统的银行金融制度，二是传统的信用评估方法和贷款技术，三是国家主导的垄断性金融市场。互联网金融的崛起，就是对传统银行制度和贷款技术的突破，一定限度内的流动性紧张恰恰是资金流动效率提高的表现。

1. 互联网金融是一个金融制度革新

互联网金融是普惠金融通过互联网技术得到实现，是金融市场上民主、公平的制度需求通过互联网技术得到满足。因此，互联网金融实质上反映了一种金融制度革新。以下通过解答两个基本问题来论证这一观点。

第一个问题是，互联网技术在 20 世纪 90 年代末、21 世纪初就得到迅速的发展，但令人不解的是为什么互联网金融却没有及时出现，直到 2008 年之后才蠢蠢欲动，相较于其他互联网行业大约晚了 10 年。正是人们对普惠金融的明确和强烈需求，酝酿催生了互联网金融。西方市场经济发达的国家，经过近 50 年的经济发展后，人们的生活状况取得了极大的改善，经济发展不再仅仅是一个简单的增量问题，而是以更有效率的结构调整推动经济发展的问题，以及在经济发展过程中社会公众如何公平共享发展产生的便利的问题，这是人类发展的一个本质。金融制度作为经济体系的内生核心要素，也必须围绕、体现这一本质。尽管以美国为代表的国家发展了较为发达的多层次证券市场，以德国为代表的国家发展了较为发达的银行金融体系，但在小微企业融资和创新技术孵化方面还有很大的改进空间，特别是在选择更为符合社会长期发展的投资项目方面，仍不是百发百中。在新兴市场国家和发展中国家，这一问题更甚于前者。尽管它们在经济总量的增长率上势头迅猛，但增长的持续动力、稳定性以及公众共享方面的问题日益威胁这些国家的发展。当然，也有学者认为这一问题源远流长，如杜晓山（2012）梳理小额信贷的历史时提出，意大利 1462 年设立第一家官办的典当行、罗马教皇 1515 年授权的典当行以及 18 世纪 70 年代"爱尔兰贷款基金系统"都可以看作是小额信贷的雏形。[①] 中国小额信贷可能更早，宋代的青苗法本质上就是一种惠农贷款。但作为一种全国甚至全世界遵循的理念和理论，是在 2005 年联合国系统提出小额信贷之后。2006 年，孟加拉乡村银行总裁尤纳斯教授获得诺贝尔和平奖更体现出世界对这一问题的关注。正是在这一背景下，互联网技术开始在金融领域发挥巨大作用，普惠性制度需求逐渐得到满足。"金融技术进步可以有效增进这些特定金融制度结构的效率，从而把金融交易成本以及相应

---

① 杜晓山：《公益性小额信贷亟需政策扶持》，www. eastmoney. com，2012 年。

的金融行为扭曲的成本最小化。"①

　　第二个问题是为什么互联网金融首先在金融体系比较完善、普惠金融程度比较高的西方发达国家兴起发展，而没有在普惠金融程度比较低的国家创新发展？正如上文所言，互联网金融体现了普惠、公平、民主等精神理念，而这些理念在市场经济发达的国家体现更为充分，制度基础更为坚实。正是市场竞争的氛围，更快地酝酿了金融的深层次变革，使金融市场分层更为充分。在发展中国家及赶超型国家，政府为了获取更大的金融剩余，积极动员货币、控制银行金融、提高储蓄率和投资规模，推动高投入式经济增长率，从而形成与之匹配的垄断控制型金融体系。这种控制无形中磨灭了市场公众对金融制度的革新能力，阻碍了对普惠金融制度的系统探索和有效执行，使普惠金融成为一种自上而下的政策任务，而不是一种人人参与的盈利创新。同时，互联网和大数据处理技术在西方国家应用更为娴熟。因此，尽管发展中国家具有更强的互联网金融需求，却没有率先推进互联网金融。所以，笔者认为互联网金融实质是普惠金融需求通过互联网技术逐步满足情况下金融制度的革新。

　　2. 互联网金融模式的普惠性

　　第一，互联网金融首先在资金来源方面实现普惠。为了支持大型国有企业的运转，首先要保障正规金融体系廉价获取投资资金。因此，在存贷款利差受保护的情况下，银行利润畸高，我国16家上市银行净利润占沪深两市2400多家上市公司的50%还要多。互联网金融在融资来源上，将利率大幅提高，并推动传统金融机构提高吸收资金的利率，这无形中惠及了广大资金供给者。以余额宝为例，只要用户将资金转到他们的余额宝账户，则按照约6%的年利率产生利息，用户可随时将资金转走，但一般需要隔夜到账。这实质上等同于年利率为6%的活期存款。而同时期，银行的活期存款利率不到1%，1年期存款利率不到3%。伴随余额宝的推出，许多银行设计产品、提高利率。

　　第二，互联网金融同时在资金运用方面实现普惠。我国建立的正规金融体系主要为了支持国有企业，中小微企业的金融需求很难满足。在网络数据和云计算等技术的支撑下，互联网金融中的网络贷款和众筹融资为中

---

① 张杰：《经济发展要依靠民营金融的成长》，http://www.sina.com.cn，2011年。

小企业高效、便捷获取资金提供了平台。例如，Kabbage 根据用户借款的金额大小、时间长度和信用评级等信息收取利息，利率水平从 2% 到 18% 不等，一般费率波动范围为 2%—7%（30 天）和 10%—18%（6 个月）。Kabbage 通过支付工具 PayPal 的支付 API 来为网店店主提供资金贷款，这种方式下资金到账的速度相当快，最快 7 分钟就可以完成。2012 年，他们借出约 7000 万美元的贷款。国内比较具有代表性的网络贷款公司是阿里小贷，是国内第一家面向电子商务领域小微企业融资需求的小贷公司。阿里小贷以阿里巴巴、淘宝、天猫平台内积累的海量的交易数据为依据，无须抵押物，无须担保，贷款金额通常在 100 万元以内。所有贷款流程在网上完成，通过支付宝发放，基本不涉及实体考核。对信誉较高的客户，通过申请和人工审核可获得超额贷款，金额在 1000 万元以下。2012 年上半年，阿里金融服务的小微企业 15 万家，累计向小微企业投放 170 万笔贷款，总额 260 亿元，单日利息超过 100 万元。

（二）金融分权、金融供给机会公平与普惠金融发展

1. 进一步发挥政策性、商业性和合作性金融的互补优势

充分发挥农业发展银行的政策优势，积极探索和改进服务方式，加大对贫困地区信贷支持力度。鼓励国家开发银行结合自身业务特点，合理调剂信贷资源，支持贫困地区基础设施建设和新型城镇化发展。深化中国农业银行"三农金融事业部"改革，强化县事业部"一级经营"能力，提升对贫困地区的综合服务水平。强化中国邮政储蓄银行贫困地区县以下机构网点功能建设，积极拓展小额贷款业务，探索资金回流贫困地区的合理途径。发挥农村信用社贫困地区支农主力军作用，继续保持县域法人地位稳定，下沉经营管理重心，真正做到贴近农民、扎根农村、做实县域。鼓励其他商业银行创新信贷管理体制，适当放宽基层机构信贷审批权限，增加贫困地区信贷投放。积极培育村镇银行等新型农村金融机构，规范发展小额贷款公司，支持民间资本在贫困地区优先设立金融机构，有效增加对贫困地区信贷供给。继续规范发展贫困村资金互助组织，在管理民主、运行规范、带动力强的农民合作社基础上培育发展新型农村合作金融组织。

2. 加快推进农村信用体系建设，推广农村小额贷款

通过开展"信用户""信用村""信用乡（镇）"以及"农村青年信

用示范户"创建活动，提高贫困地区各类经济主体的信用意识，营造良好农村信用环境。推进农户、家庭农场、农民合作社、农村企业等经济主体电子信用档案建设，多渠道整合社会信用信息，完善信用评价与共享机制。促进信用体系建设与农户小额信贷有效结合，鼓励金融机构创新农户小额信用贷款运作模式，提高贫困地区低收入农户的申贷获得率，切实发挥农村信用体系在提升贫困地区农户信用等级、降低金融机构支农成本和风险、增加农村经济活力等方面的重要作用。积极探索多元化贷款担保方式和专属信贷产品，大力推进农村青年创业小额贷款和妇女小额担保贷款工作。

3. 创新金融产品和服务方式，支持贫困地区发展现代农业

各银行业金融机构要创新组织、产品和服务，积极探索开发适合贫困地区现代农业发展特点的贷款专项产品和服务模式。大力发展大型农机具、林权抵押、仓单和应收账款质押等信贷业务，重点加大对管理规范、操作合规的家庭农场、专业大户、农民合作社、产业化龙头企业和农村残疾人扶贫基地等经营组织的支持力度。稳妥开展农村土地承包经营权抵押贷款，慎重稳妥推进农民住房财产权抵押贷款工作，进一步拓展抵押担保物范围。结合农户、农场、农民合作社、农业产业化龙头企业之间相互合作、互惠互利的生产经营组织形式新需求，健全"企业＋农民合作社＋农户""企业＋家庭农场""家庭农场＋农民合作社"等农业产业链金融服务模式，提高农业金融服务集约化水平。

4. 优化金融机构网点布局，提高金融服务覆盖面

积极支持和鼓励银行、证券、保险机构在贫困地区设立分支机构，进一步向社区、乡镇延伸服务网点。优先办理金融机构在贫困地区开设分支机构网点的申请，加快金融服务网点建设。各金融机构要合理规划网点布局，加大在金融机构空白乡镇规划设置物理网点的工作力度，统筹增设正常营业的固定网点、定时服务的简易服务网点（或固定网点）和多种物理机具，并在确保安全的前提下，开展流动服务车、背包银行等流动服务。严格控制现有贫困地区网点撤并，提高网点覆盖面，积极推动金融机构网点服务升级。加大贫困地区新型农村金融机构组建工作力度，严格执行新型农村金融机构东西挂钩、城乡挂钩、发达地区和欠发达地区挂钩的政策要求，鼓励延伸服务网络。

5. 继续改善农村支付环境，提升金融服务便利度

加快推进贫困地区支付服务基础设施建设，逐步扩展和延伸支付清算网络的辐射范围，支持贫困地区符合条件的农村信用社、村镇银行等银行业金融机构以经济、便捷的方式接入人民银行跨行支付系统，畅通清算渠道，构建城乡一体的支付结算网络。大力推广非现金支付工具，优化银行卡受理环境，提高使用率，稳妥推进网上支付、移动支付等新型电子支付方式。进一步深化银行卡助农取款和农民工银行卡特色服务，切实满足贫困地区农民各项支农补贴发放、小额取现、转账、余额查询等基本服务需求。鼓励金融机构柜面业务合作，促进资源共享，加速城乡资金融通。积极引导金融机构和支付机构参与农村支付服务环境建设，扩大支付服务主体，提升服务水平，推动贫困地区农村支付服务环境改善工作向纵深推进。

此外，如果真正建立普惠金融体系、实现金融包容性，还必须实现利率市场化，激励金融企业努力提升风险管理水平、降低风险成本、以更低的利率寻求更有市场价值的投资项目。同时，完善扶贫贴息贷款政策，加大扶贫贴息贷款投放，发挥中央财政贴息资金的杠杆作用。支持各地根据自身实际需求增加财政扶贫贷款贴息资金规模，完善扶贫贴息贷款管理实施办法，依照建档立卡认定的贫困户，改进项目库建设、扶贫企业和项目认定机制，合理确定贷款贴息额度。优化扶贫贴息贷款流程，支持金融机构积极参与发放扶贫贴息贷款。加强对扶贫贴息贷款执行情况统计和考核，建立相应的激励约束机制。

（三）金融市场分层、金融需求机会公平与普惠金融发展

普惠金融发展不能仅仅依赖于金融机构，更在于有一个公平、高效、普惠的金融市场。在一统式的垄断型金融市场，无须谈及普惠。因此，应大力发展多层次资本市场，拓宽贫困地区多元化融资渠道，进一步优化主板、中小企业板、创业板市场的制度安排，支持符合条件的贫困地区企业首次公开发行股票并上市，鼓励已上市企业通过公开增发、定向增发、配股等方式进行再融资，支持已上市企业利用资本市场进行并购重组实现整体上市。鼓励证券交易所、保荐机构加强对贫困地区具有自主创新能力、发展前景好的企业的上市辅导培育工作。加大私募股权投资基金、风险投

资基金等产品创新力度，充分利用全国中小企业股份转让系统和区域性股权市场挂牌、股份转让功能，促进贫困地区企业融资发展。鼓励和支持符合条件的贫困地区企业通过发行企业（公司）债券、短期融资券、中期票据、中小企业集合票据及由证券交易所备案的中小企业私募债券等多种债务融资工具，扩大直接融资的规模和比重。

伴随互联网金融的发展，众筹融资作为互联网金融最主要的构成形式之一，是对发起项目的股权市场进行充分的分层，几乎满足了完全竞争市场的所有条件。从而，优质项目的选择、资金和项目的匹配都达到了较优状态。众筹融资与传统的股权市场相比较，具有质的不同。

1. 项目管理者自由出入的股权分层市场

传统股权市场，都是由国家统一审批的企业才能进入，例如国内沪深股市的交易股票。即使在一些城市设立产权交易所，交易的股权范围也非常有限，严重受到空间的制约。众筹融资平台上，全国甚至全球的项目企业可以自由出入，只要遵守平台规则即可。金融市场发展规律一般是从熟人圈层往来到生人信用交易。如果在诚信、监督、法律等市场规则都不完善的情况下，直接实现个人、企业或政府在统一的陌生人构成的市场上进行交易，必然产生欺诈等行为，而这正是金融风险产生的主要根源。中国股票市场上频繁发生的违规审批、内幕交易、操纵价格等都证明了这一点。众筹融资对股权市场进行分层，不再有区域性或全国性股权市场的概念，融资主体根据资质、创新度、信誉、预期等情况在平台上发布项目，直接由市场出资人评价项目优劣。这样可以避免要么默许其"弄虚作假"在全国上市，沉淀金融风险，形成金融动荡，要么害怕其风险，关闭融资渠道，因噎废食。

2. 项目出资者自由选择的股权分层市场

项目出资者选择股权对象不同于传统的股票市场。一是从企业生命周期角度，出资者增加了对初期企业的自由投资机会。传统股权市场，看似项目出资者可以自由选择上市公司，实质上只是选择政府审批后的企业，一些有创意、有市场前景的项目或商业计划并不一定能上市，投资者也不能选择。而在众筹融资平台上，出资者可以自由选择认为有市场潜力、符合未来发展的项目，并成为原始持股人。二是从企业项目的地域角度，传统的柜台交易市场上，项目出资者一般只能选择距离较近的企业，不仅由于政策管制问题，而且由于外在信息约束使出资者面临太高的道德风险、项目风险和管理风险。以互联网为基础的众筹融资不仅使地域因素不再显得重要，而且配套的信息披露激励、回报激励等机制设计比较有效地解决了道德风险和项目风险问题。三是从出资金额角度，对于传统的初期项目投资，投资金额规模大，政策将出资者限定在特定范围。而在众筹融资模式下，零散的、小金额出资者根据自己的判断可以较为自由地选择企业项目。

3. 信息不对称性风险的解决

传统的股权市场，主要风险就是信息不对称风险，如信息不对称造成的幕后操纵、上市后高层套现、公众追涨杀跌等方面。企业与监管机构的信息不对称、监管机构与市场公众的信息不对称、上市公司与公众的信息不对称，都给企业留下了弄虚作假的空间，账面财务或盈利或亏损，全在企业因利而为。而这恰恰成为市场风险的最根源之处。谢平（2014）提出，互联网精神跟传统金融精神是不一样的。[1] 互联网精神的核心是开放、共享、去中心化、平等、选择、普惠、民主。金融业就是精英化、神秘化、制造信息不对称，然后获取最大化利润。美国次贷危机就是很好的证明。众筹融资平台能极大改善信息对称性的原因在于，项目管理者必须尽其所能地披露创意和回报计划，不然出资者很难做出比较全面的股权投资决策。谁信息披露得充分、谁的信息更为可信，谁的项目就更有实际创新意义、更有市场前景、预期回报更高，出资者就会购买谁的股权。遮遮掩掩的信息披露和讳莫如深的回报计划很难吸引投资者，必然被市场淘汰，这使得众筹融资平台上的项目信息完善程度较传统股权市场明显提高。

（四）金融知识普惠与普惠金融发展

建立发展普惠金融体系，需要广大公众具备基本的金融知识，否则面对金融普惠茫然不知所措。第一，应加大贫困地区金融知识宣传培训力度。加强对贫困地区县以下农村信用社、邮储银行、新型农村金融机构及小额信贷组织的信贷业务骨干进行小额信贷业务和技术培训，提升金融服

---

[1]　谢平、邹传伟、刘海二：《互联网金融手册》，中国人民大学出版社 2014 年版。

务水平。对贫困地区基层干部进行农村金融改革、小额信贷、农业保险、资本市场及合作经济等方面的宣传培训，提高运用金融杠杆发展贫困地区经济的意识和能力。各相关部门、各级共青团组织、金融机构、行业组织、中国金融教育发展基金会等社会团体要加强协同配合，充分发挥"金融惠民工程""送金融知识下乡"等项目的作用，积极开展对贫困地区特定群体的专项金融教育培训。鼓励涉农金融机构加强与地方政府部门及共青团组织的协调合作，创新开展贫困地区金融教育培训，使农民学会用金融致富，当好诚信客户。第二，加强贫困地区金融消费权益保护工作。各金融机构要重视贫困地区金融消费权益保护工作，加强对金融产品和服务的信息披露和风险提示，依法合规向贫困地区金融消费者提供服务。公平对待贫困地区金融消费者，严格执行国家关于金融服务收费的各项规定，切实提供人性化、便利化的金融服务。各金融机构要完善投诉受理、处理工作机制，切实维护贫困地区金融消费者的合法权益。各相关部门要统筹安排金融知识普及活动，建立金融知识普及工作长效机制，提高贫困地区金融消费者风险识别和自我保护的意识和能力。

第五章

互联网金融的创新发展与监管改革

互联网金融创新发展成为国内金融体系发展的重大问题。随着互联网技术与金融活动融合的趋势日益明显，互联网金融成为金融界一个热议的话题。随着互联网金融理念的兴起，以及第三方支付、P2P、众筹、余额宝等互联网金融产品的创新发展，互联网金融已经成为实业界、学术界以及政策界普遍关心的重大金融问题，关于其发展与监管的争论亦呈现出极为明显的分歧。

在全球范围内，互联网金融在学术界以及实业界没有明确的定义，在美国还有网络金融、在线金融、电子金融等相关的称谓。从范畴界定来说，互联网金融应该是依托互联网来实现资金融通的金融业务，而且这种资金融通是以信用作为基础的。一般而言，互联网金融是指借助于互联网技术、移动通信技术实现资金融通、支付和信息中介等业务的新兴金融模式，既不同于商业银行间接融资，也不同于资本市场直接融资的融资模式，即互联网金融是所谓的"第三种金融融资模式"，亦称为互联网直接融资市场或互联网金融模式。① 而有的定义则将互联网金融归纳为一种理念，即"开放、平等、协作、分享"。②

互联网金融作为一种新兴的金融业务模式，其存在的意义、对传统金融行业的冲击以及对金融稳定甚至对货币政策等的影响存在重大的不确定性，学术界对此亦众说纷纭。有的观点认为，互联网金融将带来"颠覆

---

① 谢平、邹传伟：《互联网金融模式研究》，《金融研究》2012 年第 12 期。
② 陈敬民：《关于互联网金融的若干思考》，《金融纵横》2013 年第 9 期。

性"的冲击①，将彻底改变商业银行的经营模式②；而有的研究指出，目前中国的所谓互联网金融业务更多是一种辅助性、补充性的金融业务，其涉及的实质性和主体性业务较少。③ 互联网金融本质还是金融契约，不是新金融，而只是金融销售渠道、金融获取渠道上的创新。④

结合政策界的研究和政策实践看，至少在中国，互联网金融作为一种结合互联网技术的金融创新，受到了监管层面的重视和肯定；从发展和监管的基调看，鼓励互联网金融发展已经成为一个较为广泛的共识。但是，作为一种创新，互联网金融存在自身的风险因素以及对金融体系的风险影响也是监管层需要考虑的问题。一些研究提出了鼓励创新与防控风险相融合的互联网金融监管"十二原则"⑤，如此数量的原则侧面上反映了如何在防控风险和规范行为的基础上促进互联网金融的发展已经成为一个现实的政策议题。

互联网金融正以其独特的经营模式和价值创造方式，影响着传统金融业务，逐步成为整个金融生态体系中不可忽视的新型业态。2014 年 3 月 5 日，国务院总理李克强在十二届全国人大二次会议上做政府工作报告时指出，要促进互联网金融健康发展，完善金融监管协调机制。如何认识互联网金融的创新发展及其对金融体系的影响成为互联网金融健康、规范发展的基础任务之一。

一　互联网金融发展的国际经验：基于美国的分析⑥

美国堪称互联网经济和互联网金融发展最为充分的国家。自 20 世纪

---

①　谢平、邹传伟：《互联网金融模式研究》，《金融研究》2012 年第 12 期。

②　牛锡明：《互联网金融带给未来银行业的机遇》，2013 年 2 月 24 日在亚布力论坛上的演讲。

③　王国刚：《从互联网金融看我国金融体系改革新趋势》，《红旗文稿》2014 年 4 月 23 日。

④　陈志武：《互联网金融到底有多新》，《新金融》2014 年第 4 期。

⑤　张晓朴：《互联网金融监管的原则：探索新金融监管范式》，《金融监管研究》2014 年第 2 期。

⑥　本部分内容主要来自郑联盛、刘亮、徐建军《互联网金融的现状、模式与风险：基于美国经验的分析》，《金融市场研究》2014 年第 2 期。笔者对文章进行了一定的修订和更新。

90 年代的信息革命以来，美国金融机构和信息科技企业均抓住互联网发展契机，利用现代信息技术对传统金融经营模式和业务方式进行"信息化"升级，呈现出"花开数朵、各表一枝"的互联网金融生态。目前，美国的互联网金融业务也取得较大的进展，但美国互联网金融更多是传统金融信息化的体现，互联网金融作为独立的业态似乎并没有取得普遍性共识。

（一）美国互联网金融发展的历程

在美国，互联网金融并没有明确的定义，互联网金融还有网络金融、在线金融、电子金融等相关的称谓。从发展经验看，美国是互联网金融发展的鼻祖。目前，美国基于互联网的新型支付体系、新型贷款模式以及新型筹资模式等蓬勃发展起来。美国互联网金融发展的历程大致可以分为三个阶段。

第一个阶段是 20 世纪 90 年代前后的传统金融机构和金融业务的信息化阶段。这个阶段主要是在信息化兴起的过程中，传统金融业务建立信息化体系和进行业务流程再造的过程，使得互联网成为金融业务的一个内嵌式的软件框架，二者有机地融合起来，从而使得美国甚至全球的金融体系一体化进程大大加速，并形成了全球性的金融信息化和支付体系。

第二个阶段是从 20 世纪 90 年代中后期开始的基于传统业务和互联网融合的创新性业务探索与实践阶段。区别于上个阶段的电子银行，这个阶段出现了纯粹的、没有任何实体柜台的"网络银行"等网络型企业。网上发行证券、网上售卖保险、网上理财等业务模式也不断涌现。可以看出，美国这个阶段的互联网金融仍然是基于传统业务的升级，但是逐步呈现出相对独立的经营业态。

美国安全第一网络银行 SFNB（Security First Network Bank）成立于 1995 年，是全球第一家无任何分支机构的"只有一个站点的银行"，其前台业务在网上进行，后台处理集中在一个地点进行。安全第一网络银行业务处理速度快、服务质量高、存款利率高、业务范围广，在成立后的 2—3 年里最高拥有 1260 亿美元资产，成为美国第六大银行。同样成立于 1995 年的纯粹网络保险公司 INSWEB，曾在美国纳斯达克市场上市，涵盖了从汽车、房屋、医疗、人寿，到宠物保险在内的非常广泛的保险业务范围。1992 年创立的专营网上经纪商 E ＊ TRADE 比以嘉信理财（Charles Schwab）为代表的折扣经纪商提供更为低廉的交易佣金率。网络银行、网络保险、网络证券成为风靡美国的新潮流，并且确有赶超传统金融机构的势头。不过，这些互联网金融业务的发展并非一帆风顺，它们存在着三个固有问题：一是客户黏性；二是产品开发；三是风险管理。随着 2000 年前后互联网发展低谷的到来，安全第一网络银行、INSWEB 先后被收购，而纯粹的网络经纪商也一直没能超越和取代传统的证券经纪商。

另一个值得关注的是全球第一只互联网货币基金——PayPal 货币市场基金。它成立于 1999 年，由 eBay 的子公司 PayPal 创办，是目前中国流行的"余额宝""零钱宝"等的"祖先"。PayPal 用户账户中的现金余额自动投资于 PayPal 管理的货币基金。在保障流动性的同时，又使得投资者的收益大幅度提高。基金规模在 2007 年达到巅峰的 10 亿美元。但在 2008 年金融危机期间，流动性和保本性这两大基石都垮掉了，广大投资者蜂拥赎回。加之后来美国实行零利率政策以后，PayPal 货币基金大幅亏本，规模逐步缩小，于 2011 年 7 月正式关闭。

第三个阶段是 21 世纪初以来，区别于传统金融业务的新型互联网金融业务蓬勃发展起来，主要是非传统信贷业务、支付体系的变迁以及虚拟货币的发展。一方面，基于互联网的信用与资金融通业务开创性发展起来，2005 年美国第一家 P2P 借贷平台 Prosper 成立，是美国互联网信贷业务发展的新起点。2007 年美国最大的网络贷款平台 Lending Club 成立。2013 年这两家公司的成交量总计达 24.2 亿美元，比 2012 年增长 177%。2013 年共有 300 万人向众筹平台 Kickstarter 的项目投入了 4.8 亿美元，成功筹资项目达 1.99 万个，相当于每天筹资 131.6 万美元，每分钟筹资 913 美元。另一方面，基于智能终端的普及，非传统支付迅猛发展起来，非金融企业利用互联网积极推进业务支付的网络化是其发展的基础动力，比如 Facebook 的 Credits 支付系统、PayPal 的微支付系统 Digital Goods 系统、Square 公司的读卡系统以及星巴克的移动支付程序等。美国三大移动运营商 Verizon、AT&T 和 T－Mobile 利用其话费账户也在积极切入支付领域。在虚拟货币方面，主要是在金融危机的影响下，全球进入一个流动性宽松新时代，传统货币的购买力日益销蚀，比特币的货币功能更加凸显，成为全球"最坚挺的货币"。

（二）美国互联网金融创新的业务模式

经过 20 多年的发展，美国互联网金融大致经历了信息化改造、信息化融合以及信息化创新三个阶段，成为美国金融体系一道亮丽的风景线。但是，从美国互联网金融的发展历程及其与传统金融业务的关联上来看，互联网金融并没有完全成为一个独立的金融业态，也没有改变美国金融体系的架构及功能。目前，美国互联网金融业务模式可以分为四种。

一是传统金融业务互联网化，即传统金融业务的服务信息化，也被称为金融互联网。这主要包括传统意义上的商业银行、证券、保险、个人财富管理、资产管理等金融机构通过互联网实现新的业务形态，实际上是对原有金融业务的信息化升级。金融互联网是美国互联网金融发展的最初业态，也是基础的动力源。

二是基于互联网的金融支付体系。以第三方支付、移动支付为基础的新型支付体系在移动终端智能化的支持下迅猛发展起来。特别是非金融企业利用互联网积极推进业务支付的网络化，如 Facebook 的 Credits 支付系统、PayPal 的微支付系统 Digital Goods 等。在商业支付方面，Bill. com 整合了最主要的会计和银行系统，包括小型商务财务软件 QuickBooks 在线、美国英泰软件股份有限公司（Intacct）、NetSuite、Sage Peachtree、谷歌 Apps 以及 PayPal 商务集成等，为企业提供支付、收款、现金流管理等服务。网络支付极大地促进了支付体系与互联网的融合，并已成为美国金融体系"基础设施"的重要组成部分。

三是互联网信用业务。这主要包括网络存款、贷款、众筹等新兴互联网金融信用业务。网络债权融资方面的典型代表是 P2P 业务。通过 P2P 网络贷款平台，资金需求和供给双方在互联网上就可以完成资金融通。该业务完全脱离于传统商业银行体系，是金融脱媒的另一种表现。一些互联网企业如 Avant Credit 运用了机器学习算法来实时评估客户信用的可靠性。贷款整个过程在网上仅需 5—10 分钟就可以完成。此外，融资者可以将抵押物邮寄给网络典当公司 Pawngo，便可获得为期 3—6 个月的贷款。网络股权融资方面的典型代表就是众筹平台。该类平台集中平台上众多参与者的资金，为小企业或个人进行某项活动等提供资金支持。

四是互联网货币。eBay、Facebook、Google 等都提供虚拟货币。网络虚拟货币存在与真实货币转换的可能性，美国 Target 等连锁超市销售 Facebook 虚拟货币卡。此外，一种新型电子货币——比特币（Bitcoin）脱离了中央银行，甚至都不需要银行系统参与。这种数字货币方便而且难以追踪，脱离了政府和银行的掌控，并且有供应总量上限。德国政府已认可了比特币的法律和税收地位。2013 年全球第一部比特币自动提款机于加拿大激活。比特币开始向货币流通领域渗透。这将使得互联网金融与传统货币政策框架交织在一起。

（三）美国互联网金融创新与传统金融的关联

在美国网络银行盛行发展阶段，特别是美国第一安全网络银行在短短 2—3 年内成为美国第六大银行、INSWEB 成为无所不包的保险公司之际，互联网金融与传统金融此消彼长甚至互联网金融颠覆传统金融的观点也一度成为一派论断。但是，美国随后的发展过程中，网络银行、保险、证券等还是与传统的金融业务和金融机构相互融合发展，比如在本次金融危机之前，美林银行在网络证券领域比 1992 年成立的 E ＊ TRADE、1996 年成立的嘉信理财更具有综合竞争力。

美国的互联网金融发展中存在两大趋势：一是与传统金融业务的融合日益深化，二是脱离于传统金融的新兴互联网金融蓬勃发展。从目前的情况看，互联网金融在美国虽然对银行体系或金融体系的业务及风险冲击较大，但仍没有成为一个独立的金融生态体系。互联网信息技术仍在潜移默化地影响经济与金融运行，传统的金融体系组织方式尚未发生颠覆性改变。传统金融机构凭借人才和产品方面的优势，仍然是互联网金融创新和市场的主导者。

以基金销售为例，以"余额宝"引爆的这类在中国关注度极高的基金销售业务上，美国的互联网基金销售似乎并未对传统的基金销售格局带来实质性的影响。传统上，美国的独立顾问销售了绝大多数的股票和债券类基金。数据显示，互联网基金销售机构自从出现后，市场份额有所增加，但这一份额被同期基金公司网络直销幅度的下降所抵消，结果是基金独立销售顾问仍然牢牢把握着基金销售的主要份额。除了货币基金这类标准化产品，其他较复杂类基金的互联网销售在美国并未得到大规模发展。从传统金融业务信息化看，整体而言，互联网金融在冲击传统金融业务的同时，也是在促进传统金融业务的创新发展，并适度巩固了传统金融的现有地位。美国移动信用卡、手机银行等发展较为快速，但是这并没有弱化信用卡、银行的金融功能，反而提高了传统业务的信息化水平。比如，传统支付服务商美国运通公司推出电子支付平台"Serve"与PayPal、Square等开展竞争。Visa公司与GAP达成合作、对Square进行战略投资等，与两家P2P金融交易公司CashEdge和Fiserv形成了合作伙伴关系，并向它们开放了Visa的支付处理网络VisaNet。这些都促进了新兴支付体系的发展。

从新兴的互联网金融业务对传统金融业务的冲击看，一是在支付领域，第三方支付确实将会弱化传统支付体系的功能，但很难实现对传统支付体系的取代。二是在互联网信用业务上，2013年美国两大P2P网贷公司Lending Club和Prosper的成交量总计为24.2亿美元[1]，但相对于美国金融体系万亿美元计的社会融资规模而言，网络贷款仍然是极小的部分，对于以银行主导的银行信用体系以及以资本市场为主导的市场体系等都没有实质性的影响，基本不存在所谓的"取代"银行体系和资本市场的功能。特别是美国在规范网络贷款受到监管重视之后[2]，互联网信用业务更多是一种多样化的金融服务，是现有信用体系的一种多元化但规模较小的补充机制。三是在虚拟货币上存在较大的不确定性。一旦虚拟货币被大范围使用，其对货币政策的冲击可能是实质性的。好在监管当局大多持慎重态度，目前大多数国家的中央银行并没有承认比特币的法定货币地位。同时，比特币交易近期受挫，特别是最大的交易网站Mt. Gox由于技术问题遭受黑客攻击被盗走85万个比特币（其所谓价值为4.8亿美元左右）而宣布破产使得比特币投机热潮大为降温。

简而言之，随着互联网金融的蓬勃发展，美国金融体系机构、产品、市场乃至风险结构都会发生一定的变化，特别在个别领域可能会有较为实质性的改变，但是，从目前的发展趋势看，互联网金融在美国并没有形成一个独立的业态，并没有对传统金融业务和整个金融体系造成颠覆性的冲

---

① Renton, Peter, "US P2P Lenders Issue $2.4 Billion in Loans in 2013", Lend Academy, December 31 2013. http://www.lendacademy.com/p2p-lenders-2013-loan-volume/.

② GAO, "Person-to-Person Lending: New Regulatory Challenges Could Emerge as the Industry Grows", 2011 July, www.gao.gov/new.items/d11613.pdf.

击。互联网金融在丰富金融体系的竞争结构的同时，也对传统金融业务的创新起到一定的积极促进作用①。

二　中国互联网金融创新发展的演进过程

中国互联网金融创新成为国内影响范围最广的金融创新之一。目前，中国互联网金融的发展"火爆"程度可能强于美国、欧洲、日本等发达经济体，特别是互联网信用业务在 2—3 年的爆炸式发展甚至已经超越了美国互联网信用业务，在人人贷、众筹等网络贷款业务日益强大；互联网理财业务在余额宝等"宝宝们"的推动下，业已高速发展，余额宝相关联的互联网货币基金已经成为中国最大的基金，并超越了其他任何基金公司的管理资产规模。

互联网金融创新对金融业的影响成为各界最为关心的核心问题。互联网金融的高速发展使得传统金融行业受到了一定的影响甚至是冲击，特别是业务模式和思维方式的冲击更为实质。同时，由于互联网金融发展速度太快，使得金融监管当局更加注重其风险冲击以及消费者保护，如何规范发展成为重要的任务。未来中国互联网金融的发展将呈现何种状态也成为各界日益关注的焦点。

（一）中国互联网金融创新发展的历程

随着信息技术的发展，互联网技术与金融体系的融合其实在 20 世纪 90 年代就蓬勃发展起来，金融行业电子化、信息化或网络化等深入发展，使得中国金融体系逐步走向一个基于信息技术的现代化过程。整体而言，20 世纪及 21 世纪初期几年，互联网技术更多是作为一种技术支撑或基础设施而与金融行业相互结合的。

随着第三方支付、人人贷、众筹、余额宝等新兴互联网金融产品快速发展，特别是这些产品的发展基本是游离在传统金融体系之外、甚至在传统金融监管范畴之外，使得互联网金融成为一种"独立的力量"，经常表现出与传统金融行业相互竞争的态势，才受到各界广泛关注的，甚至出现

---

① 郑联盛：《美国互联网金融为什么没有颠覆性?》，《证券日报》2014 年 1 月 15 日。

互联网金融将颠覆传统金融行业的论断。

1. 互联网金融创新的三个阶段

与欧美互联网技术以及互联网金融发展的历程相比较而言，整体上，中国互联网金融创新与发展时间要远短于美欧的历程，特别是纯粹意义上的互联网金融业务发展时间更为有限。截至目前，中国互联网金融创新大致可以分为三个发展阶段。

第一个创新发展阶段是 20 世纪 90 年代至 2005 年左右的传统金融行业互联网化阶段。这个阶段与美欧互联网金融发展的经历相似，主要是传统金融行业的信息化和网络化，互联网是作为技术支撑、基础设施和流程再造的工具与金融行业相互整合。结果是传统金融行业互联网化，技术得到升级，效率得以提升，并基本形成了互联互通的金融信息化网络。这个阶段互联网技术基本是辅助性的。

第二个创新发展阶段是 2005 年至 2011 年前后的第三方支付蓬勃发展阶段。这个阶段与美国发展经历不同，美国主要是传统金融业务互联网化，出现网络银行、网络保险和网络理财等新型互联网金融业务，而中国在第二阶段则是第三方支付。这与这个阶段中国电子商务发展迅猛，以及中国支付清算体系相对落后是紧密相关的。在这个阶段，互联网技术已经开始渗透到支付清算体系，并与传统支付清算体系形成一定的竞争关系，开始涉足主体性金融业务。

第三个创新发展阶段是 2011 年至今的互联网实质性金融业务发展阶段。这个阶段中国互联网金融发展相当于美国互联网金融发展第二阶段和第三阶段的融合，主要是互联网金融开始涉足实质性金融业务，特别是网络贷款、众筹、互联网货币基金等的发展，使得互联网金融成为典型的金融脱媒工具，从而呈现出互联网金融对传统金融具有一定的替代性甚至颠覆性。当然，这个阶段时间划分是大概的，2005 年之后网络贷款等已经有了初步发展，但是互联网实质性金融业务发展更多在 2012 年后，特别是余额宝等的火爆发展使得 2013 年被称为"互联网金融元年"。

2. 互联网金融创新的格局状况

在短短的数年发展过程中，中国互联网金融业务得到了长足的发展。中国互联网金融发展时间虽然很短，但是支付宝、余额宝、网络贷款等互联网金融爆发式增长的态势，甚至引发了互联网金融将颠覆中国金融体系的争论。

整体而言，中国互联网金融呈现三大力量角力格局。一是互联网金融新兴技术与信用中介机构。主要以第三方支付、余额宝、网络贷款、众筹等为代表，其主要"角色"是金融脱媒，使得传统金融服务模式遭到一定的替代与冲击。二是传统金融机构的互联网金融业务。这些业务是传统金融机构在遭遇互联网金融冲击或提前战略布局的体现，更多是一种跟随、追赶甚至是堵截策略，以银行、基金等的互联网理财产品为代表。第一种和第二种机构一定程度上是竞争关系。三是互联网企业逐步涉足的互联网金融业务以及互联网金融服务。与前两者所从事的主体性或实质性金融业务不同，第三类机构更多是一种辅助性、服务性和补充性的互联网服务，但是，也在日益地向主体性和实质性金融业务渗透，致力于成为第一种机构。

（二）中国互联网金融创新模式分析

中国互联网金融创新步伐较快、规模较大、影响较广。虽然中国互联网金融快速发展的时间较短，但互联网金融业务模式则相对健全，增长速度快、累计规模已经较大。由于虚拟货币等在国内尚未成为一个重点关注领域，国内互联网金融发展除了支付结算体系之外，更多是热衷于讨论互联网信用业务以及互联网货币基金。

在学术界，对国内互联网金融业务的分类并没有取得共识，谢平等认为互联网金融模式有三个核心部分：支付方式、信息处理和资源配置[1]，在此基础上可以分为八种创新模式：传统金融互联网化、移动支付和第三方支付、互联网货币、基于大数据的征信和网络贷款、基于大数据的保险、P2P、众筹、大数据在证券投资中的应用[2]。有的研究从业务角度出发认为国内互联网金融大致分为五类：支付结算、网络融资、虚拟货币、渠道业务以及信息服务。[3] 也有大致分为六类的：第三方支付、P2P、众筹、大数据金融、互联网金融门户以及金融机构信息化。[4] 然而，根据这

---

[1] 谢平、邹传伟：《互联网金融模式研究》，《金融研究》2012 年第 12 期。
[2] 谢平：《互联网金融的现实与未来》，《新金融》2014 年第 4 期。
[3] 艾瑞咨询集团：《互联网创新金融模式研究》，2013 年 7 月。
[4] 罗明雄：《互联网金融六大模式解析》，《高科技与产业化》2014 年第 3 期。

些分类，国内最为火爆的余额宝归属哪类业务则存在不确定性，可以是前者的渠道业务，也可以是后者的第三方支付的增值服务，亦可以是金融机构信息化。为此，包括互联网货币基金、网络保险等传统金融业务的互联网化也应成为一个重要的类别。限于篇幅及数据，笔者主要讨论第三方支付、P2P、众筹，以及互联网货币基金。

1. 支付模式创新：第三方支付

第三方支付狭义上是指具有一定实力和信誉保障的非银行机构，借助信息技术手段，采用与各大银行签约的方式，在用户和银行支付结算系统之间建立连接的互联网支付模式，即为互联网第三方支付，以支付宝、快钱等为代表。而央行在《非金融机构支付服务管理办法》中指出，第三方支付是指非金融机构作为收、付款人的支付中介提供的网络支付、预付卡、银行卡收单以及中国人民银行确定的其他支付服务，其涉及的范围更加广泛，不仅包括互联网支付，还包括线下支付、综合支付及相关服务。央行的定义则是第三方支付的广义定义，比如银联就在此范畴之内。本章主要讨论的是狭义定义。

第三方支付涉及资金融通的支付清算体系，是互联网金融渗透至金融基础设施的表现之一，或者说也是金融基础设施互联网化的表现之一。以快钱、易宝支付以及支付宝、财付通等为代表，2013 年 7 月人民银行第二次发放第三方支付牌照之后，拥有第三方支付牌照的机构为 250 家。①

目前，第三方支付业务大致分为两类：一是综合第三方支付模式。该模式是以自有的电子商务网站为基础、以提供担保服务为附加价值的第三方支付模式。这种模式由于提供了担保服务，能够保证电子商务网站买家和卖家的利益。这个模式主要依赖于与客户端的结合，相当于为客户服务，以支付宝、财付通等为代表。二是独立第三方支付模式，第三方支付平台完全独立于电子商务网站，不承担任何担保功能，只为用户提供支付服务的模式。这种模式主要依赖于与企业端的结合，相当于为企业服务，以快钱、易宝支付等为代表。

2. 贷款模式创新：P2P

P2P 是 peer to peer 的简称，是"伙伴对伙伴"或"个人对个人"的

---

① http：//www.pbc.gov.cn/publish/zhengwugongkai/3580/index_ 2. html.

意思，在美国亦称为"person to person"。国内一般翻译网络贷款。网络信贷起源于 2005 年 3 月在英国成立的全球第一家网络贷款平台——Zopa，随后发展到美国、德国和日本等国家，并在美国获得了较大的发展。国内网贷公司在 2006 年开始逐步发展起来，在 2011 年后高速发展。截至 2013 年 12 月 31 日，全国范围内活跃的 P2P 网络借贷平台已超过 350 家，累计交易额超过 600 亿元。截止到 2014 年 1 月末，纳入中国 P2P 网贷指数统计的 P2P 网贷平台为 356 家，未纳入指数统计的约 80 家。

P2P 典型的运作模式主要由三个主体组成：网贷公司、资金需求方和资金供给方。典型运作流程是网络信贷公司提供信息平台，由借贷双方自由竞价，撮合成交。资金借出人获取利息收益，并承担风险；资金借入人到期偿还本金，网络信贷公司收取中介服务费。P2P 网贷最大的优越性，是使传统银行难以覆盖的借款人在虚拟世界里能充分享受贷款的高效与便捷，相当于是在网络贷款平台上，资金供需双方克服了信息不对称问题直接见面交易。

当然，这里的信息不对称问题主要是指资金供求的信息，而对于资金需求方及供给方的信用信息则仍然存在不对称问题。这使得纯粹的 P2P 模式难以在信用基础较为薄弱的中国深入发展起来，从而出现了多种异化的网络贷款模式。从目前看，中国 P2P 大致可以分为四种模式。

第一种是纯粹 P2P 模式，或线上模式。以拍拍贷为代表，该模式以平台作为核心，是完全意义上的 P2P 模式，平台作为资金供求双方信息配置的载体，为借贷双方提供信息及协助，而不能通过担保等方式涉及实质性资金融通业务，是纯粹的直接融资方式。目前，这在中国反而成为数量最少的 P2P 模式。该模式是"人—人"的运作机制。

第二种是线上线下结合模式。该模式在提供信息匹配载体的同时，又通过平台运作线下信用风险调查方式提供偿付能力评估等服务。这个模式是国内最为普遍的操作方式。借款人在提交贷款申请之后，平台负责信用调查，操作主要是线下进行，主要通过所在城市代理商采用入户调查等方式审查借款人的信用风险，这与银行从事的信用风险评估基本是相似的。该模式以人人贷、翼龙贷等为代表，该模式是"人—平台—人"的运作机制，平台已经涉及实质性金融业务。

第三种模式是担保模式，或陆金所模式。该模式是平台通过与担保公司合作，对借款人违约风险提供担保，实际上是通过担保机制为网络贷款平台及借款人提供信用增级。目前，这个模式是国内较为流行的方式之一。担保公司可以承担利息担保甚至本息担保。可以看到，利息担保、本金担保等方式涉及实质性金融业务，这种方式使得 P2P 平台的性质发生了实质性改变，一定意义上该模式下的资金融通已经从 P2P 最为本源的直接融资转变为间接融资，同时 P2P 平台也从一个信息载体转化成为一个从事担保甚至提供资金的金融机构。而担保的模式将金融机构或准金融机构的信贷资产通过互联网的方式以极低的门槛对外销售，金额更零散、期限更灵活、销售更弹性，本质上与信贷资产证券化相似。这个模式是"个人—平台—担保机构—个人"的运作方式，已经实质性地改变了网贷的直接金融本质。

第四种模式是股权转让模式。以宜信为代表，网络贷款平台作为责任人对借款人进行信用风险评估及资质选择，确定借款人及借款规模，以个人名义进行贷款之后再将债权转让。债权转让模式能够更好地连接借款者的资金需求和投资者的理财需求，主动地批量化开展业务。这种模式争议较大，有的研究甚至认为宜信模式并不是真正的网贷。但是，由于在网贷平台嵌入了信用与风险中介职能，其网络贷款的匹配程度大幅提高，成为2012 年后新成立的网贷公司的主流模式。

3. 融资模式创新：众筹

众筹（crowd funding），是指项目发起人利用互联网和 SNS 传播的特性，发动公众的力量，集中公众的资金、能力和渠道，为小企业、艺术家或个人进行某项活动或某个项目或创办企业提供必要的资金援助的一种融资创新方式。

相比于传统的融资方式，众筹的精髓就在于小额和大量。融资门槛低且不再以是否拥有商业价值作为唯一的评判标准，为新型创业公司的融资开辟了一条新的路径。从此，其融资渠道不再局限于银行、证券、PE 和VC。众筹项目种类繁多，不单单包括新产品研发、新公司成立等商业项目，还包括科学研究项目、民生工程项目、赈灾项目、艺术设计、政治运动等。经过几年的迅速发展，众筹已经逐步形成奖励制众筹、股份制众筹、募捐制众筹和借贷制众筹等多种运营模式，典型平台包括点名时间、大家投、积木网等。

4. 理财模式创新：余额宝

国内最为火爆的互联网货币基金——余额宝成为互联网金融爆炸式增长的典型代表。2013 年 6 月成立的余额宝，已经吸引了超过 8000 万投资者，在 2014 年第一季度末，所关联的天弘增利宝货币基金规模为 5412.75 亿元①，一举成为中国最大的单只基金，并超过了其他单一基金公司的资产管理规模，可谓"一骑绝尘"。

以余额宝为代表的互联网货币基金其资金来源主要是活期存款，此类产品的快速发展实际上相当于原来在银行表内的活期存款转变为银行体系之外的货币基金资产，相当于是抽走了银行的存款。同时，根据互联网货币基金的收益率和资产期限可以知道，其资产配置将主要是协议存款。这相当于是货币基金将资产配置集中在了协议存款，银行要支付比活期存款高十多倍的成本。

整体上，余额宝对商业银行在金融市场的地位、银行活期存款、超短期理财产品和基金代销业务四个方面造成影响。② 互联网货币基金对银行的冲击最为明显的是，原来作为活期账户上的活期存款经过互联网货币基金操作之后以协议存款的方式又进入银行的资产负债表，但是，同样的负债银行付出了更高的成本。更为重要的是，活期存款和活期账户是银行资金配置的枢纽，存款在利率管制的体制下是银行资产配置和盈利的最基础资源。

表 5—1　　　　　　　　　　　互联网货币基金综览

产品名称	对接基金	万份收益（元）	7 日年化（%）↓	购买门槛（元）	单日取现限额	变现速度
天添宝	中加货币 A	1.2548	5.928	1000	20 万	实时（有条件）
掌柜钱包	兴全添利宝货币	-	5.921	0.01	3000 万	实时到账
百度百赚利滚利	嘉实活期宝货币	3.0889	5.785	0.01	5 万	实时（有条件）

---

① 数据来自天弘增利宝货币基金 2014 年第一季度财务报告。

② 邱勋：《余额宝对商业银行的影响及启示》，《新金融》2013 年第 9 期。

产品名称	对接基金	万份收益（元）	7日年化（%）↓	购买门槛（元）	单日取现限额	变现速度
国泰超级钱包	国泰现金管理货币A	1.3303	5.627	100	50万	实时（有条件）
京东小金库	鹏华增值宝货币	1.4894	5.529	1	5万	实时（有条件）
京东小金库	嘉实活钱包货币	2.9141	5.461	1	5万	实时（有条件）
现金快线	工银货币	1.5722	5.423	0.01	100万	实时到账
平安盈	平安大华日增利货币	1.4252	5.414	0.01	100万	实时到账
微信理财通	华夏财富宝货币	1.4182	5.366	0.01	6万	延时到账
余额宝	天弘增利宝货币	1.3830	5.210	1	5万	实时（有条件）
泰达宏利货币	泰达宏利货币	2.2708	5.146	100	20万	实时到账
民生如意宝	民生加银现金宝货币	1.3123	5.088	0.01	500万	实时（有条件）
活期乐	嘉实货币A	2.7837	5.079	1元	25万	实时（有条件）
平安盈	南方现金增利货币A	1.4179	5.062	0.01	100万	实时到账
南方现金宝	南方现金增利货币A	1.4179	5.062	100	50万	实时到账
国投瑞银货币	国投瑞银货币A	0.9064	5.061	100	20万	实时（有条件）
零钱宝	汇添富现金宝货币	1.2899	5.049	1	14.99万	实时（有条件）
汇添富现金宝	汇添富现金宝货币	1.2899	5.049	0.01	500万	实时到账
民生如意宝	汇添富现金宝货币	1.2899	5.049	0.01	500万	实时（有条件）
易方达E钱包	易方达天天理财货币A	1.2642	5.045	1	50万	实时（有条件）
华夏活期通	华夏现金增利货币A	1.3408	5.024	0.01	20万	实时到账
百度百赚	华夏现金增利货币A	1.3408	5.024	1	20万	实时到账
e通宝	中海货币A	0.9978	5.021	100	5万	实时到账
博时现金宝	博时现金收益货币	1.2946	5.007	100	50万	实时到账

续表

产品名称	对接基金	万份收益（元）	7日年化（%）↓	购买门槛（元）	单日取现限额	变现速度
中银活期宝	中银活期宝货币	1.1321	4.982	1	30万	实时（有条件）
微信理财通	汇添富全额宝货币	1.2653	4.919	0.01	25万	延时到账
零钱宝	广发天天红货币	1.2676	4.802	1	14.99万	实时（有条件）
工银薪金宝	工银薪金货币	1.2394	4.753	100	无	隔日到账

资料来源：招商证券"互联网金融观察"研究报告，2014年4月20日。

（三）中国互联网金融创新的趋势判断

从中国互联网金融发展的现状和模式看，中国已经基本全面接近甚至超越了美国互联网金融发展的速度和规模，已经成为全球最为火爆的互联网金融市场。但是，反观中国的互联网金融发展趋势，全球第一大经济体、全球最为发达的金融市场、全球最具创新性的互联网技术，美国的互联网金融的发展却是波澜不惊，在英国、欧洲大陆以及日本等亦是如此。为此，中国互联网金融的火爆是具有中国自身根源的。

1. 互联网金融创新的机制分析：以余额宝为例

国内最为火爆的互联网金融产品非余额宝莫属。余额宝所能获得的较高收益吸引了8000多万投资者，成立仅9个多月，所关联的货币基金规模就超过5000亿元，一举成为中国最大的单只基金，并超过了其他单一基金公司的资产管理规模。

从全球范围看，余额宝的"祖宗"可追溯到美国PayPal货币市场基金。PayPal货币市场基金是1999年成立的全球第一只互联网货币基金，由eBay的子公司PayPal创办，该基金一度由于流动性好受到投资者青睐，2007年达到10亿美元的规模。但是，金融危机改变了PayPal货币市场基金的命运，美国零利率和量化宽松政策则成为PayPal货币市场基金的掘墓人。由于收益率不断下降，投资者持续赎回，2011年7月PayPal货币市场基金告别了历史。

Paypal货币市场基金的命运引发了诸多反思。一是PayPal货币市场基金的收益率不具有竞争优势，其资产主要是债券，美国债券类基金甚多，PayPal 货币市场基金替代品甚多，且其收益率一般要低于股票，这决定了其规模缺乏爆发式增长的利益基础。二是 PayPal 货币市场基金优势在于流动性创新，但美国发达的市场信用、支付清算和金融服务决定了流动性并非核心竞争力，PayPal 货币市场基金缺乏持续扩张的市场动力。三是 Paypal 货币市场基金最终被清盘主要受实体经济和宏观政策的约束，收益率持续下跌直至亏损，PayPal 货币市场基金失去了生存的经济政策基础。

PayPal 货币市场基金黯淡的命运终点似乎成了中国互联网货币基金狂热的起点，PayPal 货币市场基金和余额宝的发展态势亦可谓天壤之别。但是，从发展的基础来看，余额宝等互联网货币基金爆发式增长具有特定的基础。

余额宝高收益和高增长具有特定的制度基础。一方面，由于中国利率没有市场化，利差较大且被制度化，存款是银行体系最为重要的要素资源。另一方面，中国微观监管机制使得存款成为法定的稀缺资源，为了使存贷比达标，银行必须苦苦寻求存款。这为余额宝配置核心资产提供了特定的制度环境，协议存款成为其核心资产并获得较高收益，资产占比超过 8 成，收益率甚至一度超过 6.5%。

余额宝爆发式增长具有特定的市场结构基础。从金融结构看，中国是银行主导的金融体系结构，资金供给和配置机制银行独大，余额宝使得普通大众成为资金市场中的真正供给者，获得了资金所有人应有的收益回报。截至 2014 年 3 月 24 日，余额宝收益率仍超过 5.5%，高于业绩较好的货币基金（4%—4.5%），高于 1 年期定期存款利率（3.25%），是活期存款利率 0.35% 的 10 多倍。可以看出，如果通过银行体系提供资金，投资者的回报率是很低的。

余额宝发展具有特定的金融产品竞争优势。从金融产品看，中国一直缺乏稳健型、固定收益类产品，余额宝为普通投资者提供了流动性和收益性都具有优势的货币基金。同时，中国一直缺乏风险收益性较好的金融投资产品，余额宝为投资者提供了流动性强、收益率较高而风险不大的金融产品。关键是支付宝与余额宝的无缝对接，使得支付宝中的活期存款变为货币基金，流动性不受影响，收益率提升 10 多倍，获得了巨大的真实需求①。

　　2. 中国互联网金融创新的趋势

　　互联网金融的蓬勃发展是中国金融体系制度、结构、市场及产品发展等体制机制弊端的一个缩影，互联网金融发展一定程度上克服了中国金融深化不足和存在金融抑制的制度弊端，建立了资金需求双方以市场化价格配置资金的机制，其未来持续发展的趋势是确定的。同时，监管当局在鼓励发展的基础上寻求与有效监管的平衡，基调仍然是鼓励和规范发展。整体而言，中国互联网金融发展具有继续发展的基础。但是，不管是监管层还是实业界，也需要客观、冷静认清互联网金融创新的未来发展趋势。

　　一是中国互联网金融未来发展空间大小取决于中国金融体系市场化改革的速度和深度。由于互联网爆发式增长具有特定的基础，特别是制度性基础，而随着市场化改革的深入，制度基础可能被逐步削弱。如果中国实现了存款利率市场化，那余额宝等"宝宝们"的高收益率就缺乏制度基础，其收益率将逐步向一般的货币基金靠拢，而一般货币基金目前的收益率大致为4%。当然，利率市场化初期，存款利率整体还是小幅上升的，余额宝较高的收益率还可以持续一段时间。但从长期看，余额宝是货币基金，货币基金就会向收益率中枢靠拢，收益率下行是趋势性的，只是由于其规模较大，具有一定的议价能力，收益率可能会相对高于一般货币基金。

　　二是金融脱媒的程度不仅受制于实体经济的需求，还受制于风险收益关系的调整，互联网金融未来发展必须向实体经济回归。从美国的经验看，互联网金融最终还是要受宏观实体经济的约束，一旦经济的回报率降低，那实体经济对资金的追逐将有所弱化，货币基金的高收益就缺乏实体基础。比如一旦经济出现去杠杆、利润率降低、违约风险提高，货币基金、网络贷款风险收益格局将出现变化。以P2P为例，2013年12月全国P2P网络贷款平均年利率高达21.98%，是银行加权平均贷款利率的3倍左右，2013年5—12月网贷年利率平均高达25.06%。同时P2P贷款期限90%左右是在1年以内，以2014年1月的P2P网络贷款期限为例，23.57%为1个月之内，1—3个月为27.17%。而中国大部分中小企业的

---

　　① 郑联盛：《美国为何没有余额宝热》，《中国证券报》2014年3月31日。

净资产回报率都在 10% 以下，同时期限如此之短，更多是资金周转而非资本形成，这决定了网络贷款的信用风险极高、可持续性存在重大问题。2013 年以来，关于网络贷款平台破产、贷款人逃跑等信用风险事件层出不穷。

三是互联网金融的监管将日益强化，互联网金融规范发展和监管强化也是一个趋势，信息安全、身份识别、消费者保护、有效监管以及技术失败等都是监管当局重点关注的风险点，监管加强对互联网金融业务膨胀也将是一种约束。

四是互联网金融与传统金融在一定程度上是一种竞争关系，传统金融的应对和反击将冲击互联网金融发展的体制、市场以及客户等基础，互联网金融发展道路难以一路平坦。2014 年 3 月，部分银行甚至集体决定不接受余额宝等互联网货币基金的协议存款，同时一些银行大幅调低了储蓄卡转至互联网货币基金账户单日、单月的上限额度。狂热的互联网金融被传统金融泼了一瓢冷水。相关传统金融机构在与互联网金融"抢食"中也应注重反思、回归与转型，虽然居民的金融服务和财富增值需求是强烈、具体和浩大的，但传统金融机构仍然具有客户、渠道、资金以及风险管控等优势。

五是互联网金融内部将有一个优胜劣汰、自我竞争的过程。互联网企业不能像传统金融机构一样以存款、共同基金、证券等形式参与信用规模扩张，单靠自身资本和吸纳有限主体的资金难以支持自身更大规模的多层次的金融服务需求。可能有的公司无法承载相关负担而不得不退出竞争市场。在网络贷款市场，很大一部分网络贷款都采取担保方式，市场的大小实际上决定于担保公司的担保能力和风险承受能力，高达 20% 以上的贷款利率决定了违约率将是很高的，很多担保公司最后将无力承担违约风险，从而使得与之相关的网贷平台亦不得不退出。

最后是互联网金融的发展需要解决风险关和技术关。互联网金融的发展离不开互联网这个物理载体，随着此种模式深化发展，互联网金融风险将逐步凸显，市场主体对更加安全、便捷的技术的需求会不断攀升。同时，随着互联网科技推进以及与金融体系融合的深化，其必然会为市场提供更多形式和更安全化的支付和融资方式，也将对现有业务模式造成实质性冲击。①

三　互联网金融创新对传统金融体系的影响

　　互联网金融作为中国新型金融模式的典型代表之一，在过去短短几年蓬勃发展起来，并对相应的金融业务、金融子行业、市场以及整个金融体系都带来了不同程度的影响，有的分析认为这种影响是颠覆性的，而有的讨论则认为互联网金融更多是补充性的。本节将分析互联网金融对相关的金融业务、银行业以及金融体系整体的影响。

（一）互联网金融创新的影响：基于业务的微观分析

　　在第三方支付企业中，银行卡收单与互联网支付是第三方支付领域中规模占绝对优势的两大类业务，2013 年上半年交易规模分别为 4.46 万亿元和 2.27 万亿元，广义的第三方支付规模为 6.9 万亿元，而基于互联网支付的狭义第三方支付为 2.27 万亿元。② 可以看到，互联网支付的规模已经接近整个第三方支付市场的 1/3。但是，狭义第三方支付在整个支付体系中的份额实际上仍然是相当有限的。2013 年，支付系统共处理支付业务 235.8 亿笔，金额为 2939.57 万亿元，包括网上支付、电话支付以及移动支付在内的电子支付业务全年规模为 1075.16 万亿元。③ 2013 年互联网支付的规模约为 5.4 万亿元④，则其占整个支付体系的比重约为 1.8%，占电子支付的比重约为 5%。

　　在网络贷款领域，虽然 P2P 发展迅猛，截至 2013 年 12 月 31 日，全国范围内活跃的 P2P 网络借贷平台已超过 350 家，累计交易额超过 600 亿元，但 2013 年中国社会融资规模为 17.29 万亿元，人民币贷款增加 8.89 万亿元⑤，网络贷款占整个社会融资的比重不足 0.35%，占人民币贷款的

---

　　①　朱晋川：《互联网金融的产生背景、现状分析以及趋势研究》，《农村金融研究》2013 年第 10 期。

　　②　赛迪顾问：《中国第三方支付行业年度研究报告（2013）》，2014 年 3 月 5 日。

　　③　中国人民银行：《2013 年支付体系运行总体情况》，2014 年 2 月 17 日。

　　④　赛迪顾问：《中国第三方支付行业研究报告（2012）》，2013 年 1 月 31 日。

　　⑤　中国人民银行：《2013 年全国社会融资规模统计数据报告》，2014 年 1 月 15 日。

比重约为 0.675% 。可以看到，网络贷款虽有蓬勃发展之势，但在整个社会融资和贷款体系中的比重更为轻微。

众筹作为新兴的互联网融资模式，近年来受到了国内外的追捧，众筹是互联网时代区别于传统融资的新型直接融资模式，被誉为"网络投行"。众筹发展速度迅猛，但整体的规模仍然有限，2012 年全球众筹融资增长 81% ，规模为 26.6 亿美元，亚洲地区大致占比为 1.2% 。[①] 目前国内著名的"天使汇""点名时间"等众筹平台上项目融资基本是数万元至十几万元，也有滴滴打车等融资超过百万元的少数案例。但是，不管是从全球还是从中国来看，众筹融资更多是一种理念创新，业务整体规模有限。特别在中国由于证券法规定，股权众筹由于担心募集对象超过 200 人则可能成为非法集资而一直难以有较好的发展。虽然中国直接融资市场不发达，但众筹的融资规模则几乎可以忽略不计。

对于中国金融行业和金融体系最具有影响力的互联网金融产品则是互联网货币基金，即以余额宝为代表的"宝宝们"。这里主要有三个原因：一是中国开放式货币基金的规模较为有限，由于流动性紧张和"6·20"钱荒事件，货币市场基金在 2013 年第二季度缩水近 40% ，截至 2013 年第二季度末，其资产总规模仅为 3040 亿元。[②] 二是余额宝及"宝宝们"成为货币市场基金发展的主要推动力，自 2013 年 6 月余额宝推出以来，仅其一家规模就超过 5000 亿元，2014 年第一季度末，货币市场基金规模超过了 1 万亿元。三是互联网货币基金更多在影响活期存款和协议存款。

（二）互联网金融创新的影响：基于银行业的中观分析

互联网金融作为金融脱媒的典型代表，将使得支付清算、资金流动、金融产品和市场格局发生了一定程度的变化，而变化影响的最为直接的将是传统的金融部门，特别是银行部门。有观点甚至认为，如果银行不改变，互联网金融就改变银行[③]，传统的金融体系需要"外行人"来搅局。

---

① 中国人民银行西安分行课题组：《众筹融资的发展与规范问题研究》，《金融时报》2013年 12 月 16 日。

② 惠誉：《2013 年 2 季度中国货币市场基金现大规模流出》，2013 年 7 月 25 日。

③ 马云：《如果银行不改变，我们就改变银行》，2008 年 12 月 8 日在中国企业领袖年会上的讲话。

中国金融体系是银行主导的，从金融发展的结构影响看，互联网金融蓬勃发展最为直接的冲击对象也将是银行业。本节也将重点分析互联网金融对银行部门的影响。

首先，第三方支付的蓬勃发展使得存、贷、汇等服务的渠道多元化，是支付结算体系的一个竞争者，同时第三方支付将逐步向主体性和实质性金融服务渗透，将在信用创造和融资服务等领域与银行等展开正面竞争。以第三方支付商等为代表的新金融势力，凭借所掌握以互联网和移动通信技术为代表的核心优势，在支付、结算和融资等金融领域内迅猛布局、积极创新，预示着互联网金融业态下银行将不再是客户办理存、贷、汇业务的唯一渠道。从短期来看，新金融势力在上述领域的变局尚不会对传统的银行业构成显著的冲击，更不会本质上动摇商业银行传统的经营模式和盈利模式。[①] 但从长远来看，随着电子商务市场交易规模日益壮大以及监管层面对互联网金融的发展意见趋向明朗，新金融势力也必将谋求取得金融牌照，具备信用创造和融资服务这两项银行核心功能，从而对银行业产生实质性的影响。[②] 以支付宝为例，其尚未获得实质性金融牌照，但是通过与天弘基金合作，就缔造了中国最大的互联网货币基金，并成为银行间市场协议存款一个重要的参与者，实质影响了银行间市场资金的价格。

其次，银行业面临着金融体系资本性脱媒和互联网技术性脱媒的双重冲击。对于中国而言，互联网金融受到的关注远远超过其在美国受关注的程度。与美国市场主导型的金融体系相比，中国的金融结构呈现出银行主导的特征。伴随着中国利率市场化进程的不断推进，中国银行业面临着金融体系资本性脱媒和互联网技术性脱媒的双重冲击，而且互联网的发展和普及放大了金融脱媒的冲击。一方面，互联网金融的迅猛发展加快了利率市场化进程以及直接融资的发展，使得银行面临日益明显的资本性脱媒的影响；另一方面，互联网金融自身的脱媒业务蓬勃发展，在互联网技术的推动下，银行部门面临的脱媒压力更加严重，在技术层面引发了更为明显的脱媒压力。

再次，银行目前遭受互联网金融业务发展最为现实的压力是存款吸收

---

① 宫晓林：《互联网金融模式对传统银行业的影响》，《南方金融》2013 年第 5 期。

② 梁璋、沈凡：《国有商业银行如何应对互联网金融模式带来的挑战》，《新金融》2013 年第 7 期。

能力下降以及存款成本上升。互联网金融产品高息吸收的资金最终也是要投放到货币市场的，即两个去向：委托银行做资产管理或拆借给商业银行，带来的结果就是减少了银行获取低成本资金的来源，倒逼银行高息揽储，提高了融资成本。[①] 由于消费者购买互联网金融产品的资金相当于是从银行体系而来，互联网金融与银行体系之间具有资金的替代效应，当消费者把大量资金用于购买互联网金融产品时，银行吸收存款的增长速度就会放缓，这会对传统金融体系造成重大冲击。[②]

最后，互联网金融可能深刻改变银行服务思维及经营模式。如果金融体系改革市场化进程缓慢，那互联网金融将具有长期快速发展的基础，那对银行等传统金融行业的影响将更加实质，可能改变银行服务思维及运行模式。有的观点认为，互联网通过电子商务掌握的大量客户的信息，从银行客户的交易端、电子商务端衍生的互联网金融，迫使银行在理念上必须重新审视被割裂的资金流、物流和信息流，并进行整个商务链条的整合。[③] 更有观点指出，在不考虑特定的因素制约，仅仅从技术层面上来讲，互联网金融是可以取代传统商业银行的。互联网金融将彻底改变未来商业银行经营模式，甚至可能出现重新洗牌。[④] 从本质上来说，风险的根源在于新金融势力凭借平台的优势垄断了客户的物流、资金流和信息流，银行对客户信息获取的渠道被技术性阻断，从而无法针对客户快速变化的金融需求有针对性地进行创新。[⑤]

（三）互联网金融创新的影响：基于金融体系的宏观分析

互联网金融作为新兴的一种金融业务模式，甚至被称为第三种金融业

[①] 张建国：《互联网金融提高了社会融资成本》，2014年4月2日在中国建设银行业绩说明会上的讲话。

[②] 张承惠：《互联网金融将弱化传统金融市场优势地位》，2013年7月17日在瀚亚资本第六届财富论坛上的讲话。

[③] 姜建清：《互联网金融时代，传统银行不变革就被淘汰》，2013年8月24日在亚布力中国企业家论坛夏季高峰会上的讲话。

[④] 牛锡明：《互联网金融带给未来银行业的机遇》，2013年2月24日在亚布力论坛上的演讲。

[⑤] 梁璋、沈凡：《国有商业银行如何应对互联网金融模式带来的挑战》，《新金融》2013年第7期。

态，其演进和发展必将导致整个金融体系主体、结构、市场、产品和风险分布等的变化，互联网金融对金融体系整体也将产生明显的影响，对金融创新、金融要素市场化、金融服务思维与模式，以至于货币政策等都可能会有明显的影响。

一是互联网金融将引发整个金融体系的创新步伐加快，金融创新层出不穷。一定程度上，由于金融体制机制的问题，中国存在明显的金融抑制或者金融发展落后于经济发展并对经济发展造成负面作用。互联网金融的出现特别是可得性强、公平性高、便利性好，对于普通民众和中小企业而言，是非常好的一种创新性金融服务。比如余额宝推出之后，绝大部分国有商业银行、股份制银行都推出了相似的具有创新意义的竞争性产品，这对于加速金融创新的步伐，对于满足居民和企业多元化的金融需求，对于在供给层面扩大金融服务的可得性、便利性和低价化都是具有创新推动意义的。随着互联网金融的服务日益多元化，传统金融的服务创新亦将更加多样化，不是中国传统金融机构缺乏创新能力，而是在享受制度性红利的环境下，由于缺乏有效竞争，金融机构创新的意愿不强而已。

二是互联网金融有利于传统金融行业的加速转型。互联网金融作为"野蛮人"，将迫使传统金融机构加快创新步伐。互联网金融并不是零和博弈，互联网每进入一个行业就会带来这个行业的深刻改变和转型压力，互联网提高行业运营效率，加剧竞争。[①] 以银行为例，互联网金融改变了银行独占资金支付的格局，互联网技术改变并动摇了银行的传统客户基础，互联网金融改变了银行传统信贷单一的信贷供给的格局，银行必须加速转型才能应对。同时，传统金融机构从互联网金融的发展看到居民的金融服务和财富增值需求是强烈、具体和浩大的，相关金融机构在与互联网金融"抢食"中更应该反思、回归与转型，而金融体制机制改革则更迫不及待。

三是互联网金融将加速利率市场化步伐，有效推进金融要素市场化。在互联网货币基金和网络贷款上，互联网金融对利率市场化的推动作用是实质性的。以余额宝为例，它深刻改变了中国银行主导的资金供求模式和

---

① 李彦宏：《互联网金融肯定不是零和游戏》，在经济之声 2014 "两会" 高端访谈上的讲话，2014 年 3 月 10 日。

定价机制，削弱了银行长期享受低资金成本的制度性优势，打破了银行长期享受的较高利差收益，确立了资金供给者提供资金的定价新机制，而这种改变最后的结果就是资金价格的定价更加市场化。而网络贷款的资本成本和收益定价则更加市场化，其资金提供方的收益率甚至比余额宝更高，2013 年 12 月全国 P2P 网络贷款平均年利率高达 21.98%，是银行加权平均贷款利率的 3 倍左右。虽然网络贷款收益率有虚高的成分，但是反映了现有资金成本定价机制的市场化程度低，特别是资金供给方的收益率被制度性压低。互联网金融对利率市场化的促进作用不仅表现在提供了一个市场化利率的范本，还在于倒逼政策尽快放开银行存款利率，以使银行通过市场化和互联网金融产品竞争。[①] 互联网金融相当于加速了存款端的利率市场化水平，而存款利率市场化是利率市场化改革的最后以及最难的环节。

四是互联网金融将加速金融子行业之间以及金融与其他行业之间的融合，金融体系横向综合化和纵向专业化的趋势将日益明显。互联网金融使得金融行业之间以及金融行业与其他行业之间的界限日益模糊，金融行业内部混合经营或综合化经营的趋势将更加明显，跨界发展的趋势将更加凸显，金融体系的参与主体将更加多元化，金融服务业的生产边界将大大扩大。但在纵向上，相似的金融服务和业务单元的专业化将更为重要，只有市场定位准确、纵向分工明晰才能凸显竞争力，比如在金融基础功能上，支付、清算、托管等专业化水平要求更高，在数据服务上，大数据、数据处理、应用分析以及基于大数据的定价分析等更需要专业化。为此，金融体系将演变为横向综合化、全能化、一站式，而纵向专业化、定制化以及一体化的"矩阵结构"。[②]

五是互联网金融可能对货币政策框架造成实质性影响。从逻辑上，互联网金融既然能影响到传统金融体系，那就一定会影响到通过传统金融体系发挥作用的货币政策。[③] 互联网金融从供需两端较大影响到货币政策，

---

① 单建保：《对互联网金融应该合作共融》，在网易经济学家年会上的讲话，2013 年 12 月 16 日。

② 陶娅娜：《互联网金融发展研究》，《金融发展评论》2013 年第 11 期。

③ 郑联盛、孙继月、刘懿萍：《互联网金融将影响货币政策》，《中国证券报》2014 年 5 月 30 日。

加之货币的虚拟增创，均导致央行制定货币政策的时候，可能要更多考虑控制基础货币增长的影响。[1] 在供给方面，互联网金融可能提高货币供给。互联网金融将提高资金流动性，加快货币流通速度，并提高货币乘数，内生促进货币供给扩大，比如互联网金融使得商业银行能够更快捷、更低价进行资金配置，并降低现金头寸水平，从而降低超额存款准备金率。在需求方面，互联网金融发展可能导致货币需求整体下降。持币成本高、资产流动性高，使得货币交易需求的规模下降，还有，较高收益的固定收益产品出现，使得投机性货币需求降低。[2] 互联网金融使对货币政策的影响也受到货币管理当局的密切关注，当局认为过去的政策、监管、调控等各个方面不能完全适应互联网金融的发展，需要进一步完善。[3]

四　互联网金融创新与风险的关联性

互联网金融的本性还是在金融，而金融的核心是处理风险。同时，互联网金融作为一种金融创新，相应的，金融风险是相伴而生的。互联网金融由于其创新性、综合性、复杂性等特征更为明显，其风险比传统金融可能更加复杂。金融管理当局认为互联网金融存在三大风险：一是机构法律定位不明，可能"越界"触碰法律"底线"；二是资金的第三方存管制度缺失，存在安全隐患；三是内控制度不健全，可能引发经营风险。[4]

从互联网金融发展现状来看，其风险主要体现在以下几个方面。

一是信息泄露问题。企业在互联网上申请融资，需要提供商业流水和营业执照等信息；投资者需要提供个人身份信息和银行账号等支付信息。由于交易双方并不进行现场交易，无法通过传统的面对面的方式确认双方

---

① 马蔚华：《互联网金融监管需考虑基础货币影响》，在博鳌论坛上的讲话，2014 年 4 月 10 日。

② 屈庆、陈黎、余文龙：《互联网金融对金融市场及债券市场影响分析》，《债券》2013 年第 10 期。

③ 周小川：《互联网金融应正确理解货币政策》，2014 年 4 月 8 日赴人民银行嘉兴市中心支行调研时的讲话。

④ 刘士余：《秉承包容与创新的理念，正确处理互联网金融发展与监管的关系》，《清华金融评论》2014 年第 2 期。

的合法身份；各类交易信息，包括用户身份信息、账户信息、资金信息等要通过互联网传输，存在可能被非法盗取、篡改的风险。因而，互联网金融首要的风险是信息泄露风险。美洲银行、富国银行、花旗银行等五大商业银行进行的互联网业务满意度调查结果表明信息安全是消费者最为关心的问题。

二是身份识别问题。美国已经认定数字签名与手写签名具有同等法律效力。由于互联网金融在数字签名与手写签名中无法现场核对以及在网络传输中面临截取、篡改、假冒等问题，互联网金融成为经济犯罪的重要途径之一，并与腐败、洗钱与欺诈等经济犯罪相互联系。

三是有效监管问题。由于互联网金融无法进行现场监管，技术协议、网络设置标准、交易记录、责任认定与风险处置等比传统金融更加困难，监管的难度较大，监管有效性相对较低。部分互联网金融是利用了监管体系的制度性或技术性缺陷，通过互联网来规避监管，可能存在监管漏洞。互联网金融的内部监管也可能存在纰漏，比如交易员可以利用交易系统的问题扩大自己的交易权限最后导致机构的重大金融风险。

四是技术系统失败问题。互联网金融除存在传统金融业所面临的信用风险、流动性风险、市场风险和利率风险等风险外，还可能因为信息技术问题，比如订单系统、交易系统、支付与清算体系等，导致整个或部分系统的失效，从而引发严重的金融风险。系统可靠性、稳定性和安全性的重大缺陷都可能导致巨额损失，此外还涉及互联网金融流程中对金融账户的授权使用、金融交易信息的传递以及真假电子货币识别等问题。互联网金融的技术风险更具有系统性冲击。[①]

五是法律风险。由于互联网金融的创新步伐较快，同时部分业务是在现有法律和监管体系之外，互联网金融将面临日益严重的法律风险问题。比如，电子货币的金融发展不直接指向现实货币（指向电子货币本身的独立储存和清算系统），电子货币本身依赖传统或非传统形式的金融产品，这将导致电子货币稳定性、可交换性和交易安全等法律问题。再比如，有关网上支付的立法非常缺乏，仅限于一些部门规章和政策，立法效力等级较低，而且主要集中在银行卡和网上银行的规制方面。对于第三方

---

① 杨群华：《我国互联网金融的特殊风险及防范研究》，《金融科技时代》2013 年第 7 期。

支付的法律地位、监管等诸多问题均未作立法规范。[①]

六是区域性或系统性风险问题。虽然，目前互联网金融的各项业务都处在初步发展阶段，整体规模仍然极为有限，从传统金融风险的视角出发，互联网金融更多是思维方式和理念的冲击，整个行业仍不能算是具有系统重要性的领域；但是，由于互联网金融的高技术性可能带来操作风险、高联动性可能引发传染风险、高速资金运转可能导致的流动性风险[②]，其可能比传统金融风险更为明显，可能因此导致区域性和系统性风险。

五　互联网金融创新的监管挑战和监管改革

互联网金融作为一种金融创新，可能引发上述诸多的金融风险，特别是现有金融监管框架对互联网金融的监管存在体制机制的缺陷，或者是机制建设落后于互联网金融发展的步伐，使得现有管理或监管体系在应对互联网金融的风险时显得滞后或可能存在监管漏洞，从而使得对互联网金融的监管不到位甚至可能出现监管失败。从理论和实践出发，在把握互联网金融发展趋势、本质特征和风险结构的基础上，应探索互联网金融监管的新模式。

（一）互联网金融创新对金融监管体系的挑战

互联网金融作为金融脱媒的一种典型表现形式，一定意义上在创新初期往往多是游离于现有监管体系之外，特别是在中国，现有监管体系是分业监管的模式，以机构监管为核心，但是，互联网金融进一步模糊了分业的边界，甚至在创新设计和业务发展上就有意地采用跨界策略，一定程度上也在规避监管或进行监管套利，对金融监管体系等提出了现实的挑战。

其一，互联网金融的信息化程度和科技含量高，对现有监管体系的有效性、针对性和完备性提出了挑战，这是互联网金融对金融监管体系最为直接和现实的压力。互联网金融由于与现代科学技术特别是互联网技术相

---

① 商建刚等：《互联网金融创新法律风险与防范研讨会综述》，《上海律师》2013 年第 9 期。

② 王汉君：《互联网金融的风险挑战》，《中国金融》2013 年第 24 期。

互融合，使得其业务、产品、市场等的风险属性有别于传统金融体系，风险特征更为专业化、技术化和关联化，往往涉及多个行业、多个市场和多种技术，甚至超出了现有监管体系的范畴，或游离于不同监管机构权力边界交叉地带，甚至有监管空白的出现，这对于监管体系的监管范围、监管能力和监管有效性带来了重大的提升要求。

其二，互联网金融的虚拟性导致监管的稽核审查或现场取证等面临技术性困境。互联网金融具有金融的本质，又具有网络虚拟性的本质，使得金融业务突破了时间和空间的约束，业务主体和交易对象的广泛性、不确定性和动态性使得互联网金融交易过程更加复杂、不透明，资金的真实来源、流动方向、规模较难准确测算，同时互联网金融交易很多是记录性较差的网上交易，现场稽核和审查的工作面临技术性困难，从而使得整个互联网金融的监管效率低下。[①]

其三，互联网金融的发展使得金融监管体系的消费者保护问题更为明显。由于互联网金融更多是零售业务，其消费者更多是普通民众，这需要监管体系有更加健全的消费者保护机制才能保障其在互联网金融业务中的权益。而在中国，针对互联网金融的消费者保护机制尚未健全，其完善的空间仍然较大，社会信用体系不完善，金融消费安全意识、网络交易安全防备以及自我保护意识等都有待进一步提高，距离美欧等发达经济体仍有较大差距。

其四，互联网金融引致混业经营模式与分业监管体系的制度性错配问题是互联网金融对金融监管体系最为实质性的监管挑战。互联网的蓬勃发展，使得不同的金融行业、金融机构之间，金融机构与非金融机构、不同的金融市场等的界限被模糊化，金融业务发展日益综合化和混业化，在综合化和混业化的经营模式下，互联网金融将导致风险的空间分布格局出现系统性的变化，金融体系的内在关联性和风险空间传染性将大大加强，金融风险的传染进程亦将加速。而现有的监管体系则是分业监管模式，并且以机构监管作为基础，这样就使得现有监管体系无法有效应对日益混业化的经营模式的监管要求，从而可能呈现混业经营模式和分业监管体系的制

---

① 陶娅娜：《互联网金融发展研究》，《金融发展评论》2013 年第 11 期。

度性错配。而这种制度性错配可能引发区域性或系统性风险。①

（二）国外互联网金融监管的趋势分析

互联网金融在中国呈现爆炸式发展的态势，但在美国、欧洲、日本等发达经济体，互联网金融并没有统一的定义和业态模式，更多是作为传统金融的补充机制，其对金融体系和监管框架的冲击问题亦没有中国这么凸显，但作为原则性监管，互联网金融在国外基本都被纳入监管体系之中，接受相应的监管。

一是互联网金融适用一般监管框架。各经济体对互联网金融的发展和风险普遍关注，基本都将互联网金融纳入相应的监管框架之中，强调法律规范、市场纪律和内部管控。各经济体的监管主体都强调，互联网金融必须严格遵守已有的监管法律规范和特定的监管要求，在国外，《消费者权益保护法》《消费信贷法》《合同法》《信息保密法》等是互联网金融监管的基础法律，主要强调消费者保护、市场机制和信息安全等监管任务。

二是不同经济体对互联网金融的监管严格程度存在差异性，以匹配整体的金融发展状况和监管框架的发展。美国、英国等以资本市场为主导的金融体系，其对互联网金融的监管更多强调原则性监管，主要注重消费者保护和信息安全。而德国等国家对互联网金融监管具有一定的实质性监管，对市场准入、运营操作和消费者保护等有较为明确的规范。英国和中国香港等还强调行业组织的自律监管。②

三是消费者保护和信息披露是互联网金融监管的核心。国外对互联网金融的市场准入、业务运作和跨界操作等具体业务基本适用一般监管框架，而更加强调消费者保护机制和强制性信息披露制度。以 P2P、众筹为例，P2P 平台必须在美国证券交易委员会（SEC）注册登记。P2P 平台需要将每天的贷款列表提交给 SEC。投资者可以在 SEC 的数据系统和网站查到这些数据。这可以保证当有投资者对 P2P 平台提起法律诉讼的时候，该存档的记录可以证明是否存在错误信息误导消费者。众筹平台同样必须

---

① 郑联盛、朱进、孙继月：《互联网金融监管应从五方面着手》，《证券日报》2014 年 5 月 31 日。

② 张晓朴：《互联网金融监管的原则：探索新金融监管范式》，《金融监管研究》2014 年第 2 期。

到 SEC 进行注册登记，并且要求发行人至少在首次销售的 21 天之前，向 SEC 提交信息披露文件以及风险揭示，如果筹资额超过 50 万美元的话，需要披露额外的财务信息。这些举措都是为了实现高度完整的信息披露和富有针对性的风险揭示，以更好地保护金融消费者的权益。

（三）中国互联网金融创新的监管改革方向

互联网金融作为所谓的第三种金融模式，在中国快速发展具有特定的制度、体制、结构和市场根源，同时作为新的金融风险点可能引发技术失败、监管失效、消费者保护等风险，结合国外对互联网金融的监管实践，我们认为，在规范引导和适度监管的基础上，互联网金融才可能走上可持续发展的道路。

实际上，互联网金融的监管已经受到了监管当局的重视，有对策研究提出了互联网金融监管的"十二原则"：互联网金融监管应体现适当的风险容忍度、实行动态比例监管、原则性监管与规则性监管相结合、注重监管一致性防范监管套利、关注和防范系统性风险、全范围的数据检测与分析、严厉打击金融违法犯罪行为、加强信息披露强化市场约束、不同机构之间的良好沟通机制、消费者教育和保护、强化行业自律以及加强监管协调。这些监管原则已经较为全面地提出了互联网金融监管的原则、机制、措施和保障等具体举措，是一个较为全面的互联网金融监管框架。我们认为，互联网金融的发展和监管需要关注以下几个方面。

一是互联网监管应该是以鼓励、规范互联网金融长期可持续发展作为基础原则，鼓励发展与风险防范相结合。互联网金融的发展适应了构建多元化融资体系、多层次资本市场和完善金融市场体系的发展趋势。从中国的现实出发，互联网金融的发展具有必然性和合理性，因势利导、鼓励与规范比重，致力于建立一个多元化的融资体系是监管当局的基本原则。从增量的角度看，当前中国金融结构已开始逐步由"银行主导型"向"市场主导型"转变，互联网金融在提高居民和企业存量资金配置效率、促进直接融资体系的发展以及促进传统金融创新发展等方面具有重大意义。从监管上，鼓励互联网金融发展，同时引导市场主体防范技术风险、法律风险和金融风险，加强消费者保护和信息披露，是较为合理的举措。通过发展互联网金融，建立和完善多层次金融市场和多元化融资体系，是满足经济发展和转型中的多元化融资需求和居民企业多元化、便捷化和低价化的金融服务需求的必然趋势。

二是互联网金融监管在防范互联网金融自身的特定风险之外，更要防范互联网金融对传统金融体系的风险外溢效应，守住不发生区域性和系统性风险的底线。互联网金融自身存在操作风险、技术风险、法律风险以及监管失效等风险，需要监管机构出台相应的政策措施加以防范，杜绝监管漏洞和监管失败。但是，互联网金融从总量上仍然是金融体系的一小部分，且其风险的内在关联性和空间传染性很强，会将与银行主导的传统金融联系在一起；中国仍然是一个银行主导的金融体系，系统性风险可能更加集中在银行业，只不过互联网金融的风险可能会作为一个触发机制或者是"蝴蝶效应"的起点，最终导致系统性风险。这需要金融监管当局加强对互联网金融风险及其外溢效应的跟踪、研究及应对。

三是互联网金融监管需要防范混业经营模式与分业监管模式的制度性错配。互联网金融自身的综合混业经营趋势已经非常明显，但其对传统金融混业经营趋势的催化作用并没有引发监管机构的高度关注。比如余额宝发展起来之后，银行机构也纷纷创设了银行类的"宝宝"产品，这实际上使得银行的混业经营边界被进一步扩大，同时银行等金融机构亦更加依赖短期资金市场，期限错配和管理压力更为巨大。而现有监管体系则是分业监管模式，在面对互联网金融产品可能涉及多个分业领域时，监管缺陷、监管漏洞就可能出现，而这可能成为互联网金融风险的触发点。

四是互联网金融监管的落脚点应该是消费者保护和信息安全。由于互联网金融服务在需求方和供给方之间可能存在更为明显的委托代理问题或道德风险，只有通过更为完善的强制性信息披露机制才可能保障消费者的利益。比如，网络贷款中存在的非法吸储、转贷、高利贷等问题如果有强制性的信息披露机制，那么网络贷款平台破产、人员逃跑等问题的严重性可能就会大大降低，消费者利益受损亦将大大减少。强制性信息披露机制和消费者保护机制是监管当局强化互联网金融监管最为急迫的任务之一。

最后，中国互联网金融之所以受关注程度很高，更多在于中国存在一定程度上的金融抑制，与中国部分金融体制机制的缺陷是紧密相关的。或者说，中国互联网金融蓬勃发展的背后反映了中国金融体制深层次的制度弊端。这些问题主要包括金融要素价格没有市场化；信用体系不健全，尤其缺乏市场信用；资金供给和配置机制银行独大；小微企业主、个体工商户的融资需求无法有效满足，资金可得性差；稳健型、固定收益类的投资工具非常少，尤其是中小投资者，更是缺少有效的投资渠道；以及银行等机构乱收费和服务质量差等诸多问题。金融监管机构更要全面深化中国金融体制改革，特别是金融要素价格的市场化、金融基础设施和金融市场建设的深化、金融机构市场化退出机制的健全、金融监管机制和消费者保护机制的完善。

第六章

环境金融发展现状与趋势

作为现代经济的核心，能够调剂资金余缺、集聚巨额资金、优化资源配置、调节经济的金融，其发展从来就不是孤立的，它已经渗透到各个领域、各个层面、各类主体和各种活动，同时也受到各个领域、各个层面、各类主体和各种活动的影响。随着世界经济持续快速发展，城市化和工业化进程不断加快，环境问题已经成为困扰世界经济可持续发展的重大问题。自1997年，149个国家和地区的代表通过了旨在限制发达国家温室气体排放量以抑制全球变暖的《京都议定书》起，为积极应对气候恶化带给人类的挑战，世界各主要国家开始空前地注重本国及国际上各种元素之间的紧密合作，以改变经济增长方式，推动社会可持续发展。金融界自然也受到这一趋势的影响，开拓性地把气候变化因素和环境因素引入金融创新中。

一 环境金融概念的提出

20世纪90年代前，金融界和环境保护界各自具有自己的体系、语言、方法、对于成功和失败的界定等。但气候变暖，暴风雪、寒流等极端天气和气候事件频发，环境恶化使社会的一切元素都面临一系列越来越严峻的挑战。自1997年12月，149个国家和地区的代表通过了旨在限制发达国家温室气体排放量以抑制全球变暖的《京都议定书》后，国际学术界开始广泛关注气候变化问题。继科学家、政治家之后，经济学家，如荷兰合作银行集团的高级经济师Marcel Jeucken等，开拓性地把环境和温室气体排放因素引入金融学中，环境金融概念逐步形成。

　　Jose Salazar（1998）、Eric Cowan（1999）、六大英语词典之一《美国传统词典》第四版（2000）、Sonia Labatt 和 Rodney R. White（2002）等相继提出了环境金融的概念①。Jose Salazar（1998）对环境金融的定义为：金融业和环境产业各自具有自己的体系、语言、方法、对于成功和失败的界定等。环境金融是金融业和环境产业的桥梁，通过分析金融业和环境产业的差异，寻求保护环境、保护生物多样性的金融创新。Eric Cowan（1999）对环境金融的定义为：环境金融是环境经济和金融学的交叉学科，探讨如何融通发展环境经济所需资金。作为环境经济的一部分，环境金融能够从发展环境经济中受益。《美国传统词典》第四版（2000）对环境金融的定义为：环境金融是环境经济的一部分，研究如何使用多样化的金融工具来保护环境、保护生物多样性。Sonia Labatt 和 Rodney R. White 对环境金融的定义是环境金融研究所有为提高环境质量、转移环境风险设计的、以市场为基础的金融产品。一个成功的环境金融产品必须满足两个截然不同的标准；首先，它必须建立在金融市场上的合适位置；其次，它必须满足环境风险转移和排放物减少等环境目标。从上面四种环境金融的定义，可以看出从不同角度对环境金融下的定义是有差别的，但这种差别不大。Sonia Labatt 和 Rodney R. White（2002）是在广泛而深刻地讨论气候变化和环境破坏带给金融机构的挑战，金融机构环境责任和环境机会的基础上，提出环境金融的概念；并较全面地讨论了当今世界上常见的环境金融产品，如绿色抵押等银行类环境金融产品、生态基金等基金类环境金融产品、巨灾债券、天气衍生品和排放减少信用等新的金融衍生品，并在讨论每一种环境金融产品时配有相应的案例研究。

---

　　① Jose Salazar, Environmental Finance: Linking Two World, Presented at a Workshop on Financial Innovations for Biodiversity Bratislava, Slovakia, 1998. Eric Cowan, Topical Issues In Environmental Finance, Research Paper was Commissioned by the Asia Branch of the Canadian International Development Agency (CIDA), 1999. Houghton Mifflin Harcourt, *American Heritage Dictionary* (4th. Edition), Houghton Mifflin Harcourt Press, 2000. Sonia Labatt, Rodney R. White, *Environmental Finance*, New York: John Wiley and Sons, 2002.

郭永冰（2007）[①] 和蔡芳（2008）[②] 分别在博士论文中对循环经济的金融支持问题以及环境保护的金融手段进行了研究；吴晓、黄银芳（2009）探讨了绿色金融理论在长株潭"两型社会"建设中的应用。[③] 张伟、李培杰（2009）介绍和梳理了环境金融理论的发展和学科特点，认为环境金融是针对环境保护，以及为推动环境友好型产业发展而开展的投融资活动。[④] 王卉彤、陈保启（2006）则探讨了循环经济和金融创新的双赢路径。[⑤] 安伟（2008）分析绿色金融的内涵、作用机理和我国的实践，对绿色金融内涵的国内外代表观点进行了综述，表明了理论界对环境金融宏观、微观的不同研究视角。[⑥] 李小燕（2007）对绿色金融及其相关概念生态金融、可持续金融、金融可持续发展和金融生态进行了比较。[⑦] 王玉婧、江航翔（2006）认为金融系统在确定贷款和资本价格时应包含社会和环境风险，并将这些风险通过制度或税收等方式实质性反映出来，在商品或服务的价格中真实清晰地揭示出环境服务的价值。[⑧] 方灏（2010）认为环境金融本质是基于环境保护目的的创新性金融模式。[⑨]

环境金融是一个跨越多学科的新领域，其理论基础包括可持续发展理论、环境价值理论、货币环境价值理论、环境产权理论、利益衡量理论、环境治理理论、金融创新理论、金融功能理论、社会责任理论、利益相关者理论等。环境金融研究的核心是如何有效评估和规避环境风险，设计出适当的环境金融产品。

---

① 郭永冰：《循环经济的金融支持问题研究》，博士学位论文，厦门大学，2007 年。

② 蔡芳：《环境保护的金融手段研究》，博士学位论文，中国海洋大学，2008 年。

③ 吴晓、黄银芳：《绿色金融理论在长株潭"两型社会"建设中的应用研究》，《金融经济》2009 年第 6 期。

④ 张伟、李培杰：《国内外环境金融研究的进展与前瞻》，《济南大学学报》（社会科学版），2009 年第 2 期。

⑤ 王卉彤、陈保启：《环境金融：金融创新和循环经济的双赢路径》，《上海金融》2006 年第 6 期。

⑥ 安伟：《绿色金融的内涵、机理和实践初探》，《经济经纬》2008 年第 5 期。

⑦ 李小燕：《绿色金融在有机食品产业中的运用研究》，《福建农林大学学报》2007 年第 4 期。

⑧ 王玉婧、江航翔：《环境风险与绿色金融》，《天津商学院学报》2006 年第 6 期。

⑨ 方灏：《论环境金融的内涵及外延》，《生态经济》2010 年第 9 期。

二　环境金融实践的动因

环境金融实践是多种因素相互作用、交替影响的结果，单纯用任何一种因素来解释都是片面的。促使金融业积极开展环境金融实践的主要因素有：环境风险带给金融机构的巨大压力、经济向"环境友好"转型激活金融机构的内在动力、利益相关者的环境诉求施加给金融机构的外在推动力。

（一）环境风险带给金融机构的巨大压力

环境问题及其恶果之一全球气候变暖带给金融机构的风险，主要有气候变化信贷风险、环境信贷风险和环境法律风险。

气候变化信贷风险是指气候变化可能引起借款企业成本增加、营利能力下降，甚至引起一些企业发生巨额损失而不能支付到期债务的风险。例如，2001 年一家美国棉花种子生产公司"三角洲松林土地公司"声称"由于春季种植季节恶劣的天气减少了棉花种植面积，到期贷款需要延迟归还"①。再如，美国在 1992 年和 1994 年相继发生的安德鲁飓风和北岭地震，分别造成了 155 亿和 120 亿美元的损失，保险公司只分别承担了其中 81% 和 55% 的损失，未承保的损失很多由企业自己承担，导致一些企业倒闭，无法支付到期债务。②

环境信贷风险是指环境问题影响了借款企业的偿债能力和抵押资产的价值，有时还会使商业银行承担环境污染清洁的连带责任，从而可能影响到商业银行的信贷资产安全。（1）环境风险使借款企业现金净流入减少，影响其偿债能力。企业对环境造成污染，引起诉讼、损失赔偿要求等都会导致现金净流入减少，影响企业的偿债能力和支付能力，使企业不能按期偿还贷款。例如，中国山东省一家造纸企业由于污染严重，被勒令投入 1.1 亿元的巨额资金治污，导致该企业的现金净流入为负，根本不可能按

---

① Porretto, J., *Delta Pine Land Earnings Fall*, Washington Post, 2001.

② Price Water House Coopers, "The Weather Risk Management Industry", June 2001.

期偿还当地银行的贷款。① （2）环境风险使抵押物贬值，或使商业银行承担环境污染清洁的连带责任，从而可能影响到商业银行的信贷资产安全。例如，化工、油漆等企业如果发生有毒液体泄漏或重金属散失等管理不善或意外引起的环境污染事故，会导致企业生产用地和周围水源受到严重污染。此时，如果借款企业不能按合同约定偿还贷款或破产，商业银行便不可能通过变卖抵押土地获得补偿，因为被污染的土地可能会出现大幅贬值。此时，如果借款企业因为破产等原因不复存在，商业银行作为这些抵贷地产的现时实际所有人，则有可能被政府部门要求承担污染土地的清洁责任。

环境法律风险是指借款企业因违反政府的环境法规被关停或处罚，从而不能支付到期债务的风险。1990 年美国的 Fleet Factors 案件是首个判定贷款银行不能免除超级基金法律责任的案件。联邦第十一上诉法院法庭判决"若贷款银行具有影响借款客户处理废弃物决策的能力，无论其是否发挥该影响，对借款客户造成的环境损害，贷款银行应被视为具有法律责任"。此案的判决对商业银行产生了极其深远的影响。案件判例之后，美国银行协会的调查显示，美国 62.5% 商业银行开始拒绝可能遭受环保法律责任的借款要求，甚至其中的 45.8% 完全拒绝了环保风险高的企业的贷款要求。②

（二）经济向"环境友好"转型激活金融机构的内在动力

经济向"环境友好"转型，发展低碳能源产业等环境友好型产业，需要巨额资金。IPCC 报告预计到 2030 年，全球仅能源基础设施的投资就会超过 20 万亿美元；③《斯特恩报告》预计到 2050 年，低碳能源产品的市场价值可能会达到每年至少 5000 亿美元；④ 联合国预计到 2030 年，温

---

① 刘胜利：《环境问题对我国商业银行信贷资产安全的影响》，《环境问题与商业银行的业务运作》，硕士学位论文，瑞典隆德大学，2004 年。

② 黄正忠：《从金融保险之角度谈产业之环安绩效》，http://www.ftis.org.tw/cpe/download/she/Issue6/subject6 - 2.htm。

③ 庄贵阳：《低碳经济 中国之选》，《中国石油石化》2007 年第 13 期。

④ Stern N.，*The Economics of Climate Change: The Stern Review*，Cambridge University Press，2006.

室气体减排项目的需求达到 1000 亿美元；新能源金融公司（New Energy Finance）预计到 2009 年，全球清洁能源的投资将达到 1000 亿美元；气候小组（The Climate Group）预计到 2015 年，全球燃料电池和氢电池市场的投资将达到 150 亿美元。① 金融机构在社会经济活动中起着集聚巨额资金、调剂资金余缺、优化资源配置和产业结构、提高经济效益的重要作用，因此，经济向"环境友好"转型，会产生对金融机构产品/服务新的需求。而由于环境友好型产业的快速发展和良好表现，金融机构投资环境友好型产业，也会增加自身新的盈利增长点。

（三）利益相关者的环境诉求施加给金融机构的外在推动力

金融机构在追求自身经济利益的过程中都要受到利益相关者的制约，不能无限度地追求经济利益。随着气候变化和环境问题日趋严重，金融机构的利益相关者，如银行客户、供应商、政府、国际金融机构、环境 NGO 等开始对金融机构提出保护环境、减少温室气体排放方面的要求，甚至会直接质疑金融机构对项目贷款/投资的具体原因及环境影响，典型案例是萨哈林（库页岛）2 号油气项目。1994 年，几家跨国公司发起萨哈林（库页岛）2 号油气项目，项目的预算为 100 亿美元（后改为 220 亿美元），得到了多个银行的支持。2004 年 5 月，来自 15 个国家的 39 个民间团体和原住民开始指责该项目对环境和社会的严重影响，劝告各银行不要对其提供贷款；并警告如果因为该项目导致环境污染、灰鲸灭绝，所有提供贷款的银行都将负有不可推卸的责任。2004 年 8 月，各贷款银行开始对项目发起人施压，项目发起人宣布将避开灰鲸捕食区，重新布局输油管线，但是并没有听取各贷款银行的其他相关建议。2004 年 9 月，与项目签订合约的一艘油轮在萨哈林岛的 kholmsk 触礁，泄漏原油约 1300 桶，形成海岸沿线 5 公里的油带，对当地环境造成极大的污染。2005 年 1 月，在莫斯科 Presnensky 法院，萨哈林 NGO 法律中心将俄罗斯联邦自然资源部作为被告、项目公司作为第三方被告提起诉讼，要求停止执行项目中严重违反俄罗斯环境法的工程。至此，欧洲复兴与发展银行、Investec Hen-

---

① 关于 New Energy Finance，New Energy Finance，The Climate Group 的数据都来自 Deutsche Bank，"Investing in Climate Change"，October 2007。

derson Crosthwaite 和 Morley 投资基金宣布将持有的项目发起人的股份卖出，以抗议其缺乏环境道德意识。

三　我国环境金融实践现状

改革开放 30 多年来，GDP 保持了年均 9.5% 的发展速度，创造了世界经济发展史上的"奇迹"。然而，高投入、高能耗、高污染、低效益的状况一直没有从根本上得到改变，我国经济社会的持续发展面临着严重的能源安全威胁、资源瓶颈和环境容量制约。走低碳经济和环境友好的发展道路是一项涉及经济、政治、文化、社会各个方面的复杂系统工程，需要多方面的保障支持。作为现代经济的核心和资源配置枢纽，金融的支持无疑将发挥不可替代的作用。因此，以 2006 年 5 月兴业银行推出"能效贷款"为标志，我国金融业迈出了进行金融创新、开展环境金融实践的重要步伐。其主要表现在环境金融制度粗具框架、环境金融产品日趋丰富、环境金融信息共享机制初步建立等方面，但总的来说，尽管环境金融实践已取得了相当的进展，但其发展仍处于相对初级的阶段，有许多方面需要进一步完善。

（一）环境金融制度初具框架但仍存空白

自 2005 年以来，环境保护部、国家发改委、中国人民银行等政府相关部门和银监会、证监会、保监会等金融监管部门陆续出台了绿色信贷政策、绿色保险政策、绿色证券政策、碳排放交易政策等系列控制环境风险和促进环境金融发展的金融政策。

1. 系列绿色信贷政策构建了商业银行的绿色约束机制

2007 年 7 月，原国家环保总局、中国人民银行、银监会联合发布《关于落实环保政策法规防范信贷风险的意见》，首次推出"绿色信贷"制度；随后，银监会相继发布《落实"节能减排综合性工作方案"具体措施》和《节能减排授信工作指导意见》。2009 年 12 月，中国人民银行联合银监会、证监会、保监会发布《关于进一步做好金融服务、支持重点产业调整振兴和抑制部分行业产能过剩的指导意见》。2010 年 4 月，国家发改委、中国人民银行、银监会、证监会发布《关于支持循环经济发展的投融资政策措施意见的通知》；2010 年 5 月，中国人民银行和银监会发布《关于进一步做好支持节能减排和淘汰落后产能金融服务工作的意见》。2012 年 2 月，银监会印发《绿色信贷指引》。这一系列政策通过建立"环保一票否决制"、制定绿色信贷投向指引、构建绿色信贷评审的流程和方法等构建了我国商业银行信贷的绿色约束机制。

2. 两项绿色保险政策推出了环境保险的强制机制

2007 年 12 月，原国家环境保护总局和保监会联合印发《关于环境污染责任保险工作的指导意见》，正式推出"绿色保险"制度。2013 年 2 月，环保部和保监会联合发布《关于开展环境污染强制责任保险试点工作的意见》，正式将环境保险引入"强制"保险的行列，提出将"涉重金属企业"和"高环境风险企业"作为"强制"保险的企业试点。由于《关于开展环境污染强制责任保险试点工作的意见》并不具有法律强制性，为鼓励部分危险行业投保强制责任保险，其制定了相应的激励和约束机制。

3. 系列绿色证券政策完善了上市公司的绿色约束机制

2003 年 6 月，原国家环境保护总局出台了《关于对申请上市的企业和申请再融资的上市公司进行环境保护核查的通知》；2007 年 8 月，原国家环保总局颁布实施了《关于进一步规范重污染行业生产经营的公司申请上市或再融资环境保护核查工作的通知》。2008 年 1 月，证监会发布《关于重污染行业生产经营公司 IPO 申请申报文件的通知》；2008 年 2 月，原国家环保总局正式出台《关于加强上市公司环保监管工作的指导意见》。2009 年 8 月，环境保护部发布《关于开展上市公司环保后督查工作的通知》。2010 年 7 月，环境保护部发布《关于进一步严格上市环保核查管理制度加强上市公司环保核查后督查工作的通知》。2011 年 2 月，环境保护部发布《关于进一步规范监督管理严格开展上市公司环保核查工作的通知》。2012 年 10 月，环境保护部发布《关于进一步优化调整上市环保核查制度的通知》。这一系列政策通过建立上市公司环保核查制度、上市环保核查后督查制度、上市公司环境信息披露制度等完善了我国上市公司的绿色约束机制。

4. 系列碳排放交易政策促进并规范了碳交易市场的发展

2005 年 10 月，中国国家气候变化对策协调小组审议通过的《清洁发展机制项目运行管理办法》正式实施；2011 年 8 月，国家发改委、科技部、外交部、财政部联合发布《清洁发展机制项目运行管理办法》（修订）；2011 年 10 月，国家发展和改革委员会发布《关于开展碳排放权交易试点工作的通知》；2012 年 6 月，国家发改委印发《温室气体自愿减排交易管理暂行办法》。此外，2011 年 3 月，中国共产党第十七届中央委员会第五次全体会议通过的《中华人民共和国国民经济和社会发展第十二个五年（2011—2015 年）规划纲要》提出建立国内碳市场；2011 年 12 月，国务院印发的《"十二五"控制温室气体排放工作方案》要求探索建立碳排放交易市场。

绿色信贷制度重在从源头对重污染企业把关；绿色保险旨在革除环境事故发生后"企业获利、政府埋单、群众受害"的积弊；绿色证券制度则通过对拟上市融资的企业设置环保门槛以及公开环境信息，加强上市公司的行为监管；碳交易制度致力于促进并规范碳交易市场的发展。虽然上述环境金融制度各具功能，但总的来说，这些环境金融制度还只是停留在经济政策层面，还没有上升到法律层面，缺乏稳定性和权威性，而且，约束较多、激励较少，从而很难再实践中取得比较理想的制度绩效。此外，这些环境金融制度还比较粗疏和原则，实践中操作起来尚欠具体，尚存空白。

（二）环境金融产品日趋丰富但仍显不足

在一系列政策的约束和激励下，越来越多的金融机构在加速实现总体商业目标的同时，积极进行产品创新，推出绿色信贷、环境污染强制责任险、绿色产业投资基金等环境金融产品，成为经济向"环境友好"转型的"推进器"。与此同时，在国内、国际金融业发展相互依赖、相互影响程度逐步加深的今天，在国际金融业将气候变化因素引入金融创新的大背景下，我国金融业借鉴国际碳交易市场发展经验，推出通过发现价格和优化金融资源配置、缓解气候变暖风险的碳信用。

1. 绿色信贷全面铺开但比例依然过低

面对环境恶化带来的风险、经济向"环境友好"转型的机遇、利益相关者的环境诉求，越来越多的商业银行（以兴业银行和上海浦东发展银行为领头羊）依据国家的环境经济政策和产业政策，把环境因素融入贷款政策、贷款管理流程和贷款文化之中，在不予支持"两高一剩"项目的同时，有意识地引导资金流向低碳经济、可再生能源、能源效率管理等促使社会减少环境污染，保护生态平衡，节约自然资源的领域（见表6—1）。

表6—1　　　　兴业银行和上海浦东发展银行的绿色信贷产品

银行名称	绿色金融产品	特色创新品种
兴业银行	节能减排全产业链"8+1"融资模式	节能减排：节能减排技改项目融资模式、节能减排设备供应商买方信贷融资模式、节能减排设备供应商买方信贷融资模式、节能减排设备制造商增产融资模式 清洁能源：公用事业服务商融资模式 节能服务：EMC融资模式，融资租赁模式 碳排放权及排污权：CDM项下融资模式，排污权抵押融资模式，非信贷融资模式
上海浦东发展银行	绿色装备供应链融资、环保金融、清洁能源融资、碳金融、能效融资	国际金融公司能效贷款、法国开发署能效贷款、亚洲开发银行建筑节能融资；合同能源管理收益权质押贷款、合同能源管理融资保理、碳交易财务顾问、国际碳保理融资、排污权抵押贷款、绿色固定收益融资、绿色PE

我国商业银行通过实施绿色信贷，限制了"两高一剩"行业的授信，鼓励了节能环保产业的发展。截至2013年，商业银行"两高一剩"行业贷款余额14041亿元，同比降低24.8%。节能环保项目贷款余额16045亿元，支持14403个节能环保项目。节能环保贷款项目主要集中在工业污染治理和循环经济、清洁能源等环保新兴产业、流域和城市环境综合治理等领域。①

然而，大多数商业银行还没有将绿色信贷作为主流业务对待，绿色信

① 中国银行业协会：《2013年度中国银行业社会责任报告》，http：//www.china – cba.net/。

贷贷款占信贷总额的比例不足 5%，甚至更低。[①] 而且，商业银行大都以环境"合规评价"取代环境风险"定量评价"，导致环境高风险企业、环境合规型企业和环境友好型企业的评价结果毫无差别。

2. 环境污染强制责任保险推行但地位尚未明确

2008 年，全国环境污染责任保险的试点工作在江苏、湖北、湖南、重庆、深圳等 8 个省市展开；2008 年 10 月，全国首例环境污染责任保险赔付案由湖南平安保险进行赔偿。此后，环境污染责任保险试点工作在越来越多的省市开展，涉保领域和保险产品越来越多样化。截至 2012 年年底，环境污染责任保险已经在 19 个省市进行了相关试点，投保企业达 2000 多家，承保金额近 200 亿元。[②]

然而，保险公司承保意愿不强，企业参保环境污染责任险的积极性不高，部分地区投保率甚至逐年下降。截至 2012 年年底，投保企业仅占纳入环境统计企业数的 3% 以上。[③] 此外，虽然 2013 年环境保险引入"强制"保险行列后，已经实施环境污染责任保险的 19 个省市积极进行相关试点，但从新修订的《环境保护法》提出"鼓励投保环境污染责任保险"时仍采用"环境污染责任险"名称（而非"环境污染强制责任险"）可以看出，环境污染责任险强制地位的明确和作用的有效发挥还需时日。

3. 绿色产业投资基金打开融资新途径但还存问题

自 2009 年 12 月，国内首支以科技金融相结合的产业投资基金——广东绿色产业投资基金正式成立以来，广东绿色产业投资基金、浙江诺海低碳基金、西宁国家低碳产业基金、湖北节能创新（股权）投资基金、前海中国绿色低碳产业基金、辽宁新能源和低碳产业股权投资基金的蓬勃兴起为节能服务产业融资打开了一条新路径（见表 6—2）。

---

① 张涛、马天云：《"环保路线图"叫好难叫座"呼吸保卫战"仍需政策激励》，新华网 2013 年 9 月 22 日。

② 仝春建：《绿色保险：关键是"叫座"》，《中国保险报》2013 年 2 月 26 日。

③ 同上。

表6—2　　　　　　　　　　　　我国绿色产业投资基金一览

基金名称	成立时间	发起人	基金总规模/首期募集资金	投资方向
广东绿色产业投资基金	2009年12月	广东省科技厅、深圳市国融信合投资股份有限公司、香港建基国际集团有限公司	250亿元（基金总规模）	政府公共照明系统节能减排项目（运用合同能源管理模式）、节能服务公司、节能装备、与新能源开发相关的高科技企业
浙江诺海低碳基金	2010年3月	浙江浙商创业投资管理有限公司	2.2亿元（首期募集）	低碳经济领域的新能源、环保、节能、智能电网、储能等行业
西宁国家低碳产业基金	2010年10月	西宁国家低碳产业基金投资管理有限公司	500亿元（总规模）	新能源、节能减排等领域
湖北节能创新（股权）投资基金	2012年2月	湖北省节能公司	5000万元（首期募集）	省内非上市和预备上市的节能公司股权、已上市节能公司定向发售的股权
前海中国绿色低碳产业基金	2013年1月	高灵能源	100亿元等额人民币（首期募资）	低碳能源投资、低碳科技投资、为低碳产业快速发展打通产业链，打造建设美丽中国必需的绿色低碳金融平台
辽宁新能源和低碳产业股权投资基金	2013年1月	辽宁能源投资（集团）有限责任公司和海通证券	50亿元（总规模）	辽宁新能源和低碳产业

　　绿色产业投资基金尚属新生事物，还存在一定的问题。绿色产业投资基金具有强烈的政府背景，是以"政府行为模式"而不是产业投资基金该有的"纯市场化模式"运行，从而导致其难以为继，例如广东省绿色

产业投资基金的合伙人已各自撤离，基金名存实亡。

4. 碳信用成长迅速但远未成熟

按照国际市场惯例，排放到大气中的每吨二氧化碳当量为一个碳信用。[①] 碳信用本身具有归属分配和实际使用并非发生在同期的特性，即具备金融衍生品的某些特性。作为全球碳排放总量第一大国，我国碳交易市场主要包括国际 CDM（清洁发展机制）市场和国内七大碳交易试点交易所。由于国际 CDM 市场和国内七大碳交易试点交易所的交易机制不同，碳信用在不同的市场上表现出不同类型的金融衍生品特性。在国际 CDM 市场上占据主导地位的 CERs[②] 更多地表现出场外交易的形式，在国内七大碳交易试点交易所[③]占据主导地位的碳排放配额（强制减排体系下）和 CCER[④]（自愿减排体系下）则更多地表现出场内交易和场外交易但交易所结算交割的形式。

在国际 CDM 市场上，截至 2014 年 6 月 30 日，我国已获得 CERs 签发的 CDM 项目共计 1394 个，累计 8.81 亿 CERs，占全球 CERs 总量的 60%，为 CDM 供方市场的主导者。[⑤] 但由于缺乏交易机制，我国完全没有价格话语权，"出口"的 CERs 价格过低；而且国际 CDM 市场发展前景

---

① 为全面控制温室气体排放，应对全球气候变暖对人类经济和社会的不利影响，149 个国家和地区的代表于 1997 年 12 月在日本京都联合签署了具有法律约束力的《京都议定书》。《京都议定书》本来是一个国际环境协议，但其对《公约》附件一国家温室气体排放推行的具有法律约束力的量化限制使碳排放量成为一种稀缺资源；而充分考虑到世界上任何地方排放的温室气体都具有相同的增温效果，不同国家、地区的温室气体减排实际上具有可替代性的三种灵活机制的设立则创造了碳信用真正成为在金融市场中可交易的金融衍生品的基础条件，并构建了保证相对独立的碳交易系统得以规范运行、润滑碳交易过程、提高碳交易效益以及安全性的制度框架。碳交易机制的建立使碳排放权及信用额度成为一种新的金融衍生品在国际金融市场流动，并促成了新兴的碳交易市场的建立和繁荣发展。

② 清洁发展机制下，项目产生的减排量称为 CERs（Certified Emission Reductions，经核证的减排量），一个 CER 为一吨二氧化碳当量排放权，即为一个碳信用。

③ 深圳排放权交易所、上海环境能源交易所、北京环境交易所、广州碳排放权交易所、天津排放权交易所、湖北碳排放权交易中心和重庆碳排放权交易中心。

④ 国内自愿减排体系下，项目产生的减排量称为 CCER（China Certified Emission Reduction，经核证的减排量），一个 CCER 为一吨二氧化碳当量排放权，即为一个碳信用。

⑤ 智研咨询：《2014 年中国碳交易发展历程》，http://www.ibaogao.com/free/091G509422014.html。

不容乐观。

在国内七大碳交易试点交易所，截至 2014 年 6 月 30 日，七大碳交易试点均已启动运行，并都建立了配额市场与项目市场双轮驱动的完整碳交易体系，实施总量控制下的碳排放权交易，同时接受国内核证的自愿减排量（CCER）抵消碳信用，碳交易市场规模初步形成，已经具备了一定的价格发现功能。但地域分割性强、各个试点规则设计差别较大、市场流动性和有效性不足等原因影响了碳信用价格的准确性，从而导致七大碳交易试点交易所的碳交易量低迷、碳信用价格暴涨暴跌，且各交易试点交易所的碳信用成交价格悬殊，截至 2014 年 8 月 22 日，市场价格最高达到130.9 元/吨（深圳），最低为 20.74 元/吨（天津）。[①]

（三）环境金融信息共享机制初步建立但尚不完善

2005 年，中国人民银行与原国家环保总局建立环境执法信息纳入征信管理系统的合作机制；2007 年，银监会与原国家环保总局初步建立企业环境信息交流共享机制。银监会将原国家环保总局提供的企业环境违法、环评审批、清洁生产和环保综合名录等环境信息，提供给银行业金融机构，并要求将这些信息作为信贷决策的重要依据。2012 年，全国 25 个省、自治区和直辖市的环保部门和银监会的信息共享机制逐步健全。

然而，环保部门与非银行金融机构、银监会外的金融监管部门之间的信息沟通机制尚不完善，从而导致金融机构对企业环保合规性的认定难度较大，在具体操作中缺乏参照标准，缺乏专业领域的技术识别能力，难以识别潜在环境违法企业或者落后产能企业，影响金融机构开展环境金融实践的积极性和环境金融监管体系的建设。

借鉴荷兰合作银行集团高级经济师 Marcel Jeucken 从环境角度将银行对待可持续发展的态度分为四个阶段——抗拒阶段（Defensive），规避阶段（Preventive），积极阶段（Offensive），可持续阶段（Sustainable）[②]；并根据近年来我国金融业开展环境金融实践的事实，笔者将金融业的环境金

---

① 智研咨询：《2014 年中国碳交易发展历程》，http://www.ibaogao.com/free/091G5 09422014. html。

② Marcel Jeucken, *Sustainable Finance and Banking: The Financial Sector and the Future of the Planet*, 2001, Routledge.

融实践分为五个阶段：重度忽视环境金融实践阶段，轻度忽视环境金融实践阶段，开始环境金融实践阶段，积极开展环境金融实践阶段，实现"环境金融"阶段。

总体而言，我国金融业处于"开始环境金融实践"阶段：环境金融制度初具框架；环境金融信息共享机制初步建立；各金融机构除了关注其产品和服务所产生的经济业绩，也开始关注温室气体减排业绩、环境业绩；各金融机构已经能够从温室气体减排和环境保护的行为中寻找商机，开始开发环境金融产品，但绝大部分金融机构还不能充分发挥其潜力积极开发各种环境金融产品和服务，推动"环境友好型"经济的发展。

四　环境金融创新实践的典型范例
——兴业银行

兴业银行成立于 1988 年 8 月，是经国务院、中国人民银行批准成立的首批股份制商业银行之一，总行设在福建省福州市，2007 年 2 月 5 日正式在上海证券交易所挂牌上市（股票代码：601166），注册资本 50 亿元。截至 2013 年 12 月 31 日，兴业银行资产总额为 36774.35 亿元。[①] 兴业银行历来重视践行银行的环境责任和社会责任，为联合国环境署《金融机构关于环境和可持续发展的声明》的签署者之一，也是国内首家采纳赤道原则的商业银行。

自 2006 年首推节能减排项目贷款以来，兴业银行本着"从风险到商业，从新生事物到主流"的理念，在加速实现总体商业目标的同时，积极从贷款模式、碳金融服务、构建环境金融产品"闭环"等多个方面进行创新，开展环境金融实践。时至今日，兴业银行已将"环境金融"作为其显著标志之一，创下多项国内第一：第一家采纳赤道原则、第一家成立绿色金融专营机构、第一张低碳信用卡、第一单碳资产质押贷款、第一单排污权抵押授信、第一单合同能源管理专项融资、第一单环境金融信贷资产支持证券等。

---

① 《兴业银行：2013 年年度报告》，www.3g.cib.com.cn。

（一）贷款模式创新破解减排企业融资难

2005 年 8 月，兴业银行获悉国际金融公司（IFC）正在开发适合中国国情的能效融资项目并寻找中国商业银行作为合作伙伴时，主动与其展开积极接触，最终在 2006 年 5 月 17 日与其签署了《能源效率融资项目（CHUEE）合作协议》，成为 IFC 开展中国能效融资项目合作的首家中国银行。截至 2008 年 2 月 25 日能效融资二期合作协议签定时，能效融资一期合作已取得显著成效：IFC 为兴业银行发放能效项目信贷提供了 2500 万美元的贷款本金风险分担；兴业银行为中国 46 个节能减排项目提供了 9 亿元（约合 1.26 亿美元）的贷款，其中绝大多数贷款企业为中小企业，项目涉及工业锅炉改造、余热回收、汽电共生和汽电冷三生项目、节电以及工业能源利用的优化项目等。这些项目的实施每年可减少 350 多万吨的二氧化碳当量排放，相当于超过 21 万辆出租车行驶一年所排放的温室气体。基于一期合作的成功，兴业银行和 IFC 进一步加大了合作力度，于 2008 年 2 月 25 日签订了能效融资二期合作协议。根据二期合作协议，IFC 将为兴业银行提供 1 亿美元的贷款本金风险分担，用于支持该行发放能效项目贷款 15 亿元（约合 2.1 亿美元），预计每年可减排超过 500 万吨二氧化碳当量，相当于关闭 10 座 100 兆瓦的火力发电站。

兴业银行和 IFC 能效融资项目合作协议创造性地引入了 IFC 贷款本金损失分担机制。根据协议，IFC 向兴业银行提供贷款本金损失分担，以支持兴业银行发放能效项目（提高能源使用效率的节能减排项目）贷款；兴业银行则以 IFC 认定的节能、环保型企业和项目为基础，按照自身的信贷审批流程，向符合条件的节能、环保型企业和项目发放贷款，国际金融公司还将对贷款项目提供相关的技术援助和业绩激励。IFC 贷款本金损失分担机制的核心是：如果兴业银行发放的合格贷款产生损失，即可要求 IFC 按一定比例补偿兴业银行本金损失。双方一致同意贷款损失是指如果银行已经用尽法律上的手段，即使经过必要的诉讼程序也无望回收的贷款。兴业银行与 IFC 属于不同国家，能效贷款发放行为地在中国，贷款本金损失分担的履行地在美国纽约。最后双方协定法律是指较为完备的美国纽约州法律。至于司法管辖权的问题，双方一致同意采用仲裁方式，约定在属于第三方国家的新加坡进行仲裁。由此可以看出，兴业银行与 IFC 商定的 IFC 贷款本金损失分担机制，既不同于合作贷款、援助贷款，也不同于担保、商业保险，而是在综合多种法律关系特征的基础上，对国际组织贷款援助及商业银行合作贷款的业务创新。

通过这种独特的、市场化的运作模式，兴业银行以国际化视野，借助 IFC 成功的贷款运作经验，在贷款风险评价、合同保护、清收政策等方面对现有制度进行全面的评估和改进；成功地进入中国新兴的节能减排融资市场，发掘了新的市场机会，开发培育了新的核心客户；成倍放大了 IFC 援助资金和技术的效用，推动了贷款企业/项目商业利益与中国节能减排产业的双赢。能效融资项目的拓展为占据兴业银行 80% 比例的中小企业贷款业务的流程优化、适应市场的标准提高提供样本，从而极大地促进该行发展。

截至 2014 年 9 月 30 日，兴业银行通过运用多种金融工具累计为上千家企业提供绿色金融融资 4923 亿元，绿色金融融资余额达到 2435 亿元。所支持的项目可实现在我国境内每年节约标准煤 2351.62 万吨，年减排二氧化碳 6879.93 万吨，年减排化学需氧量（COD）122.49 万吨，年综合利用固体废弃物 1729.04 万吨，年节水量 26229 万吨。①

（二）碳金融服务创新破解减排企业融资难

作为国内环境金融的先行者，兴业银行从 2006 年就开始探索碳金融服务。从面向国际碳交易市场上的 CDM（清洁发展机制）市场，陆续推出购/售碳代理、碳交易保函、碳资产质押授信等碳金融业务品种，到随着国内碳交易试点的推进，逐步形成涵盖结算、融资、中介、资产管理的碳金融服务解决方案，兴业银行专注打造的国内领先的碳交易市场金融服务平台已经成形。

目前，兴业银行已与 7 个国家级碳交易试点地区中的 6 个签署全面合作协议，提供包括交易架构及制度设计、资金存管、清算在内的一揽子金融服务；在上海、广东、天津、湖北、深圳等重点区域成为碳交易市场的主要清算银行，并已完成交易系统开户与结算对接，为碳交易市场顺利运

---

① 唐斌、薛成容：《环境金融的特点及产品创设原则——以兴业银行环境金融产品创新为例》，《当代金融家》2014 年第 1 期。

作打下了良好基础。

在提供一系列碳金融服务的过程中，兴业银行于 2014 年 9 月创新推出国内首笔碳排放权质押贷款项目。兴业银行武汉分行、湖北碳排放权交易中心和湖北宜化集团有限责任公司三方签署碳排放权质押贷款和碳金融战略合作协议，宜化集团利用自有的碳排放配额在碳金融市场获得兴业银行 4000 万元质押贷款，该笔业务单纯以国内碳排放权配额作为质押担保，无其他抵押担保条件。

（三）环境金融产品"闭环"创新破解减排企业融资难

近年来，在信贷规模总体趋紧的情况下，兴业银行优先支持绿色金融项目投放。2013 年兴业银行在新增信贷规模中安排了 100 亿元绿色金融专项；2014 年则进一步提高到 150 亿元。但是，对绿色信贷的优先支持也占用了兴业银行大量的信贷额度。为盘活这些信贷资产，使其惠及更多的企业，2014 年 9 月 16 日，由兴业银行发起、兴业信托作为受托机构的国内首单绿色金融信贷资产支持证券"兴元 2014 年第二期绿色金融信贷资产支持证券"在全国银行间债券市场成功招标，招标总额 33.18 亿元，投标总额 82.96 亿元，投标倍率为 2.5 倍。信贷资产支持证券基础资产池由 38 户借款人合计 48 笔公司贷款资产组成，均为从兴业银行正常类贷款中严格筛选出来的优质贷款，且全部为该行认定的绿色金融类贷款。该项目释放的绿色信贷规模 35 亿元将重新投放到以水资源利用和保护领域为首的节能环保重点领域。① 由此，从信贷产品到资产证券化，再到信贷产品，兴业银行通过构建绿色金融产品"闭环"积极破解减排企业融资难。

在金融机构层面，兴业银行走在开展环境金融实践的最前面，已经处于"积极开展环境金融实践"阶段：除了关注其产品和服务所产生的经济业绩，也非常关注温室气体减排业绩、环境业绩；能够从温室气体减排和环境保护的行为中寻找商机，积极从贷款模式、碳金融服务、构建环境金融产品"闭环"等多个方面进行金融产品和服务创新，开展环境金融

---

① 唐斌、薛成容：《环境金融的特点及产品创设原则——以兴业银行环境金融产品创新为例》，《当代金融家》2014 年第 1 期。

实践。绝大多数商业活动以及银行产品的创新都与"环境友好型"经济的发展相适应，并起着良好的推动作用。

五　我国环境金融实践的趋势

整体来看，我国环境金融实践正处在一个机遇与挑战并存的关键时期。借鉴和吸收国际金融业发展环境金融的经验教训，立足于我国经济和金融市场的改革进程相适应、相协调，我国金融业环境金融实践的趋势是构建一个符合我国国情、适应我国经济社会可持续发展要求的环境金融体系。根据我国金融体系的基本构建，结合环境金融特点，我国环境金融体系应包括环境金融制度、组织、市场、监管、支撑体系五大部分。

（一）完善环境金融制度体系

环境金融制度是国家用法律形式确立的绿色金融体系结构，是发展环境金融的根本。在我国现阶段环境金融制度初具框架但仍存空白的情况下，应在积极借鉴国外成熟制度的基础上，构建注重本土化和自主化的环境金融制度体系。

首先，更新立法理念、原则和制度，坚持统筹生态保护和环境污染防治，将环境责任贯穿于立法之中，将相关的政策措施上升到法律层面。目前一种较为稳妥又有效的法律化路径是通过制定"绿色金融促进条例"来实施绿色金融法律制度。

其次，完善绿色金融业务具体实施制度。主要包括完善碳交易制度以及制定绿色信贷、绿色保险、绿色证券等业务操作细则。我国碳交易市场的建设定位是一个涵盖项目市场、自愿减排市场和配额交易市场的多层次市场交易体系，所以碳交易制度内容也旨在逐步规范这三个市场的行为主体、客体及相关交易活动。另外，在绿色信贷、绿色保险和绿色证券的业务上，我国目前初步建立了绿色信贷、保险和证券领域制度的基本框架，但在操作层面，还有一些规则需要完善。

再次，完善引导激励机制。根据可持续发展原则，完善相应投资、税收、信贷规模导向等配套激励机制，鼓励金融机构强化自身的环境责任，参与节能减排领域投融资活动。比如在环境金融项目贷款额度内适当减免存款准备金、营业税减免、存贷比剔除等措施，给予符合条件的绿色金融融资更高的不良贷款容忍度和更宽松的呆坏账核销政策等，允许符合条件的绿色金融贷款不纳入存贷比考核。对绿色金融给予财政税收支持，降低商业银行办理绿色金融业务的营业税率以及相关所得税税率等。

（二）完善环境金融组织体系

全方位、多层次的组织体系是开展环境金融实践的基础。从我国现阶段情况来看，环境金融组织体系的构建至少包括各级政府部门、各类金融机构和中介机构。

在政府部门层面，创新管理体制，强调综合协调效应。中央层面建立跨部委、跨部门、跨地区的综合协调机制；部分省市建立省级和省际管理及协调机构，形成顺畅高效的统一管理机制，发挥综合协调效应。

在金融机构层面，设立政策性绿色金融机构。在调动现有金融机构积极参与环境金融实践的同时，借鉴国际经验，创立专门的政策型绿色金融机构。如"绿色银行"或"生态银行"，为绿色发展和可持续发展项目提供政策性融资活动；设立绿色专项基金，如"环保专项基金""生态专项基金"，主要用于支持环保业的发展，也可用于对环境污染重大事件受害者的赔偿。

在中介机构层面，一方面鼓励现有中介机构为绿色金融业务提供技术支持，如项目谈判的咨询、项目评估，项目融资担保，法律和审计等服务；另一方面，培育基于绿色金融业务的专业中介机构。例如，大力发展本土的第三方核证机构、绿色信用评级机构、专业方法学研究机构、独立的绿色金融业务登记结算平台等。

（三）完善环境金融市场体系

我国现阶段环境金融市场以碳交易市场为主，辅之以绿色信贷市场、绿色产业投资基金市场等，未形成规模体系。在国际金融业将环境因素、气候变化因素引入金融创新，成为低碳经济发展"引擎"，以及转移"高碳"经济恶果——灾难性天气风险和全球气候变暖风险"助推器"的大背景下，我国金融业应充分利用后发优势，借鉴和吸收国际绿色信贷市场、碳交易市场和巨灾债券市场发展的经验教训，立足于我国经济和金融市场的改革进程相适应、相协调，有计划有步骤地完善环境金融市场。

在完善环境金融市场平台方面，着力于构建全国碳交易平台，形成以全国碳交易平台为中心、地区碳交易平台为补充的多层次碳交易平台。首先是完成全国碳交易市场政策法规体系、减排总量目标和覆盖范围、配额分配方法、排放监测、报告和核查体系、交易规则和市场监管、登记簿系统、交易平台、碳金融、特殊企业参与碳交易等全国碳交易市场机制顶层设计和建设，为建立全国碳市场奠定基础；其次是通过扩大现货市场自身交易规模和引入专业化机构、激活碳金融、发展碳资产管理业务、开发新交易品种等方式活跃碳交易市场。

在创新环境金融产品方面遵循由基础到创新、由简单到复杂的原则，逐步为市场提供更多的风险管理和套利工具，完善环境金融市场的利益补偿机制。（1）探索发行环境金融债券，推出碳基金、挂钩低碳消耗的环境友好型公司表现的基金，推出政府、金融机构、担保公司等设立的联合担保基金，试点并推广收费权质押、股权质押、项目收益权质押、特许经营权质押、排污权质押、碳排放权质押等融资担保模式创新，开展节能环保融资租赁服务，开发信托类环境金融产品。（2）到国际市场上发行巨灾债券。近年来，中国巨灾频发，直接经济损失越来越大，保险公司，特别是再保险公司面临着越来越大的承保和给付压力，发行巨灾债券无疑是转移和分散自然灾害风险的有效途径之一。但国内债券市场流动性与市场吸纳量有限，而且国内法律对于巨灾债券的发行或投资尚未有所规范，所以中国政府可以借鉴墨西哥政府的经验，通过瑞士再保险公司等巨灾债券大承销商的协助，到国际资本市场上发行巨灾债券，一方面可将巨灾风险分散到更大的资本市场；另一方面可借此学习保险风险与资本市场接轨的经验。（3）借鉴国际金融业围绕碳信用开发的一系列衍生交易工具（见表6—3），开发适合我国国情的系列碳信用衍生交易工具。

表6—3　　　　　　　　国际金融市场上的创新类衍生碳金融产品①

产品类型	产品名称	产品简介
碳期货	欧洲气候交易所碳金融合约（EXC CFI）	该期货合约是在欧盟排放交易计划下的高级的、低成本的担保工具
	排放指标期货（EUA Futures）	该商品由交易所统一制定、实行集中买卖、规定在将来某一时间和地点交割一定质量和数量的EUA Futures的标准化合约
	经核证的减排量期货（CER Futures）	是欧洲气候交易所为适应不断增长的CER市场的需要推出的经核证的减排量期货合约，以避免CER价格大幅波动带来的风险
碳期权	排放配额/指标期权（EUA Options）	欧盟排放配额期权赋予持有方/买方在期权到期日和之前履行该合约的权利
	经核证的减排量期权（CER Options）	其发行通过CDM获得的CER的看涨或看跌期权
	基于CER与EUA的价差期权（Spread Option）	是以CER与EUA的价格差为标的的看涨看跌期权
碳资产投资应收账款货币化产品		针对减排项目的远期交易特性，将其未来可能获得的减排单位进行证券化以提高投资或贷款的流动性
碳保险	重灾保险、基于环境社会风险的保险品种	
碳担保	"承兑"CER	针对CER一级市场产出不确定而设计的产品，经商业银行等金融机构担保的CER，信用级别有所提高，就像经承兑的汇票
互换	CER与EUA互换；CER与ERU互换	针对EUA、CER与ERU之间的价格差异设计出的套利交易工具

① 根据相关资料整理。天大研究院金融与经济课题组：《构建中国绿色金融体系的战略研究》，http：//www.tiandainstitute.org/cn/article/1145_1.html#。

（四）完善环境金融监管体系

绿色金融监管是指金融监管部门为促进金融机构依法稳健地经营和发展，使之符合绿色金融发展的要求，依据国家法律法规对整个绿色金融业（包括绿色金融机构和绿色金融业务）实施的全面性、经常性的检查与监督。

一是健全监管制度。目前中国金融市场的监管体系已相对完善，基本形成了"一行三会"的分业监管模式。但很多环境金融实践涉及银行、保险公司、证券公司、资产评估机构以及核证机构等多方参与，因此应加强信息沟通和共享，探索建立环境金融监管合作机制和部门联动监管机制，消除在金融市场上监管的真空和监控的盲点。此外，还应建立金融机构环境信用评级制度，将金融机构在环境金融实践方面的表现纳入金融机构信用评级考核；并应加强和完善信息环境金融实践披露制度，为降低金融机构环境金融创新的风险营造良好的外部环境。

二是完善金融机构内部监管。金融机构必须在构建科学合理的公司治理架构和内部管理体系的基础上，根据环境金融产品和业务运作特点，分析风险隐患和薄弱环节，有针对性地制定风险防范和控制措施，建立和完善环境金融创新的风险防范和控制机制。探索在金融机构内部设立开展环境金融实践的职能部门，如环境金融部。环境金融部设立风险总监和风险处室，除了负责对贷款项目的专业评审与属性认定，判断它是否属于绿色金融项目外，还要负责绿色金融项目的授信审批。

三是加强社会监管。为确保绿色金融监管的全面、有效，除健全监管制度和完善金融机构内部监管外，还需借助市场力量加强对金融机构开展环境金融实践的监督。在充分发挥中国证券业协会、银行业协会等非政府组织监督力量的同时，成立绿色金融协会等环境金融自律性机构。

（五）完善环境金融支撑体系

环境金融支撑体系是指为支持金融业开展环境金融实践而提供的支撑措施与手段体系，主要包括：（1）文化支撑。通过培育环境金融文化，唤起政府相关部门、金融机构和企业及每个家庭、每个公民转变观念和行为，自觉参与到环境金融活动中来，将个体目标与整个社会目标有效地统一起来，形成社会合力。（2）理论支撑。环境金融涉及金融、环境、经济学、法律等领域，其实践性和操作性很强。加强环境金融理论研究，对金融业开展环境金融实践具有重要的指导作用。（3）人才支撑。确立人才优先发展战略，完善人才发展平台，建立健全人才引进、培养、任用、业务考核和收入分配制度，优化人才队伍结构。加强对各级政府部门、各类金融机构和中介机构相关从业人员有针对性的定期培训，积极参加国际交流与合作，提高人员素质和业务水平。

第七章

区域金融协同的模式选择与运作机制

——以京津冀金融一体化为例

区域经济一体化是一个全面的、开放的和协调统一的过程，其目标是形成一个优势互补、资源共享、市场广阔、便利高效的市场体系。这必然要求与此相适应的金融跨区服务，实现金融资源在区域内的自由流动和优化配置，也就是要求实现金融一体化。实质上，金融一体化是区域经济一体化的关键环节和重要步骤。

金融一体化是发达地区和次发达地区两个经济金融发展程度不同的金融地域系统在功能上相互补充，进而实现金融资源的信息共享和效率优化。金融一体化是为实现各参与方收益共享和利益最大化而进行的顶层设计和系统谋划。[①] 具体来看，它们在空间范围内毗邻，在地理条件、经济属性、传统文化、社会发展等方面具有一致性和相似性，从促进经济金融联合与合作的角度，可以促进金融资源有序、自然、顺畅地整合与流动，提高金融资源的配置和使用效率。总体上，实施金融一体化有利于实现区域范围内金融业的协调发展，促进金融体制的改革与创新；优化金融资源的配置，发挥金融在资源配置中的导向作用；推动区域经济结构调整，促进产业结构优化升级。

"十二五"期间，京津冀经济一体化已上升为国家战略。国家"十二

---

① 文魁、祝尔娟：《京津冀区域一体化发展报告（2012）》，社会科学文献出版社 2012 年版。

五"规划明确提出了积极支持东部地区率先发展、努力推进京津冀经济一体化进程、着力打造首都经济圈的区域发展战略。2014 年 2 月 26 日，中共中央总书记习近平在听取京津冀协同发展专题汇报时，将京津冀协同发展上升为国家战略问题作了进一步的强调，并对三地协作提出了具体要求。随后，在李克强总理所做的首份工作报告中，"加强环渤海及京津冀地区经济协作"被列入 2014 年的工作重点。京津冀作为我国环渤海地区的核心区域，已成为我国经济发展的重要增长极，应当承担起推动我国经济腾飞的重任。推进京津冀金融一体化，不仅是促进京津冀经济一体化发展、惠及一省两市乃至全国的重要举措，而且是实现区域经济在更大范围、更广领域、更高层次的协调发展，更是实施国家区域发展总体战略的必然要求。

一　京津冀金融一体化的必要性与可行性

就必要性而言，推进京津冀金融一体化不仅是促进京津冀区域经济发展、增强我国经济发展重要增长极极化效应的有力措施，而且也是京津冀三地经济发展的重要保障。

第一，推进京津冀金融一体化是促进京津冀区域经济发展的客观要求。区域金融与区域经济是金融与经济在空间上的具体化，区域经济一体化意味着要逐渐形成一个优势互补、资源共享、市场广阔、便利高效的市场体系。这就必然会产生对金融跨区服务的需求，同时也要求创新体制，政府放松管制，实现金融资源的自由流动。区域金融一体化的最终目标是要扩大区域金融规模、提高区域金融效率，进而实现区域经济金融的整体和协调发展。京津冀地区作为中国经济的重要增长极，其经济发展必然有助于推动中国经济腾飞。当前，京津冀经济已出现经济一体化趋势，特别是在商品贸易、交通、旅游和基础设施建设等领域有了较为明显的表现。只有推进京津冀金融一体化，形成合力，才能够应对日趋激烈的经济竞争。因此，发展京津冀金融业，推动金融一体化，正当其时。

第二，推进京津冀金融一体化是实现京津冀产业结构调整的内在要求。从经济发展水平上看，京津冀三地分属三个不同的层级。经济发展的多层次、差异性和互补性可以使京津冀地区按照各自的比较优势形成合理的产业分工，当然，前提条件是消除阻碍区域内资本流动的限制因素。现行的地区分治的金融管理体制严重阻碍了信贷资金的跨区流动，造成了金融机构的无序竞争，导致金融资源丰富的地区形成资金闲置浪费，金融资源短缺的地区经济发展受限。因此，推进京津冀金融一体化，可以实现京津冀地区金融资源整合，充分发挥金融的资源配置功能，使生产要素流动趋向合理，将资源从劣势行业、落后部门转移到优势行业、先进部门，发挥资金的媒介作用，对现有的各行业、各部门进行重组，促进产业结构的调整，进而形成更符合比较优势的产业布局。很显然，资本在区域内的自由流动可以优化本地区的资源配置以及产业分工，可以最大限度地利用产业优势以及由此带来的规模效益，为区域经济发展带来更大的能量。

第三，推进京津冀金融一体化是促进京津冀三地自身金融发展的有效途径。

一是有利于北京市金融业扩张性发展。北京市具有丰富的金融资源，金融业正进入高速发展阶段。然而，北京市距离建成国际金融中心城市还有较大的差距。一方面，北京金融市场的功能仍不完善，还缺乏全国性的金融交易机构，还不是全国性的金融交易中心。而天津非上市公众公司股权交易市场的建立将对北京金融市场功能形成有益的补充和完善，推进京津冀金融一体化可以使北京的金融市场功能短板同天津在国家战略中布局的发展方向得到良好的对接。另一方面，北京金融业的发展需要向外部拓展，也需要天津、河北经济增长环境的支持。北京在现阶段还缺乏大规模的产业群，资金内部需求较少，因此，资金向外流动，提高资金使用效率就成为北京金融业向外扩张的动力。天津、河北是北京的商贸、航运、旅游、信息和产业转移的最直接腹地，从而必然是北京金融最直接的辐射区域。因此，推进京津冀金融一体化是北京拓展金融业务范围、改善金融市场功能乃至建成国际金融中心城市的重要步骤。

二是有利于天津市金融业创新性发展。近年来，为了加强北方经济的发展，平衡南北经济布局，天津正在努力建设北方金融中心。然而，天津金融机构的集聚水平与发展层次都还较低，需要有更高级别、更高层次的金融机构进驻，并带来大规模资金流动。同时，天津金融业创新与发展也需要借助高度发达的信息集散和及时有效的金融监管，而北京是全国金融决策中心、金融监管中心和金融信息中心，在信息、监管和决策方面拥有无可比拟的优势。推进京津冀金融一体化，天津可以利用北京具有的多样、便利和完善的金融服务，实现自身金融的改革和创新。另外，天津自身丰富的金融资源还缺乏实体经济、优势产业的对接，还没有形成有效的产业联动，而河北恰恰为天津提供了金融扩展、金融资源充分利用的空间和契机。

三是有利于河北省金融业内生性发展。河北省的金融业发展还处于低水平阶段，特别是与北京、天津的金融发展水平相比差距很大。推进京津冀金融一体化，河北省可以学习和借鉴北京和天津在金融市场管理方面的经验，实施内部金融体制改革和创新，培育规范、成熟的金融市场，以吸引、吸纳北京和天津丰富的金融资源，包括丰富的金融工具、严密的组织结构、健全的规章制度和先进的管理理念等。这些金融资源通过各种渠道渗透、融入河北省金融市场的建设中，既促进河北省金融业的内生性发展，也推动河北省经济再上一个新台阶。根据金融地域运动理论，河北作为金融腹地需要提高金融市场开放程度，通过金融网络体系积极接收和吸纳北京和天津金融核心的辐射。

在可行性方面，有利的宏观环境、优越的区位优势、粗具规模的经济一体化进程等都为京津冀金融一体化提供了现实可能性。

其一，有利的宏观环境。中央对京津冀三地分别明确了城市和地区定位，要求三地推进一体化发展，进一步合理分工、协调布局、扬长避短、发挥优势，形成区域整体综合实力。纳入国家"十二五"规划中的京津冀一体化发展战略，为推进京津冀金融一体化创造了有利的宏观环境。2011年，国家"十二五"规划形成了明确的区域发展战略格局，积极支持东部地区率先发展：推进京津冀地区区域经济一体化发展，打造首都经济圈，重点推进河北沿海地区区域发展。2014年2月，习近平总书记在北京听取京津冀协同发展专题汇报，就推进京津冀协同发展提出了7点要求，其中之一就是"加快推进市场一体化进程，下决心破除限制资本、技术、产权、人才、劳动力等生产要素自由流动和优化配置的各种体制机制障碍，推动各种要素按照市场规律在区域内自由流动和优化配置"。

其二，优越的区位优势。区域金融一体化是建立在一定的空间范围基础之上，形成一个空间金融网络体系。就其地域条件而言，应该具有一个完整、统一的自然地域单元，不允许有孤岛式的"飞地"，这个地域单元要求组成网络体系的各节点的地区在地理位置上彼此接近，从而能够消除金融一体化进程中的障碍，使金融一体化得以顺利推进。而且，地域相邻的地区一般具有相近的区域经济特征，更容易达成一致的经济政策目标。从国内来看，京津冀地区是我国经济由东向西扩张、由南向北推移的重要节点；从国际来看，京津冀地区位于沿太平洋西岸的北部，在亚太经济合作中占据重要的地位。这些区位优势决定了京津冀地区将成为我国在对外开放背景下实现与国际社会接轨的重要枢纽和前沿阵地，也是带动中国北方经济发展的核心区域。京津冀地区的优势，客观上要求本地区金融业提供强有力的支持与服务，这也形成了区域金融一体化的外部基础。

其三，初具规模的经济一体化进程。近些年，随着京津冀地区经济的快速发展，该区域经济一体化程度也逐步提高。京津冀经济一体化表现为打破资金、劳动力、信息、交通和企业流动等方面的限制，实现各种资源在区域内自由流动，实现资源的有效配置。到目前为止，京津冀地区建立了商业信息共享机制；京津冀地区已形成一个"三小时"交通经济圈；京津冀三地人事部门签订了《京津冀人才开发一体化合作协议》。交通一体化、信息一体化和人才流动的一体化加快了京津冀经济一体化的步伐，同时，也为金融一体化奠定了坚实的基础。金融是为经济服务的，企业的跨区经营需要金融的跨区服务、异地贷款和结算、信用记录的异地承认等；同样，这些金融服务也只有在区域内贸易和投资频繁的情况下才是有利可图的。金融可以适应经济的发展，在经济一体化的基础上呈现金融一体化，金融也可以领先于经济的发展，金融资源的自由流动引导实体经济资源的流动。

二 京津冀金融一体化进程缓慢的根源

京津冀金融资源配置格局是由京津冀地区的政治体制和经济体制共同决定的。总体上看，到目前为止，京津冀金融一体化还没有取得实质性进展，而导致京津冀金融一体化进程缓慢的根源则是多方面的。

（一）地方利益导致区域金融分割

京津冀地区金融一体化参与主体之间的合作与协同，对于推动京津冀地区金融一体化进程至关重要。北京、天津同为直辖市，在京津冀地区呈现出"双核竞争"，缺乏互补合作的动力，金融产业难以协调发展，造成对京津冀地区金融资源的"争夺"。对金融资源的争夺表现为地方政府对金融的控制，这直接导致了中国金融资源的横向分割。地方政府在参与金融活动的过程中，为了极大地促进地方经济的发展，通常会采取直接或间接的措施维护地方经济利益，从而形成大大小小的"诸侯金融"。① 这为金融资源的跨地区流动、金融产业的合理布局和金融一体化发展制造了"人为"屏障，进而产生地方保护主义倾向。地方政府在金融资源配置中一般有两种倾向：一是限制本地金融资源向外流动；二是制定投资优惠政策吸引外资。在京津冀地区，北京和天津由于金融资源充裕，地区经济发展较快，出于维护本地区利益的考虑，两市政府对区域金融市场的开放往往采取保守的态度；相对而言，河北则表现出"一头热"。这就产生了京津冀地区区域金融分割现象，进而妨碍金融资源的顺畅流动。

（二）金融一体化目标存在偏差

目标和动机往往决定经济主体对待某一行为的态度。在京津冀区域金融一体化这个问题上，京津冀三地各有各的想法，在目标和动机上存在偏差。目标的差异决定了参与主体合作的欲望和强烈程度存在差异。北京希望发挥首都优势发展成为国际金融中心城市，天津则想利用国际贸易与跨国生产地的优势打造滨海新区，河北出于全省经济发展的考虑则希望促进省内平衡发展。北京具有政策、信息、资金等总部优势，明确了建设国际金融中心城市的定位，目标是借助首都优势，提高北京在世界范围内的金融知名度；天津发展自己的特色金融，滨海新区开发开放上升为国家战略，与浦东、深圳并列为国家级区域增长极，借助滨海新区的地缘优势和政策条件，积极发展港口金融，在出口保险贷款、质押贷款、租赁产业服务等方面进行金融创新，打造北方金融中心；河北省内各城市发展水平有显著差异，因此，促进全省均衡发展是当前首要的选择，为此，河北省更加注重省内中小金融机构的发展壮大，以使金融业更好地服务于本省实体经济的发展以及产业结构的调整。有鉴于此，尽管京津冀三地对金融一体

---

① 王自立：《地方政府隐性干预金融及福利损失分析》，《甘肃金融》2007年第12期。

化发展的意愿相当强烈，但该地区金融真正实现一体化还任重道远，其中的关键问题是如何实现利益均衡。

（三）现行金融体制阻碍资金流动

目前，作为中央银行的中国人民银行的机构设置主要分为四级：总行—分行—（省会城市）中心支行—县支行。其中，大区行是按区域经济总量设置，而不是按区域经济的联系程度设置。京津冀地区有人民银行北京营管部、人民银行天津分行和人民银行石家庄中心支行；北京由北京营管部管辖，天津和河北由天津分行管辖。这就造成若一个企业在北京和天津都有营业网点，其资信评级的数据信息是不同的，因为不同地区之间的信息还无法实现同步交流。这不仅会影响企业的资金借贷行为，而且会影响商业银行的信贷决策。而且，我国的金融业实行分业监管体制，即金融监管由人民银行、银监会、证监会、保监会共同实施。其中，银监会、保监会和证监会均实行派出制，监管机构对经济主体的跨区金融活动实施更加严格的限制。这样就会出现交易业务耗费时间长、业务开展缓慢等现象，导致跨区金融活动阻力重重。

（四）金融机构的利益驱动不足

就金融一体化本身而言，其运行主体主要包括商业银行、证券公司、保险公司等金融机构。但凡利益主体，其本能是追逐利益最大化，因此，金融机构在区域金融一体化上首先关注的是自身的利益。这就意味着，金融机构对区域金融一体化的态度及行动，取决于自身在一体化进程中获利情况的预期。从目前的实践过程来看，金融机构对区域金融一体化的态度并不是很积极。例如，京津冀地区实行同城票据结算，作为参与主体的商业银行就没有表现出应有的积极态度。分析其中的原因，不难看出，商业银行通过办理异地汇兑业务可以收取手续费，而办理同城票据业务不仅没有手续费收入，还要配备专业人员、设备等，导致商业银行收入小于成本，自然缺乏积极性。因此，金融机构在进行跨区域合作时考虑更多的是利益因素，而不是从实施区域金融一体化有利于区域经济整体发展的角度来考虑问题。道理很简单，政府作为地区经济活动的组织者和管理者，它关注的是区域经济的发展；而作为金融机构，它所关注的是自身利益。政府与金融机构的职能和职责应该区分开来，如果角色错位，金融一体化也会带来一系列相应的问题。可以看出，京津冀地区金融一体化效果不理想的一个重要原因是金融机构缺乏利益激励从而导致内生动力不足。区域金融一体化是一个利益磨合与整合的过程，各参与主体实施一体化的动力源自一体化带来的巨大收益。因此，建立合理的利益分享机制和利益补偿机制、实现参与主体各方利益的共赢，是推进金融一体化的重要基础。基于此，京津冀地区在推进金融一体化的过程中，就必须坚持以金融机构的经营利益作为出发点和归宿点，同时，综合考虑各个金融机构的利益分配。

三　国内区域金融一体化的实践与启示

目前，国内长三角、泛珠三角区域金融一体化实践均取得了一定的成效。国内区域金融一体化发展过程虽然在规范性、程序化和灵活性等方面不尽一致，但在构建区域管理组织和利益协调机制、采用规范的制度约束、金融一体化初期借助政府力量的推动等方面均对推进京津冀金融一体化发展具有重要的启示。

（一）长三角地区金融一体化

长三角地区包括上海市、江苏省和浙江省，是我国经济最为活跃的地区之一，经济总量规模大，经济一体化趋势明显。在此背景下，长三角区域金融一体化由政府和市场共同推进，成为目前我国区域金融一体化发展程度最高的地区。

从政策层面来看，在长三角区域金融一体化的进程中，政府高度重视，积极组织引导。早在 2003 年，中国人民银行上海分行和南京分行就会同相关部门经过长达一年多的长三角金融联动研究，共同起草了《长江三角洲金融合作框架研究总报告》，提出了长三角金融合作的三种模式，即政府主导型、银行主导型和市场主导型。2007 年 11 月，上海市、江苏省和浙江省人民政府会同中国人民银行签署了《推进长江三角洲地区金融协调发展，支持区域经济一体化框架协议》，确立了长三角区域金融一体化发展的基本原则：市场主导，政府推动，总体规划，协调推进，重点突破，共同参与，优势互补，互利共赢。该《框架协议》明确提出建立推进长三角金融一体化工作联席会议制度，负责金融一体化重点工作的组织和协调，定期召开"长江三角洲地区金融会议"。2008—2010年，上海市、江苏省和浙江省人民政府与中国人民银行共同签署了"信用长三角"合作备忘录、应对金融风险合作备忘录以及共同推进长三角地区金融服务一体化发展合作备忘录，这标志着长三角金融一体化进入制度化、常规化和全面推进阶段。

长三角区域金融一体化以商业银行的跨区合作为先导。2003年，中国工商银行上海分行、江苏分行和浙江分行在总行的牵头下，开展信息共享、合作营销、统一授信管理和风险联合监测等业务；中国银行上海分行、江苏分行和浙江分行在银行卡业务方面率先展开合作，为长三角地区的跨国公司提供贷款。2004年10月，中国农业银行在长三角地区的16家分行共同组建了国内金融业首个"区域金融共同体"，将资产业务、负债业务和中间业务等融为一体，形成了一种共担风险、加速发展的新型金融合作联动机制。同时，股份制商业银行在跨区合作方面也进行了有益的尝试。华夏银行总行在长三角地区的六家分行实行整体联动模式，为企业进行创业投资开展信贷支持、商铺按揭贷款、异地联动、理财等多种金融服务；光大银行在上海成立了华东区审贷中心；南京银行、宁波银行成立了异地分行。商业银行展开跨区合作，共同开发市场，进而增强了金融服务功能，提高了整体竞争力。

在票据业务方面，随着长三角经济一体化的推进，商业承兑汇票在区域内得到了广泛使用。长三角地区已形成以上海为中心的区域票据市场，票据融资额占全国总量的1/4，成为我国票据市场最发达的地区。2009年10月，长三角地区票据业务联席会议发布了全国首个区域性商业汇票贴现价格指数——"长三角票据贴现价格指数"，并共同签署了《票据承付公约》，以维护长三角地区的票据结算纪律。上海市、江苏省和浙江省三地银行汇票依托小额支付系统顺利上线，在长三角地区推广商业承兑汇票、银行承兑汇票转贴现文本和商业承兑汇票转贴现文本，这一举措极大地推进了长三角地区金融机构的票据业务合作与交流。

在金融监管层面，长三角地区的金融监管壁垒已经率先被打破，中国人民银行大区分行的货币信贷职能下放给辖内中心支行。自2004年5月1日起，此前由上海、南京两个大区分行行使的货币信贷职能下放给省会中心城市支行，由它们负责各省地市支行的货币信贷业务，并对总行负责。这意味着中央人民银行的主要职能——货币信贷职能，一直以大区行为单位的管理体制已经发生了改变。长三角地区金融监管的率先改革，有助于通过协调合作来推动区域金融一体化，有助于消除阻碍金融跨省联动存在的监管障碍。

（二）泛珠三角地区金融一体化

泛珠三角地区包括九省两区，即沿珠江流域的广东、广西、湖南、福建、海南、四川、云南、江西、贵州九个省份（自治区）和香港、澳门两个特别行政区（简称"9 + 2"省区）。泛珠三角区域规模大、范围广，是我国目前经济规模最大的地区。这也是继 2003 年实施《关于建立更紧密经贸关系的安排》以来，香港、澳门与内地经贸合作的进一步深化。但这一区域内金融制度差异大，三种不同的货币金融制度并存，金融发展极不平衡。

在泛珠三角地区，不同省区的金融业务具有不同的特点。广东在开拓海外业务、推进电子化联网等方面走在前列；广西、云南在发展边境贸易结算、参与中国—东盟自由贸易区方面具有区位优势；江西、贵州作为首批农信社试点改革地区，在增资扩股、转换经营机制、促进"三农"发展等方面取得了一定的成绩。实施金融一体化有利于泛珠三角区域发挥各自的比较优势，进行跨地区合作，改善金融生态环境，进而推动泛珠三角区域经济发展。2004 年 6 月，在区域经济一体化背景下，泛珠三角区域"9 + 2"省区政府开展三角区域合作与发展论坛，并在广州签署了《泛珠三角区域合作框架协议》，拉开了泛珠三角区域经济合作的序幕。金融作为现代市场经济运行的核心，区域经济合作呼唤区域金融合作先行。同年12 月，泛珠三角地区成立区域合作与发展金融论坛，确定了金融合作协调机制、合作途径、合作模式等内容，以此作为金融合作的重要平台。因此，当时的区域金融一体化基本上是以金融学会为主体的区域金融制度性安排，更多的是由市场各参与主体自主开展。2012 年 8 月，泛珠三角区域"9 + 2"省区政府金融管理部门在海口签订《泛珠三角九省区签订地方金融战略合作备忘录》，并建立金融合作联席会议制度。这标志着泛珠三角区域金融一体化进入由政府推动的新阶段，即由政府创建金融合作平台，引导市场各参与主体开展金融一体化。可以看出，泛珠三角地区金融一体化最初是由市场各参与主体自发开展为主，由政府力量推动则比长三角地区要晚一些。

从泛珠三角区域金融一体化的进程来看，首先，区域金融机构互设逐步推进。泛珠三角内陆地区的股份制商业银行，如广发银行、广州银行和东莞银行等的分支机构已遍布该地区。其次，区域金融业务合作进一步深化。香港的银行将数据处理中心、档案管理中心、单证业务中心和电话业务中心等业务部门向泛珠三角内陆地区转移。其中，中银香港把深圳作为它的软件开发中心所在地；汇丰银行将档案管理中心迁至广州。从 2009 年起，泛珠三角城市居民住房公积金实现"互认互贷"，企业跨境贸易人民币结算业务实现异地办理，兴业银行、浦发银行等在广州、佛山等珠三角部分城市的支付结算业务实现同城化等。① 再次，区域金融基础设施不断完善。香港金融管理局和中国人民银行广州分行共同成立了粤港票据联合结算系统、大小额支付系统和支票影像系统，逐步形成一个覆盖整个泛珠三角地区的结算系统。同时，集中代收代付业务和"银结通"业务也在整个泛珠三角区域逐步推广，实现了该地区的异地跨行通存通兑和各种代收款业务。

（三）国内区域金融一体化的启示

实践表明，在国内区域金融一体化的进程中，政府推动是区域金融一体化初期发展的重要助力。这一点在长三角表现得尤为突出。长三角区域金融一体化起初是由区域内各级地方政府以及中国人民银行各分支机构积极推动，区域内金融机构积极参与，随后发展到由政府与市场共同推动。区域金融一体化是区域经济一体化的关键环节和重要步骤，从根本上来说，是区域金融政策的制定和实施、区域金融机制的协调、区域金融市场的开放与合作，在这一过程中，政府部门发挥了重要的推动和引导作用。在推进区域金融一体化的初期阶段，"看得见的手"的效力远远超过"看不见的手"的作用。由此，长三角地区的金融一体化发展成效也最为显著。从金融业务来看，长三角地区的异地贷款、异地票据贴现和转贴现业

---

① 彭化非：《珠三角和长三角区域金融合作比较研究》，《南方金融》2012 年第 5 期。

务发展较为迅猛，形成了长三角区域性票据市场中心；从金融监管来看，中国人民银行上海分行和江苏分行在总行的指引下，首次打破了地方行政区划界限，将区域金融一体化发展作为区域金融发展的理念，在金融产品、机构、服务等方面开展合作，为长三角地区经济一体化发展提供了强有力的金融支持。

与长三角区域金融一体化发展相比，泛珠三角区域金融一体化则主要依靠市场自发形成，各经济主体更多地依靠利益驱动，在开展市场层面的信息交流、培训合作等方面活动较为频繁。值得注意的是，泛珠三角区域金融一体化由于缺乏政府力量的推动以及一定程度的自发性，导致有关合作政策的制定出自不同的决策部门、政策的实施缺乏统一安排，并且政出多门使得政策缺乏系统性和连续性，因而，其金融一体化带有较大的自发性。

四 京津冀金融一体化的目标、模式和发展机制

京津冀金融一体化是一个复杂的系统工程，既需要科学谋划长远目标，也需要精心做好近期安排；既需要选择适宜的运行模式，也需要有相应的制度保障。

（一）京津冀金融一体化的主要目标

为了保证京津冀金融一体化的有序推进和稳健发展，有必要设定其最终发展目标和一些阶段性目标。就近中期目标而言，就是要在区域范围内进行金融资源的整合，实现初步一体化；从长期目标也是最终目标来看，就是实现金融资源在区域内的自由流动。在京津冀区域内实现金融资源高效整合进而自由流动，可以吸引区外的资金、人才、信息向区内集聚，从而促进区域内经济、金融的持续发展。

京津冀金融一体化的近中期发展目标是利用五年左右的时间整合区域金融资源，初步实现区域内的金融一体化。区域金融资源的整合主要包括两个方面内容：一是尽快建立健全金融市场体系。金融资源交易服务，即包括货币市场、票据市场、资本市场、期货市场、外汇市场等在内的金融市场体系，是金融资源所有权在不同所有者之间进行交易所必需的市场条

件。因此，尽快建立健全金融市场体系是近期区域金融资源整合的重要内容和紧迫任务；同时，金融市场体系的建立健全必须满足金融市场一体化高效运行的内在要求。二是尽快建立健全市场中介组织体系。金融资源交易和流动需要相应的配套中介服务，必须尽快建立和完善这一组织体系。必须指出的是，在京津冀金融资源整合的过程中，必须十分注重发挥北京这个具有强大资源配置和集聚辐射功能的金融核心城市的作用。通过北京的带动作用及其与周边地区的相互作用，促进金融产品、金融工具、金融基础设施、金融人才和金融信息等的整合，进而在区域范围内进行金融资源的有效配置。

京津冀金融一体化的最终目标是实现该区域内金融资源的自由流动。在京津冀区域内统一的金融市场中，不同地区的经济主体在进行金融活动时不受任何限制，不同地区的金融资产具有可替代性，市场上提供的金融工具、金融服务等不会因地域的不同而有所差别。具体表现为：金融机构在区域内可以互设分支机构，资金的需求者可以跨地区获取资金，不因地域不同而受到差别待遇等。这样，限制金融资源自由流动的因素日益消除，货币、资本和金融机构等金融资源在京津冀地区逐步自由流动，从而实现金融一体化的最终目标。与此同时，还要搭建区域金融资源流动平台吸引区域外的资金、人才、技术和信息向区域内聚集，提高区域外的参与度，在活跃的金融市场和庞大的经济金融总量支撑之下，再通过金融资源的流动扩大金融要素整合和流动规模，进而实现区域经济金融总量的倍增。在京津冀区域金融一体化进程中，金融资源流动平台应体现为三个方面的特征：一是规模性。通过金融资源循环不断地流动来扩大区域金融能量和规模，这正是区域金融一体化发展区别于单一城市金融发展的典型特征。[1] 二是开放性。京津冀区域金融形成合力，"以内聚外"，把区域金融发展为一个向内集聚和向外辐射的金融共同体，实现区域金融的快速发展。三是合作性。在技术扩散、人才流动、资金服务的过程中，"相互借力"，尤其是天津和河北在延伸首都的产业链条、扩展首都的发展空间、疏解首都压力和服务首都的过程中形成若干增长点，实现借势发展。

---

① 褚伟：《长三角区域金融合作机制研究》，《杭州金融研修学院学报》2002 年第 4 期。

（二）京津冀金融一体化的模式选择

京津冀金融一体化最终目标的实现，必然涉及发展模式的选择问题。发展模式实质上是一种制度安排，也就是通过什么样的制度安排、主要靠什么力量——靠政府的力量还是靠市场的力量推动来实现京津冀金融一体化。我国区域金融一体化还没有固定的发展模式，由政府来主导区域金融一体化发展既不符合市场经济发展的要求，也容易造成地方政府间的金融资源争夺；若由市场来推动，则可能受限于宏观经济、金融管理体制刚性约束而进展缓慢。

从学术界的讨论来看，京津冀金融一体化的发展模式有两种代表性的意见：政府主导型模式和市场主导型模式。下面通过比较两种模式的优缺点，并根据京津冀区域经济和金融的特点，对京津冀金融一体化的发展模式选择作一探讨。

1. 政府主导型模式

一个区域范围内存在多个地方政府，地方政府之间存在横向的平行关系，也存在纵向的垂直关系，还有互不隶属的关系。这种复杂的关系导致区域金融一体化面临诸多难题，比如，缺乏专门的机构进行区域规划与区域政策的制定，缺乏多样化的区域政策工具，缺乏健全的监督和测评体系等。也正是基于这样的状况，地方政府参与区域金融一体化的主动性并不强烈，对本地区经济发展有利益的就进行合作，没有益处就选择不合作，甚至于在发现有更好的或者新的利益追逐时还选择违约。因此，为了使区域内各城市相互合作协调发展，有必要建立区域发展的协调机构，让其承担区域内协调、监督的责任。

从有利于落实重大决策部署、有利于加强统筹协调的角度考虑，设立一个权威的、高规格的协调机构是必要的，它能够将各项政策、方案进行比较、加以筛选，并根据各项政策措施之间的配合关系制定总体方案、路线图和时间表。基于此，可以考虑建立京津冀区域金融协调发展委员会，负责制订区域金融发展规划及实施方案，处理区域金融发展中的矛盾和问题，监督区域金融发展规划的执行，统一指导并推进京津冀区域金融一体化发展。当然，在这个过程中，中国人民银行、银监会、证监会、保监会等金融监管部门要在宏观层面进行指导和引导。

政府主导型模式的优点在于，由于政府所具有的独立性和权威性，所以政府具有较强的统筹规划能力，组织协调工作易于运行，从而使得金融一体化进程较为容易推进。这一模式的缺点也很明显，会加重政府的财务负担，也不符合市场经济发展的总体趋势。

２．市场主导型模式

市场主导型模式是以金融市场为核心，通过构建多层次的、科学合理的金融市场体系来推动区域金融一体化的形成。一方面，要建立种类齐全的金融市场，形成债券市场、股票市场、期货期权市场、股权交易市场和金融衍生品市场等多层次的资本市场体系；另一方面，要建立具有相当规模的金融市场，培育市场交易主体，丰富市场交易工具。为了进一步提升京津冀金融市场规模，拓展金融市场的广度和深度，应积极培育金融市场主体并吸引金融市场主体的参与；同时还要吸引相当规模的资金量，资金规模的扩大是金融市场活跃的重要条件；当然还要注重形成功能齐备的金融市场，充分发挥金融市场的聚敛功能、配置功能、调节功能和反应功能。

市场主导型模式既能较好地反映社会主义市场经济发展的本质要求，也符合社会主义市场经济发展的总体趋势，并且以利益为导向可以充分调动各参与主体的积极性；其不足之处在于，这种模式作用的发挥受限于市场经济与宏观经济管理体制的发展和完善程度，而且，各市场主体之间的利益协调会增加协调成本。①

３．京津冀金融一体化应选择"政府推动—政府与市场联动—市场导向"的发展模式

很显然，政府主导型模式和市场主导型模式各有优缺点，京津冀金融一体化选择其中任何一种模式都不太合适，也不太现实。基于京津冀地区的经济、金融发展现状，并考虑现行的体制及其他因素，笔者认为，京津冀金融一体化的发展模式应根据金融一体化发展的不同阶段选择不同的模式，即"政府推动—政府与市场联动—市场导向"的发展模式。在推进区域金融一体化的初期阶段，政府推动的效力远远超过市场的作用，因此，推进京津冀金融一体化，需要三地政府达成共识，在协

① 安虎森、彭桂娥：《区域金融一体化战略研究——以京津冀为例》，《天津社会科学》2008 年第 6 期。

商与合作的原则框架下，充分运用政府力量进行顶层设计和科学规划，制定实施相应的金融一体化策略，协调好参与各方的利益关系，充分考虑各省市金融业发展的特点和优势，支持和鼓励金融机构的交流与合作；随着区域金融一体化发展程度的提高，市场力量逐步发展壮大，政府的工作重点转向为金融资源的自由、有序流动营造良好环境上，包括硬件（区域金融基础设施等）和软件（公平合理的竞争规则和利益协调机制等）建设；到了区域金融一体化的成熟阶段，以市场经济交易原则为主导的推动机制日益成熟，此时，就应发挥市场在区域金融资源配置中的决定性作用。

（三）京津冀金融一体化发展的运作机制

要实现京津冀金融一体化，还必须建立一系列的运作机制，包括科学合理的组织管理机制、规范高效的金融信息共享机制和平等共赢的利益均衡机制。

1. 建立科学合理的组织管理机制

京津冀金融一体化过程中，必将面临众多而又复杂的业务合作问题，需要构建跨区域的组织管理机构使三方实现沟通，为了保证京津冀金融一体化的顺利推进，建立科学合理的组织管理机制是十分必要的。如前所述，可以考虑建立由京津冀三方政府参与的"京津冀区域金融协调发展委员会"，引导、约束和保障区域金融一体化发展。其内部可设立各种专业委员会和工作小组，负责政策沟通、技术创新和融资安排等具体的重要事务。"京津冀区域金融协调发展委员会"要根据党和国家出台的各项方针和政策，在如何用足、用好国家政策并争取得到国家更多的政策支持等问题上进行沟通协调，凝聚双赢或多赢的结果这一共识，从而便于京津冀三方拧成一股绳，劲往一处使，确定开展合作的具体方式及措施。同时，可以考虑设立一个京津冀金融协同发展论坛，定期召开会议，就金融协同发展问题进行沟通与研讨，总结京津冀金融一体化发展的经验，发现问题，研究解决方案，为京津冀三地政府提供咨询建议。

2. 建立规范高效的信息共享机制

京津冀金融一体化能否顺利推进并逐渐接近既定目标，在很大程度上取决于金融信息的完备性和高效性。规范高效的信息共享能够促进区域范围内金融资源的高效整合和自由流动，引导经济主体跨区域寻找金融资源和投资机会。① 规范高效的金融信息共享机制，具体包括三个层面：（1）地方政府层面的信息共享。北京、天津和河北三地政府应共同搭建政府组织协作平台，交流各地的经济发展状况、金融业相关政策、重大项目建设配套资金等相关信息和数据，实现信息共享、数据共享，为金融一体化发展提供决策参考。（2）金融监管层面的信息共享。运用大数据加快金融监管协调的信息化建设，由京津冀三地的"一行三会"部门共同搭建经济金融数据信息系统和平台。可以考虑成立金融监管部门定期联席会议制度，加强对重大问题和重大事项的监管信息沟通协调，定期编制金融监管简报，公布公共监管信息，及时化解有可能产生的金融风险，提高监管效率和风险预警水平。（3）金融企业层面的信息共享。金融企业信息共享主要是对企业信息进行搜集、加工整理、发布查询、分析应用等，进而构建金融企业信息的收集和分析运用渠道体系，统一建设异地贷款监测网络，建立宏观经济、战略信息、业务运行数据、硬件发展信息等信息体系等。更为现实的做法，是在这三大系统信息的基础上，委托一些机构构建一个网络信息平台，并聘请专家定期撰写分析报告，然后将相关数据信息和分析报告定期在这个网络平台上发布，京津冀政府和金融机构共享这些信息。

3. 建立平等共赢的利益均衡机制

区域金融一体化是一个利益磨合与整合的过程，各参与主体实施一体化的动力源自一体化带来的巨大收益。因此，建立合理的利益分享机制和利益补偿机制、实现参与主体各方利益的共赢，是推进金融一体化的重要基础。区域金融一体化要充分发挥京津冀三地的主动性和各自优势，建立统一规划、协同发展、风险共担、利益共享的良好的金融发展环境，并在此基础上实现利益均衡。只要建立统一的市场、公平的竞争规则，那么各参与主体都会在这个市场中获得自己的利益。其一，在政府层面，应在京津冀区域金融发展委员会下设置利益协调机构，主要集中于对各成员进行利益协调，注重公平和效率的结合。也就是说，这一机构负责对金融合作的整体规划进行顶层设计，针对区域金融一体化过程中可能出现的利益冲

---

① 吴丽：《泛珠三角区域金融合作问题研究》，硕士学位论文，湖南大学，2007年。

突进行协调，收集本行业与区域协调发展相关联的信息和发展动态，做出专业的分析和判断，强化金融一体化的系统性和可操作性。政府的调控重点在于完善区域金融基础设施、创建公平公正的竞争规则和建立合理的利益协调机制，从而为金融资源的自由、有序流动创造良好的环境，并促进以利益为纽带的共同繁荣格局的形成。其二，在市场层面，应充分发挥市场机制的作用，以市场经济原则为导向，通过市场机制实现资源优化配置和利益共享。在利益共享、合作共赢的基础上制定市场竞争规则，在公平、公正、公开的市场环境中实现金融资源跨区域自由、有序地流动。

第八章

中国（上海）自由贸易试验区的
金融改革与创新

2013 年 9 月 18 日，国务院批准并印发《中国（上海）自由贸易试验区总体方案》（以下简称《方案》），强调"建立中国（上海）自由贸易试验区（以下简称'自贸区'），是党中央、国务院做出的重大决策，是深入贯彻党的十八大精神，在新形势下推进改革开放的重大举措"。"试验区肩负着我国在新时期加快政府职能转变、积极探索管理模式创新、促进贸易和投资便利化，为全面深化改革和扩大开放探索新途径、积累新经验的重要使命，是国家战略需要。"9 月 29 日，中国（上海）自由贸易试验区正式挂牌，自贸区内的金融改革创新也同步拉开帷幕。

一 自贸区建设的背景与目标

（一）自贸区建设的背景与意义

自由贸易区是一个相对笼统的概念，是指在主权国家或地区的辖区内划定一块专门区域，在其中实行相对更加自由的贸易管理政策。自由贸易区在不同国家和地区有不同的表现形式，对其的称谓也不尽相同，比如自由港、自由贸易区（特指）、出口加工区、对外贸易区等，都可以看作是自由贸易区的现实案例。但无论何种类型的自由贸易区，由于货物与服务贸易背后都必然意味着资金流动，由贸易活动引发的融资、汇兑、结算、清算以及风险管理等需求都要求相应的金融服务活动。因为自由贸易区具有明显的"境内关外"或"离岸"的特点，所以在自由贸易区内的金融政策大都区别于境内其他地区，这里的金融活动也或多或少地带有"离岸"的色彩。

上海自贸区建设是在区域经济一体化发展迅猛、美欧在 WTO 框架外通过新的谈判主导国际经济规则，以及中国改革进入深水区和攻坚阶段的国内外背景下提出的。以上海自贸区建设为突破口，有助于促进贸易和投资便利化，为全面深化改革和扩大开放探索新途径。（1）从国际环境来看，当前，新一轮贸易自由化正在兴起，TISA（服务贸易协定）、TPP（跨太平洋战略经济伙伴协定）、TTIP（跨大西洋贸易和投资伙伴协议）以及我国正在与美国进行的 BIT2012（双边投资协定 2012 年范本）的谈判内容，都更加注重贸易与投资并举，注重服务贸易和投资协定相关联，这预示着国际经济规则和全球经济版图正面临着重大调整。（2）就国内而言，改革开放是中国经济发展的基本国策，也是中国经济取得 30 年快速增长的制胜法宝。继党的十八大提出"坚定不移走改革开放的强国之路，做到改革不停顿、开放不止步"后，新一届政府对中国改革开放又有了新的表述和定位。习近平总书记强调："改革开放是决定当代中国命运的关键一招，也是决定实现'两个 100 年'奋斗目标、实现中华民族伟大复兴的关键一招。"

站在国家战略层面上，上海自贸区建设具有重大意义。一是以开放促改革，形成改革的倒逼机制。中国经济增长起步于对农村、工业的改革，但中国经济发展步伐不断加快，中国日益融入全球经济发展的轨道，却始于 2001 年入世谈判引发的对外开放和改革。可以预见，自贸区建设将全面推动中国服务业和金融领域的对外开放，以开放促进改革。二是融入全球经济，积极参与国际规则制定。三是发挥对外开放窗口和试验田的作用，实现中华民族伟大复兴的中国梦。

（二）自贸区建设的主要任务和目标

自贸区建设标志着中国改革开放迈入全新的阶段。与以往的改革开放集中在以制造业为重心的第二产业不同，新阶段的改革开放的重心是在服务业。《方案》明确提出扩大服务业开放，并选择了"金融服务、航运服务、商贸服务、专业服务、文化服务以及社会服务"六大领域作为开放扩大的试点。与制造业相比，服务业改革开放的核心不再是传统的土地、税率、补贴等问题，而是制度、法律、条例的改革，因此更加复杂，难度更大。

《方案》提出了自贸区建设的总体目标："经过两至三年的改革试验，加快转变政府职能，积极推进服务业扩大开放和外商投资管理体制改革，大力发展总部经济和新型贸易业态，加快探索资本项目可兑换和金融服务业全面开放，探索建立货物状态分类监管模式，努力形成促进投资和创新的政策支持体系，着力培育国际化和法治化的营商环境，力争建设成为具有国际水准的投资贸易便利、货币兑换自由、监管高效便捷、法制环境规范的自由贸易试验区，为我国扩大开放和深化改革探索新思路和新途径，更好地为全国服务。"

我们认为，中国（上海）自由贸易试验区建设，其影响绝非限于上海一地，也绝非止于贸易领域，而是一项着眼于以开放促改革的重大举措。在全面深化改革的背景下，既需要改革的动力，也需要改革的压力。将括号中的"上海"二字进行替换，自贸区可能扩展至其他任何符合条件的地区。由此，上海自贸区建设事实上肩负着为全国改革探索可复制、可推广的经验，以开放促改革，进而形成全面深化改革的倒逼机制的历史使命。

二 自贸区金融改革与创新的政策进展

上海自贸区挂牌前后，银监会、保监会、证监会于 2013 年 9 月 28—29 日分别发布了支持自贸区建设的三个原则性文件，分别是《银监会关于中国（上海）自由贸易试验区银行业监管有关问题的通知》《保监会支持中国（上海）自由贸易试验区建设》和《资本市场支持促进中国（上海）自由贸易试验区若干政策措施》。2013 年 12 月 2 日，中国人民银行发布《关于金融支持中国（上海）自由贸易试验区建设的意见》（以下简称《意见》），可以看作是金融改革试验的总纲领。

（一）《意见》关于金融改革试验的要点分析

在国务院 2013 年 9 月 18 日发布的《方案》中，关于深化金融领域的开放创新事实上包括两项内容；一是关于金融制度的创新，包括资本项目开放、利率市场化、人民币跨境使用、外汇管理体制等要点；二是金融服务的准入，包括机构准入和业务准入两个方面。此后，监管部门发布的相关文件内容主要是关于准入问题，而人民银行《意见》的核心则是制度创新。应该说，制度创新是准入的前提和基础，特别是如果没有分账管理的账户体系设置，那么关于准入的政策大多无从做起。

1. 分账管理的账户体系设置是自贸区金融活动的基础

自贸区内的账户包括居民自由贸易账户和非居民自由贸易账户，区外境内的账户分为居民账户和非居民账户，境外则统一为境外账户。对自贸区的居民自由贸易账户而言，除了与境内区外的居民账户之间存在限制之外，与其他账户之间资金都可以自由划转。通过这种安排，基本实现了"放开一线、管住二线"的要求。特别是，"同一非金融机构主体的居民自由贸易账户与其他银行结算账户之间"允许的资金划转，实现了离岸金融活动与在岸经营业务的渗透，算得上是最具含金量的内容。

2. 人民币资本项目下的自由兑换仍受限制，但存在突破的空间

目前，《意见》关于资本项目下人民币的自由兑换仍然受限制。但是，现有政策也留下了迂回实现的空间。举例来说，在自贸区内的企业可以利用自由贸易账户（FTA）将人民币资金转移到境外账户，然后在中国香港、新加坡等境外市场自由兑换成外汇，继而再通过 FTA 将外汇调回自贸区内，从而迂回实现了自贸区内 FTA 中的资金兑换。

3. 关于利率市场化的推进仍然十分慎重

存款利率在自贸区内并没有被明确放开，试验区内利率市场化体系建设必须基于"相关基础条件的成熟程度"，即便是自贸区内一般账户的小额外币存款利率上限，也须在"条件成熟时"再放开。与自贸区外相比，唯一的突破在于可"在区内实现大额可转让存单发行的先行先试"。之所以如此慎重，可以料想，其原因在于担心形成区内、区外两个价格体系。如果区内融资成本偏低而存款价格又偏高的话，必然引发资金的大规模流动，即便建有相应的监测和防范机制，也不可能完全杜绝。

（二）《意见》中需要进一步明确的若干方向

《意见》要真正落地实施，还有许多问题需要进一步明确细则，一些关键决策的时间点还需进一步选定。简单统计，《意见》30 条 2700 余字

中，"按规定"出现 8 次，"符合规定""相关规定""有关规定""有关法规""有关管理政策"各出现 1 次，"符合条件"出现 5 次，"条件成熟时"出现 2 次。对于这些较为模糊的用语，是根据已经有的文件执行，还是需要对已有文件进行修订，或是制定新的操作细则，都还需要明确。从社会反映和各界关心的热点来看，需要重点明确的问题包括以下四方面。

第一，资本项目开放中的其他要点需要明确。《意见》提出，"同一非金融机构主体的居民自由贸易账户与其他银行结算账户之间因经常项下业务、偿还贷款、实业投资以及其他符合规定的跨境交易需要可办理资金划转"，这里的"其他符合规定的跨境交易"有待于进一步明确。如果说，这些需要明确的内容与当前资本项目下尚未开放的内容有较大的重合，那么这一条规定的价值无疑更加突出。

第二，居民和非居民既包括企业法人，也包括自然人，企业可以注册在自贸区内作为明确标准，但个人标准的认定还需要明确。比如对"在区内就业并符合条件"的个人或境外个人可"按规定"开展包括证券投资在内的各类境外投资和境内投资，这里需要明确的，一是"区内就业"的含义是什么；二是需要符合哪些条件；三是根据什么样的规定。在这些方面，已有或相关的政策是合格境外个人投资者（QFII2）和合格境内个人投资者（QDII2）。我们认为，自贸区的试验政策应该在现行政策基础上进一步拓展，并在分账管理的前提下放开额度限制。

第三，金融市场准入事关重大但表述相对含糊，仍需要进一步探讨。《意见》关于资本市场开放提到三项内容都比较敏感，实践中如何操作还需要进一步明确。我们认为，金融市场准入的方向和目标应该是形成一个涵盖债券、股票和其他金融工具，以人民币标价的规模庞大的资产池，其目的是形成境外人民币的回流机制，并以此作为境外人民币的蓄水池，为进一步推动人民币国际化探索和积累经验。

第四，风险监测与管理预留了弹性空间，但仍然存在一些监管难题。风险控制是金融改革开放必须考虑的首要因素，《意见》试图通过常规监测和非常规手段两个方面来实现"风险可控"，特别是"可根据形势……采取临时性管制措施"保证了管理部门具有最终控制权，但是，风险往往在累积并爆发之后才能被察觉并引起重视。从现有的政策来看，如何有效实现风险防范仍存在一些难题。比如，按照规定，从境外借用的人民币资金"不得用于投资有价证券、衍生产品，不得用于委托贷款"，但实际操作中如何区别借入资金还是自有资金、如何拦截借入资金流入在岸资本市场，显然并不容易。

（三）自贸区金融改革试验政策进展及若干细则

2014 年以来，自贸区金融改革在跨境人民币支付和使用、外币存款利率、外汇管理等方面推出了一系列新的政策，并形成若干具有代表性的创新案例。从可复制、可推广的角度着眼，自贸区金融改革政策和相关模式创新值得进一步期待。

1. 跨境人民币支付

2014 年 2 月 18 日，中国人民银行上海总部印发《关于上海市支付机构开展跨境人民币支付业务的实施意见》（银总部发〔2014〕20 号）。本着简政放权的思路和原则，人民银行上海总部根据该意见对支付机构开展跨境人民币支付业务实行事后备案和负面清单管理。自贸区经常和直接投资项下的跨境人民币结算的便利性进一步提高，只要求提交收付款指令即可办理。可以预期，随着区内企业和金融机构跨境业务的开展以及人民币走向国际过程中被越来越多地用于跨境及国际贸易和交易的结算，以人民币计价的国际金融资产将增多，需要境内金融市场对外开放，试验区的先行先试政策为此提供了契机，将有利于上海国际金融中心建设。

2. 人民币跨境使用

2014 年 2 月 21 日，中国人民银行上海总部颁布《关于支持中国（上海）自由贸易试验区扩大人民币跨境使用的通知》，标志着跨境人民币扩大使用相关政策在自贸区正式落地。该通知从"服务实体经济，便利跨境投资和贸易"出发，对自贸区经常和直接投资项下人民币跨境使用流程进一步简化，并明确了人民币境外借款规模与使用范围、跨境电子商务结算和人民币交易服务等创新业务。在防范风险和加强金融宏观审慎管理方面，政策中也提出了相应要求，包括人民银行上海总部与自贸区管委会建立信息共享平台，根据全国信贷调控需要对区内非银行金融机构和企业境外人民币借款规模进行调控；同时，各微观主体应按国家规定切实履行反洗钱、反恐怖融资和反逃税义务和职责。

3. 放开小额外币存款利率上限

2014 年 2 月 25 日，中国人民银行上海总部发布《关于在中国（上海）自由贸易试验区放开小额外币存款利率上限的通知》。自 3 月起，金额在 300 万美元以下的外币存款利率放开，其实施对象覆盖自贸区内的居民，包括在自贸区内依法设立的中外资企事业法人、在自贸区内注册登记但未取得法人资格的组织、其他组织、境外法人机构驻自贸区内的机构，以及在自贸区内就业一年以上的境内个人。考虑到人民银行此前关于利率市场化的推进路线图，即"先贷款后存款，先外币后本币"的四步走战略。可以认为，在上海自贸区推进外币利率市场化改革试点工作，是利率市场化改革中的一项重要内容。

4. 反洗钱和反恐怖融资

2014 年 2 月 27 日，中国人民银行上海总部发布《关于切实做好中国（上海）自由贸易试验区反洗钱和反恐怖融资工作的通知》。该通知的出发点是为自贸区的平稳和健康发展保驾护航，严格防范自贸区业务中可能隐含的洗钱风险，为自贸区培育国际化和法治化的市场环境。具体来看，反洗钱的措施主要包括：严格依法履行反洗钱义务，建立健全与自贸试验区业务有关的反洗钱内部控制制度；为自贸试验区资金监测和分析提供系统支持；采取与风险水平相适应的客户尽职调查和风险处置措施，重点强化客户实际控制人或交易实际受益人的尽职调查；加强对自由贸易账户及主体的监测和分析，做好自由贸易账户资金划转的背景审查；强化创新业务的反洗钱审查要求，在配备与风险相当的控制措施后开展创新业务；加强自贸试验区跨境业务全流程的反洗钱风险管理，做好反洗钱审查、资金监测和名单监控工作。

5. 外汇管理实施细则

2014 年 2 月 28 日，国家外汇管理局上海市分局颁布《关于印发支持中国（上海）自由贸易试验区建设外汇管理实施细则的通知》。根据该实施细则，银行和企业经常项目业务流程将大幅简化，资本项目外汇管理将进一步便利化。外汇管理理念和方式的转变主要体现在以下方面：一是服务实体经济，促进贸易投资便利化。自贸区内企业在办理经常项下业务时，业务流程更加简化，手续更加简便；深化资本项目外汇管理政策，鼓励企业充分利用境内外两种资源、两个市场，便利跨境贸易和投融资。二是坚持简政放权，推进外汇管理依法行政和职能转变。通过取消行政审批、简化单证审核等措施，大力推进管理方式从重行政审批转变为重监测分析，从重微观管理转变为重宏观审慎管理，从而全面提升行政效能。三是探索主体监管，提升营商环境。通过有针对性地对市场主体进行动态分类监管，促进外汇管理由行为监管转变为主体监管，从而构建更加便利、规范、透明、高效的外汇管理体系。四是加强非现场监测和现场核查检查，防范金融风险。完善跨部门联合监管机制，强化监测分析和事后监管，牢牢守住不发生系统性、区域性金融风险的底线。

6. 跨国公司总部外汇资金集中运营管理试点

2014 年 5 月 16 日，上海自贸区跨国公司总部外汇资金集中运营管理试点启动，主要包括五项内容：一是创新跨国公司账户体系。允许跨国公司同时或单独开立国内、国际外汇资金主账户，集中管理境内外成员企业外汇资金，开展资金集中收付汇、轧差净额结算，账户内可以全部或部分共享外债和对外放款额度。二是进一步简化单证审核。银行按照"了解客户""了解业务""尽职审查"等原则办理经常项目收结汇、购付汇手续，服务贸易等项目对外支付需按规定提交税务备案表。三是便利跨国公司融通资金。国际外汇资金主账户与境外划转自由，没有额度控制；在规定的外债和对外放款额度内，国内、国际账户内互联互通，便利企业内部调剂资金余缺。四是资本金结汇采取负面清单管理。资本金资金意愿结汇，审核真实性后对外支付。五是加强统计监测防控风险。全面采集跨国公司外汇收支信息，集中收付或轧差净额结算进行数据还原申报，留存相关单证备查，落实额度控制监管"阀门"。

7. 分账核算业务实施细则

2014 年 5 月 22 日，中国人民银行上海总部关于印发《中国（上海）自由贸易试验区分账核算业务实施细则（试行）》和《中国（上海）自由贸易试验区分账核算业务风险审慎管理细则（试行）》的通知。这两个细则全面规范了试验区分账核算业务及其风险审慎管理，两者相互匹配，相辅相成。《业务实施细则》侧重试验区分账核算业务的开展及相关要求，详细规定了上海地区金融机构内部建立试验区分账核算管理制度的具体要求，以及自由贸易账户的开立、账户资金使用与管理等内容。《审慎管理细则》主要根据宏观审慎管理和风险防控的要求，对试验区分账核算业务管理的审慎合格标准、业务审慎合格评估及验收、风险管理、资金异常流动监测预警以及各项临时性管制措施等做出了明确规定。两项细则从业务管理和风险防范两个方面，共同构建了有利于风险管理的试验区账户体系框架，为下一步推动试验区投融资汇兑创新业务发展奠定了基础。

三　自贸区金融改革与创新的典型案例

伴随着自贸区金融改革相关政策和细则的不断推出，在实践领域也出现了一些具有代表性的案例。大致来看，根据政策集中推出的时点，到2014 年 8 月，相关案例的形成可以分成两个阶段。

（一）第一阶段自贸区金融改革创新的案例

到 2014 年 4 月，自贸区金融业务创新形成的代表性案例，主要体现在企业融资、支付结算、企业资金管理、对外直接投资、存款利率市场化和区内金融机构集聚六个方面（见表 8—1）。其中，前四项创新的应用价值尤为突出。

1. 企业融资

自贸区内企业和非银行金融机构可以通过商业银行从境外借入人民币资金，而以往则需要扣减相应的外债额度，且中资企业申请外债额度需要以个案报批。从境外借入的资金，可以用于区内生产经营、区内项目建设、境外项目建设。目前，境外借款利率远低于境内利率水平，对于借款企业和非银行金融机构来说，这一创新拓宽了融资渠道，降低了融资成本。基于这项创新，两种资源、两个市场得以更充分地运用，对于提升企业全球化视野大有裨益。

2. 支付结算

一方面，第三方支付机构可以使用人民币为跨境电子商务提供支付结算服务；另一方面，商业银行可以为自贸试验区企业开展大宗商品衍生品交易提供结售汇业务。就应用价值而言，前者有利于客户规避汇率风险，降低汇兑成本和促进人民币跨境使用；后者则为国内大宗商品企业利用国际市场开展风险管理提供了新的渠道。

3. 企业资金管理

人民币资金方面，自贸区内企业可以开展跨境人民币双向资金池业务，在境内外进行资金的双向调拨，从而提高资金使用效率；而以往跨国公司境内外资金的划拨和流动，必须提供用途证明，由金融管理部门逐笔审批。外汇资金运用方面，可以集中运营管理境内外成员单位外汇资金，实现境内与境外成员单位外汇资金的双向互通，从而满足跨国公司对外汇资金集中管理集约化、便利化的需求。

4. 对外投资

股权投资企业跨境股权投资由审批制改为备案制。以往股权投资企业开展跨境股权投资需费时 3—6 个月才能获得主管部门的批文，通过简化跨境直接投资审批环节，以备案制替代审批制，自贸区在 5 个工作日内就可以完成境外投资项目备案，极大地节约了时间成本，有利于企业抓住市场机会和提高投资效率。

表 8—1　　　　　　　第一阶段自贸区金融创新案例基本情况

类别	案例名称	相关案例	突破点	应用价值
存款利率市场化创新	放开 300 万美元以下的小额外币存款利率上限	2014 年 3 月，中国银行为一名在自贸试验区内就业的人员办理了首笔个人小额外币存款业务，利率经双方协商确定	实现了外币存款利率的完全市场化	有利于培育和提高金融机构外币利率自主定价能力，完善市场供求决定的外币利率形成机制
企业融资创新	境外人民币借款	交通银行上海市分行分别为交银租赁自贸区子公司和自贸区企业办理了境外人民币借款	以往需要扣减相应的外债额度，而中资企业申请外债额度需要以个案报批	境外借款利率远低于境内利率水平，对于借款企业和非银行金融机构来说，拓宽了融资渠道，降低了融资成本

类别	案例名称	相关案例	突破点	应用价值
支付结算创新	为大宗商品衍生品交易提供金融服务	中行上海市分行与上海江铜国际物流公司合作，办理了自贸试验区首笔大宗商品衍生品交易，签订了以 LME 铜为商品标的的 3 个月期限场外远期合约	允许境内银行为企业提供境外市场大宗商品衍生品交易项下的结售汇业务	为国内大宗商品企业利用国际市场开展风险管理提供了新的渠道
	跨境电子商务人民币支付结算业务	快钱支付公司与台湾关贸网达成战略合作，签署跨境电子商务人民币支付业务协议，双方进出口业务以人民币结算，且全程以电子化方式完成整个跨境贸易全流程	第三方支付机构通过与银行合作，可以为客户提供人民币，与境外电商开展支付结算业务	有利于客户规避汇率风险，减少汇兑成本，也有利于促进人民币跨境使用
资金管理创新	跨境人民币双向资金池业务	浦发银行为麦维讯电子公司旗下 5 家企业办理了人民币双向资金池业务，资金调拨共计 8000 万元	以往跨国公司境内外资金的划拨和流动，必须提供用途证明，由金融管理部门逐笔审批	符合条件的企业可以根据自身的需要自主调配境内外资金，有利于提高资金使用效率
	外汇资金集中运营管理业务	工商银行上海市分行为锦江集团等企业提供跨境外汇资金集中运营管理服务	能够实现境外资金融入，不受额度限制；允许经常项目集中收付汇和轧差净额清算；国际资金主账户内资金存放不受外债指标控制；资本项下在规定额度内，实现资金流入	符合条件的企业可以根据自身的需要自主调配境内外资金，满足跨国公司对外汇资金集中管理集约化、便利化的需求，促进上海总部经济和新型贸易发展

续表

类别	案例名称	相关案例	突破点	应用价值
对外投资创新	股权投资企业跨境股权投资审批改备案	弘毅投资公司于2013年12月中旬在区内设立了境外投资基金，2014年2月25日在招商银行办理购汇并汇出境外。本次投资金额用于收购注册在英属维京群岛的某项目股权	以往需费时3个月到半年时间获得主管部门的批文。本案例简化了跨境直接投资审批环节，以备案替代审批，提高投资效率	自贸试验区简化跨境投资审批环节，在5个工作日内就可以完成境外投资项目备案，极大地节约了时间成本
金融机构集聚创新	互联网小额贷款公司增强金融服务能力	百度、京东在上海设立小贷公司，开展互联网贷款经营，并可以跨区经营	放开互联网小额贷款公司的股权比例和业务范围的限制	有利于小额贷款公司等依托互联网，在更大范围内为个人和小微企业提供金融服务
	金融租赁公司在自贸试验区设立子公司	交银金融租赁公司开展了自贸试验区首单飞机和首单船舶租赁业务，并已经批准筹建在自贸试验区内设立子公司	允许金融租赁公司设立子公司	可以利用自贸试验区平台和政策优势，为开展境外融资租赁业务和进行境外融资提供便利

资料来源：根据上海市金融办、自贸区管理委员会等发布的资料整理。

（二）第二阶段自贸区金融改革创新的案例

2014年7月，自贸区金融改革创新的第二批案例发布，相关案例可以归为四个方面，分别是自由贸易账户开立和相关业务创新、人民币跨境使用范围的进一步拓宽、外汇管理改革措施进一步落实和融资方式的进一步创新（见表8—2）。

1. 自由贸易账户开立和相关业务创新

主要包括自由贸易账户开立和资金划转、自由贸易账户贸易融资。创新有利于风险管理的账户体系是自贸试验区金融制度创新的重要内容，通过自由贸易账户体系的设立，一方面可以为区内企业经常项下和直接投资项下的业务提供金融便利；另一方面也为下一步在试验区先行先试资本项目可兑换等金融领域改革提供工具和载体。随着自贸试验区分账核算业务实施细则和审慎管理细则的发布实施，一些金融机构已经开始为符合条件的机构和个人开立自由贸易账户，并依托自由贸易账户开展资金划拨和贸易融资业务。

2. 进一步拓展人民币跨境使用范围

主要包括境外银团人民币借款、人民币跨境集中收付和轧差净额结算、个人经常项下跨境人民币结算业务三个案例。与第一批金融创新案例相比较，这三个金融创新案例，是对自贸试验区人民币跨境使用创新政策的进一步充实和利用，在使用范围和创新力度上又有新的拓展。

3. 进一步落实外汇管理改革措施

主要包括自贸试验区外汇资本金意愿结汇业务和自贸试验区直接投资外汇登记这两个案例。外汇局上海市分局发布的《外汇管理支持自贸区建设实施细则》，为自贸试验区外汇管理改革创新提供了有力的政策支撑，并提供了详细的操作路径。最近一段时期，金融机构积极学习消化和落实有关的政策内容。

4. 进一步创新融资方式

主要包括自贸试验区跨境并购融资业务和三方联动跨境银租保业务这两个案例。工商银行上海市分行和浦发银行上海分行认真研究企业"走出去"的融资需求和融资租赁企业境外融资的需求，以客户需求为导向积极创新融资方式，分别为自贸试验区内企业开展跨境并购和融资租赁业务提供新的融资渠道。

表 8—2　　　　　　　　　第二阶段自贸区金融创新案例基本情况

类别	案例名称	相关案例	突破点	应用价值
自由贸易账户	自由贸易账户开立和资金划拨	中行上海市分行利用自贸区企业对外直接投资审批改备案的政策优势，将人民币资金从客户的非自由贸易账户划转至自由贸易账户，在兑换成美元后汇往境外用于直接投资项目的启动资金	一是建立分账核算单元，为开立自由贸易账户的区内主题提供金融服务；二是符合条件的账户之间按照宏观审慎原则实施管理，和境内非自由贸易账户之间可以有限渗透	有利于风险管理账户体系的政策框架基本形成，使得资本项目可兑换等金融提供具备了工具和载体
	自由贸易账户人民币国际贸易融资	工行上海市分行为自贸区内某企业的自由贸易账户项下发放进口贸易融资 1 亿元人民币，用于对外支付	根据经营需要，分账户核算单元可以按照规定向自贸区客户发放贸易融资	通过使用自由贸易账户单元低成本的融资，满足自贸区客户的资金需求，降低客户融资成本
人民币跨境使用	境外银团人民币借款	上海银行借助"沪、港、台"合作平台，联合相关银行组成境外银团，为自贸区内某企业提供信用贷款方式下的境外人民币借款	该笔贷款是由境外银团直接给予企业信用贷款，风险由境外银团管理方直接承担。之前则一般采用境内行向境外行提供信用保证，然后境外行将资金借给用款企业的方式	可以看作是自贸试验区跨境融资模式的创新，也是境内企业通过自贸试验区走出去的重要标志
	人民币跨境集中收付和轧差净额结算	花旗银行为某外资公司通过该公司在自贸区内的企业，为其实施经常项下人民币跨境集中收付和轧差净额结算	允许企业以集中收付和轧差的方式，实现子、子公司之间或母、子公司之间的跨境资金安排。此前的资金收付需要逐笔结算、支付	提高集团内资金的利用效率，降低跨境收付成本，节约集团内融资和汇兑成本，向集团企业提供便捷有效的跨境收付渠道

类别	案例名称	相关案例	突破点	应用价值
人民币跨境使用	个人经常项下跨境人民币结算业务	中行上海分行办理一笔自贸区个人跨境人民币结算业务，协助客户将其工资收入汇至海外	此前，区内个人只能通过人民币工资购汇，以外币形式进行跨境资金划转	为区内有跨境业务需求的个人提供了便利，节约汇兑成本，有助于扩大人民币跨境使用
外汇管理改革	自贸区外汇资本金意愿结汇业务	建行上海分行为某外资融资租赁公司办理外汇资本金亿元结汇，为其开立结汇待支付人民币专用存款账户	此前，外商投资企业资本金一直实行"按需结汇"制度，只有当"实际需求"发生时，才能向外汇管理局申请办理结汇。现在则可以根据汇率波动情况自行选择	为外资企业提供了新的汇率管理工具，在"实际需求"发生前便可以结汇资金备用，可以有效规避汇率风险
	自贸区直接投资外汇登记	外汇登记及变更权限下放商业银行。交行上海分行为某企业办理了自贸区首单新设外商投资企业外汇登记业务	企业仅需要向银行提交相关材料，便可一次性完成外汇登记与账户开立的手续。此前，直接投资项下的外汇登记，则需要在外管局的资本项目信息系统中进行信息登记	通过简化直接投资业务流程，缩短了业务办理时间，为自贸区内企业办理直接投资业务提供便利
融资便利	自贸区跨境并购融资业务	工行上海分行为自贸区内某企业发放3000万美元低成本并购贷款	帮助自贸区内企业使用自贸区对外直接投资于前置核准脱钩的政策优势，配合金融服务的支持，顺利完成海外并购业务	商业银行的并购融资为满足该需求提供了较好的解决方案
	三方联动跨境银租保业务	商业银行与融资租赁公司合作，以低成本的美元贷款资金满足融资租赁公司的融资需求。比如浦发银行上海分行为自贸区内某外资融资租赁公司办理的三方联动跨境银租保业务	在融资租赁保理业务的基础上整合创新银租保产品，优化跨境联动模式，通过产品组合进一步降低企业融资成本	为承租人有效拓宽企业融资渠道，盘活固定资产；通过低成本资金运作降低企业融资成本，同时拓宽了客户渠道

资料来源：根据上海市金融办、自贸区管理委员会等发布的资料整理。

四 自贸区金融改革创新中的三组关系探讨

（一）金融创新与发展实体经济的关系

金融与实体经济的关系是个老话题。古典经济学家把经济分为实体经济与货币经济两个层面，但随着经济发展和金融形式的复杂化，简单的二分法早已不能真正揭示经济金融运行的现实。从现代金融发展的属性看，一方面，金融是作为各类货币活动的总和，通过货币为经济运行提供润滑剂，实现资源配置并降低交易成本；另一方面，金融越来越独立成为一个边界明确的产业，并且还发展出多种衍生行业，随着其形式的复杂化和规模的扩大，还会干扰实体经济甚至过度偏离实体经济并引发各种危机。按照上述分析，金融可以区分为制度安排和现实产业两个层面。这两个方面本身又相互依存，其连接点就在于作为制度安排，是各种货币运行规则的加总；作为现实产业，则是以货币作为经营对象，是各类货币借贷活动的汇总。

对上海自贸区而言，《方案》中明确提出了建设自贸区的目标和任务，其任务包括加快政府职能转变、扩大投资领域的开放、推进贸易发展方式转变、深化金融领域的开放创新。可以看出，金融改革创新是自贸区建设的一项重要内容，但并不是全部。因此，简单地把自贸区建设与金融改革实验田或者离岸金融中心建设等任务画等号是不正确的。深化金融领域的开放创新有两项任务：一是要加快金融制度创新，包括资本项目可兑换、利率市场化、人民币跨境使用等；二是增强金融服务功能，包括金融机构和金融市场的开放、相关金融交易平台的建设等。这两项任务，事实上对应的正是前述金融的两种属性，或者是从这两个方面分别做出的部署。

探讨自贸区金融改革与发展实体经济的关系，有必要了解设立自贸区的国际国内经济环境。从国际环境来看，金融危机暴露了全球治理体系的不完善，表现在金融、贸易、投资的规则上，而所谓跨太平洋战略经济伙伴关系协定（TPP）、跨大西洋贸易与投资伙伴协定（TTIP）、服务贸易协定（TISA）等国际贸易投资协定谈判正是在这种背景下提出和推动的。从国内环境来看，站在全球化的视野上，中国与美国、欧洲、日本在投资体制上的最大区别在于实行的是准入前国民待遇还是准入后国民待遇，采取的是负面清单管理模式还是正面清单管理模式。毫无疑问，设立自由贸易试验区要解决的首先是与国际接轨，其次是在国际谈判中掌握主动权和话语权，这才是试验区的真正价值和意义所在。

可以认为，自贸区的任何试验和探索都是为了上述目标，这就意味着金融改革与创新主要是辅助手段，而不是目的和目标。换言之，自贸区金融改革是服务于实体经济，主要发挥的是支撑和配合作用。至少在现阶段，金融改革还不是自贸区的主体内容。

（二）自贸区与境内区外以及境外的关系

按照《方案》，自贸试验区的范围涵盖上海外高桥保税区、上海外高桥保税物流园区、洋山保税港区和上海浦东机场综合保税区这四个海关特殊监管区域，共 28.78 平方公里。这四个区域本身相互独立，在地理上并不完全相邻。由此，自然在空间上就划分出自贸区、区外境内和境外三个地理空间；进一步细分，还可以将区外境内分为上海本地和国内其他省份。由于先期政策安排的差异，这样三个地理空间的经济和金融关系就会出现许多变化。为了维护经济金融稳定和防范风险，会在政策上做出相应调整。

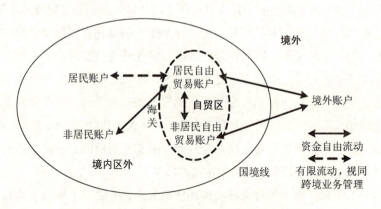

图 8—1　自贸区及其他地区的资金往来关系

现有政策和做法在处理这三个地理空间的关系时采取了"放开一线、管住二线"的思路，即自贸区与境外实现完全融合，资金和各类要素流动没有障碍；但自贸区与境内其他地区之间的经济金融关系则严格管住，在资金流动等方面仍存在各类限制。实现这一思路的工具是分账管理的账户体系设置，按规定，自贸区内的账户包括居民自由贸易账户、非居民自由贸易账户，区外境内的账户分为居民账户和非居民账户，境外则统一为境外账户。对自由贸易账户而言，除了与境内区外的居民账户之间存在限制之外，与其他账户之间资金都可以自由划转（见图8—1）。基于这种安排，实现了分账管理、离岸自由、双向互通、有限渗透这样的目标。

上述经济关系之外，还有必要进一步说清自贸区与境内区外其他地区之间的学习关系。按照《方案》的表述，自贸区要成为"推进改革和提高开放型经济水平的'试验田'，形成可复制、可推广的经验，发挥示范带动、服务全国的积极作用，促进各地区共同发展"。这清晰地揭示了自贸区与其他地区在发展上的先后关系，或者说是一种模仿和学习的关系。这也意味着自贸区作为试验田的含义是在这里长出的禾苗能够移植到其他地区，在其他地区的土壤中同样能够茁壮成长；在自贸区培育的绝不是仅仅适应自贸区土壤的小盆景。

可以注意到，上述思路在实践中已经得到体现。2014年2月25日，中国人民银行上海总部发出通知，决定自3月1日起放开中国（上海）自贸试验区小额外币存款利率上限，实施对象是自贸区区内的居民，包括在自贸区内依法设立的中外资企事业法人、在自贸区内注册登记但未取得法人资格的组织、其他组织、境外法人机构驻自贸区内的机构，以及在自贸区内就业1年以上的境内个人。此后，人民银行上海总部又进一步决定，自6月27日起将放开小额外币存款利率上限的改革试点由上海自贸试验区扩大到上海市。应该说，这是第一项走出自贸试验区、推广复制到区外的金融改革政策，具有重大的意义。这一方面反映我们在金融领域渐进式改革的思路，另一方面也揭示了自贸区与其他地区的关系。

（三）自贸区金融创新与金融安全的关系

金融的改革与创新必然导致金融风险，金融风险的传染与累积可能危及金融安全，正是金融创新与监管的螺旋互动共同促进了金融发展。综观中国金融的改革与创新，可以分为宏观层面的体制机制改革和微观层面行为主体的发展创新。前者诸如利率和汇率市场化改革、资本项目开放与人民币国际化等，都是牵一发而动全身的改革，需要通过自上而下的顶层设计，形成系统性的改革方案；后者诸如小微型金融机构的业务开展、金融市场产品设计与创新，往往需要一段时间的实践检验并具有一定的倒逼能力，需要尊重自下而上的首创精神。从相互关系来看，自上而下是第一条件，当通过顶层设计形成了良性的激励机制之后，必然会产生自下而上的创新活动；当新的活动被广为接受和形成有规模的现实需求之后，必然会推动自上而下的新一轮改革。因此，合理的逻辑是自上而下与自下而上相互结合，顶层设计与基层创新相互尊重，并以此形成一种有效的螺旋上升。

与金融改革创新的两个层面相对应，金融风险可以主要分为系统性金融风险和非系统性金融风险。通常来说，由微观主体所推出的金融创新活动的风险传染范围有限，难以对整个金融运行产生致命性冲击，由此形成的风险都可以视作非系统性金融风险，容易进行分散化或者通过监管手段进行处理。相比之下，系统性金融风险大都是由整体政治、经济、社会等环境因素引发，具有很强的溢出性和传染性。对正处于改革转轨时期的发展中国家来说，系统性金融风险生成往往与制度设计不当有关，比如资本项目开放引发的大规模跨境资本流动、利率政策调整导致的整体风险水平上升等。毫无疑问，与个别风险的管理相比，对系统性风险的监管更加艰难和复杂，需要在监管理念、监管方式上做出根本性改变。

按照上述逻辑，对上海自贸区金融改革创新与风险防范之间的关系就可以分类处理。简而言之，对自贸区内各微观主体之间推出的创新性活动应本着鼓励和支持的态度，建议金融机构采取尽可能简化的"了解你的客户""了解你的业务"以及"尽职审查"三原则；但对于那些具有系统性影响的制度改革，仍有必要采取渐进式的审慎原则，基于国际经济环境变化选取适当的时机稳步推进。在这个过程中，还有必要协调处理好上海自贸区管理部门（地方）与中央监管当局（中央）的关系，应给予地方尽可能多的创新主动权和尽可能大的创新空间。

五　自贸区金融改革与创新的趋势展望

第一，自贸区建设和试验的重点是服务业开放与投资体制变革，即准入前国民待遇和负面清单管理模式。金融在自贸区建设中扮演着双重角色，一方面，金融业本身就是服务业的一个门类，同样涉及开放的问题；另一方面，金融又是各类货币活动的总和，其制度安排关乎全局。就目前而言，金融首要的是发挥好服务功能，为自贸区内的贸易、投资等实体经济活动做好服务。对此，有必要进一步推动自贸试验区金融活动创新，鼓励更多金融机构和企业等市场主体参与到自贸试验区金融创新中来。

第二，要更好地为实体经济服务，金融领域需要明确的账户体系设置和投资便利化措施，部分资本项目下有限度地放开是下一时期政策放开的重点。在放开一线的大环境下，如何通过缜密的制度安排管住二线和做好风险防范，在时下的世界经济环境和中国经济发展新阶段尤为迫切。在这方面，金融管理部门、自贸试验区管委会等有关部门应该联合起来，进一步推动金融信息共享，加强跨境资金流动的监测和分析，完善金融监管协调机制，牢固构筑自贸试验区金融安全网。在风险防范上，有必要特别留意与非实体活动相关的资金进出。

第三，与上海国际金融中心建设相结合，充分利用自贸试验区制度创新优势，进一步推动在自贸试验区搭建面向国际的金融市场平台。与之相关的工作包括：推动上海期货交易所和上海黄金交易所做好在自贸试验区内设立原油期货交易平台和黄金国际版的相关工作；推动上海证券交易所在自贸试验区内研究设立国际金融资产交易平台；探索推进自贸试验区内企业的境外母公司在境内发行人民币债券；积极推动保险机构在自贸试验区内开展扩大保险资金境外投资试点。

第四，始终不忘"可复制、可推广"是自贸区建设的主要目标，因此要深入思考复制和推广的是什么。值得复制和推广的不是简单的自贸区称谓，也不是基于自贸区这一概念下的税收优惠等特殊政策，而是自贸区所传达的理念、模式和经验，比如在现阶段所表现出来的与事中事后监管配套的信息平台、信用体系和管理制度等。就金融领域而言，从双向渗透格局转变到金融全面放开仍然道阻且长，但自贸区金融改革与上海国际金融中心建设相配合无疑是应有之意，同时，自贸区金融改革创新中相关案例的经验或者操作模式也是值得区外所借鉴的。

第九章

中国建设存款保险制度的新要求与新设想

存款保险是世界公认的防范金融危机的市场化手段，是作为金融安全网不可或缺的重要因素，其在中国建立的必要性已经被很多学界和金融业界的研究人员所讨论和论证。中国政府多次提出推进存款保险制度建设，最终于2015年3月31日公布《存款保险条例》，该条例自2015年5月1日起施行。然而，新的形势，特别是中国进入全面深化改革战略发展期这一现实，对存款保险提出了新的要求，其实施细则应与新环境相适应。

一　中国存款保险制度背景和推进过程

（一）从隐性担保到显性存款保险制度需求显现

新中国成立以来，与其他经济体系一样，金融体系受到严格监管和控制，银行归国家所有，为国民经济提供金融服务，政府为其风险提供担保。对于储户来说，这比任何方式都更保险，因此，这个阶段，存款保险没有建立的必要性。随着中国经济市场化改革的进行，金融这一经济中最活跃的体系也必然进行市场化运作，而政府担保与此相悖。如果不脱离"政府的手"，金融体系的市场化改革就是不彻底的，甚至根本谈不上市场化。而没有担保的银行体系难以让储户放心，对于长期依赖政府背书的中国储户更是如此。因此，采用市场化的担保手段成为中国经济发展的必然选择。根据国外经验，存款保险制度是最为直接有效的银行体系风险防范措施。

（二）筹划显性存款保险制度的历程

中国政府在 1993 年《国务院关于金融体制改革的决定》 （国发〔1993〕91 号）中提出："金融机构经营不善，允许破产，但债权债务要尽可能实现平稳转移。要建立存款保险基金，保障社会公众利益。"这是中国政府对金融体系市场化改革的战略思考。但是，当时的条件不适合建立存款保险制度，这个概念一直没有得到实施。

亚洲金融危机发生后，中国政府在 1997 年金融工作会议中提出逐步建立城乡信用社存款保险制度。2002 年，全国金融工作会议提出应加快建立存款保险制度，保护存款人的合法权益。2004 年，中国人民银行会同国家发展和改革委员会、财政部、国务院法制办公室、中国银监会等有关部门，对建立中国存款保险制度的必要性和可行性进行了研究和论证，提出了建立中国存款保险制度的基本框架，并会同有关部门，对存款保险制度所涉及的法规以及管理模式等方面进行了深入研究[1]，存款保险创建工作从理论探讨转向制度设计。2007 年全国金融工作会议上，中国政府决定推行存款保险制度，但由于遭遇全球金融危机，存款保险制度的建设推后。同年，由国务院法制办公室牵头，人民银行、财政部、银监会、发改委联合起草的《存款保险条例》已基本完成，但一直处在征求意见阶段。2008 年，《政府工作报告》中再次明确提出要建立存款保险制度，但因为金融危机而搁置。[2]

2009 年，中国人民银行组织开展了新一轮全国范围内存款类金融机构存款账户结构调查，比较全面地掌握了存款类金融机构存款账户金额与结构的最新分布，就存款保险制度推出可能对农村金融机构产生的影响问题，选取东、中、西部十省（区）进行了实地调研。[3] 同年，人民银行第二次上报存款保险方案。但是，银监会认为农信社仍处于深化改革之中，

---

[1] 《2004 年中国人民银行年报》，中国人民银行网站，http：//www.pbc.gov.cn/publish/chubanwu/564/权 1077/10771/10771_ html。

[2] 《部门为争夺监管权僵持不下　存款保险条例难产》，《华尔街见闻》2014 年 05 月 26 日，http：//wallstreetcn.com/node/91884。

[3] 《2009 年中国人民银行年报》，中国人民银行网站，http：//www.pbc.gov.cn/image_public/ UserFiles/chubanwu/upload/File/10 （2）.pdf。

可能会受到较大冲击，对存款保险制度推出的时机持保留意见，方案没有得到实施。① 2010 年，人民银行深入论证中国建立存款保险制度的有关问题，做好建立存款保险制度的基础性工作，对存款保险制度方案进行了修改完善，并再次上报国务院。② 但是，这次由于时机不成熟，存款保险制度仍然未被建立。2012 年召开的第四次全国金融工作会议明确提出要抓紧研究完善存款保险制度方案，择机出台并组织实施。

2013 年 5 月，《国务院批转发展改革委关于 2013 年深化经济体制改革重点工作意见的通知》（国发〔2013〕20 号）明确提出"推进制定存款保险制度实施方案，建立健全金融机构经营失败风险补偿和分担机制，形成有效的风险处置和市场退出机制"。

央行行长周小川于 2013 年 11 月在《人民日报》上撰文写道："建立存款保险制度。加快建立功能完善、权责统一、运作有效的存款保险制度，促进形成市场化的金融风险防范和处置机制。存款保险制度要覆盖所有存款类金融机构，实行有限赔付和基于风险的差别费率机制，建立事前积累的基金，具备必要的信息收集与核查、早期纠正及风险处置等基本职责，与现有金融稳定机制有机衔接，及时防范和化解金融风险，维护金融稳定。"③ 这意味着，存款保险制度建立的实施方案已经涉及实际操作层面。2014 年 2 月发布的《2013 年第四季度中国货币政策执行报告》中提到，建立存款保险制度的各项准备工作已基本就绪。2014 年 10 月 29 日，国务院第 67 次常务会议通过《存款保险条例》，并于 2015 年 3 月 31 日正式公布，自 2015 年 5 月 1 日起施行。目前，存款保险制度的建设已经有法可依，完善的存款保险制度还有待实施细则和相关体制机制的建立。

---

① 《全国金融工作会议前瞻：存款保险制度有望推进》，新浪财经 2011 年 12 月 26 日，http://finance.sina.com.cn/money/bank/bank_ hydt/20111226/095011062732.shtml。

② 《2010 年中国人民银行年报》，中国人民银行网站，http://www.pbc.gov.cn/image_public/ UserFiles/chubanwu/upload/File/目录及正文.pdf。

③ 周小川：《稳步推进汇率利率市场化改革》，《人民日报》2013 年 11 月 28 日。

二　中国存款保险制度现状

（一）现实环境

近年来，在国际金融危机与国内经济结构调整双重因素影响下，中国经济增长放缓。2014 年，中国国内生产总值比上年增长 7.4%，低于政府制定的全年平均增长 7.5% 的目标。相关机构预测，2015 年，中国 GDP 增长率将进一步下降。中国经济处于由高速增长到中速增长的换挡期，未来经济增速面临进一步回落的趋势。

2011 年 11 月 15 日，国际货币基金组织和世界银行在其针对中国的"金融部门评估规划"中公布了其对中国金融体系评估的结果，认为中国金融体系在商业化转型、增强财务稳健性、改进金融监管等方面取得显著进展；中国金融改革进展良好，金融机构实力不断增强，金融体系总体稳健，有效抵御了国际金融危机；金融服务和产品日益多样化，有力支持了经济发展。两家国际组织在认可这些进步的同时，指出中国金融体系在这些方面还存在提升的空间，金融体系商业化程度不充分，金融基础设施有待改善。[①]

在金融危机的恢复期，2014 年，中国开启全面深化改革，利率市场化进入最后冲刺阶段，民资进入金融业成为现实，互联网金融搅动金融业变革，这使存款保险制度面临更多不确定性、挑战和机遇。

1. 全面深化改革战略为存款保险制度创设系统的宏观环境

根据中国经济社会发展的水平和特点，新一届中央政府提出全面深化改革的战略决策，并将 2014 年确定为中国深化改革元年。全面推进市场化改革，"紧紧围绕使市场在资源配置中起决定性作用深化经济体制改革，坚持和完善基本经济制度，加快完善现代市场体系……加快转变经济发展方式，加快建设创新型国家"。这是金融业全面市场化的基础环境和促进因素。在这种形势下，存款保险制度与金融的市场化改革将形成一种相辅相成的关系。一方面，存款保险制度是为金融市场化运行提供保障的

---

① 《国际货币基金组织、世界银行公布中国"金融部门评估规划"成果报告》，2011 年 11 月 15 日，中国人民银行网站，http：//www.pbc.gov.cn/publish/jinrongwendingju/366/2011/20111 1151133332530862484/20111115113332530862484_.html。

市场化手段。缺乏金融机构市场退出机制，就不是完全的金融市场化，而缺乏存款保险制度的金融市场化难以顺利展开。因为中国广大储户已经习惯于有政府担保的银行业，一旦完全市场化运行，储户的资产将暴露于市场风险中，很有可能蒸发殆尽，中国银行业将难以继续维护储户的信心，这很有可能引起动荡，中国银行业的前景堪忧。另一方面，没有市场化作保障，存款保险制度就会缺乏顺利运行的生态环境，由于需求缺乏也会难以为继。

2. 金融危机彰显建立存款保险制度的必要性和紧迫性

金融危机会暴露金融体系的固有问题，危机往往为各国寻找解决和应对下一次危机的方法、进行金融体系改革提供契机。很多国家的存款保险制度是在金融机构后建立起来的。例如，美国在 1933 年经济危机后的 1934 年成立了联邦存款保险公司（FDIC）。1930—1933 年，美国联邦存款保险公司（FDIC）建立之前，银行平均每年倒闭 2000 家。从 1934 年 FDIC 创立至 1981 年，银行倒闭的数目平均每年不超过 15 家。① 由于其作用效果明显，再加上金融危机事件频发，世界上其他国家逐渐开始效仿美国这一举措，建立起自己的存款保险制度。同样，20 世纪 80 年代金融危机后，英国、中国台湾和墨西哥等 17 个国家和地区纷纷建立存款保险计划。②

2008 年金融危机发生后，从 2008 年 1 月至 2014 年 6 月，美国共有 503 家银行倒闭③，这比 20 世纪 30 年代的经济危机已经有了较大的进步，这是存款保险制度的作用。如果没有联邦存款保险制度保障，美国此次的金融危机恐怕还会更严重。存款保险制度不仅防范了金融危机的扩散，也在一定程度上避免了金融恐慌和社会不稳定。

本轮金融危机中，由于国家信誉和财政支持以及政府对银行破产的严格控制，中国没有出现银行倒闭现象。从表面上看，这似乎有效维护了中国金融稳定，保护了广大储户资产，然而，这实际上是将中国银行体系运

---

① 弗雷德里克 S. 米什金：《货币金融学》（第六版），刘毅等译，中国人民大学出版社 2005 年版。

② 史晓琳、吴伯磊、饶云清：《中国金融安全网：理论分析与制度设计》，社会科学文献出版社 2012 年版。

③ FDIC 官网，https：//www.fdic.gov/bank/individual/failed/banklist.html。

营中存在的问题掩盖起来，将风险积累下来，为金融体系的健康运行埋下了隐患。对于处于金融体制深化变革中的中国，这种隐藏的风险危害巨大。因此，本轮金融危机成为触动中国建立存款保险制度的重要因素。为规避中国金融完全市场化后，银行风险暴露引发危机的风险，在当前的经济恢复期建立存款保险制度完全必要，也非常紧迫。

3. 利率市场化与存款保险制度相互促进

利率市场化是中国金融体制改革的重要方向和经济体制改革的必要步骤。从 1993 年中国共产党第十四次全国代表大会《关于金融体制改革的决定》提出建立由市场资金供求决定各种利率水平的市场利率体系以来，中国开启了利率市场化的进程。之后，央行采取一系列措施和手段，逐渐放开贷款利率管制。2013 年 7 月 20 日，中国人民银行决定全面放开金融机构贷款利率管制：一是取消金融机构贷款利率 0.7 倍的下限，由金融机构根据商业原则自主确定贷款利率水平；二是取消票据贴现利率管制，改变贴现利率在再贴现利率基础上加点确定的方式，由金融机构自主确定；三是对农村信用社贷款利率不再设立上限。[①] 然而，作为利率市场化决定性因素的存款利率一直没有放开。直到 2014 年 3 月 1 日，中国人民银行放开中国（上海）自由贸易试验区小额外币存款利率上限，希望通过自贸区的先行先试，为在全国推进小额外币存款利率市场化积累经验，并为推进存款利率市场化、深入推进利率市场化改革打好坚实基础。[②]

在中国，利率市场化与存款保险制度建设几乎同时起步，如今又都处于最后冲刺阶段，这不只是一种巧合。二者存在着密切的相互促进、互为因果的关系。第一，利率市场化造成的激烈的市场竞争和波动亟须建立存款保险制度。因为利率市场化后，各银行间竞争加剧，民营银行的加入将使这一竞争更加激烈，各银行依赖存贷差获利的区间越来越小，那些不能

---

① 《2013 年中国货币政策大事记》，2014 年 2 月 28 日，中国人民银行网站，http：// www. pbc. gov. cn/publish/zhengcehuobisi/361/2014/20140228172016642428187/20140228172016642428187 _ html。

② 《2014 年第一季度中国货币政策大事记》，2014 年 5 月 16 日，中国人民银行网站，http：// www. pbc. ov. cn/publish/zhengcehuobisi/361/2014/20140516164617041808093/20140516164617041808093_ ht-ml。

及时调整经营模式和获利方式的银行将面临较大的资金压力，它们不得不寻求从各种表外业务中获取收益，而许多表外业务是有较大风险的经营活动，且不易被监管，这就使银行存在经营困难，甚至倒闭的风险。必须有相应的制度来规避这些风险，承担这些风险造成的不利后果。为了与利率市场化及中国深化改革相匹配，这一制度应该是市场化的，目前来看，最佳选择即为存款保险制度。第二，利率市场化有助于存款保险制度的实施。因为利率市场化后，银行面临公平的竞争环境，银行之间进行多元化竞争，不论是哪种类别的银行都需要存款保险制度的支持与保障，这有助于存款保险制度的全面推行。同时，利率市场化后，存款保险定价也将是市场化的，有助于通过价格来识别银行风险水平，从而降低存款保险固有的道德风险问题。

不论是依托于利率市场化进程，还是为利率市场化提供支持，在中国存款保险制度建设过程中，如何更好地与利率市场化相匹配都是必须考虑的问题。

4. 民营中小银行的发展依赖于存款保险制度

中国银行业基本由国家控股，即使有民资注入银行，也没有真正实现"民有民治"。相对单一的资本结构使得中国银行业容易出现市场竞争不完全、风险集聚、服务对象集中、资金配置效率低下、无法发挥配置资源的基本功能等问题。中小企业融资难就是最突出的表现。为了解决银行业发展的这些根本性问题，允许民资设立银行，展开充分竞争，扩展银行业服务范围和业务领域是必然选择。为此，中共十八届三中全会决定，"在加强监管的前提下，允许具备条件的民间资本依法发起设立中小型银行等金融机构"，这为民间资本进入金融业打开了正式通道。

建立民营银行，银行业结构实现多元化，意味着银行业竞争将更加激烈。搭建公平的竞争环境与防范民营中小银行风险依赖于存款保险制度。一方面，若没有存款保险制度，国有银行有政府为其背书，民营中小银行将面临不公平竞争环境。民营银行或无法建立，或建立后由于无法吸引到优质、低成本存款而在竞争中很快夭折。最终的结果是中国金融业无法市场化运作，中国经济也将无法完成市场化改革。另一方面，民营银行往往存在关联交易和卷款外逃风险，原有的行政化监管手段无法实施有效监管或者由于监管过度而导致民营银行丧失应有的活力，因此需要存款保险制度实施更为市场化的监管措施。另外，在激烈的市场竞争下，中小银行的倒闭将有可能成为常态，如何处置其倒闭事宜是必须考虑的问题。无论从哪方面讲，存款保险制度将为民营银行加入中国银行业提供制度保障。

（二）实施的阻力

自 2015 年 5 月 1 日《存款保险条例》开始施行以来，存款保险制度的建立与有效实施还存在如下一些阻力。

1. 利率市场化尚未完全实行

目前，中国的存款利率尚未实现市场化。在利率没有完全市场化之前建立存款保险制度，存款保险费用由银行承担，银行也可以将该成本转嫁给贷款人。如果由银行承担，则会缩小银行的获利空间。银行或接受这种收益的减少，或从事更多高风险的表外业务以弥补减少的收益，还有可加速创新获取创新带来的收益，而创新收益不是随时可期的，银行还要承担创新的成本和失败的风险。如果银行希望额外成本由贷款人承担，在借贷市场充分竞争的条件下，贷款人可以选择不提高贷款利率的银行进行融资，银行为了维护客户就必须将成本承担下来，还是会发生上述状况；在借贷市场非充分竞争的条件下，额外成本将增加贷款人的运营负担，贷款人将减少贷款金额或贷款期限，从而降低银行获利。因此，无论如何，银行都会抵制存款保险制度，从而不配合政府为实施存款保险制度而采取的各种措施。

此外，利率没有市场化，依托利率的存款保险定价也无法实现市场化，这就无法依托保险定价来区分银行的优劣。如果在存款保险制度建立初期无法解决这个问题，将影响到制度效用的发挥。这在实际操作层面为存款保险的建立制造了困难。

然而，在现实中，中国利率市场化改革还需要面对国内外各种复杂因素，需要在不影响中国经济发展的情况下有一个全局性的把握，才能完成利率的完全放开。而这还需要一个过程。

2. 缺乏能够与存款保险制度相匹配的银行破产法律依据

尽管《商业银行法》《金融机构撤销条例》《银行业监督管理法》《公司法》《企业破产法》等法律涉及银行退出方式，但是现实中少有银行破产的案例，说明政府对于银行破产存在严格管制，不轻易使用这一手段解决银行业风险问题。此外，这些法律条例中的银行破产条款难以满足存款保险制度的要求。破产清算是存款保险制度处理银行风险问题的最后一个步骤，也是最具震慑力的措施。没有法律保障的银行机构市场退出机制，存款保险制度就难以完全建立，不具可操作性，其效力也会大打折扣。

3. 各部门权能分配未达成一致

存款保险制度牵涉多个政府部门，其中包括人民银行、银监会、保监会、财政部、各级政府金融管理部门等。人民银行作为中央银行，银监会作为中国银行业直接监管部门，客观上存在对存款保险的管理责任；由于存款保险涉及保险业务，作为保险业监管机构，对存款保险的运行负有管理责任；财政部对于银行业金融国资负有管理责任，政府金融管理部门对金融业负有管理职责。因此，存款保险制度是在现有金融体制的基础上建立的，无论是将存款保险职能放在某个部门，还是建立独立的存款保险公司，都必然牵涉政府各部门之间权能配置问题。权能配置不仅影响各部门未来针对存款保险公司的权力和职能，还将影响各部门原有业务的形态和运行，各部门必然会从本部门工作职责和利益出发，对存款保险制度设计提出各种不同的意见，部门间相互掣肘。

（三）面临的风险

一物两面，存款保险制度为经济发展和金融安全带来诸多益处的同时，必然伴随着一些负面影响，这往往表现为风险。与其他建立存款保险制度的国家一样，中国也将面临存款保险制度带来的新风险。

1. 增强银行风险偏好

存款保险制度必然与利率市场化相伴而行，这种双重变化很容易增强银行风险偏好。这是因为，一方面，在原有的隐性担保下，政府对银行的担保和监管相当于一种内部管理，政府为了规避风险，将对银行实施严格的监管，政府监管的强制性无与伦比。而在显性存款保险制度下，存款保险机构为银行提供担保，如果银行能够将风险转移给存款保险机构，银行自身将不会有损失，由于存款保险机构对投保银行的监管达不到政府的水平，投保银行极有可能逃过监管而从事高风险业务。另一方面，在利率市场化条件下，银行通过存贷业务获利空间缩小，很有可能通过增加其他业务来弥补缩小的利润，根据收益与风险的相对关系，银行极有可能从事高风险的业务，并且由于利率市场化后，银行可以以较高的利率吸收存款，积累更多的存款从事高风险业务，而高风险业务带来的储户的不信任问题由存款保险机构代为解决，即产生所谓的道德风险。

2. 导致监管漏洞

存款保险制度可能会引起银行监管漏洞。中国的银行业监管制度比较齐全，甚至出现了某种程度的交叉重叠。存款保险制度建立后，对投保银行具有监管职，中国银行业的监管又将增加一"头"，与人民银行、银监会、财政部等部门一起形成新的"多头监管"。这种"多头监管"既有可能使银行业处于严密的监管下，也有可能由于这些监管部门缺乏信息交流、协调配合，甚至沟通不及时而产生监管漏洞，造成银行业监管过度与监管漏洞共存的现象。这都不利于中国银行业的发展。

3. 影子银行将风险传递给银行体系乃至存款保险体系

利率市场化实施后，金融业将展开激烈竞争。银行会寻求其他途径获取收益，从目前看，最常用的手段是通过影子银行开展其他业务。在存款保险的担保下，银行吸收的存款可以通过影子银行获益。影子银行为银行体系的存款外流提供了便利。影子银行体系存在大量的资本运作，是一个风险地雷区，而影子银行受到的监管相对于银行较少。因此，由于存在利益瓜葛，影子银行会将风险传递给银行体系，甚至通过银行传递给存款保险体系，对存款保险体系造成致命打击。

4. 存款保险体系可能产生风险

实质上，存款保险是一种经营风险的制度安排。存款保险机构吸收银行的保险费，为其吸纳的存款提供风险担保，实际上是将所有投保银行的风险聚集在存款保险体系内，由其对风险进行统一管理。存款保险在为银行业提供安全保障的同时，也成为风险的聚集地。

存款保险体系的风险可能来自无意、被动发生，也可能来自故意、主动发生。若存款保险机构未能及时发现投保银行存在问题，并及早纠正、及时救助或者及时使银行退出市场，存款保险基金就将为此支付大笔存款赔付。如果这不是个别现象，存款保险机构可能由于无力支付而破产，存款保险体系有可能崩溃。

投保银行破产后，存款保险机构必须赔付该银行储户的巨额存款，这是存款保险机构所不愿意看到的。因此，存款保险机构会极力避免银行破产，为银行提供临时救助，而这不利于阻断风险、避免风险扩散、降低风险影响，还有可能引发被救助银行的道德风险。这种出于自我保护的故意行为可能会为金融体系带来巨大风险。

（四）有利条件

虽然我国实施存款保险制度还存在一些障碍，但也具备了一些有利的条件，还有一些有利条件正在形成。

1. 已经具备基础条件

当前我国经济整体发展势头良好，GDP 平稳增长，奠定了建立存款保险制度的经济基础；此次美国金融危机为我国经济结构调整提供了契机，也使存款保险制度的需求愈加显现；大型商业银行不良资产处置效果明显，改制上市取得显著成效，中小商业银行实行差异化战略成果显著，其他非银行存款类金融机构经营状况明显改善。这些微观主体的良好发展为存款保险制度的实施创造了有利的条件；银行业监管水平得到很大提高，《商业银行破产条例》即将面市，为存款保险制度的效能发挥创造了前提条件；相关法律体系不断健全完善，《存款保险条例》已经发布，法治环境逐渐优化。可以说，我国实施存款保险制度所需要的基础性条件已经具备。

2. 银行体系结构日趋合理

与经济发展状况相适应，我国形成了股份制商业银行、邮政储蓄银行、信用社、非银行存款类金融机构和外资银行等较为全面的存款类金融机构体系。设立民营银行的通道已经开通，存款类金融机构经过扩展或合并重组，结构日趋合理。

银行体系结构的完善，有助于形成充分竞争的市场环境，有助于风险在不同银行间分散化解，从而为存款保险制度的建立创造基础环境。风险在不同类型银行间分散，使得存款保险可以在其内部进行风险配置，避免风险的过度集中而造成存款保险系统崩溃。

3. 银行资产状况基本达标

近年来，我国商业银行资本状况得到极大改善，大型商业银行的不良贷款率从 2004 年的 15.57% 下降到 2015 年第一季度的 1.39%，不良贷款拨备覆盖率得到较大幅度的提高，从 2002 年的 6.9% 上升到 2015 年第一季度的 211.98%。[①] 股份制商业银行、城市商业银行、农村商业银行的这几个指标都有不同程度的改善，从一个侧面反映了我国商业银行对其贷款损失的弥补能力和应对贷款风险能力的增强。总之，我国商业银行资本状况良好，已经逐渐具备了承担市场化风险的能力，国家隐性担保的退出暂时不会影响其良性发展。

4. 信用评级体系基本成熟

信用评级机构能够评价投保机构的信用，为保费费率的确定提供依据，为存款保险机构及时介入问题银行提供信号。[②] 近年来，我国信用评级机构已经逐渐打开了局面，这其中以大公国际的发展最具代表性。大公国际独立自主发展，基本实现了民族信用评级品牌的国际化，开始打破西方三大评级机构的垄断地位，发起构建新型国际评级体系。大公国际以评级逆周期理论为指导，在西方违约率思想之外开创了偏离度核心评级思想，拥有了自己的核心评级方法。[③]

中国信用评级机构的评级方法将更适合中国金融机构的评级，能够更加准确地反映中国金融机构的经营状况，其在评级方面的积累能够为存款保险体系提供服务，使中国存款保险制度的运行更加顺畅。

（五）基本框架

目前，《存款保险条例》已经发布。银监会负责制定的《商业银行破产条例》也已形成初稿。中国存款保险制度的大框架已经基本形成。

中国的存款保险制度设计框架基本上是参考国际存款保险制度的通常做法，采用"强制保险""有限赔付""风险差别费率"等方法。下面根

[①] 中国银行业监督管理委员会网站。

[②] 何德旭、史晓琳、赵静怡：《我国显性存款保险制度的践行路径探析》，《财贸经济》2010 年第 10 期。

[③] 徐明：《中国信用评级业的中流砥柱——大公 20 年发展调查报告》，2014 年 8 月 27 日，中国产业经济信息网，http://www.cinic.org.cn/site951/qydt/2014-08-27/760046.shtml。

据公开资料梳理（中国人民银行）存款保险制度的基本设计方案。

1. 设立存款保险基金而非独立的存款保险机构

为避免独立存款保险机构的归属问题无法很快解决而拖延存款保险制度建立，人民银行建议首先设立存款保险基金，而不是直接设立一个独立的存款保险机构。人民银行的金融稳定局负责管理存款保险基金。在存款保险基金运行过程中积累经验与资金，待条件成熟时再设立独立的存款保险机构。[①]

2. 存款保险基金管理机构被赋予多元职能

第一，存款保险基金管理机构被赋予针对投保机构的早期纠正权，以防止一部分将来会出现烂账。当投保银行的资本充足率低于一定水平，或资本充足率出现重大资产损失，导致资产迅速下降的时候，存款保险基金有权对这家银行提出风险警示。第二，存款保险基金管理机构被赋予事中监管的职能，当投保银行因重大资产损失等原因导致资本充足率大幅下降，严重危及存款安全和存款保险基金安全的，可以要求投保银行补充资本、投资资产增长、控制重大交易、降低杠杆率等。第三，存款保险基金被赋予事后监管和"付款箱"职能。当投保机构已经或者可能发生信用危机，严重影响存款人和其他客户合法权益；或者有违法经营、经营管理不善等情形，不予撤销将严重危害金融秩序、损害公众利益，存款保险基金管理机构可以建议银行业监督管理机构对该机构实行接管或者促成机构重组，并对储户实施赔偿。

3. 中国所有境内存款类金融机构强制参保

中国所有境内设立的商业银行、农村合作银行、农村信用合作社等吸收公众存款的银行业金融机构强制参加全国统一的存款保险。

4. 存款保险限额担保

中国存款保险制度将实施限额偿付，包括企业账户和个人账户。[②] 对于具体的赔付限额，国际上普遍的经验是，使绝大部分存款人，例如90%或95%以上得到全额保障。据悉，我国的存款保险赔付限额可能覆

---

① 《部门为争夺监管权僵持不下　存款保险条例难产》，2014 年 5 月 26 日，《华尔街见闻》，http：//wallstreetcn. com/node/91884。

② 《存款保险条例起草完毕，存款利率或进一步向上自由浮动》，2014 年 3 月 7 日，《华尔街见闻》，http：//wallstreetcn. com/node/79690。

盖 99% 以上账户①，存款额 50 万元以下的账户全额保险，50 万元以上的账户限额赔付。②

5. 风险差别保费率

存款保险费由各投保银行按照存款的一定比例交纳。③ 而且，保费费率由基准费率和风险差别费率构成。存款保险基金管理机构根据经济金融发展状况、存款结构情况以及存款保险基金的累积水平等因素制定和调整，经国务院批准后执行。各投保机构的保费费率水平与其经营管理状况和风险状况挂钩，向高风险银行收取高费率，向低风险银行收取低费率，保费费率与金融机构类型及规模没有必然联系。通过经济手段形成正向激励，加强对金融机构盲目扩张和冒险经营行为的约束，可以促进其稳健经营与健康发展，有效防止和疏导金融体系的风险。

6. 保费征收有期限

为避免无限增加存款类金融机构的保费负担，存款保险费不会无限期征收下去，当存款保险基金与被保险的存款总额之间达到某种比例时，资质较好的银行将不需要再缴纳存款保险费，而风险倾向高的银行必须继续缴纳保费。目前这一比例正在讨论过程中。

7. 破产清算重接管

由于银行破产清算的成本比较高，一般不会轻易让问题银行破产，而是请一些资质比较好的银行接管，由其负责向储户继续提供服务，监管层对问题银行加强监管，并向接管银行提供必要的补偿。

三　存款保险制度的国际规范

存款保险制度是世界各国普遍认可的金融安全手段，也是国际社会研究比较充分的一种制度安排。目前，国际上存在一系列设计科学、受到各国认可的存款保险制度国际规范。比较有代表性的有国际存款保险协会

---

① 李丹丹：《存款保险制度有望两会后推出　实行限额保险》，《上海证券报》2014 年 3 月 11 日。

② 《存款保险条例起草完毕，存款利率或进一步向上自由浮动》，2014 年 3 月 7 日，《华尔街见闻》，http://wallstreetcn.com/node/79690。

③ 同上。

（IADI）和巴塞尔银行监管管理委员会（BCBS）于 2009 年联合发布的《有效存款保险制度核心原则》、国际货币基金组织（IMF）于 2003 年提出的《存款保险制度最优实践原则》、国际清算银行（BIS）于 2001 年发表的《发展有效存款保险制度指南》，以及欧盟委员会于 1994 年颁布的欧盟《存款保险计划指令》。吸收这些研究成果的可用之处将为中国存款保险制度建设提供思路和源泉。下面将简要分析这四份国际规范准则的发布背景与主要内容。

（一）《有效存款保险制度核心原则》

《有效存款保险制度核心原则》产生于金融危机时期。一方面，金融危机的广泛蔓延以及其对经济的重创，使得人们对于存款保险制度更加重视。另一方面，金融危机的发生让人们认识到原有的存款保险制度还有待完善。因此，在发布《有效存款保险制度核心原则》一年多之后，即 2009 年 6 月，IADI 与 BCBS 一起重新修订了该原则，目的是为世界各国建立完善存款保险制度提供一个普适性的原则。

《有效存款保险制度核心原则》提出，存款保险制度应考虑的外部因素和先决条件包括：持续评估经济及金融体系状况，治理好金融安全网各机构，审慎监管，完善法制基础、会议及揭露制度。如果这些先决条件不理想，应找到差距所在，并予以改善，这些条件的改进应于存款保险制度建立或改革之前进行，至少应该同步进行。

该原则提出的 18 项指导原则包括设立目标的 2 条原则（公共政策目标；降低道德风险），职权的 2 条原则（存款保险机构职能明确；具备与职能相应的权力），机构治理的 1 条原则（存款保险机构运行必须独立、透明、负责），与其他安全网成员的关系以及跨领域问题的 2 条原则（与国内其他金融安全网机构密切合作；与国外金融安全网机构共享信息），会员资格与保障范围的 3 条原则（强制投保；限额担保；尽快将全额担保转换为限额担保），资金来源的 1 条原则（基金应随时可用、够用，风险差别费率标准公开），公众意识的 1 条原则（持续向公众宣传存款保险政策），特定法律问题的 2 条原则（存款保险机构依法行事；可追究倒闭银行责任人的责任），处理停业机构的 2 条原则（及早监测、立即纠正与处理；处理程序有效），存款人赔付与资金回收的 2 条原则（及时赔付存款人；有权参与资金回收与分配）。①

（二）《存款保险制度最优实践原则》

随着各国建立存款保险制度意愿的增强，对于存款保险制度如何建立拥有较大需求，IMF 为了满足这种需求，对各国存款保险制度进行评估，于 2000 年推出《存款保险制度最优实践原则》，该原则的内容框架如表9—1 所示。这项原则基于各国实践总结，展示了许多存款保险制度运行过程中容易发生的具体问题，并对这些问题进行了详细的分类与说明，以帮助各国在建立或改革存款保险制度时予以规避。

表 9—1　　　　　　　　《存款保险制度最优实践原则》框架

问题	最优实践	偏离表现	待解决的问题
基础结构	1. 有切实可行的目标	希望存款保险制度能避免和解决危机，并补助享有优惠的行业	说服政治家和公众接受什么是可行的、什么是不可行的
	2. 慎重选择公营或私营的存款保险制度	私营方式管理但政府出资	谁给存款保险制度提供资金和管理
	3. 明确存款保险机构的职权范围	当有政府支持时自称是私营的存款保险制度	与现有机构协调，寻找有道德和技术的人员
	4. 建立完善的立法、司法、会计、财务和政治基础结构	较低的评估水平，有关抵押、破产和财产的法律不健全，法庭制度不完善	什么结构最佳；如何将最佳结构落实到法律和法规中以及如何贯彻实施；什么是优先条件

① 《有效存款保险制度核心原则》，2009 年。

续表

问题	最优实践	偏离表现	待解决的问题
道德风险	5. 实施明确型存款保险制度，并立法以规范其执行	仅有隐含型存款保险制度，实际执行中含糊、不规范	如何健全立法以保证存款保险制度实施中的透明度和明确性
	6. 监管者可采取紧急求助措施	监管者不能及时采取救助行动	紧急救助权应由监管者自行掌握，还是应由监管者无条件执行
	7. 监管者对破产机构的处置迅速及时	拖延处置，或对应当关闭的机构任其继续经营	对破产机构的处置方式有哪些？存款保险制度是否应当参与破产机构处置
	8. 设定较低保险限额	保险限额过高，或提供全额存款保险制度	应当对哪些存款机构的哪些存款提供保护？如何确定保护程度？是否采取共同保险
	9. 用存款抵消违约的贷款	赔付违约借款人的存款	未违约借款人的存款如何处理
逆向选择	10. 实行强制性投保	存款机构可自愿投保	存款保险制度应承保什么级别的存款机构
	11. 保费与风险挂钩	单一的保费征收比例	怎样根据风险程度确定保费
代理问题	12. 独立可靠的存款保险机构	受行政干预过多，缺乏公信力	怎样设置存款保险机构以避免行政干预，增加公信力
	13. 成员机构只起顾问作用，不影响存款保险制度的决策	某些成员机构干扰存款保险制度的正常决策	怎样才能最好地化解成员机构之间的利益冲突
	14. 存款保险机构与最后贷款人、银行监管者联系密切	各方联系甚少	最后贷款人机制配合不善会加大存款保险制度的成本，如何共享信息

续表

问题	最优实践	偏离表现	待解决的问题
金融安全与信誉	15. 在银行体系稳固时设立明确、有限的存款保险制度	银行体系脆弱时才设立存款保险制度，因而不得不提高保险限额	怎样解决银行体系出现的问题，为建立存款保险制度扫清障碍
	16. 确保存款保险制度资金充足	存款保险制度自身资金不足或濒临破产	应采取事前融资还是事后融资？怎样确定适当的保费额和基金总额？是否应有后备资金来源（如政府）
	17. 正确运用存款保险基金	将基金投资于风险资产，如存放在问题银行	投资于国内政府债券还是外国政府债券
	18. 很快完成存款清偿	存款清偿缓慢、有拖延	怎样提高存款清偿的效率
	19. 对每个机构状况或存款规模分布有充分的信息	因会计、评估、贷款分类或准备金制度不完善，导致信息不充分	存款保险机构和监管机构需要什么数据？如何有效共享这些数据
	20. 恰当的风险披露以保证存款人信心，有助于他们保护自己的利益	仅仅披露部分风险，或误导性的披露和毫不可信的报道	应公布什么？何时公布

资料来源：魏志宏：《存款保险制度的国际规范与指导原则》，《国际金融研究》2004 年第 3 期。

（三）《发展有效存款保险制度指南》

1998 年在美国首都华盛顿召开首届"存款保险国际研讨会"。会议根据七国集团财长和央行行长的指示，决定成立"世界金融稳定论坛"（Financial Stability Forum，FSF），并专门设立了"存款保险研究组"。该研究组通过对各国存款保险制度的比较研究，在 2001 年 9 月，国际清算银行（BIS）发表了《发展有效存款保险制度指南》，对建立和改革存款保险制度提出了一系列原则性的建议。①

　　该指南的设计基于三条基本原则：第一，明确的有限存款保险制度优于隐性保险，因为它说明了存款保险机构对存款人及债权人的职责，限制了决策的随意性；第二，存款保险制度必须准确设计、很好实施并为公众理解，以使其可信，并避免道德风险；第三，正确设计金融安全网，使存款保险制度成为其中重要一员，并由审慎监管与制度、有效执行的法律和稳健的会计与披露制度予以支持，以保证存款保险制度的有效性。② BIS在这三条基本原则基础上，设计了《发展有效存款保险制度指南》，对建立与维护存款保险制度的程序、存款保险制度的几个主要要素设计等相关问题进行了研究，提出了建议。

（四）欧盟《存款保险计划指令》

　　为了为成员国提供一个统一的存款保险方案，推行金融一体化，1994年5月，欧盟委员会专门制定颁布了《存款保险计划指令》。这是到目前为止比较有影响力的区域性存款保险规范，对于欧盟各国存款保险制度的建立做出了重要贡献。该指令主要包括如下内容；③ 第一，要求所有成员国家向有资格的存款人提供 2 万欧元的最低保险限额，这一最低限额到2004 年底进行重检。第二，对实施共同保险的国家，最少应对被保险存款账面价值的 90% 进行保护。第三，应用"母国负责"的原则，即一家银行是由哪个国家批准的，这个国家就负责这家银行所有被保险存款的保护，不管这些存款是在母国分行还是在海外分行。第四，对于欧盟内其他国家批准的银行的分行是否参加东道国的存款保险方案有专门的安排，即如果东道国的保险上限更高，则应该参加东道国的存款保险方案；如果母国的保险上限更高，则必须将该分行降低到东道国的水平。第五，将某些存款强制排除在存款保险方案之外，这些存款包括同业存款、自有资金和涉嫌洗钱的资金等；对另外一些存款，如银行关联人的存款、保险金、养

---

① 史晓琳、吴伯磊、饶云清：《中国金融安全网：理论分析与制度设计》，社会科学文献出版社 2012 年版。

② 魏志宏：《存款保险制度的国际规范与指导原则》，《国际金融研究》2004 年第 3 期。

③ 同上。

老金、政府机构的存款等自行决定是否排除在存款保险方案之外。第六，在有资格的机构宣布某家银行无法偿付存款或依据法庭裁决暂停存款人对银行索偿后的 3 个月之内，存款保险机构应支付存款人的存款。第七，对于融资安排、存款保险定价、可提供的保险上限、组织架构安排、对有问题银行的处置等未作规定。

欧盟从 2005 年开始对该指令的内容进行了重新审核，并开展公众咨询，然后于 2009 年 3 月发布了对指令的修改意见。修改的内容主要包括：存款保险的保险额度、欧盟成员国各国存款保险机构的合作、信息披露、对存款保险机制的经常性评估、存款赔付的时限以及相关机构对银行破产与否进行判断的时限。[1] 2010 年 7 月，欧盟再次修订《存款保险计划指令》，认为改革重点在于完善存款保险的基础性制度安排，包括扩大承保水平、提高保险机构支付能力、通过事前储备和事后融资等方式扩大保险基金积累规模、合理设计基于风险的差别化费率、加强金融监管部门之间的信息共享以及对问题金融机构的处置等。[2]

（五）四种存款保险国际规范的比较

上述存款保险规范是目前世界上较为认可的四个版本。它们对于存款保险的基本态度一致，如强制保险、差别风险费率等。当然，四个国际规范的目的和侧重点不尽相同。《有效存款保险制度核心原则》侧重于为各国建立或改进存款保险制度提供基本的原则，具体操作方案还需要根据各国的不同特点进行调整。《存款保险制度最优实践原则》侧重于以问题导向引导各国建立或改进存款保险制度。《发展有效存款保险制度指南》相对于前两者而言，制度设计已经比较具体细化，属于操作层面的规范。欧盟《存款保险计划指令》为本区域各国建立或改革存款保险制度提出了可操作的、强制的指令。具体而言，四种国际规范的比较如表 9—2 所示。

---

[1]　谢世清、莫太平：《存款保险制度国际规范之比较研究》，《保险研究》2012 年第 9 期。

[2]　刘达：《存款保险制度应对国际金融危机的变革措施及启示》，《投资研究》2012 年第 4 期。

表 9—2　　　　　　　　　四种存款保险制度国际规范比较

	《有效存款保险制度核心原则》	《存款保险制度最优实践原则》	《发展有效存款保险制度指南》	《存款保险计划指令》
基础设施建设	审慎监管，法制基础，会计及信息披露制度	立法、司法、会计财务和政治基础	审慎监管，法律体制，会计及披露制度	无要求
要素设计	被保存款范围，保险限额，融资方式，存款保险机构的管理	存款保险的强制性，保险限额，融资方式，基金运作	被保存款范围，投保成员资格，保险限额，融资方式，组织管理	被保存款范围，成员资格，投保方式，保险限额，承保额度
与金融安全网成员关系	成员间的信息共享	与最后贷款人、银行监管者的联系	各成员的义务与权利划分，信息共享	无要求
问题银行处理	危机的预警与介入，处理破产银行的程序，赔偿存款者，资产回收	监管者及时救助，对破产银行及时处置，存款清偿	赔偿存款者，破产债权及其追缴，优先权、担保及抵消	存款赔付的时间

资料来源：谢世清、莫太平：《存款保险制度国际规范之比较研究》，《保险研究》2012 年第 9 期。

四　完善中国存款保险制度的设想

无论是存款保险制度的国际规范，还是目前我国各界普遍认可的观点，存款保险制度不仅应该具有"付款箱"功能，还应该成为"风险最小化管理者"，拥有针对投保银行的监管权。然而，在具体的制度设计时，仍然存在各种各样的不同意见。笔者尝试立足学术探讨，对存款保险制度完善提出设想，对于一些比较成熟的存款保险运行条例，如全部存款类金融机构参保、限额担保、风险差别费率等问题不再赘述。

（一）存款保险监管成为带有强制性的市场化监督行为

存款保险制度应设置针对投保银行的监管权，这是预防投保银行道德风险的重要手段。根据中国金融体系和金融监管的特点，这种监管行为应该是一种市场化行为。

2003 年，中国建成相对完善的"一行三会"分业监管体系。中国人民银行、中国证券监督管理委员会、中国保险监督管理委员会和中国银行业监督管理委员会成为金融业监管主体。中国人民银行是国务院组成部门，是在国务院领导下制定和执行货币政策、维护金融稳定、提供金融服务的宏观调控部门，是中华人民共和国的中央银行，对金融行业系统风险的预警、防范和应对以及金融体系的宏观稳定负责，有权对金融机构和个人就存款准备金、特种贷款、人民币管理、银行间同业拆借市场、外汇、黄金等进行检查监督。中国证券监督管理委员会、中国保险监督管理委员会和中国银行业监督管理委员会分别对证券业、保险业和银行业负有基本监管权能。中国证券监督管理委员会负责"统一监督管理全国证券期货市场"。不过值得注意的是，债券市场的监管具有特殊性，根据相关规定，国债上市归属财政部主管，金融债上市批准权归中国人民银行，而企业债的发行管理工作由国家发展和改革委员会监管，中国证券监督管理委员会具有交易活动的监管权。中国保险监督管理委员会负责对全国保险市场的统一监督管理。中国银行业监督管理委员会主要负责对商业银行（包括国有、股份制、城市商业银行及城市合作信用社）、外资银行、资产管理公司、政策性银行、邮政储蓄银行、信托投资公司、财务公司、租赁公司以及农村信用社与农村商业银行等的监管。[①]

"一行三会"是中国金融监管的名片，然而，中国的金融监管体系并非仅仅是"一行三会"的格局，某些政府部门对金融业具有特殊的监管权力。其一，中国的国有商业银行、邮政储蓄银行、政策性银行、四大资产管理公司、大型保险公司、大型证券公司等的实际控制人是中央政府，一般是由中国投资有限责任公司（或汇金公司，中投的子公司）或财政部作为代理人行使出资人资格。为此，中国投资有限责任公司和财政部具

---

① 郑联盛、何德旭：《宏观审慎管理与中国金融安全》，社会科学文献出版社 2012 年版。

有股东层面的相关权利。其中，财政部（金融司）负责金融机构国有资产的基础管理工作，负责清产核资、资本金权属界定和登记，拟定银行、保险、证券、信托及其他非银行金融机构的资产和财务管理制度并监督其执行。在一定意义上，财政部具有对金融机构资产和财务管理的权能，在资产和财务方面具有一定的"统一"监管权。其二，国家发展和改革委员会（财政金融司）承担"研究和参与制定财政政策、货币政策及金融保险监管政策"以及"协调银行业、证券业和保险业发展、改革与开放中的相关政策"，为此，在一定意义上，国家发展和改革委员会具有中国金融体系发展和金融监管体系的政策框架的制定和参与权，也是一个相关的监管人。从这个意义出发，中国的金融监管体系是一种"多头参与"的分业监管体系，相比分业监管体系更加复杂。① 其三，各级政府设立独立的直属金融管理机构（如金融局）或附属的金融管理部门（如金融办公室），对金融业实行行政管理。

这种多元化、多层次、多部门的金融监管相互协作，对中国金融稳定发挥了重要作用。然而，如果各方协调出现问题，这种监管模式会使得金融机构受到多方掣肘，在实践中增加金融机构运行的负担，钳制金融创新。从本质上来讲，存款保险监管不宜加入"一行三会"监管体系，更不可能成为金融行政管理的一部分。一方面，"一行三会"相互交叉渗透，还不乏与政府行政管理相生相伴，存款保险监管与此同列，设为独立的监管机构已无空间，设为某一机构的附属又丧失了独立性。另一方面，存款保险是金融安全的市场化解决手段，成为金融行政管理的一部分无疑将丧失其本性，没有成立的可能性。因此，存款保险监管不应属于上述任何一种形式，而应是一种全新的监管类型，否则中国将在金融业监管领域陷于重复建设的尴尬境地。

那么，这种全新的监管应该是怎样的呢？从设立存款保险的目的来看，政府退出存款隐性担保后，原有的监管体系无法杜绝市场风险，银行业的破产将直接导致储户的损失，而存款人不具备针对银行业风险行为的甄别能力，即使有监督的意愿也无从实施，银行业将丧失储户信任，无法吸收存款，动摇金融业存在的根本；或者存款始终处于不安的流动中，存

---

① 郑联盛、何德旭：《宏观审慎管理与中国金融安全》，社会科学文献出版社 2012 年版。

款无法顺利转化为生产力，影响整个经济发展。存款保险基金管理机构应成为广大储户的代表，代为行使监督权，银行破产造成的大部分储户存款损失由这位代表补偿。存款保险基金管理机构与广大储户一样，都不愿意看到银行破产。更重要的是，为避免与原有金融监管体系重复，存款保险基金管理机构应是一个市场行为主体，拥有自身的利益诉求，有极大的动力去阻止银行的风险偏好行为，杜绝银行破产。为了保证这种监督切实有效，存款保险机构除了拥有监督银行业的专业实力外，还应拥有法律支持的强制性的监管权。具有了强制性，这种从维护本机构利益出发的监督就既具有自发动力，又有行动保障。存款保险监管成为带有强制性的监督行为是全面推进市场化改革的中国建立存款保险制度的最优选择。

（二）设立独立的存款保险机构

基于上述分析，为使存款保险真正实施市场化监管权，应设立独立于政府行政部门的专司存款保险职能的机构，设立于任何一个政府部门下的存款保险都将难以采取完全的市场化行为，设立存款保险的初衷将受到影响。现有金融监管部门的权能设置不宜将存款保险职能纳入其中，存款保险的有效运行也需要独立作保障。

作为中央银行，中国人民银行应对整个金融体系的安全稳定负责，就金融安全进行顶层设计，防范系统性风险，而不是负责具体的监管业务。如果将存款保险功能归入人民银行，有可能影响其对全局的把控，还有可能与其最后贷款人职能交叉混淆，导致金融安全网运行混乱。

最后贷款人制度和存款保险制度都有保护存款人利益、维护金融稳定的作用，但它们在救助目标、救助条件、救助对象、救助时机和所产生的经济效应等方面存在差异。从救助目标来看，最后贷款人着重于解决暂时性流动性不足问题（缺乏流动资金，但仍具有偿付能力），而存款保险制度着重解决清偿能力不足问题（负债超过资产以至于金融机构的净资产为负）；从救助条件来看，最后贷款人要求寻求救助的金融机构提供合格抵押品并接受惩罚性利率，而存款保险机构要求会员银行交纳保费；从救助对象上来看，最后贷款人向陷入流动性危机的所有符合条件的金融机构提供援助，而存款保险机构仅对符合条件的投保银行提供援助；从救助时机来看，只要银行在运行，最后贷款人功能就要相应存在；而存款保险的支付功能只有在无偿付能力的投保银行关闭后才执行。[①] 此外，最后贷款人通过提供流动性，稳定信心、防止挤兑；存款保险制度通过保护存款承诺，稳定信心、防止挤兑。[②]

　　尽管我们可以从理论上将最后贷款人制度与存款保险制度差异分析得较为清楚，但是在实践中却往往很难做到这一点。例如，人们很难区分流动性风险与清偿风险。Frydl 和 Quintyn（2000）指出，原则上，最后贷款人只能向有偿付能力、只是短期内遇到流动性问题的银行提供支持。而在危机的早期阶段，很难区分流动性和清偿能力。[③] 银行向最后贷款人寻求流动性支持，而过一段时间它即演变成无力偿付的机构，这种情况经常发生。人们应该注意到流动性缺乏可能预示着无力偿付，可能迅速转化为清偿危机。这是因为银行需要立刻偿还其债务，它不得不以极低的价格出售它的资产，资产的损失过高以至于该机构的净资产为负。[④] 不能区分流动性和清偿能力，当银行发生经营困难时，就不能确定向银行提供"最后贷款"还是进行存款保险救助。

　　最后贷款人制度与存款保险制度存在诸多功能性差异，而在实践中又难以完全区分它们，如果将两种制度或职能纳入同一个机构，将使得这些职能更加难以区分清楚，影响每一个金融安全网制度的运行效率，因此，将存款保险纳入央行范畴是不合理的。即使存款保险基金只具备"付款箱"职能，也不宜放在人民银行。这是因为当面临银行困境时，央行将陷入决策困境。如果央行没有发现银行存在的清偿风险，而为其提供了最后贷款，并要求银行提供抵押，则可能加剧了银行破产的速度，当最后贷款已经耗尽时，央行无法收回贷款，还要面临赔付的巨额需求。对于存款的赔付，可能导致存款保险对于央行用于最后贷款的资金的侵占，从而最

　　① Schich, Sebastian, 2008, "Financial Crisis: Deposit Insurance and Related Financial Safety Net Aspects", Financial Market Trends, OECD, 2008.

　　② 史晓琳、吴伯磊、饶云清：《中国金融安全网：理论分析与制度设计》，社会科学文献出版社 2012 年版。

　　③ Frydl, E. and Quintyn, M., 2000, "The Benefits and Costs of Intervening in Banking Crises", IMF Working Paper No. 00/147.

　　④ 史晓琳、吴伯磊、饶云清：《中国金融安全网：理论分析与制度设计》，社会科学文献出版社 2012 年版。

终影响到央行最后贷款人功能的发挥。

此外，对于最后贷款职能，央行可以酌情确定执行与否，而对于存款保险，一旦银行破产，存款赔付是必须执行的。为了保存足够的赔付金额，央行可能会缩小最后贷款的规模，那么原本可以通过最后贷款解决的问题，可能会由于没有得到妥善解决而最终恶化为银行破产。如果为了避免这种情况的发生，央行对于处于困境的银行多提供最后贷款，则可能会助长银行的道德风险。因此，由人民银行代行存款保险职能是不可取的。

同样，由银行业监督管理委员会代行存款保险职能也不可取。这是因为，银监会的监管模式与存款保险的监管模式是不同的。银行业监督管理委员会员负责监管银行、金融资产管理公司、信托投资公司及其他存款类金融机构，维护银行业的合法、稳健运行，负责整个银行业的稳定发展。银监会负责制定银行业监管规章和审慎经营规则，对银行金融机构实行准入和撤销管理，管理银行董事和高管，对银行运营实施监管。银监会对银行的监管采取全面、合规的方式，是"政府的手"。而存款保险作为"市场的手"，需要采用及时关注银行的资本充足率等显性指标，监测银行的资产质量和价值的变化，监测银行经营活动及风险暴露，利用银行参保或参保后的业务往来监管银行，当问题很严重时及时做出合并重组、破产清算的处理决定等市场化手段。[①]"政府的手"不可能替代"市场的手"，"市场的手"也不应成为"政府的手"的附属，二者可以相互配合，却不能相互替代或归属，否则将违逆市场经济发展规律。

通过上述分析，我们可知，存款保险更不适合归属于除人民银行和银监会外的其他政府部门。因此，中国建立存款保险制度的最优选择是设立独立的存款保险机构，以"风险最小化"为行为准则，弥补政府监管的不足。

（三）针对存款保险机构的监管部门权能配置设计

目前，设立独立的存款保险机构是中国建立存款保险制度的最优选择；未来，设立独立的存款保险机构是中国存款保险制度的必然趋势。无

[①] 史晓琳、吴伯磊、饶云清：《中国金融安全网：理论分析与制度设计》，社会科学文献出版社 2012 年版。

论从哪个角度讲，存款保险机构都将成为中国金融体系中新的一员，将为中国金融市场化改革注入根本动力。这一新机构既与金融监管部门拥有相关性职能，又拥有金融监管部门所不具备的市场化功能。对于引入存款保险制度、建立存款保险机构后，金融监管部门权能如何配置，从提出建立存款保险制度之后就处于不断的争论中。笔者尝试对我国金融监管部门针对存款保险制度的权能配置进行设计。

尽管存款保险制度是防范银行业风险、解决银行破产问题、维护市场信息的重要手段，但是，作为一个市场化运作的机构，存款保险机构以追求本机构利益最大化为目标，必然存在发生道德风险的可能性。这种风险积累到一定程度，将使公众对银行业甚至政府的公信力产生怀疑，对整个信用体系造成危害，对金融稳定与安全的危害将比任何一家大型银行破产的危害还要大。这种危害在中国政府退出存款隐性担保、金融完全市场化后将更大。因此，存款保险机构要纳入中国金融监管体系，受到政府部门的监管。

存款保险机构制度对于中国金融业未来发展意义重大，既有助于防范系统性风险，又有可能成为引发系统性风险的源头。中国人民银行负责全面监管金融体系，防范系统性风险，存款保险机构应直接纳入人民银行统一监管体系，由人民银行对其实施监管。人民银行应对存款保险制度框架和存款保险运行条例（如担保范围、担保限额、保费费率等）进行总体设计，并监督存款保险制度在建立过程中不出现偏差。需要说明的是，人民银行应对存款保险机构对投保银行的监管行为进行监管，以避免其不当监管对整个银行业的破坏。此外，人民银行应审查、认定存款保险机构高级管理人员的任职资格，制定存款保险从业人员的基本资格标准。

尽管存款保险是为预防银行破产挤兑、防范银行业风险的制度安排，但是其业务类型从本质上来讲属于保险范畴，行为逻辑基于大数法则，为客户提供风险保障，只是其投保人为银行，直接受益人为储户。存款保险实行市场化运作，其经营行为应该受到严格监管。保监会是监管中国保险业的专业机构，对保险业监管拥有实力和话语权，由其对存款保险机构实施业务监管较为合适。保监会应监管存款保险机构的资金运用、偿付能力和市场行为，监督存款保险机构从业人员的职务行为。

为保障其对银行的监督效力，存款保险机构被赋予针对投保银行的强制性监管权。而银监会是中国监管银行业的专门机构，二者在实践运行过程中既存在差异（如一个是"政府的手"，另一个是"市场的手"），也存在部分职能交叉（如银行资本充足率监管、监督银行业务和信息披露等）。这就为二者之间的协作提供了空间。"政府的手"和"市场的手"相互配合、共同作用，有助于同时提高两种"手"的效力，因此，银监会与存款保险机构可在交叉职能中加强合作，共享监管信息，协调一致。与此同时，作为审慎监管的一部分，银监会应监管存款保险机构的部分行为，并拥有银行破产的最终决定权，规避存款保险机构出于本机构利益而造成的风险。如果银监会从全局出发，发现救助银行的社会成本高于银行破产的社会成本，应监督存款保险机构，使其从公共利益出发，采取正确措施。

第十章

中国证券投资者保护机制创新

中国证券市场经过 20 多年的发展，取得了举世瞩目的成就，为中国经济增长做出了巨大的贡献。但不可否认的是，由于证券市场诞生的历史背景、体制机制、社会文化等多方面的原因，中国证券市场过于注重市场融资作用，而忽视了投资者权益保护，甚至在一定程度上损害了证券投资者的利益，从而也阻碍了中国证券市场的健康发展。在新常态的背景下，在当前中国证券市场发展的关键时期，建立一套更加行之有效的证券投资者保护体制机制，以切实维护、保障众多证券投资者的合法权益，已经刻不容缓。本章将着重针对中国证券市场投资者保护问题展开研究，并力图构建全新的投资者保护体制机制，为中国证券市场平稳、健康、可持续发展提供理论支撑与实践借鉴。

一 证券投资者保护研究现状

证券投资者作为证券市场资金的供给者，或者说作为股票、债券等证券的购买者，是承担证券交易、证券投资风险和收益的市场主体。为了有效维护正常的证券投资市场秩序，矫正市场失灵，使投资者能够在证券市场中公平地获得相关信息和投资机会，免于受到公司控股股东和内部人证券欺诈行为，必须通过一系列制度性安排，保障投资者合法权益得以充分落实、权利得到充分行使、利益得到充分保障、投资风险得到有效降低。[①]

　　证券投资者保护的核心是要保护证券投资者的合法权益，也就是投资者因投资证券所产生的权利和行使权利所带来的利益，主要体现在两个方面：一是作为上市公司股东的相关权利；二是作为证券投资者的权利，即平等地参与证券交易的权利，以及公平地获得包括上市公司、证券监管部门及其他市场主体可能影响证券价格变化的各种信息的权利和投资机会等，包括股票的持有与处置、知情、免受侵害等。具体包括：（1）股东的知情权；（2）管理层任免参与权（股东在公司经营管理层确定中参与、发表意见的权利，其中的参与可以是直接的，也可以是间接的）；（3）重大经营事项参与权；（4）公司经营监督权；（5）股份转让权；（6）司法救助权；（7）分红权；（8）其他权利。

　　从目前相关的研究成果来看，国外关于证券投资者保护的研究主要集中在证券投资者是否需要专门的法律保护、外部法律制度与证券投资者保护、股权机构与投资者保护等方面。

（一）证券投资者是否需要专门的法律保护

　　关于是否需要通过法律来干预证券市场的发展，一直是个有争议的问题。制度经济学认为，现代公司是一个有效的契约组织，公司治理结构就是为确保公司运营效率最大化而设计的一系列的制衡性制度安排；最优秀的政府不是制定任何法律法规的政府，因此无须专门立法来保护投资者的权益。从这个意义上说，证券法规是无关紧要的。Easterbrook 和 Fischel（1984）以及 Macey（1994）认为，证券法律法规不重要，只要契约是完备的，监督执行契约的司法体系是有效的，那么投资者与公司签订的契约就足以保护投资者利益。[②] 他们甚至认为在某些时候法律法规会对证券市场的发展产生阻碍的作用。但是，现实的环境很难满足契约论提出的近乎严苛的前提条件。Lopez-de-Silane 等（1995）认为，较为

---

　　① 张育军：《投资者保护法律制度研究》，人民法院出版社 2006 年版。

　　② F. H. Easterbrook，D. R. Fischel，"Mandatory Disclosure and the Protection of Investors"，*Virginia Law Review*，70（1984）：669 – 715.

集中的外部投资者所有权能够有效地约束管理层，从而保护投资者。[①] 但也有研究表明，即使在外部所有权集中的德国，也存在着中小股东权益被侵害的问题。

(二) 外部法律制度对证券投资者保护的影响

Coffee (1984，2000) 提出，由于契约并不能使投资者权益免受侵害，因而，需要有专门的证券法来保障投资者权益，推动资本市场发展。[②] 国际证券监管组织 (International Organization of Securities Commissions，IOSCO) 也把投资者保护作为证券监管的首要目标，认为 "投资者应当受到保护，以免被误导、操纵或者被欺骗，包括内幕交易、插队交易、滥用客户资金"。哈佛大学 LLSV (1998) 的研究表明，投资者保护水平的不同是各国证券市场发展程度差异的重要原因之一。他们用 49 个国家的样本研究发现，对中小投资者权益的保护是建立发达国家资本市场的关键因素。投资者保护较差的国家的资本市场发展受到严重限制。[③]

全球金融危机以后，国际上证券投资者保护机制改革加快，特别是美、英等国证券投资者保护得到强化。其中，美国扩大了证券投资者保护的产品范围，将期权纳入美国证券投资者保护范围，对违反证券投资者保护法的罚金、证券公司失时陈述的罚金分别提高了 5 倍，达到 25 万美元，同时成立了新的投资者保护机构——消费者金融保护局。英国在 2011 年发布了《金融监管新方法：改革蓝图》白皮书，提出投资者保护和金融监管的全新的变革措施：成立金融行为监管局 (FCA)，采取更加严厉的手段保护投资者，监管各类金融机构业务行为；强化投资者投诉处理制度，提出金融企业要完善投诉处理制度，对投资者损失进行补偿，否则将

---

① Florencio Lopez - de - Silane, Andrei Shleifer, Robert W. Vishny, "Privatization in the U-nited States", NBER Working Paper, 5113 (1995)：1 - 28.

② John C. Coffee, Jr., "Market Failure and the Economic Case for a Mandatory Disclosure System, Fifty Years of Federal Securities Regulation：Symposium on Contemporary Problems in Securities Regulation", *Virginia Law Review*, 70 (1984)：717 - 753. John C. Coffee, Jr., "Class Action Accountability, Reconciling Exit, Voice, and Loyalty in Representative Litigation", *Columbia Law Review*, 100 (2000)：370 - 439.

③ Rafael La Porta, Florencio Lopez - de - Silanes, Andrei Shleifer, Robert Vishnyc, "Law and Finance", NBER Working Paper, 5661, 1998, 1 - 47.

受到 FCA 的严厉处罚；完善金融服务补偿计划（FSCS），提高拓展补偿资金来源，提高补偿基金缴纳基础；建立专门针对系统性、重要性投资公司及其母公司破产的解决机制，减小"大而不倒"机构破产带给投资者的严重损失。[①] 美、英等国保护证券投资者权益的新举措值得高度重视和研究借鉴。

（三）公司内部治理与中小投资者权益保护

内部治理是公司层面保护投资者权益、获取公司成长收益的重要机制，其相关研究在近年来得到了快速发展。LLSV（2000）的研究表明，公司治理结构和投资者保护存在较大相关性，在英、美等投资者保护相对较好的国家，公司内部治理结构往往更为合理、有效，资本在公司间的配置更有效率，投资者保护程度也较高；而大陆法系的国家，投资者保护则相对较差，股权集中度相对较高，公司绩效也较差。[②] La Porta 等（1999）和 Johnson 等（1996）的研究认为，过于集中的股权结构如被国家控股、家族控股的企业，其控股股东存在着损害外部投资者或中小股东权益的倾向和行为。大股东通过各种"隧道"挖空上市公司资产，会使公司对投资者的承诺难以兑现，直接损害中小股东利益（这种控股股东通过各种"隧道"转移资产和利润、提升私人收益的行为称为"隧道行为"）；他们的研究还指出，掏空行为可以分为转移资产、转移定价、给管理层高工资或过度职务消费、追求非利润最大化发行证券等。[③] Claessens 等（2000）在研究中发现，出现大股东反向的利益输入行为，即"支撑行为"，主要是由于长期的"隧道"输送会对公司的业绩和声誉造成影响，甚至降低公司的市场价值，最终危及大股东利益，所以大股东为

---

① 张学政：《证券投资者保护的国际借鉴》，《中国金融》2014 年第 9 期。

② Rafael La Porta, Florencio Lopez – de – Silanes, Andrei Shleifer, Robert Vishnyc , "Investor Protection and Corporate Governance", *Journal of Financial Economics*, 58, 2000, 3 – 27.

③ J. L. Johnson, CM Daily, AE Ellstrand, Boards of directors, "A Review and Research Agenda", Journal *of management*, 22 (1996)：409 – 438. La Porta R., LoPez – de – Silanes E. and Shleifer A., "Corporate Ownership around the Word", *Journal of Finance*, 4 (1999)：471 –517.

维持公司业绩也会向公司注入资源。[1] Klein（2002）的研究表明，董事会构成的独立性越强，对公司会计过程的监督越有效，经理人机会主义的会计选择行为会相应降低。[2] Kinney（2000）认为，公司内部控制的有效性对财务报告信息的可靠性有直接影响，并影响到对投资者的保护效果。[3] Ashbaugh - Skaife 等（2006）认为，内部控制增强有助于提高会计质量、保护投资者权益，提高市场对公司价值的认可程度，投资者受益后回报给公司的是投资的热情和长久的融资。[4]

可以说，国外对证券投资者权益保护的研究已经形成一个较为完善的分析框架。但在国内，对投资者权益保护的研究时间不长，而且对投资者权益保护的研究主要侧重于局部分析，还缺乏对投资者权益保护的系统性、长远性的研究框架，从而也在一定程度上造成了相关政策的孤立和片面。针对目前研究中存在的不足，本章对中国证券市场投资者保护的分析将在借鉴西方证券市场投资者保护成熟理论和经验的基础上，积极把握中国经济与证券市场发展进程的内在联系，从顶层设计的角度，分析外部法律制度保护、上市公司内部治理、投资者保护基金、证券投资者自我保护等的内在作用机理，提出建立适合中国证券市场的证券投资者保护体系的建议。特别是，就中国证券投资者保护而言，主要是对社会公众投资者或者说众多中小投资者权益进行保护。从这一点出发，本章将着重讨论沪、深两个证券交易所上市企业的社会公众投资者和中小投资者利益的保护问题。

二　中国证券投资者保护的现状及评价

改革开放以来，中国证券市场规模不断扩大，产品及业务逐渐增多，

---

① Stijn Claessens, Simeon Djankov, Larry H. P. Lang, "the Separation of Ownership and Control in East Asian Corporations", *Journal of Financial Economics*, 58 (2000): 81 – 112.

② April Klein, Audit Committee, "Board of Director Characteristics, and Earnings Management", *Journal of Accounting and Economics*, 33 (2002): 375 – 400.

③ William R. Kinney Jr., "Does Mandated Audit Communication Reduce Opportunistic Corrections to Manage Earnings to Forecasts?", *The Accounting Review*, 75 (2000): 383 – 404.

④ Hollis Ashbaugh - Skaife, Daniel W. Collins, Ryan LaFond, "The Effects of Corporate Governance on Firms' Credit Ratings", *Journal of Accounting and Economics*, 42 (2006): 203 – 243.

已经从单一市场发展为主板、创业板、中小企业板、代办股份转让系统（"三板市场"）、全国中小企业股份转让系统（"新三板"市场）等有机联系的多层次资本市场，形成了个人投资者、证券投资基金为主导，社保基金、保险资金、企业年金、合格境外机构投资者（QFII）、证券公司资金等内外资机构投资者共同发展的局面。2014 年 A 股市场市值总规模达到 37.11 万亿元，超越 2007 年创出的历史最高纪录。以市值规模计，A股市场已超过日本，成为仅次于美国的全球第二大证券市场。证券市场的发展拓宽了普通投资者的投资渠道，也为企业拓宽了外部融资渠道，使更多的社会剩余资金通过证券市场流入企业，为中国经济发展、结构优化升级打下了基础。中国证券市场正朝着市场化、法制化、规范化、国际化的方向迈进，证券投资者也随着证券市场一同成长，由感性逐步走向理性而愈发成熟。[1]

但与国外资本市场相比，中国证券市场还处在发展的初级阶段，证券市场的上市公司、中介组织、市场参与者等都还处于成长阶段。基于中国证券市场诞生的历史背景、体制机制、社会文化等多方面的原因，中国证券市场长期重视融资功能、轻视投资回报，证券市场制度不完善，上市公司自身治理结构存在缺陷、政府干预过多、信息披露不规范、监管力量薄弱、法制建设滞后，对投资者利益保护不足，股市造假、内幕交易、挪用客户资本金等各种违规、非法交易时有发生，在一定程度上影响了证券市场的持续、健康和稳定发展。此外，投资者自身的素质、对资本市场的认知能力较低，造成投资者缺乏独立思考、独立决策判断的能力，也成为证券市场发展滞后的重要影响因素。

就中国投资者保护现状而言，张云（2011）认为，中国已初步形成多层次投资者保护体系。[2] 1998 年颁布的《证券法》明确了中国证券监管的最终目标，即保护投资者合法权益，维护社会经济秩序，促进市场经济发展。中国证监会从成立至今也不遗余力地保护投资者的合法权益。经过不断实践，中国已基本形成由国家法律法规和行政保护、投资者自我保护、市场自律保护与社会监督保护相结合的多层次投资者保护体系（见图10—1）。

---

① 周宇：《中国资本市场发展经验与启示》，《河北学刊》2012 年第 11 期。

② 张云：《中国多层次证券市场下的投资者保护研究》，硕士学位论文，福建师范大学，2011年。

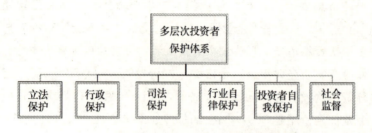

图 10—1　中国多层次投资者保护体系构成

一是立法保护。中国《宪法》2004 年修正案明确提出公民合法的私有财产不受侵犯。其后的《刑法》修正案（六）和（七）对虚假陈述、内幕交易等证券犯罪进行了明确规定，有力地保护了投资者的权益。2005年修订后的《公司法》《证券法》进一步加大了投资者保护力度，明确了股东权利和公司控股股东、实际控制人的赔偿责任，确立了投资者保护的创新机制——证券投资者保护基金制度，为投资者保护提供了基本的法律依据和机制保障。

二是行政保护。近年来，中国证券监督管理部门不断强化信息披露制度、加强日常监管、严格行政执法和处罚，开展了股权分置改革、清理大股东清欠等一系列活动，有力地保护了投资者的合法权益。

三是司法保护。近年来，中国的民事立法和司法开始探求在法院的介入下、通过民事诉讼机制解决证券侵权所导致的群体性纠纷事件，以保证证券投资者权益。尤其是《关于受理证券市场因虚假陈述引发的民事侵权纠纷案件有关问题的通知》《关于审理证券市场因虚假陈述引发的民事赔偿案件的若干规定》等的相继实施，为证券投资者保护民事司法救济机制的运行提供了进一步的操作性规范。

四是行业自律保护。行业自律组织包括证券业协会、证券交易所、独立董事协会等，行业自律保护是投资者保护机制的重要组成部分。以证券交易所为例，通过制定章程、上市规则、交易规则、会员规则等，来实现组织市场和监管市场的职责，保证投资者的知情权和公平交易权，达到保护证券投资者权益的目的。

五是投资者自我保护。近年来，中国建立了投资者教育体系，开展了投资者教育与服务巡讲等一系列富有特色、注重实效的投资者教育活动，投资者自我保护机制和自我保护意识日益增强和完善。同时，证券投资者保护基金公司启动了投资者教育工程，帮助证券投资者树立正确的投资理念，解决证券投资者遇到的实际问题。

六是社会监督。随着信息传播手段的快速发展，证券市场日益透明，社会监督在证券投资者保护方面发挥着越来越重要的作用。

对于证券投资者保护水平和保护程度的评价，可以在微观数据汇总与分析的基础上，借助公开发布的面上统计资料和既有的较为成熟的评价方法，构建证券投资者保护的综合评价体系。多目标综合评价中指标权重的确定方法较多，一般根据样本量、指标特征及评价目标确定赋权方法，常用的赋权方法主要有德尔菲法、层次分析法、变异系数法、熵值法、主成分分析法等，其中德尔菲法与层次分析法属主观赋权方法，变异系数法、熵值法和主成分分析法属客观赋权方法。[①]

综合考虑中国证券投资者保护评估的类型和范围、层次和内容，结合数据的可得性和客观性等原则，本章将中国证券投资者保护评估指标体系设定如下（见表10—1）。

表10—1　　　　　　中国证券投资者保护评估指标体系

中国证券投资者保护评估指标体系	一级指标 （方面指标）	二级指标 （分项指标）	三级指标 （基础指标）
	宏观环境	法规制定及其执行	A1 相关主要法律存量指数（分）
		体制监管及其效率	A2 上市公司违规处罚数（次）

---

① 陶永勇：《基于中小投资者权益保护的企业业绩评价指标体系创新》，《财会月刊》2006年第5期。杨宇：《多指标综合评价中赋权方法评析》，《统计与决策》2006年第7期。姜付秀、支晓强、张敏：《投资者利益保护与股权融资成本——以中国上市公司为例的研究》，《管理世界》2008年第2期。沈艺峰、肖珉、林涛：《投资者保护视角与上市公司资本结构》，《经济研究》2009年第7期。徐根旺、马亮、吴建南：《投资者保护测量：一个研究综述》，《预测》2010年第2期。张雪峰：《基于SPSS的主成分分析法在经济效益评估中的应用》，《现代商贸工业》2010年第11期。谢志华：《中国上市公司投资者保护评价报告（2011）》，经济科学出版社2012年版。中国证券投资者保护基金有限责任公司：《中国上市公司投资者保护状况评价报告（2011年度）》，2012年10月。

续表

一级指标 （方面指标）	二级指标 （分项指标）	三级指标 （基础指标）
	股东治理	B1 股东治理综合指数（分）
	董事会治理	B2 董事会治理综合指数（分）
公司治理	监事会治理	B3 监事会治理综合指数（分）
	经理层治理	B4 经理层治理综合指数（分）
	利益相关者治理	B5 利益相关者治理综合指数（分）
中国证券投资者保护评估指标体系	市场准入与竞争	C1 上市公司数（A、B股）（家）
		C2 上市股票数（只）
		C3 股票市值总值（亿元）
		C4 股票流通市值比率（%）
		C5 A、B股市场ST公司比例（%）
		C6 债券年末上市数目（只）
		C7 债券期末余额（亿元）
		C8 非国债期末余额比例（%）
		C9 证券投资基金数量（只）
市场建设		C10 证券投资基金规模（亿元）
		C11 开放式投资基金资产净值占比（%）
		C12 期货全年总成交额（亿元）
		C13 金融期货总成交额占比（%）
	市场中介与服务	C14 证券投资顾问数量（人）
		C15 基金管理公司数量（家）
		C16 基金托管银行数量（家）
		C17 证券公司数量（家）
		C18 证券营业部数量（家）

一级指标 （方面指标）	二级指标 （分项指标）	三级指标 （基础指标）
效果表现	知情权	D1 上市公司信息披露综合指数（分）
	收益权	D2 每股净资产（元）
		D3 每股平均收益（元）
		D4 基金投资收益率（%）
		D5 单位基金分红额（亿元/只）
		D6 上市公司净资产收益率（%）

在运用 SPSS 软件对原始数据标准化和评估指标权重求解基础上，结合标准化后的各指标数值，进行加权计算，可以给出对中国证券投资者保护状况的总体评价，其相应得分见表 10—2。

表 10—2　　　　中国证券投资者保护状况的综合评价得分　　　　单位：分

评估指标	2003 年	2004 年	2005 年	2006 年	2007 年	2008 年	2009 年	2010 年	2011 年
宏观环境	- 0.07	- 0.05	- 0.03	- 0.01	0.01	0.03	0.03	0.04	0.05
公司治理	- 0.41	- 0.11	- 0.09	- 0.04	0.04	0.09	0.08	0.17	0.28
市场建设	- 0.71	- 0.52	- 0.33	- 0.21	- 0.02	0.07	0.32	0.59	0.80
效果表现	- 0.26	- 0.08	- 0.10	- 0.07	0.14	0.03	0.01	0.16	0.16
综合得分	- 1.45	- 0.75	- 0.55	- 0.34	0.17	0.21	0.45	0.95	1.30

从表 10—2 可以看出，中国证券投资者保护的综合状况总体上呈现一个不断改善的趋势，综合得分从 2003 年的 - 1.45 分增长到了 2011 年的 1.30 分（有负号是因为本章在对原始数据进行标准化时采用了依据均值和标准差的标准化方法；负号的含义代表此时得分比这 9 年得分平均值要低；因为关注的主要是相对变化趋势问题，因此这里的正负号差异并不能

影响本章的分析），年均增长约 0.31 分。

从四大方面指标的情况来看，9 年时间里，宏观环境得分从 -0.07 增长到 0.05 分，年均约增加 0.01 分；公司治理得分从 -0.41 增长到 0.28 分，年均约增加 0.08 分；市场建设得分从 -0.71 增长到 0.80 分，年均约增加 0.17 分；效果表现得分从 -0.26 增长到 0.16 分，年均约增加 0.05 分。可以看出，2003—2011 年，相比较而言，中国证券市场建设在这几年取得了长足的进展，发展十分迅速。其中，中国证券行业的发展，市场化建设进程最快，公司改制和公司治理次之，宏观上的法制建设和监管改革进程最为缓慢。[①]

在"公司治理""市场建设""效果表现"的分项指标中，各指标都发生了不同程度的变化，表明中国证券市场在证券投资者权益保护方面正在发生积极的改变。

三　发达国家（地区）证券投资者保护的经验借鉴

（一）美国证券投资者保护的成功经验

美国证券市场作为当今世界上最发达、最繁荣的证券市场，在很大程度上得益于其拥有世界上最完善的证券市场监管体系。美国证券交易委员会的宗旨就是切实保护投资者权益，确保证券市场公平、有序和高效运行，便利资本形成。证券监管的目的是寻求最大的投资者保护和最小的股票市场干预，为此，美国建立了一个庞大的投资者信息系统，一方面促成投资者做出正确的投资选择；另一方面利用市场投资选择把发行质量差、超过市场资金供给承受能力的股票驱逐出股票流通领域。美国《证券法》也将向投资者提供有关证券公开发行的实质性信息和禁止证券发售过程中的误导、虚假和其他欺诈行为作为两个最基本的目标。[②] 在证券交易所和行业协会等自律层面，也制定了有关会员管理和证券交易管理的规章制度。

---

① 周宇：《中国证券投资者保护机制研究》，中国社会科学出版社 2014 年版。
② 中国证券投资者保护基金有限责任公司、证券投资者保护基金系列课题研究报告：《国外投资者利益保护理论与实践的发展》，2007 年。

（二）韩国证券投资者保护的相关经验

1997 年亚洲金融危机后，韩国先后出台了一系列的法律规定。1997年 12 月颁布的《金融监管组织设立法》，主要目的是将金融监管权集中，并设立金融监督委员会（The Financial Supervisory Commission，FSC），同时设立金融监督院（The Financial Supervisory Services，FSS）作为其执行机构。在金融监督委员会（FSC）下设有证券与期货委员会（The Securities & Futures Commission，SFC），具体负责证券与期货市场的监管事务。金融监督委员会确立了健全的信用秩序和公正的金融交易规则，保护存款者和投资者等金融需求者，并以促进国民经济发展为目的。证券期货委员会的首要职责是调查证券期货市场中的内幕交易、操纵市场等欺骗行为，并监管会计标准的执行，以及对审计结果进行检查，处理与证券期货市场相关的、可能被送交金融监督委员会的相关问题。金融监督院在金融监督委员会和证券期货委员会的直接领导下，承担加强韩国金融机构监管的责任，主要涉及 6 个业务领域：监管、检查不公平的金融交易、考试、会计及稽查系统、消费者保护和监管普通事件。由此可见，韩国金融监管机构也将投资者保护作为其主要监管目标之一。[①]

（三）香港证券投资者保护的经验借鉴

以香港联合交易所的成立为标志，香港证券市场进入了全新的发展时期。1989 年，香港证券及期货事务监察委员会（SFC）成立，在促进市场健康、稳定和规范发展方面做了大量卓有成效的工作。根据《证券及期货事务监察委员会条例》，香港证监会（SFC）的法定目标是：使市场有足够的流通量，维持和促进证券期货业的公平性、效率、竞争力、透明度及秩序；提高公众对证券期货业的运作及功能的了解；向投资于或持有金融产品的公众提供保障；尽量减少在证券期货业内的犯罪行为及失当行为；降低在证券期货业内的系统风险，避免市场失灵和适当地管理风险，以确保一个市场的危机不至影响其他的金融范畴；采取与证券期货业内有关的适当步骤，以协助财政司维持香港金融方面的稳定性；促进有利于投

---

① 　张学政：《证券投资者保护的国际借鉴》，《中国金融》2014 年第 9 期。

资和经济增长的经济环境的设立。可见，香港证监会的目标中对投资者权益保护的内容占了1/3多，明确了投资者的知情权，为其权益的实现提供了制度保障。

到目前为止，多数国家或地区的证券监管机构都将投资者保护作为其主要目标之一，并通过一些有效的制度安排来保证投资者合法权益的真正实现。在证券发行环节，设立市场准入标准，建立严格的信息披露制度；在上市公司的监管方面，不断提高上市公司质量，加强日常监管；对于中介机构，则要求其规范执业，促使其做大做强，并将投资者的利益保护作为监管的重点。同时，这些机构还建立了完善的侵害投资者利益的问责机制，对侵害投资者利益的行为追究民事、刑事、行政等责任，通过严格执法与采取行政处罚等措施及时制止损害投资者权益的行为。此外，这些机构还积极营造保护投资者的外部环境，诸如加强资本市场诚信文化建设，构建有效的投资者保护的诉讼制度，开展形式多样的投资者保护教育活动等。

四　中国证券投资者保护机制的构建思路与实现路径

证券投资者保护需要一系列有效的制度安排。证券投资者保护制度的核心是要通过一整套正式的、非正式的规则，包括广泛接受的各种有关做法，建立一套涉及关键"行为人"的激励与约束机制，使他们的利益与投资者一致。在制度安排方面，投资者保护制度具体涵盖公司、社会两个层面。公司层面的制度安排主要涉及董事会与管理层责、权边界划分，完善公司内部治理机制，建立公司内控机制等方面，具体包括：股东投票权、参与权、话语权，董事会职责，禁止内幕交易，股东派生诉讼制度，集体诉讼制度等。社会层面制度安排的核心是构建公开、公平、公正的市场环境，科学、合理的证券市场监管体系，高效的证券市场监管制度，从而最大限度地保护投资者的合法利益。

（一）基于公司层面的证券投资者保护机制的构建

在公司层面，相关的制度安排要使代理成本最低，使代理人只有按照股东或公司最佳利益行事，才能实现最大限度的个人利益（货币收益与非货币收益）。公司层面的制度安排，主要涉及完善公司内部治理，清晰界定董事会和管理层的责权利，建立公司内部的控制与监督机制。股东投票权和投票程序的科学界定，对于保护相对于控股股东和相对于管理层的少数股东的权利来说极为重要；既使公司董事会和董事的职责、权力和责任的明晰得以切实贯彻执行，也有助于保护中小股东和投资者；对公司内部人自我交易的禁止（不管自我交易是借助于关联交易，还是通过"管道输送"或采取内幕交易的形式），对公司收购规则的完善和规范，都是保护中小股东和投资者的重要手段；另外，建立派生诉讼和集体诉讼制度，中小股东和投资者可以拥有对大股东、管理层和董事的法律求偿权。

（二）基于社会层面的证券投资者保护机制构建

从整个社会的角度来看，要在公司以外的政治、法律、市场、中介等相关层面建立相关制度，使这些层面的"行为人"只有按照股东或公司最佳利益行事，才能使个人利益最大化。（1）在政治层面，要清晰界定政商关系，政府应避免既是"裁判员"又是"运动员"的利益冲突；（2）在法律层面，要进一步补充和完善保护投资者权益的法律体系，同时还要规范司法程序和加大执法力度；（3）在自律层面，要进一步完善证券交易所的上市规则，进一步规范和强化上市公司的信息披露；（4）在市场层面，要进一步约束和激励管理层的公司控制权市场、经理人才市场和产品市场；（5）在证券中介机构层面，主要是强化投资基金和机构投资者的分析师、会计师事务所和律师事务所的自律，还要建立通过成员资格授予、信息共享、同业竞争等界定并维持行业执业标准的专业协会（如会计师协会、证券经纪商协会、公司董事协会等）；（6）在媒体层面，支持和鼓励媒体对上市公司可能的欺诈和侵害投资者的行为独立、客观地进行分析、报道和揭露。总之，投资者保护制度，无论是在公司层面还是在社会层面，都主要涉及公司的监督和控制、信息披露和公司透明度这两大类，这些制度的着眼点在于最大限度地降低信息不对称的程度和道德风险，实现激励相容，保证代理人利益与委托人的利益尽可能地一致，切实保护证券投资者利益。

（三）基于流程的证券投资者保护机制的构建

从过程上看，一套完善的证券投资者保护制度，首先是建立和完善一系列的包括公司法、证券法以及投资者保护法等在内的旨在保护投资者利益的法律体系，然后是在此基础上的制度和政策安排，这其中通常包括公司治理制度、信息披露制度、会计准则以及相应的金融监管政策和手段。如果把法律和制度的建设看作是保护证券投资者利益的事前防范措施，那么完善公司治理和强化金融监管就是事中控制的重要手段，而投资者补偿制度的建设和投资者保护基金的设立则是投资者保护制度中的事后处理机制。

中国证券投资者保护制度的设计，既不能照抄照搬西方发达国家的投资者保护制度，也不能沿用传统思维模式下过度依赖政府的投资者保护模式。未来中国证券投资者保护体系应坚持建立和发展市场机制、政府监管、法律制度三条路径协同推进。只有转变传统证券投资者保护的思维模式，从公司与社会两个层面进行制度创新和重构，建立以市场机制、政府监管、法律制度为基础，立法与司法保护、行政监管、社会监督与投资者自我保护、投资者保护基金制度、行业自律监管、公开信息披露共同发力的"六位一体"的投资者保护体系，才能从根本上解决中国证券投资者权益保护不力、证券市场效率不高的问题。这六大保护手段的互相配合本质上体现了市场机制、政府监管、法律制度三者间的辩证统一关系。市场机制能够自发、灵活地配置资源，可以对市场本身存在的问题快速做出反应，当然它也无法解决内生的失灵问题；政府运用行政权力对证券市场进行宏观调控和监督管理，可以弥补市场失灵之缺憾，但也存在监管失效的局限；法治作为证券市场的制度保障，可以在一定程度上消除市场失灵和监管失效，当然法治也不是万能的。这三者相互补充、相互制衡，共同发挥作用。只有将三者各自的优势充分发挥出来，同时最大限度地弥补其种种缺陷，才能为证券投资者提供尽可能多的保护。[1]　总体上，在健全法律保护长效机制的基础上，妥善处理好政府和市场的关系，尤其是更加注重发挥市场配置资源的决定性作用，把重心放在建设多层次、成熟的证券市

---

[1]　周宇：《中国证券投资者保护机制研究》，中国社会科学出版社 2014 年版。

场体系上，才是标本兼治的长久之道。

　　需要指出的是，证券投资者权益保护是一项系统工程，涉及企业、政府、投资者、中介机构等方方面面，是一个长期而艰巨的过程。虽然对证券投资者权益保护已经成为各界的共识，但无论是外部法律制度的完善，还是公司内部治理机制的建立，都不可能一蹴而就，必须注重顶层设计、精心谋划，并且持之以恒，不断完善证券投资者权益保护机制，最大限度地保护证券投资者的利益，为中国证券市场的稳健、可持续发展奠定坚实的基础。

第十一章

系统重要性金融机构与宏观审慎监管的
国际比较及政策选择

与以往历次金融危机有着实质性不同，系统重要性金融机构在2008年金融危机中并未起到"金融稳定器"的作用，反而成为系统性风险和金融危机的制造者、传递者和受害者。回顾此次金融危机，那些曾经风光一时、被视为金融创新同义词的系统重要性金融机构霎时间变成众矢之的，贝尔斯登被收购、"两房"国有化、美林被兼并、雷曼兄弟破产、美国国际集团被接管、花旗等知名金融机构损失惨重。

这场全球性金融危机导致了全球监管哲学的转变，各国金融监管者从相信"最少的监管就是最好的监管"转向相信"有效监管是金融体系有序稳健运行的必要条件"，从关注单体金融机构的微观审慎监管向注重防范系统性风险的宏观审慎监管转变，从强调时间维度的风险积聚（顺周期风险）向重视空间维度的风险传播转变。金融危机后，从宏观审慎监管的空间维度，各国金融监管者开始重新审视并高度重视系统重要性金融机构的系统性风险传导途径，寻求防范系统性风险演变为金融危机的监管机制。

对系统重要性金融机构进行宏观审慎监管不仅十分必要，而且越来越迫切。（1）微观层面的审慎合理行为不足以防范系统性的金融危机。此次金融危机显示，单个金融机构的稳健并不能保证金融稳定的自动实现，从微观层面看，单个机构审慎合理的行为如果成为金融机构的一致行动，那么在宏观层面则可能影响整个金融体系的稳定。因此，仅仅实施微观审慎监管而忽视对宏观系统性风险的关注，远不足以防范系统性的金融危机。（2）金融体系的高杠杆运作使金融危机体现出新的特征。金融自由化、全球化发展使金融体系发生了重大的结构性变化，金融机构、金融市场和金融产品的内在依赖性和关联性大大增强，金融体系的同质性和风险传染性也不断增加，导致此次金融危机也发生了质的变化。它们既不是因为通货膨胀高企引发，也不是因为单家金融机构出现问题、风险传染至整个金融体系而引发，而是源于在信贷和资产价格高速增长、经济金融长期繁荣情况下系统性风险的不断累积。美国次贷危机充分表明，过去以控制通货膨胀为目标的货币政策加上以资本监管为核心的微观审慎监管，尚不足以维护整个金融体系的稳定。（3）宏观审慎监管将是后危机时期各国金融监管的必然选择。金融危机之后，理论界和实务界把从宏观审慎的视角丰富和完善金融监管作为防范系统性风险的重要手段，在国际上也已达成广泛共识，并被列为 20 国集团伦敦金融峰会后发布的《加强监管和提高透明度》最终报告的 25 项建议中首要的 4 条建议。加强宏观审慎监管，并将其与微观审慎监管进行有机结合，标志着金融监管理念的重大调整，将是后危机时期各国金融监管的主要趋势。

一　系统重要性金融机构的内涵界定及基本特征

"系统重要性金融机构"（Systemically Important Financial Institutions，SIFIs）一词可追溯到 2001 年 1 月份由国际货币基金组织（IMF）、国际清算银行（BIS）和经合组织（OECD）联合发布的《关于金融业的综合报告》（*Report on Consolidation in the Financial Sector*），该报告将"系统重要性金融机构"定义为太大而不能倒的金融机构，并指出应视这些机构的健康状况来实施有效干预，在第一时间纠正错误以避免系统重要性金融机构面临清算风险。在危机爆发前，"系统重要性金融机构"这一概念只是零星出现在一些文章之中，并没有形成完整的体系[①]；危机后，加强对系统重要性金融机构的监管成为各国金融改革的核心议题之一，"系统重要性金融机构"一词也逐渐出现在相关金融监管改革的研究文献

---

① Bhattacharya S. , Patel U. R. , 2003, "Reform Strategies in the Indian Financial Sector", Mathisen J. , Pellechio A. J. , "Using the Balance Sheet Approach in Surveillance: Framework, Data Sources, and Data Availability", International Monetary Fund, 2006.

中，其内涵也得到了提升和拓展（Brewer E., Jagtiani J., 2007；Remsperger H., 2007；Allen F., Babus A., 2008；Hildebrand P. M., 2008；Bernanke B., 2008）。虽然对系统重要性金融机构的定义是识别和监管的前提，也是监管改革关注的焦点，但迄今为止，系统重要性金融机构的概念并不统一。有的侧重于描述系统重要性金融机构的负外部性，有的侧重于描述系统重要性金融机构的规模，也有的侧重于描述系统重要性金融机构的关联性，还有的侧重于从对金融体系以及实体经济的影响这个层面来对系统重要性金融机构进行定义。笔者认为，系统重要性金融机构不能简单视同为太大而不能倒的金融机构，而是"那些具有一定规模、市场重要性以及全球相关度，以至于破产或出现问题时会对全球或本国金融体系造成严重紊乱和经济后果的金融机构"。

系统重要性金融机构的基本特征可以概括为如下几个方面。

（一）巨大的负外部性

系统重要性金融机构巨大的负外部性主要体现在"太大而不能倒""太关联而不能倒""太重要而不能倒""太相似而不能倒"。

第一，"太大而不能倒"（Too - Big - to - Fail，简称"TBTF"）是指金融机构在遇到危机时，因规模太大而不能任其倒闭，除整体救助外不能采用其他解决方式，也不能用保护股东利益而使他人蒙受损失的办法来解决。[①] 系统重要性金融机构一旦倒塌，它对社会产生的影响不可低估，有时甚至会使整个经济陷入衰退的泥沼而不能自拔，这样重大的经济问题对政府来说是要极力避免的，所以在很多情况下政府会选择对金融机构进行救助。这恰恰也是本次金融危机的惨痛教训之一。也正是基于此，美联储主席伯南克曾这样说过："如果将本次金融危机的教训归纳为一个的话，那无疑就是必须着手解决这些金融机构的'太大而不能倒'问题。"

第二，"太关联而不能倒"（Too - Connected - to - Fail，简称"TCTF"）是指那些在市场中交易最活跃、处于金融系统的网络中心并与其他金融机构联系紧密的金融机构。本次金融危机中，规模最大的银行并不是最早出

---

① Turner A., "Large Systemically Important Banks: Addressing the Too - big - to - fail Problem", 2009.

现问题并放大危机冲击的金融机构，真正的"罪魁祸首"是一些规模并不大但与其他金融机构关联性较强的金融机构。基于自身的业务规模、重要市场职能以及与其他金融机构和市场的关联关系，系统重要性金融机构具有向金融体系和经济体系传播金融压力的能力。鉴于此，许多学者在危机后都呼吁将金融监管关注的重点放到系统重要性金融机构的关联性问题上。[①]

第三，"太重要而不能倒"（Too - Important - to - Fail，简称"TITF"）这一特征首次正式提出源于 IMF 于 2011 年 5 月 27 日发布的题为"The Too - Important - to - Fail Conundrum：Impossible to Ignore and Difficult to Resolve"的政策研究报告。由于系统重要性金融机构的"太重要而不能倒"地位，一方面市场视其获得隐形担保，默许其承担过大风险，易引发道德风险，陷政府于决策困境；另一方面系统重要性金融机构还可能滥用其"太重要而不能倒"的地位导致金融市场的扭曲，导致不公平竞争，利用监管空白为自身牟利。

第四，"太相似而不能倒"（Too - Similar - to - Fail，TSTF）是系统重要性金融机构在危机中凸显的一个特点。作为高度关联的金融网络中的重要节点，系统重要性金融机构通过股权投资、发行和持有金融债券、拆借回购、证券化衍生产品等，形成了共同风险暴露。本次金融危机也显示，一旦那些持有相同或相似的风险资产和头寸的机构中任何一个破产或出现问题时，金融体系中的绝大部分甚至整个金融体系都同时面临破产的风险。

（二）普遍的道德风险

在这次金融危机中，系统重要性金融机构的道德风险问题得到了更加充分的显现。G20 首尔峰会专门将这一问题列为会议议题之一，同时批准了金融稳定委员会所提出的旨在降低系统重要性金融机构的道德风险的政策框架。具体来看，系统重要性金融机构的道德风险问题主要是从以下几个方面展开的。

---

① Drehmann M, Tarashev N., "Systemic Importance：Some Simple Indicators", *BIS Quarterly Review*, March, 2011.

第一，"监管宽容"政策的产生。鉴于系统重要性金融机构倒闭时巨大的负外部性，政府一般出于全局的考虑对其进行财政救助或者通过央行再贷款的形式进行救助，因此这种有别于非系统重要性金融机构的监管政策被称为"监管宽容"政策。这样一来，系统重要性金融机构就存在或容易出现道德风险，因为有政府"兜底"，巨额损失一般都由政府埋单，最终结果往往事与愿违，巨额的政府救助资金被系统重要性金融机构肆意地转换为高管和股东的私人收益，更为糟糕的是逆向选择行为的出现，即系统重要性金融机构成为风险爱好者，喜欢从事风险高的经营业务。

第二，"倒逼"和"转嫁"机制的出现，固有的道德风险会放大原已存在的系统性风险。这也就是系统重要性金融机构利用"监管宽容"政策享受潜在担保和市场红利，在面临问题或破产危机时"倒逼"或"挟持"整体经济的情形。本次金融危机中，系统重要性金融机构利用其"太大而不能倒"或"太具有系统性而不能倒"的特殊性而追逐高风险业务，进而将成本转嫁给政府和纳税人，并且在危机时倒逼政府，这些行为本身就是对金融体系秩序的一种破坏。

第三，"恶性循环"的轮回。本轮金融危机之初，道德风险问题已经被金融监管机构注意到了，比如在决定允许雷曼兄弟公司倒闭时，美国财政部和美联储出于道德风险的考虑未对其进行救助。然而雷曼兄弟公司倒闭所带来的大规模市场波动，令美国政府始料未及，随即放弃了进一步考虑系统重要性金融机构的道德风险问题，并决定对美国国际集团（AIG）进行救助。然而，在 2008 年金融危机时受到政府救助的美国国际集团（AIG）竟向其高管人员发放高达 1.65 亿美元的奖金。

（三）竞争的不公平性

系统重要性金融机构的存在，一个很重要的结果就是扭曲了市场的竞争性。一方面是政府隐性担保的存在，使得市场不能及时出清，扭曲了金融市场的公平竞争机制，导致系统性风险进一步积累；另一方面，心理预期导致市场纠正机制失灵，比如前面提及的"监管宽容"政策所带来的另一个负面效应就是市场对于系统重要性金融机构产生了一种"永远也不会倒"的心理预期，这种心理预期会让市场投资者不会主动运用"用脚投票""用手投票"机制对系统重要性金融机构盲目追求高风险的行为进行约束。

（四）成本收益的不对称

这次金融危机最让人难忘的是，系统重要性金融机构的冒险行为所获得的高收益为自身所有，而产生的风险却由整个金融体系乃至整个社会来背负。系统重要性金融机构引发的系统性危机，最后往往还是由政府和纳税人埋单。这无疑让原本脆弱的金融体系的信用基础在危机爆发时更加难以稳固，从而弱化了经济运行的规律性以及金融机构应该具有的责任、职能与公信力。系统重要性金融机构的高风险行为，可以将一个国家拉入一个破产泥潭而不能自拔，这一点也不是耸人听闻。以冰岛银行危机为例，受到美国次贷危机的影响，2008 年 10 月，克伊普辛银行、格里特利尔银行和国民银行这三家冰岛系统重要的金融机构在一周内相继破产倒闭，这三大机构的负债是惊人的，800 亿美元的负债约是该国 2007 年 GDP 的 4 倍。冰岛政府不得不对其进行接管，系统重要性金融机构的高风险行为所导致的银行危机进一步演变为主权债务危机，最终冰岛政府资不抵债，面临破产境地。

二　系统重要性金融机构监管
改革的国际比较

2008 年全球金融危机之后，世界各国都在其力所能及的范围内，结合自身的实际情况和监管改革目标，尝试和推动系统重要性金融机构的监管改革。

（一）监管理念的重大改革

监管理念代表着监管者的目的、要求和行动方向，体现了监管者对监管活动全面、深刻的认识以及对监管其他要素的系统构想和整体安排。监管理念渗透到监管实践的各个环节和要素，贯穿于整个监管过程。可以说，有什么样的监管理念，就有什么样的监管方式，监管理念是决定监管方式的前提条件。后危机时代，各国监管者深刻反思以往的监管理念，力求改变过去对系统重要性金融机构的放任式监管模式。

在这些国家中，英国的监管理念变化最为显著。金融危机前，英国金融服务局（Financial Service Authority，FSA）于 2000 年和 2006 年分别推行"风险为本"（risk based）和"原则导向"（principles based）监管理念，这一监管理念虽然促成了近年来英国金融市场的繁荣，但也埋下了本次危机中监管缺位的隐患。由于缺乏细致的监管规则和过于强调原则性的监管过程，英国监管者在应对北岩银行挤兑等危机事件时过度依赖市场自律，过分相信金融机构的高管层能够在风险管理中发挥应有作用，甚至在某种程度上误将金融机构本身作为理解和应用"风险为本、原则导向"监管理念的责任主体，一味监管宽容，延误了监管介入时机，致使事态进一步恶化。

本次危机的惨痛教训令英国监管者不再盲目依靠金融机构自身的自觉性和可信赖度，而是主要依赖监管判断，更多地质疑和挑战金融机构管理层的决策，并在数据、事实、沟通的基础上进行综合判断。同时，监管理念也从过去以原则为基础的监管改变为以对未来预期判断为基础的监管（Forward Looking Judgment Based Supervision），注重采取有前瞻性和预判性的介入式（Intrusive）监管措施和行动，同时加大对不符合规则的金融机构的处罚力度。

（二）监管主体的重大变化

本次金融危机也说明金融体系所面临的系统性风险往往是复杂的、跨部门的、相互作用的，这就需要一个强有力的负责宏观审慎监管的机构，随时监控和评估在宏观经济发展以及整个金融体系发展过程中出现的威胁金融稳定的各种风险，及时进行预警或者视情况采取措施。危机以来，为了弥补长期以来宏观审慎监管的不足和防止各个监管机构的各行其是，国际机构和各国监管当局都将成立宏观审慎监管机构提上了重要议事日程。

1. 欧盟：泛欧框架

2010 年，欧盟成立了欧洲系统性风险委员会（European Systemic Risk Board，ESRB），由成员国的央行行长组成，主要职责和任务是监控整个欧洲金融体系的系统性金融风险，评估跨国金融机构的风险传染性，并在潜在风险向危机转换之前进行早期预警和向欧盟提出补救措施建议。2011 年 1 月，欧洲银行管理局（European Banking Authority）正式成立，该组织由原来的欧盟银行业监管委员会改组而成，其主要职责和任务是在跨国金融机构的母国和东道国监管机构之间构建沟通信息和解决纠纷的平台。自成立以来，其框架下确立的监管联席会议工作机制已经涵盖了100多家欧洲银行。

2. 英国："准双峰"监管架构

新一届英国政府深刻反思原英国金融服务局（FSA）的监管失败经历，认为应由不同的监管机构来实施审慎监管和行为监管，进而决定大幅调整原有金融监管框架，实施"准双峰"式监管架构，即撤销由财政部、英格兰银行（Bank of England，BoE）和FSA"三方共治"的监管架构，赋予英格兰银行更多监管权力，并成立三个新监管主体。具体架构为：英格兰银行下新设金融政策委员会（Financial Policy Committee，FPC），负责监控系统性风险，实施宏观审慎监管，保留问题银行的处置权，监测分析威胁经济金融稳定的宏观问题（包括防止资产泡沫的产生），并有权采取相应行动。而原来FSA的审慎监管职能和行为监管职能则分别由新设立的两个机构承继，一个是审慎监管局（Prudential Regulation Authority，PRA），为英格兰银行的附属机构，从微观层面专门负责实施审慎监管，监管范围包括所有存款类金融机构、投资银行和保险公司等；另一个是金融行为监管局（Financial Conduct Authority，FCA），注重保护金融消费者和金融市场公平竞争，对所有存款类金融机构、投资银行和保险公司等的商业行为进行监管。同时，PRA和FCA在与宏观审慎监管有关的方面都将接受FPC的指导。英国财政部及财政大臣对整个监管框架负责并确保公共财政的安全。上述调整已于2013年4月基本完成，监管范围为商业银行、住房贷款协会、信用社、保险公司和投资公司等1400多家金融机构。

3. 美国：植入"双峰型"监管

危机后，美国进行了金融监管改革，部分植入"双峰"型的监管设计理念，整合现有监管机构，关注宏观系统性风险、非银行金融机构审慎监管，又兼顾金融消费者的权益保护。对系统重要性金融机构的监管仍旧是多头监管，但是分工相对明细。美国金融稳定监督委员会（FSOC）负责宏观层面的识别和监管职能，同时协调美国联邦存款保险公司（FDIC）、美国货币监理署（OCC）、美联储（FED）、美国证券交易委员会（SEC）等监管机构对跨业系统性风险进行监管，同时 FSOC 要求资产规模超过 500 亿美元的金融机构定期报告相关财务、风险管理、交易与业务等情况。微观层面，美联储负责研究如何对系统重要性金融机构实施具体监管，以及如何评估单家机构的系统性风险等问题。

根据 2010 年 7 月颁布的《多德—弗兰克华尔街改革与消费者权益保护法》的规定，部分制定金融消费者权益保护法规的职权被移交给消费者金融保护局。对于资产规模大于 100 亿美元的存款机构，由消费者金融保护局行使部分法律的监督和执法权；对于资产规模等于或小于 100 亿美元的存款机构，继续由美国审慎监管者（FDIC、OCC、FED 等）行使部分法律的监督和执法权。FDIC 设立了办公室，即 Office of Complex Financial Institutions（CFI），专门负责对两类金融机构进行监管：一是总资产 1000 亿美元以上的银行控股公司；二是非银行类中被认定为系统重要性的机构（由金融稳定监督委员会认定）。CFI 负责在此类机构倒闭时实施清算。

（三）监管政策的重大调整

为了更好地提高系统重要性金融机构宏观审慎监管的有效性，国际机构和各国监管当局围绕事前、事中和事后的监管进行了一系列的监管政策调整。

1. 事前避免

在事前避免方面，主要采用"结构性分离"方式，旨在限制系统重要性金融机构的规模、可替代性、关联性，从根本上防止过大和过于复杂的金融机构出现。同时，"结构性分离"倒逼系统重要性金融机构经营重心从过度综合化经营业务回归传统业务，切断金融风险的传递链条，从而降低系统重要性金融机构危机发生的概率，进一步奠定系统重要性金融机构长期稳定发展的基础。"结构性分离"最具有代表性的就是美国"沃尔克法则"和英国"圈护法则"。

美国"沃尔克法则"由奥巴马政府于 2010 年 7 月正式确定，主要内容包括：一是明确实施范围。明确受联邦存款保险公司保护的存款机构及其银行附属机构（包括海外附属机构）禁止以其自有资金进行有价证券、衍生品和其他金融工具的短期自营交易，禁止拥有或投资对冲基金或者私募股权基金，例外情形下不得超过银行一级资本的 3% 以及基金资本的3%。二是设定豁免条款。不受"沃尔克法则"限制的包括由美国政府支持企业、地方政府发起的金融工具的交易、资产负债管理方面的自营交易等。三是要求建立内部合规机制，向监管机构报告相关数据，确保其相关交易业务合规，监管机构可以识别自营交易和高风险投资策略。四是区分合法的做市行为和禁止的自营交易，从风险管理、收入来源、单位风险收益、面向客户的活动、佣金费用、薪酬激励六个方面对两者进行区分，并明确合格做市商交易要列入例外情形的第七个方面准则。

英国"圈护法则"由英国独立银行委员会于 2011 年 9 月发布的《最终报告》（*Final Report Recommendations*）第三章中提出，是此次英国金融监管改革方案中最核心的内容。"圈护法则"的目的在于将服务于个人和中小企业的零售业务与风险较高的自营和投行业务分隔开来，同时要求提高资本比例，增强银行自身的吸损能力，用以降低政府的担保风险，进而降低整个社会的经济成本。基于零售业务的重要性，2012 年的白皮书则指出，零售业务作为关键性银行服务，一旦中断将对一国经济，尤其是对居民和中小企业产生直接的重大影响，而且这一服务功能在短期内是无法被替代的，因此，为了实现对纳税人和公众的双重保护，在银行业务中最应当受到保护和隔离（"圈护"）的就是消费者和中小企业的存款。"圈护法则"并不意味着全能银行功能的消失，而是要求其通过严格的内部设置隔离机制，将零售业务和高风险业务相互分离。

2. 事中防范

事中防范主要是通过强化监管要求、提高吸损能力等方式，尽可能在系统重要性金融机构现有规模和业务的基础上，维持其存续状态下的稳健经营，进一步降低其倒闭的可能性。

第一，资本附加。国际组织和各国监管机构目前基本达成共识，即提高系统重要性银行资本附加要求，目的是降低其倒闭对金融系统和财政系统造成的冲击，提高系统重要性银行的风险抵御能力。按照 BCBS 的规定，应根据系统重要性银行重要性程度的差异，除了 7% 的核心一级资本比例要求外，还按照系统重要性程度的不同将全球系统重要性银行分成四个组别，规定附加资本必须由普通股权益构成，分别实施 1%—2.5% 不等的附加资本金要求；此外，还设定了第五组，即空组，并赋予最高附加

资本要求（2.5%）。BCBS 给予这些全球系统重要性银行 3 年的过渡期
（2016—2018 年），正式实施于 2019 年。《巴塞尔协议Ⅲ》出台后，各国
也陆续规定了对于本国系统重要性银行的资本要求（见表 11—1）。

表 11—1　　　国际组织和各国对系统重要性银行的资本要求

	资本充足率	核心一级资本要求	其他要求
BCBS		7%	按照系统重要性程度分为 4 组，并实施 1%—2.5% 的附加资本金要求
英国、爱尔兰、意大利		10%	
瑞士	19%	10%	
瑞典		10%（2013 年起）；12%（2015 年起）	0—2.5% 的逆周期资本充足要求
美国	9.5%（2019 年前）		对大型银行和中小型银行实行相同的资本充足率标准，并要求这些银行在 2019 年前达到 9.5%

资料来源：王飞、郑弘：《系统重要性银行的国际监管经验及启示》，《国际金融》2012 年第
10 期。

第二，流动性附加。美联储于 2011 年 12 月 20 日发布了《系统重要
性机构审慎监管标准和早期整改要求（征求意见稿）》，对流动性要求分
为两个阶段：第一阶段基于美联储 2010 年 3 月发布《流动性风险管理指
引》的基本要求；第二阶段将基于《巴塞尔协议Ⅲ》的要求，包括流动
性覆盖率（LCR）和净稳定资金比例（NSFR）两个定量指标。英国 FSA

于 2010 年 11 月推出了新的流动性监管规则，该规则比《巴塞尔协议Ⅲ》的流动性覆盖率（LCR – Liquidity Coverage Ratio）更为严格，更强调期限错配的要求，要求建立依靠长期稳定资金支持业务发展的新模式。

第三，大额风险暴露限制。美联储要求系统重要性金融机构对单一交易对手的净信用风险暴露不得超过其自身监管资本的 25%；并且要求这些金融机构之间互相持有的净信用风险暴露不得超过其自身监管资本的 10%。

3. 事后处置

针对系统重要性金融机构"太大而不能倒"引发的道德风险，FSF（FSB 前身）于 2009 年 4 月首次提出恢复和处置计划（Recovery and Resolution Plan，RRP）的概念，其设计理念是，系统重要性金融机构面临经营困难甚至倒闭时，或通过自身恢复，或由监管机构酌情处置和采取措施，其破产救助的成本不再由纳税人承担，从而使对金融系统造成的冲击影响降至最低。恢复和处置计划由恢复计划（Recovery Plan）、处置计划（Resolution Plan）及自救机制（Bail – in）组成，这三个部分互为关联，但又有所区别（见表 11—2）。

表 11—2　　　　恢复和处置计划三大组成部分的区别

	恢复计划	处置计划	自救机制
定义	金融机构在严重压力情况下，恢复自身财务实力和自我生存能力的方案	在恢复措施不可行或无效时，监管机构对陷入困境的银行进行有序处置的方案	通过合同约定或法律强制规定，通过将债权核销或债权转换成股权的方式要求债权人承担金融机构损失的制度安排
适用阶段	金融机构虽处困境，但仍由其管理层负责和控制，仍具备清偿能力，可维系持续经营而无须进入处置环节	当恢复计划不足以使银行从困境中恢复过来，且由于清偿能力不足或丧失，导致银行无法维系持续经营状态时	当金融机构达到无法存活的临界点或进入处置的临界状态时

续表

	恢复计划	处置计划	自救机制
制定/决定方	金融机构	监管机构	监管机构决定
特点	动态变化性	动态变化性	既是吸损工具，也是补充性处置工具
主要内容	降低机构风险、保全和改善资本、剥离某些业务、债务重组、提高融资能力等	触发条件设计、处置行动、干预行动、跨境协调行动等	债务冲销、债转股机制等

资料来源：根据相关资料整理。

在监管实践方面，FSB 关注的是制定 RRP 的目的、基本要素、职责分工和审批主体等，同时针对全球系统重要性金融机构实施 RRP 的时间表也进行了规定，即 2012 年年底前完成恢复计划，2013 年 6 月前完成处置计划，2013 年年底前完成可处置性评估。巴塞尔委员会也将清晰的恢复和处置框架列入《有效银行监管核心原则》第三版的有效监管六项前提中。

目前，主要国家监管机构均对系统重要性金融机构提出了恢复和处置计划的监管要求。总体来看，英国是最早进行试点并从法律层面推行政策落实的，如 FSA 于 2009 年 4 月要求苏格兰皇家银行、渣打银行等 6 家银行制订恢复和处置计划，并于 2011 年 8 月公布了《恢复和处置计划》征求意见稿。美国的突出特点是"分阶段、分机构"。根据《多德—弗兰克法》及相关监管要求，美联储和联邦存款保险公司于 2011 年 10 月 17 日联合出台恢复和处置计划的有关规定，要求并表资产超过 500 亿美元的银行控股公司和被认定的系统重要性非银行金融机构分阶段制订处置计划。其中，非银行资产规模超过 2500 亿美元的银行应在 2012 年 7 月 1 日前完成处置计划的制订，非银行资产规模在 1000 亿—2500 亿美元的银行应在 2013 年 7 月 1 日前完成处置计划的制订，非银行资产规模在 1000 亿美元以下的银行应在 2013 年 12 月 31 日前完成处置计划的制订。值得注意的是，美国监管当局已明确要求集团资产规模超过 500 亿美元的外资银行子行和分行制订适用于该子行和分行的恢复和处置计划。该计划虽然可以相对简化，但也应当与母行的整体恢复和处置计划保持一致。

三　我国系统重要性金融机构宏观审慎监管的政策建议

借鉴国际经验，我国系统重要性金融机构宏观审慎监管也必须做到以下几点。第一，强化事前结构化限制，降低负外部性。由于系统重要性金融机构的负外部性不仅仅来源于规模，所以采取事前结构化限制措施来加强对系统重要性金融机构的监管就显得尤为重要。也就是说，既要防止系统重要性金融机构过大，又要防止其过于复杂以及风险关联程度过高。具体而言，就是要根据风险水平高低，有层次地、有针对性地对高风险业务和金融创新进行限制性监管，使系统重要性金融机构的关联程度和复杂程度得到有效控制。第二，推行恢复和处置计划，减少道德风险和竞争的不公平性。允许系统重要性金融机构在经营失败、经营不审慎时倒闭、破产和退出市场是防止道德风险、维护优胜劣汰机制、发挥市场约束作用的现实需要。恢复和处置计划（RRP）旨在降低系统重要性金融机构道德风险，提高金融监管机构的处置能力，包括在金融机构陷入严重困难局面时为其持续经营继续提供具有系统相关性服务而采取的恢复计划，以及在金融机构面临倒闭的情况下采取有序的方式进行重组和清算的行动。第三，加大过程监管和救助成本，降低成本收益的不对称性。强化过程监管主要是通过风险监管和资本要求，进一步加大系统重要性金融机构的违规成本。考虑到系统重要性金融机构的复杂和关联程度，一是要有针对性的措施来提高其风险抵御和抵补能力，比如，实施更为严格的流动性、资本和大额风险暴露监管要求，最终使其风险控制在可承受水平之内；二是主动加强非现场监测和预警，这样可以及时识别并处置风险；三是提高现场检查频率，使监管政策得到有效贯彻落实，从而使金融机构潜在的风险得到有效化解；四是进一步完善系统重要性金融机构的并表管理监管评估框架，并表监管继续强化。

虽然我国目前尚未公布系统重要性金融机构的定义、识别标准和名单，但从现实需要和发展趋势上看，都有必要加快建设我国系统重要性金融机构宏观审慎监管框架，在充分借鉴国际经验的基础上，立足我国的国情，短期内尽快出台符合国际规则和体现我国金融业特点的系统重要性金融机构识别体系，中期结合系统重要性金融机构的主要特征，有针对性地推出相关监管工具的实施方案，长期则立足于我国金融监管改革方向，逐步探索完善我国系统重要性金融机构监管环境的制度安排。

第一，尽快建立既符合国际规则又能够体现我国金融业特点的系统重要性金融机构识别体系。识别是监管的基础，目前我国尚未正式出台系统重要性金融机构的识别标准，无法准确认定这些机构的范围，也就无法进一步推进宏观审慎监管相关工作。鉴于识别系统重要性金融机构既要考虑单体金融机构的特征，也要考虑我国金融业的特征和整体经济金融环境，所以，我国系统重要性金融机构的识别体系应当覆盖我国银行业、证券业和保险业。同时，随着我国金融业综合化经营步伐的加快，一些实力较强的证券公司、保险公司、金融控股公司，甚至外资金融机构的附属或分支机构在我国金融体系中的作用日益增强，系统重要性地位不断提升，未来也应考虑逐步纳入国内系统重要性金融机构名单之内。下一步，建议我国相关部门结合国际组织和世界各国监管机构采用的相关识别标准和方法，尽快制定出我国系统重要性银行的识别与监管框架，在此基础上，择机出台证券公司、保险公司、金融控股公司等相关系统重要性金融机构的识别与监管政策和措施。

第二，提高系统重要性金融机构监管统计数据集中的能力和质量。2008 年金融危机证明，单一金融机构风险管理的薄弱主要是由于缺乏全面、集中的重要风险管理数据，以及对风险敞口的有效监测和及时报告。巴塞尔银行监管委员会（BCBS）于 2013 年 1 月出台了《有效风险数据集中和风险报告的原则》（*Principles for Effective Risk Data Aggregation and Risk Reporting*，以下简称《原则》），从全局性的管理和基础设施建设、风险数据集中能力、风险报告实践、监管者检查、工具运用和合作等方面提出了 14 条原则。《原则》对于危机后全球金融机构特别是系统重要性金融机构加强信息管理系统建设、提升数据集中能力具有较强的指导意义。目前，我国执行的相关文件主要是银监会于 2011 年年初发布的《银行监管统计数据质量管理良好标准》，涉及组织机构及人员、制度建设、系统保障和数据标准、数据质量的监控、检查与评价、数据的报送、应用和存储等 5 方面要素、15 项原则、61 条具体标准，为进一步夯实包括境内系统重要性银行在内的金融机构的数据质量管理提供了基础。然而，随着系统重要性金融机构的业务日益复杂化、并购和跨境活动增加等，如何确保这些机构的数据集中结果的正确性（integrity）、精确性（accuracy）、完整性（completeness）和灵活性（flexibility），从而提高数据质量的监控力仍是一项持续的监管工作。

第三，提高单体金融机构的吸损能力，有针对性地实施相关监管工具。在遵守巴塞尔委员会等国际监管规则要求的基础上，应要求我国系统重要性金融机构制定中长期资本规划，测算各种压力情形下所需的资本水平。同时适时推出相关审慎监管工具，包括资本附加、流动性附加、大额风险暴露限额、征收金融机构税等。可参考美联储对系统重要性金融机构每年自行至少进行一次压力测试并公布测试汇总结果的做法，定期运用不同的经济金融模拟场景对我国系统重要性金融机构开展压力测试。建立我国系统重要性金融机构早期补救机制，确保风险能够在较早阶段得到识别。监管机构也应研究早期补救行动的触发机制，包括资本水平、压力测试结果、风险管理中的薄弱环节等。

第四，强化系统重要性金融机构的公司治理和风险管理能力。良好的公司治理和风险管理是维护系统重要性金融机构安全、稳健运行的保证，也是有效监管的基础。未来应加强对系统重要性金融机构董事会尽职情况的监督和检查以及董事和高管人员的任职资格审查，促使其不断提升公司治理和风险管理水平。监管机构应提高定性判断能力，准确发现问题并提供有针对性的具体监管意见，及时与董事会、高管层沟通，督促其完善治理架构、风险管理和信息系统等。

第五，加强系统重要性金融机构的并表监管。并表监管能够有效控制系统重要性金融机构的结构复杂度和内部关联度，避免监管真空。因此，有必要进一步完善相关法律法规，对于现有《商业银行并表监管指引》中"内部交易监管""大额风险暴露监管""防火墙建设""东道国监管环境评估"等原则性规定进行细化和补充配套措施。可以借鉴英、美等国的做法，适当对系统重要性金融机构高风险非银业务进行规模限制。监管部门可以考虑将并表管理能力纳入系统重要性金融机构监管评级体系，作为其管理能力评分的重要因素。运用现场检查、非现场监管等手段，持续跟踪了解系统重要性金融机构并表管理能力，尤其是要求其加强对全球综合经营的并表管理。

第六，关注混业金融集团，建立前瞻性监管框架。随着国内经济金融体制改革的不断深化以及以系统重要性金融机构为代表的同业竞争的不断加剧，类似平安控股公司等的混业金融集团已经形成，我国现有的分业经营的基本格局将会被逐渐打破。加之国务院在"十二五"规划中正式提出"稳步推进金融业综合经营试点"，这些都对当前的分业监管体制提出了严峻挑战，混业金融集团监管将成为我国未来金融监管，特别是系统重要性金融机构监管的重点。因此，借鉴相关国际经验，建议由国务院统筹安排，制定前瞻性的混业金融集团监管的顶层设计方案，明确不同监管部门的监管范围与职责。同时为避免系统性风险，这一方案应重点突出对混业金融集团的市场准入条件、组织架构及透明度、母子公司业务范围、资本及风险管理等的监管要求。

第七，制订有效的国内系统重要性金融机构恢复和处置计划。主要内容包括系统重要性金融机构自身制定的"恢复计划"和监管部门制定的"处置计划"，目的是确保经营失败的系统重要性金融机构能够有序处置，避免重蹈金融危机的覆辙。对于这些机构境外设立的经营机构也应当制定恢复和处置计划，并关注与母行整体恢复和处置计划的一致性问题（目前英、美等国对外资银行都有类似的监管要求）。金融稳定理事会也要求系统重要性金融机构的恢复和处置计划需提交母国监管当局和东道国监管当局联合组成的危机管理工作组审议，所以，在注意信息保密的同时，要适时建立我国系统重要性金融机构的危机管理工作组。

第八，借鉴双峰型监管模式，引入行为监管。目前我国金融监管采取的是分业监管组织架构，并没有设立独立的部门专门实施行为监管。这导致了我国从立法上缺少对金融消费者保护的规制制定权、持续监管权和处分权，以及对金融机构不恰当行为的干预权和强制措施使用权。建议在"一行三会"架构内，短期采用专门委员会而长期可尝试成立专门部门对金融机构进行行为监督，并给予相应的资源保障，逐步从体制安排上划分其与审慎监督的职能，建立金融消费者保护的长效机制。

第九，完善国内外监管合作机制。在国内监管层面，建议各监管部门参照澳大利亚金融监管理事会的模式，将系统重要性金融机构审慎监管纳入前不久成立的金融监管协调部际联席会议的议题，就相关监管议题，定期召开会议进行研究和沟通。这一机制将有利于整合监管资源、避免各自职责重叠，从而有效促进我国金融监管的改革。在跨国监管层面，随着我国国际化程度的提高，除了继续定期召开和参与跨国监管联席会议以外，我国监管机构还应利用国际组织成员的身份，积极推动建立相关国际层面的合作框架，特别是在参与国际处置合作、协调框架成员间责任分担、对本国和外国债权人一视同仁、采取跨境协作措施等方面。此外，由于不同司法辖区的法律和监管要求往往差异很大，所以，从事跨国经营的系统重要性金融机构还需要关注处理跨国法律差异性问题。

第十二章

金融监管协调机制的国际经验
与中国路径

　　金融监管协调机制是完善金融监管体制的重要环节，是防范系统性金融风险的重要措施，其制度化建设直接关系到金融业整体的安全和稳定。2008 年金融危机凸显了金融监管协调的重要性，危机以来加强金融监管协调机制建设已成为国际共识和发展趋势。近年来，我国不断完善金融监管协调机制，但仍面临着来自法律、制度、目标、信息、执行五个层面的现实问题。2013 年 8 月 15 日，经国务院批准，由人民银行牵头，银监会、证监会、保监会和外汇局参加的金融监管协调部际联席会议①制度正式建立，揭开了我国金融监管协调体制建设历史上的新篇章。党的十八届三中全会也进一步明确提出完善金融监管协调机制的要求。在此背景下，如何借鉴国际成熟经验，推进我国金融监管协调机制建设是一个值得深思的问题。笔者以 2008 年金融危机为界，对比分析了危机前后国际金融监管协调机制的演进历程，在总结国际经验及启示的基础上，结合我国前期探索历程和存在问题，对推进我国金融监管协调机制建设提出建议。

---

① 《国务院关于同意建立金融监管协调部际联席会议制度的批复》（国函〔2013〕91号），中国政府网，http：//www.gov.cn/zwgk/2013 - 08/20/content_ 2470225. htm。

一　危机前后国际金融监管协调机制的演进历程

2008 年金融危机前，主要经济体都在不同程度上构建了各种形式的金融监管协调机制，但本次危机充分暴露出了原有体系的缺陷。危机以来，为更有效地防范系统性金融风险，主要经济体相继修复了原有体系的制度性缺陷。

（一）危机前各国和组织金融监管协调机制的基本情况

美国"双层多头"金融监管体制相对较为复杂，涉及联邦和州两个层面的多个监管主体，自然面临多重目标的协调问题。为统筹协调各监管主体开展监管工作，美国早在 1978 年就通过《金融机构的监管和利率管制法案》[1]，并据此于 1979 年 3 月 10 日成立美国联邦金融机构检查委员会（Federal Financial Institutions Examinations Council，FFIEC），主要成员包括货币监理署（OCC）、美联储（FED）、联邦存款保险公司（FDIC）、储蓄机构监管署（OTS）和国家信用社管理局（NCUA）。该委员会主要负责制定统一的监管准则和报告格式，如制定"骆驼评级体系"（CAMEL）、《外包技术服务的风险管理指引》[2] 等。但是，这种监管协调体制最大的问题在于没有一个获得法律授权的牵头者对系统性金融风险进行负责，导致面对危机时各机构间的协调没有法律约束力，延误了防范和救助时机，最终带来灾难性后果。

英国自 1997 年起建立由英格兰银行、财政部和金融服务局（FSA）组成的"三方"（tripartite）金融监管体制，协调机制主要通过签订"谅解备忘录"（MOU）来实现。此次危机显示"三足鼎立"的局面带来的问题是应对危机时没有明确分工，也没有任何一个主体能够具备足够权威和手段来负责宏观审慎管理，即从整个金融体系角度实施监测、识别潜在

---

[1] "The Financial Institutions Regulatory and Interest Rate Control Act", https://ia600302.us.archive.org/31/items/financialinstitu951115unit/financialinstitu951115unit.pdf.

[2] "Outsourcing Technology Services Booklet", http://ithandbook.ffiec.gov/ITBooklets/FFIEC_ITBooklet_OutsourcingTechnologyServices.pdf.

风险以及采取协同措施。英国财政部于 2010 年 7 月发布《金融监管改革的新方法：判断、焦点及稳定性》白皮书①，指出"三方"体制存在固有不足和缺陷：FSA 被赋予所有的金融监管职责，小到商业街金融顾问的客户行为监管问题，大到全球大型投行运行的安全与稳健问题；英格兰银行虽然名义上有维护金融稳定的责任和义务，但并没有授予其履行职责的工具和手段；财政部拥有维护总体法律和制度框架的职责，但未明确其在危机中有效防范数百亿英镑的公共资金处于风险的具体安排。

欧盟金融监管危机前是在莱姆法路西框架（Lamfalussy Framework）下展开的，因不存在统一监管机构，具体监管是由各成员国来实施，欧盟委员会负责各成员国的金融监管协调工作。在应对金融危机时，欧盟监管协调主要依靠四个谅解备忘录。第一个谅解备忘录签署于 2001 年，主要用于在处理银行流动性或偿付能力问题时，加强各国银行监管者和中央银行之间的信息交流和传递。第二个谅解备忘录签署于 2003 年，仍旧是用于各国银行监管者和中央银行之间，目的是确保欧盟和国家层面上建立系统性危机的早期评估体系，包括制定原则、程序和信息要求等。第三个谅解备忘录签署于 2005 年 5 月，范围扩大到各国银行监管者、中央银行和财政部，目的是促进危机管理的合作和信息共享。第四个谅解备忘录签署于 2008 年 6 月，进一步将 2005 年谅解备忘录的内容扩展至跨境系统性金融危机的处理和解决方面的协调合作。由于谅解备忘录对于原本分散的欧盟金融监管体系的约束力不强，因此不利于识别和解决系统性风险，其分工不够明细和协调范围不够广泛也不利于欧盟整体的监管与协调。

德国自 2002 年 5 月成立联邦金融监管局（BaFin）后，德央行和 BaFin 之间的监管协调主要依靠高层会谈机制，银行业监管方面多由 BaFin 主导。除了在制定资本和流动性的原则时需要双方达成一致意见，其他监管政策层面，德央行更多是行使参与协商权。直到 2008 年 2 月德国才出

---

① "A New Approach to Financial Regulation: Judgment, Focus and Stability", https://www.gov.uk/government/uploads/system/uploads/attachment_data/file/81389/consult_financial_regulation_condoc.pdf.

台指导原则①用以厘清央行和 BaFin 之间的监管分工和协作关系。

法国于 2003 年的《金融安全法》设立金融市场监管局（AMF），由证券交易委员会（COB）、金融市场理事会（CMF）和金融管理纪律理事会（CDGF）合并而成，AMF 为证券市场的统一监管机构。② 法国银行业由法兰西银行（央行）负责监管，同时对一般监管事务共同协调工作起牵头作用。

俄罗斯银行（央行）监管银行业，俄金融市场局对证券商、保险公司、小金融组织、交易所投资和养老基金等非信贷金融机构进行监管。③ 俄罗斯自 2003 年以来一直试图推行统一金融监管的改革，但直至此次金融危机后才成功。

巴西自 20 世纪 60 年代起开始采用分业监管模式，由国家货币委员会（CMN）牵头，负责协调 4 个机构对金融市场实施监管：巴西央行（BCB）监管银行业，证券交易委员会（CVM）监管资本市场，私营保险监理署（SUSEP）监管保险业，补充养老金秘书局（SPC）监管私人养老金。④ 2006 年，巴西成立了金融、证券、保险和补充养老金监管委员会（COREMEC），以央行为核心，进一步加强各监管机构间的协调配合。由于多头监管在应对混业经营中的弱势逐渐显现，巴西金融监管协调机制仍在不断完善中。

印度根据 1934 年的《印度联邦储蓄银行法》和 1949 年的《银行管理法》，实行分业监管体制。印度储备银行（RBI）作为央行，执行货币政策的同时对银行业、非银行金融机构、外汇市场进行监管，证券交易委员会（SEBI）和保险发展监管局（IRDA）分别对证券业和保险业实施监管。⑤ 印度监管协调体系是以央行为核心构建的，除了金融监管委员会

---

① "Guideline on the Execution and Quality Assurance of the Ongoing Supervision of Credit and Financial Services Institutions by the Deutsche Bundesbank", http://www.bafin.de/SharedDocs/Aufsichtsrecht/EN/ Richtlinie/rl_130521_aufsichtsrichtlinie_en_ba.html? nn = 2690730 # doc2684268bodyText4.

② 孙爱林、尹振涛：《法国的金融监管改革》，《中国金融》2009 年第 17 期。

③ 莫万贵、崔莹、姜晶晶：《金砖四国金融体系比较分析》，《中国金融》2011 年第 5 期。

④ 同上。

⑤ 同上。

（BFS）负责协调银行业监管行动外，金融资本市场高层协调委员会
（HLCCFCM）专门负责资本市场的协调，该委员会由 RBI 行长担任主席，
成员包括 SEBI 和 IRDA 的负责人以及财政部秘书。

　　南非依据 1990 年的《银行法》和 1993 年的《互惠银行法》，由南非
储备银行（央行）和金融服务局分别负责银行和非银行金融机构的监
管。① 危机前南非金融监管框架内没有一个统一协调的机构。

（二）危机以来各国和组织金融监管协调机制的改革情况

　　美国总统奥巴马于 2010 年 7 月 21 日签署颁布《多德—弗兰克华尔街
改革和消费者保护法》② 明确设立金融稳定监督委员会（FSOC）。FSOC
主要职能是识别和监测系统性风险，促进金融稳定。FSOC 由美国财长任
主席，其余 15 名成员包括 9 名来自美联储、货币监理署、联邦存款保险
公司、新成立的消费者保护局等联邦层面监管机构的负责人；5 名不具有
投票权的成员来自金融研究办公室、联邦保险办公室以及州层面的银行、
保险和证券监管部门代表；1 名独立成员由总统任命作为监督副主席，来
自美联储董事会成员。

　　英国废弃了原有的三方监管体系，撤销 FSA，在英格兰银行内部设立
负责宏观审慎管理的金融政策委员会（FPC），新设隶属于英格兰银行的
审慎监管局（PRA）和隶属于财政部的金融行为监管局（FCA），分别负
责微观审慎监管和行为监管。英国相继出台《2012 年金融服务法草案》③
等一系列法案确立了以央行及其附属机构 FPC 为核心的协调机制，协调
内容主要包括：英格兰银行和财政部之间、PRA 与 FCA 之间、FPC 与
PRA 和 FCA 之间、英格兰银行与 FCA 之间、英格兰银行与 PRA 之间的协
调。

　　欧盟 2009 年颁布《欧洲金融监管体系改革》法案④，于 2011 年 1 月

---

①　刘萍、张韶华：《南非的非吸收存款类放贷人法律制度》，《金融研究》2008 年第 6 期。

②　"Dodd – Frank Wall Street Reform and Consumer Protection Act"，http：//www. sec. gov/a-
bout/ laws/wallstreetreform – cpa. pdf.

③　"Draft Financial Services Bill 2012"，http：//www. publications. parliament. uk/pa/
jt201012/jtselect/ jtdraftfin/236/236. pdf.

④　李翔、樊星：《各国金融监管改革的比较分析》，《国家行政学院学报》2011 年第 3 期。

1 日生效，从超国家层面成立了两大金融监管机构分别负责宏观审慎管理和微观审慎监管，即欧洲系统性风险委员会（ESRC）和欧洲金融监管体系（ESAS），同时这两大超级机构之间的协调主要依靠信息共享和及时预警的方式，ESAS 将所收集的微观信息和发现问题共享给 ESRC，ESRC 结合欧盟整体宏观经济形势将潜在的系统性风险通过预警传递给 ESAS。2013 年 10 月，欧洲理事会批准设立欧洲银行单一监管机制，建立协调小组（Mediation Panel），由各成员国派代表组成，旨在解决成员国之间的意见分歧。

德国于 2012 年 5 月通过《金融监管体系改革法案》[①]，决定成立德国金融稳定委员会，维护金融市场稳健性和促进金融监管协调性。该委员会由德国财长担任主席，9 名有投票权的成员组成"三三制"，即由财政部、央行和 BaFin 各 3 名；1 名无投票权成员来自联邦金融市场稳定署（FMSA）。

法国于 2008 年 8 月出台《经济现代化法》[②]，将原有银、证、保分业监管机构统一合并为审慎监管局，隶属于法央行。法央行被赋予更多的协调职能，由危机前的一般监管事务的牵头者提升到负责全面监管事务、防范系统性风险和维护金融稳定的地位。

俄罗斯于 2013 年 7 月 24 日通过《将金融市场领域调节、监督和检查职能转交中央银行的若干有关法规修正案》，明确俄央行取代原金融市场局对非信贷金融机构的监管权，进而成为唯一的统一金融监管者。同时，俄央行还接管了财政部和政府的金融市场监管标准、会计标准、相关监管法律等制定的权力。[③] 俄央行设立相关内部部门行使上述职权，俄央行原有与原金融市场局、财政部和政府之间需要外部协调的事宜衍化为央行内部事宜。

巴西于 2011 年 5 月在央行内部设立金融稳定委员会（COMEF），专司宏观审慎政策功能，负责巴西央行内部协调各部门之间的职责。此外，

---

① 《德国实施新银行业监管改革法案》，亚太财经与发展中心，http://afdc.mof.gov.cn/pdlb/wgcazx/201205/t20120510_650209.html。

② 孙爱林、尹振涛：《法国的金融监管改革》，《中国金融》2009 年第 17 期。

③ 《俄罗斯央行将统一监管金融市场》，新华网，http://news.xinhuanet.com/fortune/2013-07/24/c_116674902.htm。

巴西拟对原有 COREMEC 进行升级，将金融监管机构、信用保障基金和财政部纳入新的协调框架内，央行仍居核心地位。

印度于 2010 年 12 月成立金融稳定和发展委员会（FSDC），由财政部部长为主席，成员包括 RBI 行长以及 SERI、IRDA、养老金监管和发展局的负责人。RBI 仍居核心地位，负责 FSDC 的日常工作。

南非财政部于 2011 年 2 月发布文件 *A Safer Financial Sector to Serve South Africa Better*，宣布南非金融监管体制转为"双峰式"模式，并于 2011 年成立金融稳定监督委员会（FSOC），财政部长担任主席，成员来自南非储备银行、金融服务理事会和财政部，负责监管协调工作。

二　金融监管协调机制改革的国际经验及启示

总体来看，国际金融监管改革实践重点从法律、体制、目标、信息和执行五个层面强化金融监管的协调性。

（一）法律协调：明确监管协调机制的地位

美国颁布《多德—弗兰克华尔街改革和消费者保护法》明确设立金融稳定监督委员会。英国出台《2012 年金融服务法草案》等一系列法案确立了以央行及其附属机构金融政策委员会为核心的协调机制。欧盟颁布《欧洲金融监管》和《欧洲银行业单一监管机制法案》成立了包括欧洲系统性风险委员会、欧洲金融监管者体系和银行业单一监管机制在内的跨国协调机制。德国通过《金融监管体系改革法案》赋予金融稳定委员会协调职能。法国出台《经济现代化法》增加了法兰西银行（央行）在危机处置和防范系统性风险中的协调职权。俄罗斯通过法案明确俄央行为统一金融监管者，将监管协调内部化。巴西、印度、南非等国也从立法层面明确相应的监管协调机制的制度安排。

（二）体制协调：设立专门机构负责监管协调

从体制层面上可以分三种方式：一是建立跨部门的协调机制，如美国的金融稳定监督委员会、德国的金融稳定委员会、印度的金融稳定和发展委员会、南非的金融稳定监督委员会等，其成员包括财政部、央行和主要监管者。二是以央行或其内设机构为核心，如英国的英格兰银行及其附属机构金融政策委员会，法国、俄罗斯、巴西等国的央行负责监管协调。三是成立超主权的协调机制，在联盟范围内统一监管规则和防范系统性金融风险。比如欧洲系统性风险委员会、欧洲金融监管者体系以及近期建立的银行业单一监管机制。

（三）目标协调：注重各监管主体的目标统一

一是宏观审慎管理和微观审慎监管的协调。除由跨部门机构负责宏微观审慎监管协调外，一些国家央行为宏观审慎管理和微观审慎监管统一监管者，使二者的协调内部化，降低了协调成本，提升了监管效率，如英国、俄罗斯、法国等。而另一些国家将宏观审慎管理和微观审慎监管职责纳入统一监管体系，赋予宏观审慎管理部门更多的权利以减少监管摩擦，如监督权、建议权、信息获取权等，如美国。二是货币政策与金融监管政策协调。特别是那些同时肩负金融监管职责的央行，更需要重视将货币政策与金融监管政策结合使用，如美国、英国、俄罗斯、法国、巴西等。三是中央和地方金融监管协调。美国财政部下设国家保险办公室，为联邦层面牵头者，与各州共同监管保险业，从而改变过去由州牵头监管保险业的局面。

（四）信息协调：保障信息共享途径的畅通

信息共享是金融监管协调的基础。建立畅通的信息共享途径不仅能够提高监管效率，降低监管成本，而且能解决因信息不对称引发的监管冲突。一些国家通过法律直接就信息共享机制做出安排。德国明确规定必要时，德联邦金融监管局和金融机构必须向德央行提供数据和信息。美国财政部下设金融研究办公室，为金融稳定监督委员会及其成员收集数据和提供分析。部分国家通过签署联合谅解备忘录（MOU）形式促成信息交流机制。英国的财政部与英格兰银行共同制定《金融危机管理备忘录》来明确各自职责。

（五）执行协调：突出央行的牵头作用和特殊地位

在系统重要性金融机构监管、金融消费者权益保护、危机处置、事前协商和紧急、冲突协调机制的具体执行过程中，各国均不约而同地明确央行牵头者地位或强化央行的特殊地位。美国金融稳定监督委员会授予美联储对具有系统重要性金融机构和非银行金融机构的监管权，金融消费者权益保护也由美联储下设消费者保护局具体实施。英国央行负有维护金融稳定的责任以及在危机时对某家金融机构行使"暂时国有化"的权力。欧央行负责监管资产规模较大和接受救助的银行①，并在必要时对其他中小银行实施直接监管。

三　我国金融监管协调机制建设的探索历程和主要问题

（一）我国金融监管协调机制建设的探索历程

与以往联席会议不同，2013 年国务院设立的金融监管协调部际联席会议制度是正式的制度安排，开启了我国金融监管协调的新篇章。根据国务院规定，金融监管协调部际联席会议重点围绕金融监管开展工作，不改变现行金融监管体制，不替代、不削弱有关部门现行职责分工，不替代国务院决策，重大事项按程序报国务院。联席会议通过季度例会或临时会议等方式开展工作，落实国务院交办的事项，履行工作职责。联席会议建立简报制度，及时汇报、通报金融监管协调信息和工作进展情况。

回顾我国金融监管历程，此次建立部际联席会议已是第三次重启协调制度。早在 2000 年银监会尚未成立之时，人民银行、证监会和保监会以联席会议形式每季度碰头讨论。2008 年国务院建立了"一行三会"金融工作旬会制度并成立了应对国际金融危机小组，这是第二次启动。在法条修改方面，2003 年 12 月，已将"国务院建立金融监督管理协调机制，具体办法由国务院规定"和"中国人民银行应当和国务院银行业监督管理机构、国务院其他金融监督管理机构建立管理信息共享机制"的条文增

---

① 根据欧洲银行业单一监管机制规定，欧央行负责监管以下三类银行：一是资产总额在 300 亿欧元以上或占其所属国 GDP 的 20% 以上的银行；二是资产总额在所在国排名前三的银行；三是已接受欧洲金融稳定基金或欧洲稳定机制救助的银行。

加到《人民银行法》修正案中。① 在分工方面，2004 年 6 月，银监会、证监会和保监会就签署了《在金融监管方面分工合作的备忘录》②，分别从指导原则、职责分工、信息收集与交流、工作机制等方面确定了监管协调的框架。2008 年 1 月银监会和保监会签署了银保深层次合作和跨业监管合作的谅解备忘录。③ 2008 年 8 月 14 日公布的人民银行"三定"方案④中，明确了央行以"会同"的方式参与建立金融监管协调机制的职责以及相应的地位，但在现实操作中，"会同"难免沦为"会签"。

（二）我国金融监管协调机制的主要形式

目前我国金融监管协调机制主要采取以下几种形式：一是国务院建立的金融旬会制度，国务院办公厅负责组织，人民银行、银监会、证监会、保监会、外汇局以及发改委、财政部等有关部门参加。旬会主要研究金融改革、发展和稳定等重大问题，也涉及金融监管中需要协调的重大事项。二是由人民银行牵头的反洗钱工作部际联席会议制度，主要是指导全国反洗钱工作，制定国家反洗钱的重要方针、政策，协调各部门、动员全社会开展反洗钱工作。三是由银监会召集成立的处置非法集资部际联席会议制度。四是证监会牵头成立的整治非法证券活动协调工作制度。五是各省市建立的金融稳定联席会议制度，主要分析各行业影响辖区金融稳定重要因素及需要关注和解决的问题，研究共同应对措施，达成工作共识，形成防范金融风险的"统一战线"。

（三）我国金融监管协调机制的主要问题

近年来，我国金融监管协调机制在防范系统性金融风险和维护国家金

---

① 《中华人民共和国中国人民银行法》，中国政府网，http：//www. gov. cn/ziliao/flfg/2005 - 09/12/content_ 31103. htm。

② 《中国银行业监督管理委员会、中国证券监督管理委员会、中国保险监督管理委员会在金融监管方面分工合作的备忘录》，中华会计网，http：//www. chinaacc. com/new/63/69/114/2004/6/ad67715111182640022840htm。

③ 《银监会和保监会双方签署跨业监管合作谅解备忘录》，中国政府网，http：// www. gov. cn/jrzg/2008 - 01/23/content_ 865890. htm。

④ 《国务院办公厅关于印发中国人民银行主要职责内设机构和人员编制规定的通知》，中国政府网，http：//www. pbc. gov. cn/publish/bangongting/82/1775/17754/17754_ html。

融安全上起到了一定的作用，但由于缺乏有力的法律和制度保障，协调机制仅仅停留在原则性框架层面，未能实现协调作用最大化。在实践中，无论从法律建设还是制度安排上都存在着一些问题。在法律层面，缺乏一部较高层次的金融监管协调法，在目前现有的法律框架下，"一行三会"可以根据各自履行职责的需要进行沟通与协商，但这种方式是没有强制约束力的，影响了协调机制的运行效果。在制度层面，各监管主体的职责分工不够清晰，监管边界的新业务和新产品因缺乏监管主体，往往处于监管空白状况，缺乏有效、权威的争议解决机制。在目标层面，参与金融协调各部门存在利益博弈问题，人民银行作为"最后贷款人"不可避免地面临货币政策和金融监管的协调问题，中央和地方监管权责不清也影响到监管政策传导效果。在信息层面，信息共享机制不健全，分业监管模式容易造成监管信息的分割，各监管主体间交流渠道不畅通，各自监管信息仍处于封闭状态。在执行层面，缺乏跨部门联合执法机制，重复监管问题比较严重，金融消费者保护、系统重要性金融机构监管等方面均未明确各监管主体的权责。

四 积极稳妥推进我国金融监管协调机制建设

回顾以往，我国在金融监管协调机制建设上的前期探索历程，虽然对防范我国系统性金融风险和维护国家金融安全起到了积极的作用，但还远远满足不了我国金融服务实体经济发展的需要，与国际实践相比仍有一定差距。与以往联席会议不同，近期国务院设立的金融监管协调部际联席会议制度是正式的制度安排，开启了我国金融监管协调机制建设的新篇章。为进一步全面贯彻落实党的十八届三中全会关于加快完善现代市场体系的精神，未来需要借鉴国际经验并结合我国国情，充分发挥金融监管协调部际联席会议制度功能，积极健全法律体系、探索建立工作机制、重点统筹三大关系的目标协调，持续完善信息共享平台，稳妥构建联合行动制度，切实提升我国监管协调工作规范化和制度化水平。

（一）积极健全监管协调法律体系

国际实践充分说明金融监管协调机制的建设与完善高度依赖于健全法

律体系的保障。目前我国缺乏一部较高层次的金融监管协调法，现有的法律框架中仅在 2003 年 12 月《人民银行法》修正案中规定了一些原则性条款①，对各监管主体的约束力不够，影响了监管协调机制的实际运行效果。同时，在我国分业监管框架下，中央和地方之间、宏微观监管部门之间都出台了各自监管规定，存在关联性法律法规的协调和一致问题。未来应以加强和改善金融监管协调为重点，择机推出一部总揽金融监管协调全局的政策法规，并在此基础上探索和完善符合我国金融监管逻辑和趋势的法律约束机制，明确"一行三会"、有关部委、地方政府之间的分工职责，要求不同监管部门在出台重大监管政策之前充分沟通，提高对关联性业务监管政策的衔接和统一，促进监管标准的协调性。

（二）探索建立监管协调工作机制

此次国务院对金融监管协调部际联席会议的工作机制进行了更加明确的规定，要求部际联席会议"不替代国务院决策，重大事项按程序报国务院"，以及"通过季度例会或临时会议等方式开展工作"，并"建立简报制度，及时汇报、通报金融监管协调信息和工作进展情况"。这些规定相比于过去较为松散的制度安排已有了飞跃式的提升，但我们应清醒地认识到各监管主体的职责分工仍不够清晰，特别是对交叉性金融产品、跨市场金融创新业务和处于监管边界的金融机构和金融活动，缺乏协调相关部门统一认识和明确监管政策、规则和责任的具体方案。下一步，应牢牢守住不发生系统性和区域性金融风险的底线，以现有部际联席会议制度为平台，构建有效、权威的事前协商和争议解决机制，进一步厘清各监管主体的监管职能，在发挥机构监管优势的同时，更多树立功能监管理念，硬化工作制度约束，真正把监管协调落到实处。

（三）重点统筹三大关系的目标协调

从目标层面看，我国参与金融协调各部门存在利益博弈问题，货币政策与金融监管的统筹协调、宏观审慎管理和微观审慎监管的相互配合、中

---

① 《中华人民共和国中国人民银行法（修正）》第九条"国务院建立金融监督管理协调机制，具体办法由国务院规定"和第三十五条"中国人民银行应当和国务院银行业监督管理机构、国务院其他金融监督管理机构建立管理信息共享机制"。

央与地方监管权责分工都不可避免地影响到监管政策的传导效果。其中，人民银行作为"最后贷款人"和部际联席会议的"牵头人"，涉及上述三大关系的目标协调效果，未来在金融监管协调机制中的作用将至关重要。为顺利实施货币政策，央行需要就金融监管措施可能对金融机构和金融市场产生的影响进行评估，确保货币政策有效传导。宏观审慎管理和微观审慎监管之间协调涉及"一行三会"权责分工问题，当前我国混业经营趋势日益加强和近年来互联网金融渐成气候，未来应纳入央行牵头的部际联席会议的主要议题。三中全会提出"界定中央和地方金融监管职责和风险处置责任"，未来应在坚持中央对金融业统一监管的基础上，以区域性原则为导向明确地方在防范区域性金融风险中的监管和处置职责。

（四）持续完善监管协调信息共享平台

完善的信息完全共享机制是提高监管协调有效性的必然选择。但是目前我国监管信息共享机制不够健全，分业监管模式容易造成监管信息的分割，各监管主体间交流渠道不畅通，各自监管信息仍处于封闭状态。在实践中，各监管主体对监管信息存在一定的认识偏差，导致监管数据重复收集，增大了被监管者的负担与协调成本。下一步，要明确各监管部门信息采集范围，统一采集标准，避免监管数据的重复统计和统计遗漏，对于多方需求的共同信息应实现采集和传达方式一致性。加快金融业统计体系建设，形成集中、统一、高效的金融信息来源，实现金融统计数据在各部门间动态实时共享，从而避免决策口径的偏差。借鉴国际做法，赋予宏观审慎管理部门信息索取权，各微观审慎监管部门有义务提供与防范系统性金融风险相关信息，包括行业数据、现场监管和非现场监管信息等，为宏观审慎分析提供基础。

（五）稳妥构建监管协调联合行动制度

联合行动制度是金融监管协调的较高层次，较信息共享更具有实质意义。特别是一些交叉性金融产品和跨市场金融创新的领域，仅仅依靠就某一金融事项各监管部门联合发文的现有做法是远远不够的。从国际实践来看，金融消费者权益保护、系统重要性金融机构监管、危机处置等一系列工作都需要将各监管主体纳入协调机制，并在联合行动具体执行过程中，充分发挥央行的牵头作用。当前，"一行三会"均自行探索不同的统一执法方式，比如人民银行牵头的反洗钱工作部际联席会议制度、银监会召集成立的处置非法集资部际联席会议制度、证监会牵头成立的整治非法证券活动协调工作制度，尚未从整个金融业角度出发统筹考虑建立统一的跨部门联合行动制度，导致监管实践中重复监管和监管缺位问题比较严重，金融消费者保护、系统重要性金融机构监管等方面均未明确各监管主体的权责。未来，应进一步明确各监管主体的职责分工，确保对处于监管边界的金融监管行动一致性，减少监管真空和监管重复，形成监管合力。

综上所述，金融监管协调机制建设涉及各个方面，是一项系统性工程。相对于世界上其他国家，我国金融监管协调机制建设还存在不小的差距，应当在深入研究我国现实的基础上，全面落实党的十八届三中全会要求，针对实践中存在的突出问题，借鉴国外行之有效的有益经验，建立适合我国国情、协调框架合理、机制保障有力的金融监管协调机制。

第十三章

次贷危机后全球金融监管改革的新趋势

2007 年美国次贷危机爆发并迅速演化为全球金融危机，导致世界经济陷入"大萧条"以来最为严重的衰退。金融危机在暴露出新自由主义经济学片面追求金融效率而忽视安全与稳定这一重大缺陷[①]的同时，也成为全球金融监管改革的催化剂，开启了以防范系统性风险为核心的、宏观审慎与微观审慎并重的新监管时代（金融监管的演进历程见表 13 - 1）。正如 Sparrow（2013）所言："全球金融危机动摇了金融监管的内核，变革正如山雨骤来，暴露传统方法的不足，激发争论，加快实验和创新的进程。"[②] 主要发达经济体，特别是受冲击最为显著的国家无不反思各自金融监管体系的缺陷，并着手从监管理念、监管目标、机构设置、监管手段等方面进行大幅度的、"无盲区、无缝隙"的金融监管体制改革，力图通过校正金融监管对金融市场业务、金融经营模式等市场要素的偏离，从片

---

① 例如，索罗斯（2009）认为，次贷危机源于市场原教旨主义，是金融监管的不负责任和金融创新过度发展的必然结果。穆良平、钟山（2013）认为，在对引发危机原因的思考和争论中，一个基本的共识是，美国在金融监管当中的制度漏洞和监管缺位对危机的形成乃至蔓延负有不可推卸的责任。丁灿、许立成（2010）提出："在宏观层面上，次贷危机是全球流动性泛滥、国际经济的失衡、庞大的影子银行系统、过快的金融自由化、滞后的金融监管和不断扩大的收入差距合力的结果；在微观层面上，次贷危机又是由'有毒'的金融资产、有缺陷的风险管理、信用评级机构的失职、公司治理机制的失效、偏颇的公允价值和隐性的政府担保共同作用下触发。"参见乔治·索罗斯《索罗斯带你走出金融危机》，《资本市场》2009 年第 3 期；穆良平、钟山《美国金融监管改革法案评述》，《财经科学》2013 年第 7 期；丁灿、许立成《全球金融危机：成因，特点和反思》，《中央财经大学学报》2010 年第 6 期。

② Sparrow, Malcolm K., "Foreword", *Financial Supervision in the 21st Century*. Ed. A. Joanne Kellermann, Jakob de Haan, and Femke de Vries, Springer - Verlag, 2013, v - viii.

面重视金融效率到寻求金融安全稳定与金融效率的均衡。这些举措在一定
程度上反映出未来一个时期全球金融监管发展的主要范式和趋向，必然会
对全球以及中国的金融体系产生深远的影响。

表 13—1　　　　　　　　　　　　金融监管演进的里程碑

	驱动因素	金融监理	金融规制	货币政策	金融稳定
20 世纪 50—60 年代	"金融抑制"是主导模式	货币政策、银行监管、财政政策交互错综，前两者从属于财政政策。信贷控制、信贷上限、利率管制服从于多重目标，由政府严格控制的央行执行监管			
20 世纪 70 年代	自 20 世纪 70 年代开始，主要发达国家国内金融自由化 1973—1975 年英国边缘银行危机（Fringe bank crisis） 1973 年美国富兰克林国民银行倒闭 1974 年德国赫斯塔特银行倒闭	认识到审慎银行监管是一个独立的金融政策领域	出现"审慎监管" 1974 年巴塞尔银行监管委员会（BCBS）成立	由直接工具转向间接工具，金融市场发展，将价格稳定作为单一的货币政策目标	
20 世纪 80 年代	1981 年意大利安布罗维内托银行（BANCOAMBROSIANO）倒闭 国际金融自由化逐步推进，引致大型金融机构的国际化		1988 年《巴塞尔协议 I》出台，试图融合主要审慎监管措施，为活跃于国际的银行机构创造舞台。将资本作为审慎监管锚定的焦点	中央银行独立性被作为制度工具提出，目的是避免货币政策与价格稳定目标的时间不一致性	

续表

	驱动因素	金融监理	金融规制	货币政策	金融稳定
20世纪80年代	1991年国际商业信贷银行（BCCI）倒闭 1995年巴林银行倒闭	央行内监管抑或央行外监管与货币政策的关系如何			
20世纪90年代	不同类型金融机构的边界日益模糊；大型金融集群形成	1996年巴塞尔有效银行监管核心原则发布——核心原则涵盖金融监理及金融管制			
	1997年亚洲金融危机以及其后的俄罗斯等国的金融危机	监理架构论争开始（与央行统一、内设、抑或外设监管），导火索是1977年英国金融服务监管局（FSA）的设立	着手制定《巴塞尔协议Ⅱ》	通胀目标制开始成为发达经济体货币政策的主导策略，日益强调央行的责任与透明度	认识到金融稳定作为一个独立政策目标的重要性
21世纪前10年	"大缓和"（Great Moderation）：通胀率处于低水平，增长处在相对较高水平 2007年全球金融危机及其后的主权债务危机相继爆发	基于央行治理的辩论而展开的对监管治理的讨论			数家中央银行成立了"金融稳定部"。然而，并未达成共识，且央行对保持金融稳定并无明确的工具

续表

	驱动因素	金融监理	金融规制	货币政策	金融稳定
21世纪前10年		截然分裂微观与宏观审慎监管的危机教训，开启了关于监管架构、监管治理及央行角色的辩论	《巴塞尔协议Ⅲ》	作为危机的结果，通胀目标制的适用性及央行仅关注于价格稳定受到质疑	金融稳定被认为是央行在价格稳定之外的第二目标，宏观审慎监管上升为重要政策领域，相关工具正在界定中

　　资料来源：Masciandaro, Donato, and Marc Quintyn, "8. The Evolution of Financial Supervision: The Continuing Search For the Holy Grail", *SUERF 50th Anniversary Volume Chapters*, 2013: 268 – 270。

一　次贷危机引发的金融监管反思

　　国际金融危机的爆发及蔓延充分暴露了全球金融监管体制存在的诸多问题，令国际金融组织及各国经济学家深刻反思。问题主要集中在以下几个方面。

（一）市场力量和市场规则能否确保经济金融稳定运行

　　危机之前，主要发达经济体的金融监管者所秉持的基本假设是，市场力量和市场规则可确保经济及被监管机构运行。[1] 其理论基础是新古典经济学，核心假设是"经济人假设"，其实质是强调个人效用最大化。一般

---

　　① 这些假设长期以来受到质疑。例如，Shiller（2000）主张市场效率并不意味着市场理性。资产价格的随机漫步、难以预计并不表明市场不存在羊群效应及价格越过理性均衡水平。参见 Shiller R. J., *Irrational Exuberance*, Princeton：Princeton University Press, 2000。

均衡定理是新古典经济学的正常范式，即在个体追逐利益最大化的条件下，"看不见的手"会使市场自动达到均衡，对于金融市场来说就是指整个资本市场能够准确和全面地反映那些决定证券价格的所有有关信息。新古典经济学给金融监管带来的启示是，由于市场是有效的并且参与者是理性的，因而应尽量少监管，让市场自身充分发挥作用，道义劝告而无须干预或对抗被证明为有效解决问题的方法，即所谓的"监管自由主义"（Regulatory Liberalism）。[1] 其表现在如下几个方面：其一，由于市场价格信号灵敏而且正确，完全可以通过市场纪律去控制那些不良的风险承担行为；其二，要充分体现优胜劣汰的市场竞争机制，让那些出现问题的机构及时进行破产清算；其三，不要监管金融创新，因为市场纪律与竞争会自动淘汰那些没有价值的金融创新，金融监管很可能会抑制金融创新。以美国为例，自 1999 年通过《格雷姆--里奇—比利雷法案》（*Gramm Leach Bililey Financial Modernization Act*）、废止《格拉斯—斯蒂格尔法》之后，2000 年，美国政府又通过《商品期货现代化法案》（*Commodity Futures Modernization Act*），放开 OTC 衍生品交易，对冲基金在几乎没有监管——有限的监管，且没有披露资产负债表、头寸或杠杆的义务——的背景下迅速增长。放松管制的背后，正是保有美国企业竞争力的考量及自由市场主义的胜利。[2]

在某种程度上，金融危机侵蚀了"好监管就是少干预"的理念，因为市场力量未能阻止金融机构风险管理的不足。[3] 其一，金融监管不能只依赖市场力量和市场规则，监管当局应当保持警惕并在必要的时候迅速反应，而不是一味依靠精细微妙的软性执行及说服策略。[4] 比如，原有的金融监管理念认为，道义劝告而无须干预或对抗被证明是有效解决问题的方

---

① Gamble, A., *The Spectre at the Feast*: *Capitalist Crisis and the Politics of Recession*, Palgrave Macmillan, 2009.

② 从金融理论视角对近期金融改革所做的评估可参见 Semmler, Willi, *Asset Prices*, *Booms and Recessions – Financial Economics from a Dynamic Perspective*, 3rd *edition*. Springer, 2011.

③ Briault, C., "Trust Less, Verify More: Financial Supervision in the Wake of the Crisis", Crisis Response No. 5, 2009, The World Bank.

④ De Nederlandsche Bank, *From Analysis to Action*: *Action Plan for a Change in the Conduct of Supervision*, *DNB*, 2010, Amsterdam.

法。然而，行为科学认为，如果被监管的机构或个人无法或不愿意遵守规则时，诸如道义劝告等说服技巧往往是无效的。次贷危机就显现了道义劝告在现代金融世界的几近无能为力，以致监管者长期以来袖手旁观、引发恶果。[1] 以流动性监管为例，正是由于监管当局存在着过度的监管容忍和监管滞后，监管者未能及时发现金融机构流动性管理存在的重大缺陷和潜在的巨大风险，或者发现了也没有采取相应的措施要求金融机构进行纠正。监管者同样忽视了宽松市场条件突然逆转潜在的巨大风险，对金融机构普遍存在的流动性管理缺陷不以为然，或不闻不问，或视而不见。其二，新古典经济学假定个体基于其私利的理性计算而进行抉择，然而，行为金融学证明了这一假设不仅错误，而且极其危险。De Bondt（2010）认为，市场波动的根源实质上是经济上升期的幸福感、极度乐观、极度自信、极度兴奋所致的高水平投机活动而极少关注风险。[2] 正如 Greenspan（2002）所言："泡沫通常是对生产力及公司潜在盈利真实改进的感知所沉淀的。但历史表明，投资者总是夸大改进的程度。"[3] 神经生物学对人类在压力下的行为所做的研究更表明风险行为的生理因素可能是迄今为止经济学家、风险管理者和中央银行管理者忽视的市场不稳定性的一个来源。[4] 其三，"大而不倒"的金融机构很难通过市场出清的方式来解决，因为它们的破产极易引起系统性风险。次贷危机引发的对新古典经济学假设的质疑，事实上印证了诺贝尔经济学奖得主科斯的断言："对于追求完全竞争的金融市场而言，一个复杂的规制与监管体系是不可或缺的。"[5]

---

[1]　Vinãls J., Fiechter J., *The Making of Good Supervision：Learning to Say "No"*, IMF Staff Position Note, 2010.

[2]　De Bondt, W., "The Crisis of 2008 and Financial Reform", *Qualitative Research in Financial Markets*, 2.3（2010）：137–156.

[3]　转引自 De Bondt, Werner., "The Crisis of 2008 and Financial Reform", *Qualitative Research in Financial Markets* 2.3（2010）。

[4]　Coates 等（2010）观察到当市场波动性增加的时候，交易者的皮质醇的水平也显著地增加。参见 Coates, John M., Mark Gurnell, and Zoltan Sarnyai, "From Molecule to Market：Steroid Hormones and Financial Risk–taking", *Philosophical Transactions of the Royal Society B：Biological Sciences*, 365.1538（2010）。

[5]　Coase, R.H., *The Firm, the Market, and the Law.*, University of Chicago Press, 1990.

（二）微观审慎监管能否确保经济金融稳定运行

长期以来，对单一投资主体诸如银行、投行等金融机构的金融监管是监管部门重点监管的内容，这属于微观审慎的范畴，即加强对"系统风险"（systematic risk）的监管。而金融市场之间或机构之间的关联性以及它们的外在溢出效应常常被忽视。再加上金融市场中会有不可避免的信息不对称缺陷、宏观经济政策的意外冲击和市场中的集体恐慌现象等诸多诱因，因此，单一市场或机构的风险往往通过金融市场或机构的关联性迅速蔓延到相关市场和金融机构，呈现出跨市场、跨行业和跨区域传递的现象，很多金融机构出现"多米诺骨牌"式的倒塌，即形成了"系统性风险"（systemic risk）。在金融全球化的今天，全球金融体系呈现网络状发展的态势，再加上金融体系的内在顺周期性的特性，导致系统性风险进一步加剧和深化，造成原本健康的金融机构由于整个金融系统环境的恶化而被拖入其中，使金融危机愈演愈烈，以至于难以控制。英国金融服务管理局（FSA）在其危机应对报告中指出："这次金融危机是对目前以微观审慎层面为基础的金融规制与监管体系的根本性挑战。一个稳健的微观审慎体系是必需的，但是还并不足以保证整个金融体系的稳定，而宏观审慎则恰恰是以系统性稳定为目标。"[①] 具体而言，微观审慎监管的不足主要体现在两个方面。

第一，微观审慎监管轻视了对系统性风险的监管。

微观审慎监管的目标是确保单个金融机构的稳健运行，但"个体的理性会导致整体的非理性"——某些从微观层面看对单个机构是审慎合理的行为，但如果成为金融机构的一致行动，从宏观层面看则可能影响整个金融体系的稳定。也就是 Kindleberger（1996）所强调的"个体理性，市场非理性"（Rationality of the Individual, Irrationality of the Markets）或"合成谬误"（Fallacy of Composition）问题。[②] "合成谬误"的内涵在于：金融市场以及整个经济系统是一个极其复杂的非线性系统，它存在着混沌效应。一个线性系统满足线性叠加原理，即整体等于部分之和；非线

---

① Financial Services Authority, *The Turner Review: A Regulatory Response to the Global Banking Crisis*, FSA, London, 2009.

② Kindleberger C. P., *World Economic Primacy, 1500 to 1990*, New York: Oxford University Press, 1996.

性系统的子系统之间具有非线性的相互作用，整体大于部分之和。因此，只有微观审慎监管，是无法防范系统风险的。Acharya（2011）证明了多银行体系中，除了个体风险转移的动机，还存在着系统性风险的转移动机，如果监管只是针对单个银行风险而忽视其行为的外部性，将会放任集体风险的转移动机，放大系统性风险。[1] O'Hara（2008）[2] 以此次金融危机为背景，将"合成谬误"与 Keynes（1935）[3] 提出的"选美比赛"作类比，说明市场参与者的个体理性最终可能导致市场整体的不理性。Brunnermeier 等（2009）对危机之前的微观审慎管理所引发的合成谬误问题进行了阐释："现有的系统监管方法暗含的假设，便是单个银行安全，则银行体系总体安全。这看起来似乎是真理，但在实践中却会遭遇合成谬误问题。银行及其他高杠杆金融中介为了使其更安全，集体采取的一致行动损害了金融体系。当风险价格上涨时，对于单个银行来讲，审慎的反应是出售资产。但如果众多银行均如此作为，则资产价格就会崩塌，从而迫使金融机构采取更进一步的措施扭转局势。在某种意义上，正是银行面临压力的反应导致了资产价格的全面下挫和资产市场动荡。"[4] 由此可知，单纯的微观审慎监管会忽略总杠杆率的上升和总信贷资源的错配，难以应对全局性的金融风险。以美国为例，虽然美国有多个金融监管部门，但是这些部门的职能主要是对金融机构进行微观审慎监管，而对宏观审慎监管问题关注不够，就连美联储也主要是负责货币政策的制定与实施，它没有被明确赋予对整个金融体系进行宏观审慎监管的职责。没有对金融机构经营模式变化、金融产品创新、金融业的相互关联性对金融系统稳定的影响给予足够的重视，也没有对宏观经济与金融系统的相互作用可能产生的系统性风险给予足够的关注，更没有设计逆周期的政策工具缓解金融市场的

---

① Acharya, Viral V., Douglas Gale, and Tanju Yorulmazer. "Rollover Risk and Market Freezes", *The Journal of Finance*, 66.4（2011）：1177 – 1209.

② O'Hara, Maureen, "Bubbles：Some Perspectives（and Loose Talk）from History", *Review of Financial Studies*, 21.1（2008）：11 – 17.

③ Keynes, J. M., *The General Theory of Employment, Interest, and Money*, New York：Harcourt Brace, 1935.

④ Brunnermeier, M., Crockett A., Goodhart C., Peraud A. D., Shin H., "The Fundamental Principles of Financial Regulation", *Geneva Reports on the World Economy*, No.11 , 2009.

顺周期性。在这种情况下，在系统性风险出现和积累过程中，就缺乏专门的部门去识别和防范化解它，结果使系统性风险最终发展到以爆发金融危机的形式而大量释放出来。[①]

微观审慎监管对系统性风险的忽视还体现在"大而不倒"问题的严峻上。"大而不倒"意味着，一家金融机构具有的系统重要性，决定了如任其倒闭将引发严重的系统性危机，因此政府必将选择救助而不是任其倒闭。[②] 此时，"大而不倒"的金融机构股东和高管不会由于经营不善而被清理出局，原有的债权、股权及薪酬合约继续有效，这时就会出现一边接受救助、一边领取高额薪酬和分红的怪现象。正是由于系统重要性的存在，才有了"大而不倒"问题，产生系统重要性的渠道至少有三个：一是规模太大而不倒；二是关联程度太高而不倒；三是无可替代而不倒。后两个渠道产生的系统重要性在本轮危机中体现得更为明显[③]。而金融危机前的微观审慎监管框架又难以防范因金融机构太大和太复杂所形成的系统性风险，无法解决过大规模带来过大而无法管理、过大而无法倒闭、过大而无法救助的问题。

第二，微观审慎监管重视硬指标而忽视公司治理、文化、战略等软指标及经营模式与风险之间的关联。

次贷危机的扩散进程生动地显示，金融机构微观治理的缺陷也可能引发系统性的金融风险。[④] 金融危机前，许多金融机构特别是大型复杂金融

---

① 天津市金融系统"金融风险管理与金融监管"课题组：《美国金融监管改革新政及对我国的启示》，《华北金融》2012 年第 12 期。

② 王兆星：《影子银行的阳光化——国际金融监管改革系列谈之六》，《中国金融》2013 年第 17 期。

③ 2008 年 9 月，时任美国财长鲍尔森最终选择让投行雷曼破产，而对美国国际集团（AIG）实施了紧急救助，并不是因为 AIG 的规模比雷曼更大，而是 AIG 与整个金融体系的关联度更高，AIG 持有的信用违约保险合同（CDS）规模过大，任其破产将导致 CDS 市场的全面崩溃，并将大部分美国金融机构拖下水。同理，被称为"两房"的房利美和房地美早就失去了独立持续经营的能力，但却能靠巨额政府救助支撑，就是因为"两房"在住房抵押贷款证券化中无可替代的作用。

④ 巴曙松：《金融危机下的全球金融监管走向及展望》，《西南金融》2009 年第 10 期。

机构的公司治理所存在的重大缺陷[①]，是造成系统性风险过度积累的重要原因。学术界的研究支持了上述观点。Battilossi（2009）对 20 世纪 30 年代的意大利金融危机所做的分析表明，金融体系的脆弱性事实上是因治理失败导致的过度风险承担所致。[②] Bludell - Wignall 等（2013）对 2005—2012 年 G20 国家银行所做的实证分析结果显示，在控制了宏观变量之后，银行经营模式对其风险影响"巨大"[③]。再以薪酬激励机制为例，Fahlenbrach 和 Stulz（2009）、Cheng 等（2009）认为银行等金融机构在危机前采取了大量的冒险性经营行为，股东通过显性和隐性的激励手段促使银行高管采取了高风险行为，最终导致了银行危机。[④] Kim 等（2013）以美国银行业 1992—2009 年数据作为分析基础，结果显示 CEO 股权激励所导致的风险承担与系统性风险存在显著的正相关。[⑤] 在高杠杆和高证券化的金融环境下，金融系统各组成部分的内在关联性大大加强，容易形成一损俱损的多米诺式的系统性金融危机。[⑥] 同时，由于薪酬结构中过多的短期激

[①] 根据王兆星（2013），危机前金融机构在公司治理方面的缺陷主要表现为：第一，董事会的构成和履职能力不适应复杂业务结构和市场的快速变化；第二，董事会未能有效监督公司战略和风险政策的执行；第三，业绩考核及薪酬奖励过于鼓励冒险和短期行为；第四，董事会和管理层都未能对风险管理及内控制度的有效性进行充分监控；第五，风险判断与计量过于依赖内部模型或外部评级；第六，信息披露和透明度不够。

[②] Battilossi, Stefano, "Did Governance Fail Universal Banks? Moral Hazard, Risk Taking, and Banking Crises in Interwar Italy", *The Economic History Review*, 62. s1 (2009): 101 - 134.

[③] Blundell - Wignall A., Atkinson P., Roulet C., "Bank Business Models and the Basel System: Complexity and Interconnectedness", *OECD Journal: Financial Market Trends*, 2 (2013): 1 - 26.

[④] Fahlenbrach, Rüdiger, and René M. Stulz, "Bank CEO Incentives and the Credit Crisis", *Journal of Financial Economics*, 99.1 (2011): 11 - 26. Cheng, Ing - Haw, Harrison Hong, and Jose A. Scheinkman, *Yesterday's Heroes: Compensation and Creative Risk - taking*, No. w16176, 2010, National Bureau of Economic Research.

[⑤] Kim, J. B., Li, L., Ma, M. L., & Song, F. M., *CEO Option Compensation, Risk - Taking Incentives, and Systemic Risk in the Banking Industry*, Hong Kong Institute for Monetary Research, 2013.

[⑥] Battiston, S., Delli Gatti, D., Gallegati, M., Greenwald, B., & Stiglitz, J. E., "Liaisons Dangereuses: Increasing Connectivity, Risk Sharing, and Systemic Risk", *Journal of Economic Dynamics and Control*, 36. 8 (2012): 1121 - 1141.

励容易产生泡沫资产，随着资产泡沫的增大，安全资产和正常风险资产会依次减少，此时连投资者也会鼓励经理过度冒险。[①] 而管理层对职业生涯的关注往往导致羊群效应。[②] 例如，对冲基金选择骑乘泡沫（ride the bubble）[③]；基金经理重仓投入于估值过高的资产[④]等。加之金融产品具有易复制性，单个高杠杆金融机构面临的风险增加会引发整个系统性风险的增加。[⑤] 至此，单个金融机构尤其是大型金融企业因为激励不当引起的冒险动机可能将整个金融系统拖进崩溃的深渊。据此，有学者呼吁，必须将监控金融机构高管薪酬结构纳入监管框架。[⑥] 事实上，研究表明，不仅是公司治理，危机之前金融机构经营模式及企业文化的转变，也会使得金融机构在过度承担风险的道路上越走越远。[⑦]

　　然而，由于危机之前微观审慎监管的判断依据主要是资产质量、不良贷款拨备覆盖率、资本充足率、资本利润率和资产利润率等硬指标，对诸如金融机构公司治理、文化、战略等软指标对金融系统性风险的影响并未引起足够重视。仍以薪酬激励机制为例，金融机构拥有众多利益相关者、运营模糊复杂且风险转移迅速，从而导致相对于其他行业而言，弥合股东期望和管理层作为的重要契约工具——金融高管薪酬机制高度攸关其风险

①　洪正、郭培俊：《努力不足、过度冒险与金融高管薪酬激励》，《经济学》2012 年第 11 期。

②　Scharfstein, D. S., Stein, C., "Herd Behavior and Investment", *American Economic Review*, 80.3 (1990)：465 – 479.

③　Brunnermeier, M. A. R. K. U. S., and S. Nagel. "Hedge Funds and the Technology Bubble", *The Journal of Finance*, 59.5 (2004)：2013 – 2040.

④　Dass, Nishant, Massimo Massa, and Rajdeep Patgiri, "Mutual Funds and Bubbles：The Surprising Role of Contractual Incentives", *Review of Financial Studies*, 21.1 (2008)：51 – 99.

⑤　Diamond, Douglas W., and Philip H. Dybvig, "Bank Runs, Deposit Insurance, and Liquidity", *The Journal of Political Economy*, 1983：401 – 419. Brunnermeier, M., Crockett A., Goodhart C., Peraud A. D., Shin H., "The Fundamental Principles of Financial Regulation", *Geneva Reports on the World Economy*, No. 11 (2009).

⑥　Bebchuk, Lucian A., Alma Cohen, and Holger Spamann, "Wages of Failure：Executive Compensation at Bear Stearns and Lehman 2000 – 2008", *Yale Journal on Regulation*, 27 (2010)：257.

⑦　Blundell – Wignall, A., P. E. Atkinson, and S. H. Lee, *The Current Financial Crisis：Causes and Policy Issues*, OECD, 2008.

倾向,[①] 期权类激励等增大薪酬凸性的方案设计更会促使高管激进且易于冒险。[②] 有相当多的实证研究支持了金融机构高管薪酬与风险承担之间的强因果关系。[③] 从实践来看,一方面,激进的薪酬机制对短期业绩给予丰厚回报,却无法约束过度冒险行为;另一方面,董事会和管理层缺乏对风险管理重要性的认识,自律机制缺乏相应的土壤,一些风险管理工具反而为他们的冒险行为提供了可乘之机。2008 年 10 月 23 日,格林斯潘在美国国会听证会上承认:"我以为以追求自我利益最大化为目标的组织,尤其是银行之类,最善于保护他们的股东的权利和公司股份,但是我错了。"这种错误尤其来自有缺陷的公司治理机制。事实上,在次贷危机中,短期化的激励机制和制衡机制的失灵遭到了主要发达经济体的普遍质疑。英国金融服务局(FSA)就明确表示,要将公司的激励机制作为考核公司资本金的要素,要求银行经常检查激励方案,保证其与银行的长期目标以及贷款管理和风险管理的实践相一致,确保所制定的薪酬政策尽可能地减少风险的积累。

(三) 金融效率是否优先于公平

在金融监管市场主义的理念主导下,危机之前主要发达经济体金融监管当局为了提高金融体系的整体效率,大力推动金融创新与金融竞争,却将金融监管的公平原则——监管当局应公正执法、平等对待所有金融市场参与者,做到实体公正和程序公正——抛诸脑后。表现在以下

① Mehran, Hamid, Alan Morrison, and Joel Shapiro, *Corporate Governance and Banks: What Have We Learned from the Financial Crisis?*, No. 502. Staff Report, Federal Reserve Bank of New York, 2011.

② Ross, Stephen A., "Compensation, Incentives, and the Duality of Risk Aversion and Riskiness", *The Journal of Finance*, 59.1 (2004): 207 – 225.

③ Chesney, Marc, Jacob Stromberg, and Alexander F. Wagner, "Risk – taking Incentives and Losses in the Financial Crisis," *Swiss Finance Institute Research Paper*, (10 – 18), *SSRN* 1595343 (2011). Mehran, Hamid, and Joshua Rosenberg, "The Effect of CEO Stock Options on Bank Investment Choice, Borrowing, and Capital", *Federal Reserve Bank of New York Working Paper*, 2008. Balachandran, Sudhakar, Hitesh Harnal, and Bruce Kogut, *The Probability of Default, Excessive Risk, and Executive Compensation: A Study of Financial Services Firms from 1995 to 2008*, WZB (2010).

两方面。

第一，过于重视金融效率而忽视对影子银行体系和金融创新的监管。

片面重视金融效率、过于倚重市场力量的后果之一是迅速膨胀的影子银行①游离于监管体系之外。危机发生之前，包括投资银行、对冲基金、货币市场基金、债券保险公司、结构性投资工具等影子银行快速增长。②这些非银行金融机构通常对企业、居民以及其他金融机构提供流动性和期限配合，甚至通过提高杠杆率来操作大量证券和复杂的金融工具等服务，从而在一定程度上替代着商业银行的一些核心功能，但是它们在金融危机之前却游离于金融监管之外。实际上，影子银行体系常常通过股权投资和表内外授信等多种方式与传统的商业银行体系建立联系，并且以更高的杠杆率去获取高风险情况下所带来的高收益。在金融创新快速发展的情况下，银行往往通过金融衍生工具以及资产证券化等投资工具竭力把信贷资产移到表外，这样，已经过度创新及衍生的金融产品超越了实体经济及消费者的实际需求，整个金融体系的脆弱性进一步加强。可是，监管机构对过度创新出来的衍生工具及市场交易缺乏了解，以至于不能对可能产生的风险进行有效监管，这就为金融体系的稳定发展埋下了很大的风险隐患，直接引发了大萧条以来最为严重的全球金融危机。③

---

①　金融稳定理事会将影子银行体系定义为"传统银行体系之外的信用中介机构和信用中介活动"。这一定义隐含着两个层面的含义：一是影子银行在传统银行体系之外，不受银行监管体系的全面约束，但对它也并不是完全没有任何金融监管，只不过监管的程度要低于对银行体系的监管。二是影子银行从事的是信用中介功能，将纯粹的金融交易排除在外。参见王兆星《影子银行的阳光化——国际金融监管改革系列谈之六》，《中国金融》2013 年第 17 期。

②　2007 年年初，在金融工具方面，资产支持商业票据、结构化投资工具、拍卖利率优先证券、可选择偿还债券和活期可变利率票据等的资产规模高达 2.2 万亿美元，通过第三方回购隔夜融资资产为 2.5 万亿美元，对冲基金持有的资产高达 1.8 万亿美元，五大投资银行的资产负债表规模达到了 4 万亿美元，整个影子银行系统的资产规模高达 10.5 万亿美元。而与此同时，美国五家银行控股公司的资产总额刚刚超过 6 万亿美元，整个银行体系资产约为 10 万亿美元。在金融市场交易中，利率衍生品市场从 2002 年的 150 万亿美元飙升至 2007 年第四季度的 600 多万亿美元，约为当期全球 GDP 的 15 倍。美国证券业及金融市场协会的数据显示，截至 2008 年 7 月，美国 CDO 市场上流通的证券总价值已超过 9 万亿美元。而据国际清算银行统计，截至 2007 年年底，CDS 全球市值最少为 45 万亿美元，最多可能为 62 万亿美元。

③　巴曙松：《金融危机下的全球金融监管走向及展望》，《西南金融》2009 年第 10 期。

从监管的角度来看，影子银行进行大规模的次级贷款发放和融资，扮演着类似传统商业银行的角色，其中隐藏着巨大的风险，但并没有像商业银行一样受到充分的监管来保证金融安全。究其原因，其一，影子银行的产品结构设计非常复杂、透明度低，相关金融衍生品交易大都在柜台交易市场进行，信息披露很不充分，使得包括对手风险在内的一系列风险都未被监管机关以及金融市场的参与者所认识和警觉，从而加大了风险的隐蔽性和突发性。而影子银行体系在市场压力下暴露出的脆弱性，更会通过流动性这一渠道及其巨大体量使金融市场瞬间凝结[①]。其二，影子银行没有像商业银行那样受到资本充足率的限制和存款准备金制度的约束。《巴塞尔协议》规定了商业银行的资本充足率不得低于8%，这使得商业银行的业务规模受到自有资金规模的限制。然而影子银行没有受到这一限制，它的自有资金可能非常小，但是业务规模却可以非常大，使其潜在的信用扩张倍数达到几十倍。而在低利率和房价不断上涨的情况下，这类证券的风险虽大但没有体现出来。其三，影子银行不受到存款保险制度的保护，加之与传统银行体系有着千丝万缕的联系，加剧了脆弱性和危机传染性。传统商业银行也会面临发放的贷款违约、银行出现损失的状况，但美国的存款保险制度可以有效地防止存款人的恐慌，防止商业银行发生挤兑。而影子银行却没有存款保险制度的保护。在房价上升时期，次级贷款人可以利用房价上涨的部分缓解还款压力时，次级贷款违约率较低。面对着次级债券较高的回报，投资者趋之若鹜，影子银行也极力扩张业务。然而当房价下滑时，次级贷款违约率由于主动或被动的原因大幅上升时，由于存款保险制度的缺失，投资者就陷入了恐慌。投资者大量抛售次级债券及其衍生

---

① 在影子银行体系中，货币市场基金发挥着非常重要的作用。美国90%以上、全球80%左右的货币市场基金都采用摊余成本法计算基金份额的价值，然而，当市场面临压力时，使用摊余成本法的货币市场基金容易受到挤兑冲击，这在2008年9月雷曼公司破产时表现得尤为突出。当时有12只货币市场基金持有雷曼公司发行的证券资产，由于采用摊余成本法计价，雷曼公司倒闭产生的亏损并没有反映在基金份额价值上，投资者自然就会抓紧赎回，把亏损留给未赎回的投资者，所有投资者都这样想时，挤兑就发生了。一家货币市场基金发生挤兑还会引发整个货币市场基金投资者的恐慌，担心自己持有的基金份额也发生了未反映出来的亏损，挤兑迅速传染。在雷曼公司倒闭后的一周内，整个美国货币市场基金被赎回了14%。显然，货币市场基金不会有相应的流动性安排应对这种大规模赎回，只能火线出售资产，导致信用链上端的机构投资者的短期流动性瞬间枯竭，这也就是雷曼公司倒闭后美国整个金融市场瞬间凝结的过程。

品，影子银行遭到挤兑，并进而引发流动性紧缩和次贷危机。

第二，过于重视效率而忽视消费者权益保护。

危机之前，长期的流动性泛滥刺激了过度的金融创新。面对这些日益复杂且不透明的金融产品，金融消费者难以判断风险和保护自己。这也就使得金融机构趁机将部分风险暴露不恰当地转移给了金融消费者，例如可变利率混合按揭产品，使消费者在并未完全理解相关风险的情况下承担了在传统按揭产品中本应由金融机构承担的利率波动风险。不仅如此，在证券化盛行的"发起—分销"模式下，金融机构大幅降低贷款标准，设计了很多还款方式前轻后重的按揭产品，使很多原本不具备贷款条件的家庭获得了按揭贷款，其债务水平超过了负担能力。更令金融消费者雪上加霜的是，危机前金融机构及其营销人员为了获得高额利润和薪酬，对金融消费者，特别是按揭贷款提供过程中的误导甚至欺诈，是造成个人和家庭过度负债的主要诱因。房地产泡沫破灭后，按揭贷款的借款人也遭受了重大损失。金融消费者权益的严重受损，重创了公众对金融体系的信任与信心。[1]

（四）金融监管是否应当"逆风而行"

高度非线性的过度顺周期性是金融系统的潜在特性[2]，也被认为是现代金融危机爆发的根源之一。次贷危机的爆发则将对顺周期性的讨论推向了一个高潮。例如，Buiter（2007）和 Goodhart（2008）均认为，金融系统中杠杆行为的顺周期性和资本约束的顺周期性是微观系统中次贷危机的主要原因之一。[3] White（2008）亦强调，人们过多地将次贷危机归咎于金融创新，而忽略了顺周期性这一传统的因素，事实上通过对历次金融危

---

[1]　王兆星：《强化金融消费者保护——国际金融监管改革系列谈之十》，《中国金融》2013年第 21 期。

[2]　Borio, Claudio, Craig Furfine, and Philip Lowe, "Procyclicality of the Financial System and Financial Stability: Issues and Policy Options", BIS papers, (2001): 1 – 57. Goodhart, C. B. Hoffman, M. Segoviano, "Bank Regulation and Macroeconomic Fluctuations", *Oxford Review of Economic Policy*, 2004, 20: 591 – 615.

[3]　Buiter, W. H., *Lessons From the 2007 Financial Crisis*, Doctoral dissertation, Universiteit van Amsterdam, 2007. Goodhart, Charles A. E., "The Regulatory Response to the Financial Crisis", *Journal of Financial Stability*, 4.4 (2008): 351 – 358.

机的总结不难发现，快速的信贷增长始终是导致资产价格激增从而引发不
稳定性的主要因素。[①]

　　对次贷危机的观察表明，金融机构行为的顺周期性是多方作用的结
果，其间，金融监管难辞其咎。资本监管的顺周期性问题助推银行业的顺
周期性即为明证（见图13—1）。

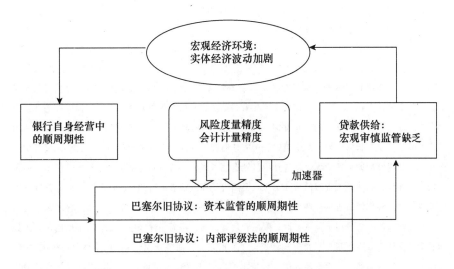

图13—1　《巴塞尔协议》下影响银行顺周期性的因素分析[②]

　　所谓资本监管的顺周期性，是指监管当局的监管资本要求客观上
会通过影响银行体系的信贷行为而放大宏观经济周期、加剧经济波
动——当银行资本充足率低于监管要求时，在微观审慎监管框架下，
监管层会敦促问题银行尽快满足资本监管要求，但并不关心问题银行
是通过分子（增加资本）还是分母（压缩资产）来达到资本比率要
求的。这种对资本充足率调整方法的漠视暗藏着隐患：假如银行通过
削减信贷来达到资本监管要求，从单个金融机构的角度出发，这无疑

---

　　① White, William R., "Past Financial Crises, the Current Financial Turmoil, and the Need for a New Macrofinancial Stability Framework", *Journal of Financial Stability*, 4.4（2008）：307 - 312.

　　② 朱元倩：《顺周期性下的银行风险管理与监管》，博士学位论文，中国科学技术大学，2010 年。

是一种健康的优胜劣汰过程，市场份额会从较弱的问题机构转移至较强的金融机构；但是，如果金融体系的大部分成员均陷入困境，并同时收缩资产，就会对经济体造成巨大的伤害。[①] 进一步地，在风险测量技术[②]、

———————

① Hanson, S., A. Kashyap, J. C. Stein, "A Macroprudential Approach to Financial Regulation", *Journal of Economic Perspectives*, 23 (2010): 101 – 119.

② 例如，Catarineu – Rabell 等（2005）指出银行所利用的评级体系也会影响巴塞尔新资本协议的顺周期性，银行有动力采用时点评级（PIT）体系，从而更加放大顺周期性。时点评级（PIT）主要是根据债务人的当前经营情况、财务情况等近期个体信息评估风险，一般期限比较短，通常是估计 1 年内（选择周期为 1 年主要是基于银行内部核算周期、资本和损失准备的计提时间等考虑）的违约概率。与时点评级（PIT）相对照的是跨周期评级（TTC）方法，后者一般是指着眼于一个很长的时期，至少包含一个完整的经济周期，全面考察债务人状况，尤其是债务人在经济衰退时期的最坏情况，并进行经济衰退情景测试。跨周期评级法一般不会随便反方向调整债务人评级，当债务人现时的财务恶化状况超过了在经济衰退时的最坏情况时，才调低债务人的评级。大多数外部评级机构都声称自己使用的是跨周期评级（TTC）体系，例如标普和穆迪公司等。时点评级法主要应用于贷款定价、限额管理等方面，跨周期评级法主要应用于长期信贷决策和监管资本计算方面。相对于跨周期评级（TTC）来说，时点评级（PIT）评级方法效率较高，也能较好地符合市场，运用这种方法进行资本配置对于银行来说更高效，因此银行会主动采用"时点"评级体系。许多实证研究的结果也证实了 PIT 评级体系的模型的波动性要远大于 TTC 评级体系的模型。Saurina 和 Trucharte（2007）对基于 1990—2004 年西班牙央行信贷登记系统中的住房抵押贷款数据进行时点、跨周期和长期平均三种方法的 PD 评级，结果表明时点评级测度的 PD 波动性要远高于跨周期和长期平均方法得到的 PD 的波动性，而根据跨周期方法计算出的违约率和监管资本的走势和波动都非常接近。次贷危机发生后，传统的 VaR 风险测量模型的失效亦是人们关注的焦点。由于金融机构普遍使用 VaR 技术，单个金融机构之间由于对经济走势判断趋同和风险管理方法的雷同而导致金融机构的羊群效应，从而进一步加剧金融危机。Hanson 等（2010）分析认为，金融危机的负面影响因在险价值（VaR）模型的广泛使用而放大，由于萧条时期所测之波动性及继而在险价值的增长，VaR 模型将机械地要求银行持有更高比例的资本。因而即使市场融资依旧可得，银行内部基于风险管理的需要，也会被迫压缩资产。参见 Catarineu – Rabell, Eva, Patricia Jackson, and Dimitrios P. Tsomocos, "Procyclicality and the New Basel Accord – banks' Choice of Loan Rating System", *Economic Theory*, 26.3 (2005): 537 – 557. Saurina, Jesús, and Carlos Trucharte, "An Assessment of Basel Ⅱ Procyclicality in Mortgage Portfolios", *Journal of Financial Services Research*, 32.1 – 2 (2007): 81 – 101. Hanson, S., A. Kashyap, J. C. Stein, "A Macroprudential Approach to Financial Regulation", *Journal of Economic Perspectives*, 23 (2010): 101 – 119。

会计准则[①]、评级体系顺周期性[②]等要素的催化下，资本监管的顺周期性不断放大，继而造成信贷紧缩加剧、金融危机加深。

在对金融监管顺周期性危害进行反思的基础上，主要发达经济体金融监管部门痛定思痛，相继推出了以贯彻宏观审慎理念为主旨的金融改革措施。而对于宏观审慎监管，根据维多利亚·萨博塔（2010）的界定，其目标正是"提高银行的自我修复能力以稳定地提供信贷供给，从而维护经济环境，并降低信贷犯罪和信贷违约的几率"[③]。具体地讲，在经济上

---

① Plantin 等（2008）认为，公允价值会计具有顺周期效应。当繁荣期过后，资产价格逐渐下降，机构加大短期融资、高杠杆并且计提资产减值损失，很快引起流动性问题，导致资产的大量抛售，信贷紧缩，增加了系统风险，加速了从繁荣走向衰退的过程。Allen 和 Carletti（2008）认为公允价值可能具有传染效应，并引发顺周期效应，从而影响金融市场的相关性和稳定性。Plantin 等（2005）进一步指出，单个银行在资产价格方面的最初失败引发连锁反应，可能触发新一轮的其他金融机构失败，金融机构将被迫进行资产减值，基于公允价值会计准则的随行就市（mark – to – market）标价进一步恶化市场形势，由于要求权和债权而产生的传染因而被资产方面传染进一步增强。参见 Plantin, Guillaume, Haresh Sapra, and H. S. Shin, "Fair Value Accounting and Financial Stability", *Financial Stability Review*, 12（2008）：85 – 94. Allen, Franklin, and Elena Carletti. "Mark – to – market Accounting and Liquidity Pricing", *Journal of Accounting and Economics*, 45.2（2008）：358 – 378. Plantin, Guillaume, Haresh Sapra, and Hyun Song Shin. "Marking to Market, Liquidity and Financial Stability," *Liquidity and Financial Stability*,（July 7, 2005）. Cifuentes, Rodrigo, Gianluigi Ferrucci, and Hyun Song Shin, "Liquidity Risk and Contagion", *Journal of the European Economic Association*, 3.2 – 3（2005）：556 – 566.

② 例如，Reisen（2002）发现，评级机构的行为也具有周期性。Lowe（2002）从信用风险度量的角度对新资本协议的顺周期性进行了分析。他指出，虽然信用评级系统在一个给定时点上区分不同借款人的相对风险上非常成功，但在度量风险的时期变化时却不那么有效，因为评级系统严重依赖于当前的经济状况和企业财务状况。在经济繁荣期，评级系统基于良好的发展前景会低估风险，而在衰退期则会基于低迷的现状而高估风险。但实际上，经济繁荣期的经济扩张往往与金融系统不平衡相联系，这种不平衡来自信贷的大幅扩张、资产价格的快速提升和投资的过度积累，因此风险实际上是在经济繁荣期发展起来的，而在衰退期，这种不平衡的释放只是将风险表现了出来。因此，正是对风险跨时期度量的困难导致评级体系不能很好地反映银行所面临的风险，从而产生了放大经济周期的问题。参见 Reisen, Helmut, *Ratings Since the Asian Crisis*, No. 2002/02. WIDER Discussion Papers, World Institute for Development Economics（UNU – WIDER, 2002）. Lowe, Philip, *Credit Risk Measurement and Procyclicality*, No. 116, 2002, Bank for International Settlements。

③ 维多利亚·萨博塔：《宏观审慎政策的角色》，《金融发展研究》2010 年第 5 期。

行期，宏观审慎政策目标应当是提高资本充足率和（或）流动性比率，督促金融机构检查资产负债增长程度，从而提高其未来自我修复能力，进而有助于更稳定地提供信贷服务。在信贷和资产价格崩溃时，宏观审慎政策的角色应是利用在信贷上升周期中构建的监管资本缓冲区，在下降周期中保持信贷的投放能力，以尽可能熨平信贷周期。陈雨露（2012）强调，主要宏观审慎工具的开发都旨在体现"逆风向调节"原则，如逆周期的资本调节机制和动态拨备制度，在会计准则、杠杆率和薪酬制度等金融制度安排中植入逆周期因素，以及通过监管评估过程或信息披露标准影响风险和定价行为的其他工具。[①] 这些工具旨在在经济衰退、银行资产收缩的阶段降低拨备和资本要求，以缓解信贷紧缩，平滑经济波动；并在经济快速增长、银行资产扩张过快的阶段增加拨备和资本要求，以加强风险防范，提高金融持续支持经济发展的能力。"逆风而行"已成为危机之后金融监管的关键职能。[②]

二　危机之后金融监管改革的发展趋势

次贷危机爆发后，各主要经济体总结此次危机的经验教训，着手改革金融监管体系。尽管这些经济体的经济结构、金融监管体系各不相同，但其金融监管改革措施基本上都体现了 G20 伦敦峰会《加强金融体系》宣言的精神，反映出全球主要发达经济体金融监管的重视和金融监管理论的改变，呈现出如下特征。

（一）金融监管工具更具前瞻性

从监管工具箱来看，危机之前，金融监管当局关注于诸如偿付能力、流动性比率等金融风险指标，其焦点主要是后顾性的（见图13—2），对风险的评估也是基于对过去财务绩效及现行组织程序的分析。危机之后，

---

① 陈雨露：《全球金融体系向何处去？》，《行政管理改革》2012 年第 2 期。
② 阿代尔·特纳：《杠杆率，期限转换和金融稳定》，《比较》2011 年第 4 期。

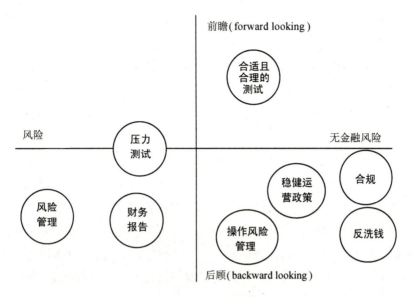

图 13—2　危机前的监管

资料来源: Kellermann, A. Joanne, Jakob de Haan, and Femke de Vries, *Financial Supervision in the 21st Century*, 2013, Springer, p. xii。

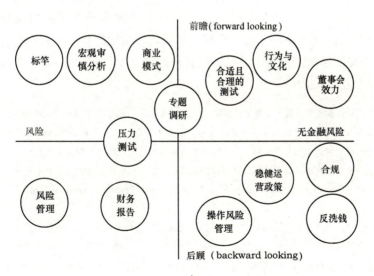

图 13—3　危机后的监管

资料来源: Kellermann, A. Joanne, Jakob de Haan, and Femke de Vries. *Financial Supervision in the 21st Century*, 2013, Springer。

多国金融监管当局认识到这种方法的局限性，继而将视点转为更具前瞻性，将诸如"行为与文化"（conduct andculture）、金融机构经营模式等软控制措施以及标杆（benchmarking）、专题调研等传统单个金融机构监管手段纳入了监管视野（见图 13 - 3）。此外，监管者还注意到了诸如罚款、指导等传统金融监管工具的局限性，越来越多地寄望于通过影响金融体系参与者的行为，将沟通作为金融监管工具来实现金融监管目标。

1. 前瞻性的逆周期宏观审慎①监管工具

随着诸如逆周期银行资本要求、基于微观压力测试的附加资本缓冲要求、对系统性重要金融机构的资本要求、贷款价值比（loan - to - value）、抵押市场的贷款收入比（loan - to - income）等工具的引入，宏观审慎政策框架正逐步成形。从国际范围来看，在金融稳定委员会、欧洲系统性风险委员会的推动下，主要经济体的监管改革均着力于宏观审慎工具箱的进一步发展。②

一是逆周期资本监管工具。在 2010 年 12 月 16 日正式出炉的《巴塞尔协议Ⅲ》中，巴塞尔委员会在提高银行资本质量的基础上，要求银行在信贷高速增长、系统性风险不断累积的情况下，计提逆周期资本缓冲（countercyclical capital buffer），逆周期资本缓冲水平为风险加权资产的 0—2.5%。巴塞尔委员会建议计算逆周期资本缓冲的核心挂钩变量为信贷余额/GDP，根据该指标对其长期趋势值的偏离度（GAP），确定是否计提

---

① 宏观审慎监管不同于微观审慎监管，主要表现在前者将宏观经济与市场状况纳入考量。微观审慎监管通常认为宏观经济要素是给定的，因为单个金融机构难以影响全球股票或债券市场。有力的微观审慎监管举足轻重，因为稳定的金融体系要求稳定的金融机构。然而，这并不能确保金融稳定，旨在监测金融体系总体以及经济失衡动态累积的宏观审慎监管亦不可或缺。参见 DNB，2010，Towards a More Stable Financial System，Marco Prudential Supervision at DNB，DNB，Amsterdam。

② 例如，2009 年 4 月，20 国集团（G20）在伦敦峰会结束后发表《增强金融体系宣言》，提出宏观审慎政策框架的主要内容包括：对银行的资本要求、流动性要求、杠杆率要求、拨备规则、对系统重要性机构的特别要求、会计标准、衍生产品交易的集中清算、影子银行监管等。2009 年 12 月，巴塞尔委员会提出了包括四个要素的逆周期监管框架：一是缓解最低资本要求的顺周期性；二是推动建立更具前瞻性的拨备计提方法；三是要求银行建立留存资本缓冲，以抵御经济下行时期可能发生的损失；四是引入为保护银行业免受信贷过度增长而可能带来的损失的逆周期资本缓冲。

逆周期资本缓冲及计提的数量。同时，增加了交易账户的资本要求，将交易账户的资本要求扩展至新增违约风险，规定市场风险内部模型法的资本要求应同时覆盖正常市场条件和压力条件下的 VaR 值，数据更新频率从 3 个月缩短为 1 个月；并要求在第二支柱下进一步强化风险治理框架的有效性、风险评估的全面性，确保资本应覆盖整个经济周期的风险，进一步完善和加强压力测试。

　　二是动态拨备制度。即根据"新发放贷款的内在损失 + 长期平均专项准备 – 根据会计准则扣除的专项准备"确定动态拨备的变动额，每季从损益账户中提取，以熨平传统准备金的亲周期波动。动态准备金制度的引入有助于校正风险管理中的市场失灵，即在经济上升期低估风险，而在经济下行期高估风险；增强银行管理层的风险意识，能够在事前有效识别风险，降低了贷款损失准备的波动性，更好地匹配整个经济周期内贷款组合的收入和支出，准确计量银行利润。[①] 西班牙、哥伦比亚、秘鲁和我国分别于 2000 年、2007 年、2008 年、2012 年开始实施动态拨备制度。[②]

　　三是通过杠杆率限制信贷过度增长的途径包括动态调整金融交易的杠杆率、引入资本结构的杠杆率和动态杠杆率以克服杠杆率本身的亲周期问题等。对金融机构的杠杆率进行监管，可防止金融机构资产负债表的过度扩张和过度承担风险，控制金融体系杠杆程度的非理性增长和系统性风险的不断积累。具体言之，在微观层面，由于银行内部风险管理模型的准确性和可靠性受制于模型参数和假设前提的合理性，使用不具有风险敏感性的杠杆率指标，可与采用内部评级和内部模型的新协议形成补充，弥补银行内部风险管理模型可能存在的缺陷，削弱顺周期效应；在宏观层面，由于高杠杆率是系统性风险发生的重要原因，对其进行有效监管有助于防范系统性风险。与杠杆率相类的指标还有贷款价值比（LTV），即通过设定 LTV 的最高上限来缓解顺周期问题。

　　四是将债务期限和资产流动性纳入整合监管机制。截至 2013 年年末，流动性监管改革的主要内容至少包含在巴塞尔委员会发布的四份文件中：《流动性风险：管理和监管挑战》《稳健的流动性风险管理和监管原则》

---

　　① Fahlenbrach, Rüdiger, and René M. Stulz, "Bank CEO Incentives and the Credit Crisis", *Journal of Financial Economics*, 99.1 (2011)：11 – 26.

　　② 可参阅刘志清《动态拨备制度的国际比较和中国实践》，《金融实务》2011 年第 7 期。

《巴Ⅲ：流动性风险计量、标准和监测的国际框架》《巴Ⅲ：流动性覆盖比率和流动性风险监测工具》。前两份文件是在危机全面爆发的 2008 年前发布的，当时委员会已经渐渐意识到流动性管理和监管存在的重大缺陷，提出了一系列加强流动性管理和监管的定性要求，制定了关于流动性风险的 17 条原则。后两份文件分别发布于 2010 年年底和 2013 年年初，提出一揽子全球统一的流动性指标，将其中的流动性覆盖比率和净稳定资金比率①作为强制性指标，并将合同期限错配、融资集中度、重要外币的流动性覆盖比率、无变现障碍资产以及与市场相关的几个指标作为建议参考的监测性指标。

特别地，针对"大而不倒"的严重后果和道德风险，G20、金融稳定理事会、巴塞尔银行监管委员会及有关国家政府纷纷从防患于未然的角度加强对系统重要性金融机构的监管，包括②：（1）从规模、相互关联程度、可替代性、国际活跃程度和复杂程度五个维度识别系统重要性金融机构。（2）提高系统重要性金融机构抵御风险和吸收损失的能力（Total Loss Absorbing Capacity，TLAC）。③（3）增强对系统重要金融机构的监管强度和有效性，在资本附加之外，额外提高流动性附加要求及公司治理、内控体系、风险管理、信息披露等方面的监管要求，实施强度更高和更为有效的非现场监测和现场检查，监管纠正措施更为严厉和及时。（4）加快建立有效的恢复和处置机制。要求具有系统重要性的金融机构订立"生前遗嘱"（Living Will），制订"恢复和处置计划"（RRP），并经监管部门认可。（5）监管当局拥有提前干预的权利和能力，可以实施强制分

---

①　流动性覆盖率比用来确定在监管部门设定的短期严重压力情景下，一个机构所持有的无变现障碍的、优质的流动性资产的数量，以便应对此种情景下的资金净流出；净稳定资金比率衡量的是一家机构根据资产的流动性状况和其表外承诺及负债导致的流动性或有需求状况所使用的长期、稳定资金的数量。净稳定资金的数量是金融机构所持有资产的函数，类似于风险基础资本要求。

②　王兆星：《大而不倒与系统重要性机构监管——国际金融监管改革系列谈之四》，《中国金融》2013 年第 15 期。

③　2014 年 11 月，金融稳定理事会与巴塞尔银行监管委员会发布了总体吸收损失能力（TLAC）的政策建议。

离和分拆。①

截至 2014 年年末，对系统重要性金融机构的监管在更有效的监管互动、更关注治理与文化、更稳健的压力测试、更强有力的解决方案计划、增进金融市场基础设施监管（FMI）方面已取得长足进步②。

2. 关注金融机构经营模式与策略所蕴含的风险

鉴于经营模式的变化是次贷危机的深层原因，危机之后，主要发达经济体金融监管当局将金融机构经营模式与策略的可持续性纳入监管视野。经营模式与策略密切相关。例如，激进的海外市场扩张策略对金融机构未来的经营模式有很大影响。因而，监管当局必须深刻理解金融机构的策略及经营模式。在国家层面，监管当局往往将资本监管与对银行经营模式的监管通过各种形式结合起来，力图降低金融机构的复杂程度、提高透明度，美国沃尔克（Volker）规则、英国维克斯（Vickers）监管框架、欧洲利卡宁（Liikanen）报告、瑞士终结（Swiss Finish）方案对于"隔离"的要求便是典型。

美国政府对银行经营模式及策略的监理主要体现在对银行业务范围与规模的相关限制。沃克尔规则规定在自营交易方面，允许银行投资对冲基金和私募股权基金，但资金规模不得高于其自身一级资本的 3%。在衍生品交易方面，要求金融机构将农产品掉期、能源掉期、多数金属掉期等风险最大的衍生品交易业务拆分到附属公司，但自身可保留利率掉期、外汇掉期以及金银掉期等业务。在与资产规模相关的法条中，《多德—弗兰克法案》通过提高在资本金、杠杆率、流动性、风险控制等方面的监管标准来预防和降低银行规模扩大造成的系统性风险。

欧洲利卡宁报告对欧盟银行业提出的结构改革建议，要求大型商业银行将有可能影响金融稳定的交易资产（包括自营和做市交易）划入独立法人实体，且两个法人实体间应建立有效的防火墙。荷兰央行强调早期风险探测的重要性，在其 2010—2014 年监管策略中宣称，将会更多地关注

① 对于系统重要性金融机构的监管政策安排，可参见何德旭、钟震《系统重要性金融机构与宏观审慎监管——国际比较及政策选择》，《金融评论》2013 年第 5 期。

② FSB, Overview the Progress in the Implementation of the G20 Recommendations for Strengthening Financial Stability, *Report of the Financial Stability Board to G20 Leaders*, 14 November 2014.

银行及保险公司的策略和经营模式。根据《荷兰金融监管法》(*Dutch Financial Supervision Act*) 3：17 条，要从事银行或保险业务，企业必须确保其运营稳健且可控。荷兰央行定期评估金融机构的策略选择，不仅与管理层讨论经营模式与策略，亦会展开深入调查及组织检查专员与内外部专家间的小组讨论，通过寻求包括以下问题在内的答案来分析金融机构的战略要素："金融机构如何留住顾客""金融机构如何定位以竞争求存""金融机构盈利模式的可持续性如何"，等等。对上述问题的回答为结构化战略易受攻击性提供附加的洞察，有助于金融监管当局做出更具前瞻性的决策。与荷兰相似，在新的监管框架下，法国银行业也减少了市场操作、处置相关遗留资产，将其经营模式转向更聚焦于零售银行和公司银行等核心业务。[①]

英国监管当局在隔离范围上走得更远。他们认为，经营模式分析 (Business Model Analysis) 是英国审慎监管的重要组成部分，金融监管者和金融机构都必须理解经营模式的可持续性和主要风险。[②] 在金融监管体系改革的基础上，英国财政部于 2012 年 6 月向议会提交了银行业改革白皮书草案，试图通过隔离保护 (Ring‐fencing，即栅栏原则)[③]，在 2019年前彻底拆分同时拥有商业银行和投资银行业务的英国银行，将传统商业银行——特别是零售业务置于围栏保护的范畴之内。同时，在业务和经营层面，实施地域、交易对手、产品服务以及融资方面的限制：(1) 地域限制，隔离银行不能在非欧洲经济区开设子公司或分行，主要信贷业务将在欧洲经济区内开展。如果隔离银行所属的集团在非欧洲经济区开展经营活动，须通过其他的独立实体。(2) 交易对手限制，隔离银行被禁止与

---

① Nouy, D., "Chapter 4 Unintended Consequences of Supervision", in *Financial Supervision in the 21st Century*. Ed. A. Joanne Kellermann, Jakob de Haan, and Femke de Vries (Springer‐Verlag, 2013), 47‐72.

② Centre for Central Banking Studies, Prospectus 2014, Bank of England。英格兰银行于 2014 年 5 月 12—14 日还组织了"为金融监管开发经营模式分析工具"(Developing Business Model Analysis for Financial Supervision) 的专门研讨。

③ 维克斯报告认为，栅栏原则不同于彻底的分业：一是栅栏原则仍允许集团公司的股东和利益相关者享受国内零售银行法人实体的收益，并使风险得到更好的分散；二是便宜于国内零售银行法人实体在必要时得到母公司及其附属机构的支持；三是集团公司仍然可以获得交叉销售、共享专家资源等规模经营的优势。

非隔离银行、投资公司、基金管理公司以及保险公司进行金融交易（付款、流动性管理业务除外，但不包括部分互助组织、小型互助保险机构以及小型基金）。隔离银行与同一交易对手或一组关联客户的风险敞口将受到限制，同一集团下属多家隔离银行之间的敞口也将被视为第三方敞口。（3）金融产品和服务限制。隔离银行不允许从事投行业务，但可开展简单的衍生品自营或代客交易，且需满足以下条件：一是仅限于规避利率及汇率风险的标准化衍生工具；二是仅面向被围栏保护的客户；三是只能通过中央清算系统完成交易。（4）融资限制，隔离银行只能进行表内融资，并逐渐减少对批发融资的依赖。[1]

3. 强调金融机构治理、行为、文化等软因素与金融稳定的密切关联

金融危机凸显了金融机构治理、行为及文化对于其审慎及道德要求的重要影响。研究表明，公司治理、行为及文化是传递公司风险的重要信号，关注金融机构行为及文化面貌，监管者可以在金融机构稳健性下降之前识别及缓冲其风险。因而，建立一套识别金融机构行为特征的制度，对可能造成审慎和诚信风险的来源及其延续的行为提出预警[2]，成为危机之后金融监管框架不可或缺的组成部分（见图 13-4）。例如，荷兰银行（DNB）将诸如公司管理架构、管理组织、管理质量、领导风格、董事会及监管会的效力以及薪酬政策等行为和文化因素纳入监管框架。尽管这些因素通常难以洞察，但 DNB 认为，这些因素对于稳健的金融机构运作至为关键。[3]

从全球范围来看，巴塞尔委员会 2010 年 10 月发布的修订后的《强化公司治理指导原则》和金融稳定理事会 2009 年公布的《稳健薪酬实践原则》及其《执行标准》初步确立了金融机构公司治理的改革方向，其重点包括以下四个方面。

第一，强调董事会的全面与首要责任及履职要求。金融机构的全面责

---

① 孟辰、汪建熙：《英国金融监管改革的最新进展及对中国的启示》，《金融监管研究》2012 年第 10 期。

② Financial Services Authority, *The Turner Review: A Regulatory Response to the Global Banking Crisis*, FSA, London (2009).

③ De Nederlandsche Bank, DNB Supervisory Strategy 2010 - 2014, DNB (2010), Amsterdam.

任包括制定和批准金融机构整体的价值取向、战略目标、风险容忍度、公司治理安排和内控体系，并监督其执行情况。董事会还负有监督高管层的职责。董事会应完善董事会内部的治理架构，形成有效的激励约束机制，确保董事按照忠于职守（duty of loyalty）和尽心看管（duty of care）的原则积极履职。

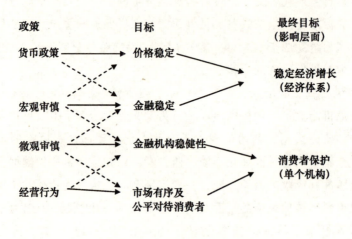

图13—4   监管政策框架

资料来源：Schoenmaker, Dirk, and Jeroen Kremers, "2 Financial Stability and Proper Business Conduct", *Institutional Structure of Financial Regulation: Theories and International Experiences*, (2014): 31。

　　第二，强调董事的尽责履职能力。包括：对所有董事从从业经验、履职能力、个人品质三个方面加强董事资格审查；要求通过培训保持董事的持续履职能力；对董事在金融机构的工作时间提出最低要求；对董事履职情况建立有效的评价机制。

　　第三，强调对董事会成员的履职评价与问责。包括：（1）定期邀请外部机构对董事会、下设委员会及单个董事的履职情况进行评估，并在董事会主席致辞或年度报告中公布评估结果；（2）严格论证外部评估程序，确保外部评估人员具有足够的经验和技能，能够对董事会做出的决策提出挑战和质疑，并公布必要的评估过程信息；（3）承担评估的外部机构应尽量避免利益冲突，原则上应由独立的外部审计机构或专家小组承担，但应回避已在为该金融机构提供服务的外审机构；（4）增加独立董事评价董事会主席履职表现的职责。

第四，强调建立与风险承担相匹配的薪酬机制。金融稳定理事会制定的《稳健薪酬实践原则》及其《执行标准》已上升为全球统一标准，并要求对各国执行情况进行同行评议，其主要内容包括：一是明确金融机构的董事会对薪酬机制的最终责任，应确保薪酬体系安排及执行情况符合公司战略目标和风险控制要求，大型金融机构应设立独立的薪酬委员会负责此项工作。二是薪酬机制应与风险承担情况相匹配，与风险抵补和防范相关的各类资本占用、流动性缓冲安排及其他成本应纳入薪酬考核范围。三是延期支付安排。高级管理人员以及对风险有重要影响岗位上的员工，其可变（绩效）薪酬的 40% 以上应采取延期支付的方式，且延期支付期限一般不少于 3 年，鼓励将主要高级管理人员的延期支付比例提高到 60%以上。延期支付的时段应与风险暴露的时间相一致，且不得前重后轻。四是建立长期激励安排。要求高管层 50% 以上的可变薪酬应以股权或与股权相关的金融工具发放，使高管层的激励动机与金融机构长远价值相一致。

此外，金融稳定理事会还强调董事会对有效实施风险管控负有最终责任，要求董事会和管理层应充分了解复杂业务结构和组织架构隐含的风险，强调通过改进投票表决方式和程序，提高外部监督的透明度，以有效发挥股东的外部监督作用。

（二）金融监管架构更具"超机构性"（supra – institutional）

1. 设立超级金融监管机构，防范系统性风险

为有效防范系统性风险而设立超级金融监管机构，是主要国家金融监管改革的重点之一。无论是美国的金融稳定监督委员会、欧盟的欧洲系统性风险委员会，还是英国的金融稳定理事会，都被赋予了识别、早期预警、防范和处置系统性风险，实施宏观审慎监管的职责（见表13—2）。其中，美国金融稳定监管委员会负责监测和处理威胁国家金融稳定的系统性风险。委员会有权认定哪些金融机构可能对市场产生系统性冲击，从而建议美联储在资本金、杠杆率以及其他规定方面对该金融机构实施更加严格的要求，在极端情况下，可选择对金融机构进行分拆作为最后的补救措

施。欧洲系统性风险委员会的主要职责是负责欧盟层面上的宏观审慎监管，控制系统性风险。包括控制欧盟信贷总水平和抑制"泡沫"，通过建立一套风险分级制度，识别并对风险进行评级排序，以及时对重大风险做出预警。英国金融稳定理事会全面负责监控金融业的风险和稳定，分析和调查英国经济金融稳定中出现的风险，定期召开会议讨论威胁金融稳定的具体行业和公司的风险，对监管行为进行协调和干预。

表 13—2　　　　　　　三个超级金融机构的构成与职责

机构	美国金融稳定监督委员会（FSOC）	欧洲系统性风险委员会（ESRB）	英国金融稳定理事会（CFS）
主席	由财政部长担任	由欧洲央行理事会选举产生	由财政大臣担任
成员	由美联储主席、国民银行监管局局长、消费者金融保护署主席、证券交易委员会主席、商品期货交易委员会主席、联邦存款保险公司主席、联邦住房金融局局长等美国主要金融监管机构的首脑组成	由欧洲中央银行行长、各成员国中央银行行长、三个欧盟金融监管局的主席以及欧洲委员会的一名委员组成，此外还包括没有投票权的经济与金融委员会（EFC）主席以及各国监管当局的代表	财政部、英格兰银行和金融服务局的人员组成
职责	负责统一监管标准、协调监管冲突、处理监管争端、防范识别处置系统性风险并向其他监管机构进行风险提示；处置系统重要性金融机构；监督指导美联储的监管活动	负责欧盟层面上的宏观审慎监管，控制系统性风险；控制欧盟信贷总体水平抑制泡沫；通过建立一套共同规则识别风险并对风险评级；对重大风险做出早期预警，并在必要时提出应对措施	识别金融市场风险并协调三方做出适当反应；增加金融市场信息透明度；评估预测金融市场形势并向议会和社会公布；加强与国际机构合作

资料来源：中国人民银行济南分行调查统计处课题组：《国际金融监管体制改革比较研究及对我国的启示》，《金融发展评论》2012 年第 9 期。

　　超级金融监管机构的设立，赋予危机之前几乎被排除在金融监管体系之外的中央银行防范系统性风险和实施宏观审慎监管的职能。美国意图将美联储打造成美国金融监管体系中的系统风险监管者和"全能型超级监管人"——扩大了美联储的监管，强化其在金融监管架构中的核心地位，赋予其监管金融机构、金融产品以及金融市场交易的更大权力；监管范围不仅覆盖整个银行业，还包括投资银行、保险公司等所有具有系统重要性的金融机构，美国金融市场上的对冲基金和私募基金，以及支付、清算和结算体系等金融市场基础设施。而欧盟的超级金融监管机构欧洲系统性风险委员会主要由各成员国央行行长组成，且由欧洲央行行长任董事长。欧盟成员国央行在金融监管与合作中也被赋予了重要作用。英国则赋予英格兰银行在维护金融稳定中的核心地位，在其下设了三个机构以维持金融机构和金融体系稳定及维护金融市场的信心。

　　2. 采用超机构的专题和部门研究方法（Thematic and Sectoral Analysis）

　　金融机构的相互关联及金融风险的跨机构、跨部门特征在次贷危机中体现得淋漓尽致。这就要求监管方法不能仅仅局限于传统的机构导向方法（institution – oriented approach），还要对风险发生领域、监管主题有更为敏锐的观察，即更强的宏观导向（stronger macro orientation）。部门或专题研究的结构化应用是这一超机构方法（supra – institutional approach）的核心组成部分，可通过概览常规经济形势、部门发展趋势及相关问题，为识别整个部门的脆弱性提供清晰的观点。[①] 不仅如此，设定标杆、单个金融机构与其同业进行比较，也是识别极端情况及最佳实践的有效工具。

　　如今，已有许多国家的金融监管当局采用专题研究的方法。例如，荷兰银行通过专题研究以更好地识别哪些金融机构在风险或经营策略方面出现了极端状况，借此辨识可能导致系统性风险的行业趋势。[②] 美联储则采用"水平评估"（horizontal reviews）来检查银行机构间的特定风险或业务活动，如 2009 年执行的监管资本评估方案（Supervisory Capital Assess-

---

　　① Financial Stability Board, Intensity and Effectiveness of SIFI Supervision: Recommendations for Enhanced Supervision, Financial Stability Board, Basel（2010）.

　　② De Nederlandsche Bank, *From Analysis to Action: Action Plan for a Change in the Conduct of Supervision*, DNB（2010）, Amsterdam.

ment Program）。①

3. 大力推进国际金融监管合作

全球化衍生出众多的跨国活跃金融机构，这些大型机构往往涉及众多的监管部门，如果一个市场上的监管者对某些大型金融机构进行严格监管，这些市场影响力巨大的机构可能就会将这一市场的分支机构转移到其他的市场，造成事实上的监管空白和政策失灵。② 国际社会对有效实施跨界金融机构监管的呼声日益高涨，而次贷危机的惨痛教训又进一步凸显了加强国际金融监管的必要和紧迫性。③ 英格兰银行行长 Mervyn King 举例说明危机前问题的本质时，就强调"全球性银行机构立足全球则可存活，但在国内则陷于死境"（Global banking institutions are global in life, but national in death）。④

这一问题得到了各国的广泛关注。次贷危机发生之后，欧盟理事会于2007 年 10 月通过了跨国金融危机管理九项原则，随后在 2008 年 6 月，欧盟各成员国、中央银行以及财政部联合签订了危机管理和处置合作备忘录，强调各成员国要加强金融监管合作。对国际金融监管合作问题的关注还直接催生了 2011 年新的欧洲监管框架。欧洲金融监管体系（European System of Financial Supervision, ESFS）由三个监管机构组成——欧洲银行业监管局（European Banking Authority, EBA）、欧洲保险与职业养老金监管局（European Insurance and Occupational Pensions Authority, EIOPA）、欧洲证券与市场监管局（European Securities and Markets Authority, ESMA）。这三个独立监管部门的目标是确保欧盟范围内金融稳定及监管规则的一致运用，它们负有监督成员国遵守相关法律的责任，并被赋予比各成员国监管机构更权威的最终决定权，能够驳回或否决各成员国监管机

---

① Bernanke B. S., "Financial Regulation and Supervision after the Crisis: the Role of the Federal Reserve", In: *Speech at the Federal Reserve Bank of Boston 54th Economic Conference* (2009), Chatham.

② 巴曙松：《金融危机下的全球金融监管走向及展望》，《西南金融》2009 年第 10 期。

③ The Larosiere Group, Report of the High - level Group on Financial Supervision in the EU, European Commission , 2009, Brussels.

④ Financial Services Authority, *The Turner Review: A Regulatory Response to the Global Banking Crisis*, FSA, London, 2009.

构的决定，有权对成员国监管机构之间的分歧进行调解。此外，欧洲系统性风险委员会（European Systemic Risk Board，ESRB）负责通过刻画欧洲金融稳定所面临的风险而执行宏观审慎监管。欧盟将成员国相互分离的监管格局统一在泛欧监管体系框架内，无疑有助于整个欧盟层面的监管合作。目前，欧洲正致力于新的监管机构以及欧洲存款保险方案的设计。[①]在加强国际监管合作方面，美国则呼吁推进全球监管标准一致化、改进全球危机预警防范和危机管理机制、实现监管信息和监管手段共享、与东道国合作加强对跨国金融机构的监管、加强对洗钱和对恐怖主义活动融资的监管合作。英国在 2009 年《改革金融市场》白皮书中明确提出推动国际标准制定、充分发挥 IMF 和金融稳定委员会的职能及相互合作来完善国际监管架构的建设，加强跨境监管合作以防范全球范围内的潜在金融风险。德国由于受到弗莱堡学派秩序自由主义的影响，强调秩序政策先于过程政策，认为各国应通过协调合作改革国际金融市场秩序。

G20、巴塞尔银行监管委员会、金融稳定委员会（FSB）、国际货币基金组织（IMF）等国际组织是推动国际金融监管合作的重要力量。2008年 10 月，在华盛顿召开的第一次 G20 峰会，其最终宣言中的 47 条，有39 条与金融监管有关。[②] 2009 年 3 月 6 日，IMF 呼吁建立一个新的政府间全球金融监管体系，大幅拓宽金融监管的范围，对大型对冲基金、私人资本和自身失误会导致全球经济重大风险的金融机构进行监管，建议各国政府采用"适用于各国的具有约束力的行为准则"，协调各国政府救市的方式和时机，以及如何分担跨国运营的主要金融机构的损失。而《巴塞尔协议Ⅲ》要求银行对多个经济体的信贷风险敞口使得银行需持有一定的缓冲，以反映其国内和国际风险敞口的加权平均情况。更重要的是，缓冲应被东道国监管当局和包含互惠条款的协定所激活。对于相同的风险敞口，母国监管当局可以实施比东道国当局更高的缓冲要求，但不得低于东道国当局的要求。这种互惠协议标志着在新的宏观审慎政策背景下，母国和东道国之间的监管协作取得了重大进展。而金融稳定理事会和巴塞尔委

---

① Kellermann, A. Joanne, Jakob de Haan, and Femke de Vries, *Financial Supervision in the 21st Century*, Springer, 2013.

② Véron, Nicolas, *Financial Reform after the Crisis: An Early Assessment*, No. 2012/01, Bruegel Working Paper, 2012.

员会均提出要建立和完善国际监管联席会议制度，将其作为国际监管合作的主要平台之一。对于全球系统重要性银行，其恢复处置计划不仅要得到母国监管当局的认可，还要在各东道国参加的国际监管联席会议上讨论通过，使系统重要性金融机构不仅在国内可以有序倒闭，其跨境风险也可以得到有序处置，防范危机的跨境传染。根据金融稳定委员会主席马克·卡尼（2013）的阐述，该委员会在多个方面取得了进展。[①] 例如，全球法律实体标识符（LEI）系统[②]洛斯卡沃斯峰会上通过了金融稳定委员会提出的针对所有金融交易参与方的全球法律实体标识符系统，成立了代表公众利益的全球管理框架。根据峰会宣言，全球法律实体标识符系统于 2013 年 3 月启动。再如，在解决金融危机引发的数据差异方面，金融稳定委员会正在牵头一项工作，即改善数据采集和数据共享，这些数据是关于系统重要性金融机构之间相互关联的数据，以及系统重要性金融机构对国家、行业和市场的风险敞口。国家监管当局将汇集所有银行层面的数据，在国际清算银行建立一个基于通用数据模板的安全的数据中心，并且各国监管当局会在一个多边框架协议约束下，用更有效的管理规程来实现信息共享。未来基于数据差异框架，可开发启用更智能的微观和宏观审慎评价系统，能支持危机管理，并且有助于更好地监测系统重要性金融机构带来的风险。

（三）金融监管涵盖范围更具完整性

危机之后，各主要经济体均强调全面监管理念，追求"无缝"监管[③]，通过扩大监管范围，强化全面监管理念。即力求将所有金融机构纳入监管范围，弥补监管漏洞。美国强调"无盲区、无缝隙"的全面监管理念，将原来缺乏监管的对冲基金、私募基金、风险投资基金等都纳入监管范围；欧盟加强了对包括私募股权基金和对冲基金在内的投资基金经理的资格要求，并对在非欧盟国家设立的对冲基金进入欧盟市场做出了严格规定；英国对冲基金提出更严格的信息披露要求以及关于融资、杠杆率、

---

① 马克·卡尼：《金融监管改革的进展与方向》，《中国金融》2013 年第 24 期。

② 具体论述可参看王达、项卫星《论国际金融监管改革的最新进展：全球金融市场 LEI 系统的构建》，《世界经济研究》2013 年第 1 期。

③ 中国人民银行济南分行调查统计处课题组：《国际金融监管体制改革比较研究及对我国的启示》，《金融发展评论》2012 年第 9 期。

投资战略、特定的投资头寸方面的信息报送要求。在金融市场与产品方面，美国提出要加强资产证券化与场外衍生品市场监管，并将所有标准化的衍生品纳入场内交易并通过中央对手方清算；英国强化对具有系统重要性批发金融市场，尤其是证券和衍生品市场的监管；欧盟则强调对高风险金融市场的规范与约束，将所有标准化场外衍生品纳入交易所或电子交易平台，并通过中央清算所清算。[1] 日本通过修改金融监管立法，将监管对象从"证券"扩展为"金融商品"，从而建立起了一个全覆盖的监管体系。

相较于危机之前，金融监管涵盖范围的拓宽主要体现在以下三个方面。

1. 加强影子银行体系监管

针对本次金融危机暴露出来的与影子银行相关的潜在系统性风险，金融稳定理事会将影子银行体系变革为"有弹性的、以市场为基础的融资（resilient market – based financing）"[2] 作为其核心任务之一，其监管聚焦于五个重点领域[3]：一是缓解常规银行体系与影子银行体系之间的相互溢出效应，目前巴塞尔银行监管委员会已完成对银行投资股权基金的风险敏感资本要求及测度与控制银行大额敞口的监管框架[4]；二是降低货币市场基金发生挤兑的敏感性，在国际层面，国际证监会组织（IOSCO）正在对国家/地区在货币市场基金是否遵照该组织建议进行改革及其进展执行"第一级（level one）"同行评价[5]；三是提高资产证券化的透明度并校准其激励政策；四是抑制诸如回购、证券借贷等证券融资交易的顺周期性及其他金融稳定风险；五是评估及缓解由其他影子银行实体和活动造成的系统性风险。在这五项重点工作的基础上，影子银行体系的监管框架初现雏形。

第一，确定了影子银行体系监测及评估的两步法（如图13—5）。其一，监管当局要广撒网，检视所有非银行信用中介，以确定搜集的数据和监管覆

① 巴曙松、沈长征：《国际金融监管改革趋势与中国金融监管改革的政策选择》，《西南金融》2013 年第 8 期。

② Financial Stability Board, Transforming Shadow Banking into Resilient Market – based Financing: An Overview of Progress and a Roadmap for 2015, 14 November 2014.

③ Financial Stability Board, Strengthening Oversight and Regulation of Shadow Banking: Policy Framework for Strengthening Oversight and Regulation of Shadow Banking Entities, i, 29 August 2013.

④ Financial Stability Board, Transforming Shadow Banking into Resilient Market – based Financing: An Overview of Progress and a Roadmap for 2015, 14 November 2014, p. 3.

⑤ Ibid., p. 4.

盖影子银行可能诱发系统性风险的所有领域；其二，基于政策需要缩窄聚焦范围，集中于系统性风险（特别是到期/流动性转换、不完备的信用风险转移及杠杆）增加和监管套利侵蚀监管福利的非银行信用中介领域。

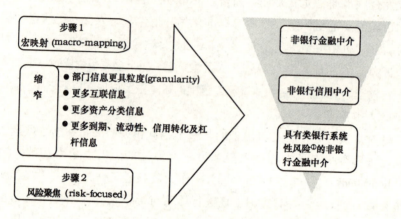

图13—5　影子银行体系测度简化示意图

资料来源：FSB, Global Shadow Banking Monitoring Report 2014, 12, 2014/10/30。

第二，明确了影子银行体系监管的五项原则[2]：（1）聚焦（focus）原则：瞄准影子银行体系风险及外部性，谨慎设计监管举措；（2）相称（proportionality）原则：监管措施应与影子银行对金融体系构成的风险相对称；（3）前瞻性及适应性（forward - looking and adaptable）原则：监管措施应具有面向新出现风险的前瞻性及适应性；（4）有效性（effectiveness）原则：行之有效地设计及执行监管措施，平衡国际社会对解决常规风险一致性的需求，避免产生因金融结构及司法差异所致的跨境套利机会；（5）评估及回顾（assessment and review）原则：定期评估监管措施的有效性，适时采取必要改进措施。

第三，初步确立了监控影子银行体系的三阶段流程：第一阶段，使用资金流量表及统计和监管信息扫描和估测广义影子银行规模；第二阶段，

---

① 类银行系统性风险包括到期转化、流动性转换、不完备风险转移和杠杆。

② Financial Stability Board, Strengthening Oversight and Regulation of Shadow Banking: Policy Framework for Strengthening Oversight and Regulation of Shadow Banking Entities, 12, 29. August 2013.

量化方法（以期限转化、流动性转化、信用风险转移和杠杆为主要指标，识别信用中介链）与质化方法（如监管机构访谈、与市场参与者沟通）相结合，识别造成系统性风险或监管套利的影子银行体系；第三阶段，基于与常规银行体系的关联度、规模、盈利绩效等要素，深入研究引发系统性风险或监管套利的实体、市场和工具的潜在影响。

第四，构建了影子银行监管的政策工具箱，管理范围包括[①]：（1）管理具有挤兑敏感特征的集体投资工具，包括管理在压力市场情况下赎回压力的工具［如赎回门槛、延迟赎回、课征赎回费或采取其他赎回限制、侧袋账户（Side - pocket）］、管理流动性风险的工具（如限制非流动资产投资、流动性缓冲、资产集中度限制）、杠杆限制、资产组合期限限制；（2）依赖短期融资的贷款拨备，包括对吸收存款的非银行贷款提供者施以审慎监管、资本要求、流动性缓冲、杠杆限制、大额敞口限制及负债类型限制；（3）依赖短期融资或客户资产担保融资的市场中介活动，包括审慎监管、流动性要求、资本要求、限制对客户资产的使用等；（4）信贷创造便利，工具包括资本要求、限制经营规模及范围、流动性缓冲、加强风险管理以捕捉尾部事件、承保人/保证人和投保人/被保人之间的强制性风险共担；（5）基于证券化的信用中介与金融机构融资，包括限制期限/流动性转换、限制合格担保、限制银行/其他金融机构的敞口及负债。

2. 加强对场外衍生品的监管

针对金融危机暴露出的场外衍生品监管的巨大漏洞，G20 在 2009 年及其后的会议中就提高场外衍生品的市场透明度、缓释其系统性风险、防止市场舞弊提出了改革计划：所有场外衍生品合约均应向交易储存系统（Trade Repositories，TRs）报告；所有标准化的场外衍生品合约须在交易所或电子交易平台上交易，并通过中央对手方（Central Counterparty，CCP）清算；非集中清算合约须满足更高的资本及保证金要求。在改革计划的推进上，全球决策机构倾向于通过金融稳定理事会采取跨越管辖权限的高级别议定原则和协调形式。

---

① Financial Stability Board, Strengthening Oversight and Regulation of Shadow Banking: Policy Framework for Strengthening Oversight and Regulation of Shadow Banking Entities, 14 – 22. August 2013.

　　从全球范围来看，目前场外衍生品监管改革并不均衡且有所滞后[①]，但亦取得了相当大的进展：其一，在国家层面，改革的第一步进程——立法已接近完成，有超过半数的金融稳定理事会会员国制定了相应的立法[②]，超过四分之三的会员国对交易报告的要求业已生效，非中央集中清算衍生品的资本管理及交易报告要求已付诸实施；其二，场外衍生品的全球监管规范即将全面完成，巴塞尔银行监管委员会为源于中央清算交易的银行对手敞口制定了资本要求，国际证监会组织（IOSCO）、支付和市场基础设施委员会（CPMI）公布了《金融市场基础设施的恢复》报告，为金融市场基础设施（包括中央对手方）提供了恢复解决方案；其三，在解决跨境监管问题上，场外衍生品监管者集团（the OTC Derivatives Regulators Group）于2014年向G20峰会提交了基于不同监管体制差异解决跨境议题的报告；其四，金融稳定理事会和场外衍生品监管者集团试图整合不同交易储存系统的数据，以全面研判场外衍生品市场态势，其具体措施包括：（1）要求支付与市场基础设施委员会和国际证监会组织就统一数据要求发布全球指南；（2）金融稳定理事会与支付和市场基础设施委员会（CPMI）、国际证监会组织（IOSCO）联手，为开发和执行全球统一的单一交易标识码（UTIs）和单一产品标识码（UPIs）提供动力及促进协作；（3）研究满足监管当局数据要求的全球集合机制所必需的法律及监管细节问题，以及全球集合机制的恰当治理架构问题。

　　3. 加强金融消费者保护

　　本轮国际金融危机后，金融消费者保护作为国际金融监管改革的重要内容受到空前重视和强化。在G20的倡议下，经合组织牵头制定并发布了金融消费者保护的10条高级原则；世界银行推出了金融消费者保护的39条良好实践标准；金融稳定理事会（FSB）在梳理各国金融消费者保

---

　　① Financial Stability Board, Overview of Progress in the Implementation of the G20 Recomendations for Strengthening Financial Stability, Report of the Financial Stability Board to G20 Leaders, 2014/11/14, 22.

　　② 在美国，相关的监管措施内嵌于《多德—弗兰克法案》，主要由商品期货交易委员会（CFTC）联合证券交易委员会（SEC）来执行。在欧洲，相关的监管则较为零散，大部分的衍生品监管改革是通过《金融工具市场指令》（MIFID）和《欧洲市场基础设施监管规则》（EMIR）来实现的。

护实践基础上，发出了一系列加强和改进金融消费者保护的倡议。实践层面，在认真总结和吸取金融危机教训的基础上，部分发达国家对金融监管框架进行了重大调整[①]，明确金融消费者保护的组织框架与职责，进一步完善金融消费者权益保护实践。

一是在加强信息披露和风险提示的基础上，强化金融消费者保护的事前干预机制。强调在金融产品与服务的早期阶段，而不是等到销售给金融消费者时，就对金融产品的设计、分销渠道及激励安排等有可能损害消费者权益的方面进行评判，提早阻止对金融消费者的权益损害。与此同时，监管当局还应通过金融机构的自我评估报告、"微服私访"、监管检查、投诉分析和消费者调查等监管工具确保各类信息披露标准和风险提示要求得到有效执行。对于一些长期金融合约，还应设置"冷静期"，允许消费者在"冷静期"内无成本或低成本地撤销金融合约。

二是建立更加审慎的按揭信贷标准，要求金融机构全面评判消费者的借款能力，严格禁止按揭和信用卡服务过程中的销售误导，在保护个人隐私和信息安全的基础上，提高征信体系的准确性和及时性，以避免个人和家庭的过度负债。

三是明确金融机构是加强金融消费者保护的第一责任人，要求金融机构必须采取切实措施，将公平公正对待金融消费者纳入其发展战略与长期文化建设之中，避免销售误导，努力做到所提供的金融产品与服务符合金融消费者的实际需要。

四是建立和完善独立的第三方争议处理机制，包括由监管当局制定消

[①]　美国在《多德—弗兰克法案》中将金融消费者保护提到了历史性高度，一改多年来对金融消费者保护居于次要定位的状况，成立了消费者金融保护局（CFPB），赋予其保护整个金融领域的消费者免受各种不公平、欺诈和违规行为的损害的职责。英国则将金融监管架构重组为金融审慎监管局（PRA）和金融行为监管局（FCA）的"双峰"模式，通过设立消费者保护和市场监管局（CPMA），专注于消费者保护和金融市场规则监管，要求金融市场为消费者提供易于理解的高透明度产品，确保消费者能够获得所需的金融服务。欧盟金融监管改革将"金融消费者保护"列为欧洲金融监管系统工作任务的绝对核心。三大欧洲金融监管局有权调查特定金融产品或交易行为，以评估其可能会对金融市场造成的风险，并在必要的时候发出预警。三大金融监管局还可临时限制或禁止有害金融交易行为或产品，并要求欧盟委员会提出立法建议永久禁止或限制此类交易行为或产品。这些规定，体现了欧盟金融监管者从"买者自负"到"卖者有责"的理念转变。

费者争议处理标准和程序、确保争议处理机构①独立性、争议处理机构判决的约束力及对金融消费者的无强制力等，确保金融消费的正当权益得到有效伸张。

五是以提高公众对正规金融体系的了解和信任程度为目标，通过扩大金融消费者教育的覆盖范围、建立各相关部门间的有效沟通协调机制、制定金融消费者教育长远规划及动态评价机制，加强金融消费者的金融知识与金融风险教育。

三　全球金融监管改革面临的挑战

正如 Volcker（2010）所指出的："为了复苏及维护市场功能，政府和中央银行采取了激进的措施，力度之大，范围之广，前所未有。"② 从实践来看，全球金融监管改革已初见成效③，然而，一如所有的新生事物，金融改革方案不可避免地存在许多不尽如人意的地方，还有很多领域的关键问题悬而未决。

（一）金融监管改革能否达成预期目标

席卷全球的金融监管改革，在抑制顺周期性继而防范系统性风险方面成效如何？从执行情况来看，其实施成效并不明朗。正如澳大利亚储备银行金融稳定部门负责人埃利斯（Ellis）所指出的，危机之后出现了诸多宏观审慎工具，但"这些工具与金融稳定之间的因果机制分析极其匮乏。因而，我们并不知道，在寻求控制特定数量的指标时，我们究竟是在治标还是治本"。况

---

①　如英国、美国、澳大利亚、印度等英语国家的"申诉专员"，欧洲"消费者中心网络"，新加坡和日本的"争议处理中心"。

②　Volcker, P., "How to Reform our Financial System", *New York Times*, January 31, 2010.

③　例如，罗玉冰（2013）认为，美国金融监管改革已取得成效，表现为金融体系运行更加稳健、大型金融机构抗风险能力增强、银行业利润和贷款额不断增加。天津市金融系统"金融风险管理与金融监管"课题组（2012）提出，金融危机后，美国形成了《多德—弗兰克华尔街改革与消费者保护法》，对其金融监管积弊进行了有效的革除，在系统性风险监管、消费者保护、银行业务范围限制以及破解"大而不倒"问题等关键领域实现了较大的突破。参见罗玉冰《美国金融监管改革的最新进展及启示》，《甘肃社会科学》2013 年第 3 期；天津市金融系统"金融风险管理与金融监管"课题组《美国金融监管改革新政及对我国的启示》，《华北金融》2012 年第 12 期。

且，"迄今为止，对宏观审慎政策有效性的评估少之又少"[1]，且分歧明显[2]。

1. 日益复杂的金融监管规则能否提高监管效力

Haldane 和 Madouros（2012）认为，通过提高金融监管的复杂性应对日益复杂的金融体系可能难以如愿，因为复杂的金融体系已存在大量的不确定性，复杂的金融监管会进一步增加不确定性，从而减弱监管的有效性和稳健性。[3] 何况金融监管需要依赖大量的参数估算，而参数估算难以实现高度准确。相反，不断复杂的金融体系可能更需要简明有效的金融监管来应对。因而，随着金融体系复杂程度的不断发展，监管规则的复杂化和预测模型的复杂化并不能提高监管效力。为了提高金融监管在复杂金融系统下的效力，一个可行的方法是对已有的监管体系进行结构性改革，促使监管体系简明化。他们认为，可以通过以下五个相互支持的政策措施来实现：简化巴塞尔协议框架的复杂层次、重视杠杆率监管、强化审慎监管（支柱 2）和市场纪律（支柱 3）、明确限定金融机构的复杂性，以及对金融体系进行结构性改革。Papadimitriou（2012）亦提出，金融改革的真正挑战是建立一个简化金融体系和金融机构活动的金融架构，后者是有效实施监管的基础。[4]

此外，金融监管改革方案是否足够完善也是一个值得商榷的问题。

其一，金融监管改革方案可能是多方博弈甚至妥协的结果。以美国《多德—弗兰克法案》为例，正如加里·贝克尔所言，法案包含有许多政治性的妥协，因为它是一个复杂的、无序的、含有政治动机的法案，而不是经过深思熟虑后针对 2008 年金融危机制定出的应对措施。因此难以提出系统性的应对金融系统和监管的措施，只能是仓促应对危机中遇到的一些直接问题，这是一种临时性的方法。改革的措施也许是必要的，但远非

---

① L. Ellis, *Macroprudential Policy*: *What have We Learned?*, Reserve Bank of Australia, Mimeo, 2013, 13.

② *Oxford Economics*, Analyzing the Impact of Bank Capital and Liquidity Regulations on US Economic Growth, A Report prepared for The Clearing House Association, April 2013.

③ Haldane, Andrew G., and Vasileios Madouros, "The Dog and the Frisbee", Speech presented at the Federal Reserve Bank of Kansas City's Jackson Hole economic policy symposium, 2012.

④ Papadimitriou, D. B. (2012), Preface, in Kregel, Jan. *Minsky and the Narrow Banking Proposal*: *No Solution for Financial Reform*, Public Policy Brief, No. 125, Levy Economics Institute of Bard College, 2012.

避免一场类似系统性危机重现的充分条件。① 危机之后各国纷纷制定薪酬管制政策，但政策实施成效不明朗或可为证。Cohen 等（2008）检验了《萨班斯—奥克斯利法案》（*Sarbanes - Oxley Act*）对高管薪酬契约及风险承担的影响，结果发现法案的实施显著提高了高管的总体风险敞口②；Murphy（2012）则指出，薪酬结构对银行高层管理人员的风险承担并无影响，但会诱发较低层级的交易员、经纪商和审贷人员的价值破坏行为，因而问题资产救助计划（TRAP）和《多德—弗兰克法案》对高管薪酬的监管措施无助于减低风险。③

其二，监管体制改革与一国的政治、经济、文化背景密切相关，处理好一致性和差异性问题并不容易。CGFS（2010）的调查研究结果表明，可供各国当局选择的金融监管制度设计取决于他们的经济和金融体系结构，以及现行法律和市场惯例。④ 比如，《巴塞尔协议Ⅲ》是国际统一标准，但各国的金融实践却是不同的，在发达国家与发展中国家之间、国际活跃银行与本土银行之间、大型银行与中小银行之间，其复杂程度和业务模式存在巨大差异，资本监管制度始终面临着如何处理好一致性和差异性关系的课题。从公平竞争和提高透明度的角度出发，资本监管规则应尽可能统一，即全球应采用尽量一致的资本充足率计算方法。但对复杂程度和风险特征不同的银行应有不同的资本计算规则和资本水平要求，各国在制定本国规则时在力求一致的同时，也要更好地与本国实践相结合。再以系统重要性金融机构监管为例，王兆星（2013）提出，巴塞尔委员会给出了识别系统重要性的五个维度，但这五个维度并不全面，而且在不同国家与地区，其金融体系能承受何种规模的金融机构倒闭也大不相同，同该国与地区的市场环境、法律安排甚至风俗文化密切相关，将哪些机构认定为

---

① 穆良平、钟山：《美国金融监管改革法案评述》，《财经科学》2013 年第 7 期。

② Cohen D. A., A. Dey & T. Lys, 2008, "Real and Accrual Based Earnings Management in the Pre - and post - Sarbanes - Oxley Periods", *The Accounting Review*, 83（3）：757 - 787.

③ Murphy K. J., 2012, "Pay. Politics, and the Financial Crisis", in Blinder A., Lo A. & Solow R. eds, *Re thinking the Financial Crisis*, Russell Saye Foundation, New York, 2012.

④ Committee on the Global Financial System, Macroprudential Instruments and Frameworks: a Stocktaking of Issues and Experiences, CGFS Papers 38, Basel, Bank for International Settlements, 2010.

系统重要性金融机构，实施何种特殊的区别监管措施，这些都需要不断地监管实践进行检验。① 再比如，对系统重要性金融机构的监管导向涉及合理的市场结构与行业集中度等深层次问题。以我国为例，我国前五大金融机构的市场占比在45%左右，与美国、日本、英国、法国的行业集中度相差不大，但远低于加拿大、澳大利亚、荷兰超过80%的水平，而德国的这一指标只有25%。到底什么样的市场结构更有利于金融稳定并无定论，需要更为审慎地评价各项系统重要性监管措施对市场结构和金融效率带来的影响。

2. 金融监管工具是否有效

Papadimitriou（2012）认为，《多德—弗兰克法案》提出限制银行的业务范围，不过是20世纪90年代明斯基（Minsky）之牙慧，并不能切实解决问题。② 而更具讽刺意味的是，明斯基最终放弃了其所提出的类似方案。

目前，逆周期宏观审慎监管工具的执行成本、互补性、潜在的负面效应尚未得到深入而充分的讨论③，逆周期宏观审慎工具的选择与使用面临着诸多无法回避的问题。

其一，逆周期宏观审慎工具的效用与组合问题。对于逆周期宏观审慎是否能治本，学界事实上是存在疑虑的，因为顺周期的行为根源主要是风险近视④和

---

① 王兆星：《影子银行的阳光化——国际金融监管改革系列谈之六》，《中国金融》2013年第17期。

② Papadimitriou, D. B, Preface, in Kregel, Jan. *Minsky and the Narrow Banking Proposal*: *No Solution for Financial Reform*. Public Policy Brief, No. 125, Levy Economics Institute of Bard College, 2012.

③ 有关宏观审慎监管工具有效性的详细论述，可参见张雪兰、何德旭《逆周期宏观审慎监管工具的有效性：国外研究评述》，《国外社会科学》2014年第4期。

④ Guttentag J. and Herring, R., "Disclosure Policy and International Banking", *Journal of Banking and Finance*, 1986, Vol. 10, 75 - 97. Haldane, A. G., "Why Banks Failed the Stress Test", Speech Given at the Marcus-Evans Conference on Stress-Testing, 9-10 February 2009. Herring, R. J., 1998, "Banking disasters: Causes and Preventative Measures, Lessons Derived from the U. S. Experience", G. Caprio Jr., W. C. Hunter, G. G. Kaufman, D. M. Leipziger (Eds.), Preventing Bank Crises——Lessons from Recent Global Bank Failures, Proceedings of a Conference Co - sponsored by the Federal Reserve Bank of Chicago and the Economic Development Institute of the World Bank, The World Bank, Washington D. C. (1998), 209 - 236, September. Nicola Gennaioli, Andrei Shleifer, Robert Vishny, 2012, "Neglected Risks, Financial Innovation, and Financial fragility", *Journal of Financial Economics*, Vol 104 (3): 452 - 468.

金融市场的羊群行为①。不仅如此,Goodhart 等 (2013) 发现,监管工具组合容易,但要控制其对经济的负面效应却很难。② 而另一个值得我们深思的问题则是:宏观审慎工具箱是否也会存在合成谬误问题?

其二,逆周期宏观审慎工具的使用如何兼顾情境差异? Neuberger 和 Rissi (2012) 基于金融体系的代理模型分析发现,应用相同的资本及流动性监管工具并不足以实现一国/国际金融稳定,因为有效率的监管必须考虑经济结构以及金融市场参与者行为的国别差异。③ 他们发现,以市场为基础的金融体系无法受益于资本和流动性监管,却可受益于对自营交易的限制(沃尔克法则);而以银行为基础金融体系,确保金融稳定的最有效监管政策是稳定指标。如果不考虑金融体系结构,对银行投资组合的直接限制比实施资本、杠杆和流动性的限制更为有效。事实上,国情不同,制度存异,使用逆周期宏观审慎监管工具是否能如愿达成金融稳定目标依旧存疑。例如,在某些汇率制度下,宏观审慎政策可能需要作为完全根据国内状况设定货币政策的替代品,而另一些国家则不需要考虑这些问题。且宏观审慎工具能否解决"三难"(固定汇率、资本市场开放和金融稳定)仍有待观察。

其三,逆周期宏观审慎工具如何与其他公共政策相配合? 由于产生泡沫并导致金融体系不稳定的金融周期长于商业周期④,要确保金融体系和实体经济的双重稳定,需同时运用宏观审慎政策与货币政策等其他公共政

---

① 金融市场的羊群理论,可参见 Avery 和 Zemsky (1998),Lakonishok 等 (1992) 提供了经验证据,Bikhchandani 和 Sharma (2001) 对相关文献进行了综述。Goodhart, C., A. Kashyap, D. Tsomocos, and A. Vardoulakis, "An Integrated Framework for Analyzing Multiple Financial Regulations", *International Journal of Central Banking*, January, 2013, 109 – 143.

② Avery, C. and Zemsky, P., "Multidimensional Uncertainty and Herd Behavior in Financial Markets", *The American Economic Review*, 1998, 88, 724 – 748. Lakonishok, J., A. Shleifer, and R. W. Vishny, "The Impact of Institutional Trading on Stock Prices", *Journal of Financial Economics*, 1992, Vol. 32, 23 – 43. Bikhchandani, S. and S. Sharma, "Herd Behavior in Financial Markets: A Review", IMF Staff Papers, 2001, 47 (3), 279 – 310. International Monetary Fund.

③ Neuberger, D. and R. Rissi, *Macroprudential Banking Regulation: Does One Size Fit All?* Working Paper 124, 2012, Universität Rostock.

④ Drehmann M. and L. Gambacorta, "The Effects of Countercyclical Capital Buffers on Bank Lending", *Applied Economics Letters*, 19 (7), 2012: 603 – 608.

策。对于如何协调宏观、微观审慎监管，如何实现宏观审慎政策与财政政策、货币政策的协同①，以共同应对信贷过量扩张和资产价格过快上升等问题，学界及政界至今尚未形成清晰且一致的共识，且不论宏观审慎政策与其他公共政策的交互对经济体的作用传导机制尚未厘清，多种公共政策在执行过程中面临的目标冲突问题亦未得到解决。

其四，金融监管改革的成本及如何把握逆周期监管的"度"的问题。在某种意义上，逆周期宏观审慎政策是一把双刃剑，可视为在金融中介化成本与系统性危机爆发概率及严重性之间求得均衡。例如，要求金融机构保持较高的资本充足水平固然可以使系统性风险最小化，但这也意味着高福利成本——信用中介化与可得期限转换（maturity transformation）水平将处于次优状态，继而拖累经济增长。因而，逆周期宏观审慎监管工具的使用，必须注意要在系统性风险水平与增长②及消费平稳之间求得平衡。

其五，逆周期宏观审慎工具的使用如何面对监管俘获与政府管制失败的风险？一方面，由于政府往往将监管作为将经济租从一个集团转移至另一集团以获取隐性或显性收益的手段③，Veljanovski（2010）认为，政府官员甚至是被规制的金融机构造宏观审慎监管的上层建筑，其目的正是谋

---

① 货币政策影响金融稳定，而致力于金融稳定的宏观审慎政策亦会影响货币政策。如果宏观审慎政策要控制信贷泡沫，会导致信贷增速与总需求增速下降。为应对总需求下降，货币政策可稳定通胀与产出。另一方面，如果为了刺激经济，政策利率处于低水平，则信贷泡沫破灭风险会增大，从而又导致更加严苛的宏观审慎政策。因而宏观审慎政策与货币政策的协同更有助于实现价格稳定、产出稳定与金融稳定三重目标。

② Oxford Economics（2013）对银行资本监管及流动性监管对美国经济增长影响所作的评估显示，在最坏的情境下，美国 GDP 会下降 2%。Kawata 等（2013）以日本为背景，运用宏观金融计量模型比较和分析信贷增长限制、贷款价值比 LTV 和债务收入比管制以及时变资本要求对经济变量的影响。分析结果表明，尽管上述逆周期宏观审慎工具抵制了经济波动，但亦可能会降低平均经济增长。参见 Oxford Economics, Analyzing the Impact of Bank Capital and Liquidity Regulations on US Economic Growth, *A Report Prepared for the Clearing House Association*, April 2013. Kawata, H., Y. Kurachi, K. Nakamura, Y. Teranishi, *Impact of Macroprudential Policy Measures on Economic Dynamics: Simulation using a Financial Macro - Econometric Model*, Bank of Japan Working Paper, No. 13 - E - 3, February, 2013。

③ Posner, R., "Taxation by Regulation", *Bell Journal of Economics and Management Science*, 2 (1971): 22 - 50.

求私利。① Wooley 和 Ziegler（2011）就认为，美国采取的是双层金融改革策略——保持与金融精英良好关系的同时，响应草根群体对更为严格的监管的诉求，这就决定了《多德—弗兰克法案》不可能彻底地贯彻改革愿景。② Mügge 和 Stellinga（2010）则一针见血地指出，在监管改革中，政府始终是本国企业竞争性利益的坚定捍卫者。③ 研究亦表明，银行业能够诱导监管者将准备金要求设定在其满意的水平，④ 甚至主导银行业的产业结构。⑤ 另一方面，逆周期宏观审慎监管面临监管俘获的威胁。相机抉择的政策措施往往难以解决潜在的问题，且往往使局面更为糟糕⑥，而监管上层建筑的设计失误更会造成沉重的社会负担。

（二）金融监管机构是否有足够的驾驭能力

金融监管改革的实施，对于金融监管机构而言，不仅是压力，更是挑战。因为改革配套方案必然是配套的形式推进的。《多德—弗兰克法案》实施进展不尽如人意或可为证（见图13—6）。Kane（2012）提出，《多德—弗兰克法案》并没有对借款人与内外部监管者之间的激励冲突引起足够的重视，更没有有效地解决相关问题。⑦ 再以新的资本制度为例，表面看来，新的资本制度是提高对金融机构资本水平和质量的要求，其背后

---

① Veljanovski, C., "Economic Approaches to Regulation", In Robert Baldwin, Martin Cave, and Martin Lodge, eds., *The Oxford Handbook of Regulation*, Oxford: Oxford University Press, 2010.

② Wooley, J. T., and J. N. Ziegler, "The Two - Tiered Politics of Financial Reform in the United States", *Institute for Research on Labor and Employment*, 2011.

③ Mügge D, Stellinga B., "Absent Alternatives and Insider Interests in Postcrisis Financial Reform", *der moderne staat - Zeitschrift für Public Policy, Recht und Management*, 2010, 3 (2): 321 –338.

④ Lown, C., and J. Wood, "The Determination of Commercial Bank Reserve Requirements", *Review of Financial Economics*, 12 (2003): 83 –98.

⑤ Abrams, B., and R. Settle, "Pressure - group Influence and Institutional Change: Branch - banking Legislation During the Great Depression", *Public Choice*, 77 (1993): 687 –705.

⑥ Eisenbeis, R., "The Financial Crisis: Misdiagnosis and Reactionary Responses", *Atlantic Economic Journal*, 38 (2010): 283 –294.

⑦ Kane, E. J., "Missing Elements in US Financial Reform: A Kübler - Ross Interpretation of the Inadequacy of the Dodd - Frank Act", *Journal of Banking & Finance*, 36.3 (2012): 654 – 661.

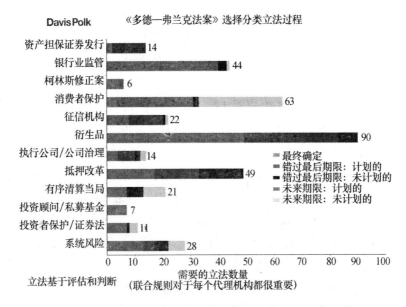

图 13—6　《多德—弗兰克法案》执行情况（截至 2014 年 7 月 1 日）

资料来源：http：//www. davispolk. com/Dodd－Frank－Rulemaking－Pro gress－Report/。

是对风险识别、度量、管理、抵补和处置的要求，这种要求不仅是针对金融机构，同样也是对监管当局的要求①：第一，新资本制度扩大了监管当局的职责，不仅要监测和防范单体金融机构风险，还要识别和防御系统性风险，监测系统性风险在金融体系的积累情况，并运用宏观审慎工具加以应对和化解；第二，新资本制度的第二支柱不仅要求监管当局要评判金融机构计量的资本充足率是否准确，还要评判资本是否真的充足、能够覆盖各类风险；第三，在第一支柱下，如果金融机构使用高级计量方法计算资本要求，监管当局还要审核其所使用的内部模型是否可靠，能否准确度量风险。在金融市场如此复杂、金融产品如此丰富、金融机构资产负债表如此庞杂的环境中，金融监管当局能够胜任这些职责吗？这对任何一个国家的监管当局都是一个巨大的挑战。除加强培训、加大人力物力投入外，某些体制机制的改革与创新也是必要的，这是世界各国都需要思考的问题。

———————————

① 王兆星：《资本监管制度变革——国际金融监管改革系列谈之二》，《中国金融》2013 年第 13 期。

尤为值得注意的是，新兴市场国家普遍缺乏兼具股权和债权特征的符合《巴塞尔协议Ⅲ》要求的资本工具，如果发展中国家没能有效地梳理各类金融工具的法律关系、市场定位、相关机制安排，加快金融改革，新的金融监管改革措施无疑将难以推行。

不仅如此，对于监管者而言，新的监管方法正挑战与其运作独立性密切相关的能力与意愿。Masciandaro 等（2008）主张稳固的独立性和责任性安排是监管者治理的重要基础，而监管者治理对银行体系的稳健运作有重要影响。[①] Palmer 和 Cerruti（2009）强调了监管独立于政治影响与金融部门的必要性，如此才能保证监管者执行监管的意愿。[②] 从实践来看，"运作独立"（operational independence）被引入许多国际法规和标准之中，而FSB 则推荐了评估运作独立性的评估标准。[③] 然而，运作独立性要求监管机构负责且透明。Quintyn 和 Taylor（2002）发现责任性和独立性在一定程度上互补，这表明监管当局可通过提高透明度来增进其独立性。[④] 此外，Levine（2012）强调，对于次贷危机，危机发生之前金融监管的系统性失误在责难逃，缺乏一个公众视角的知情、专业且独立的监管评估机构是金融监管的硬伤。[⑤] 他认为，唯有建立相应的机构才能弥补这一缺陷。

（三）金融监管改革是否以损失社会福利为代价

金融监管改革的最终目标是民生福祉。事实上，这应当是设计金融改革框架的前提。Wray（2011）援引明斯基的观点提出，在改革金融体系

---

① Masciandaro D., Quintyn M., Taylor M., *Financial Supervisory Independence and Accountability - Exploring the Determinants*, IMF working paper 08/147（2008）.

② Palmer J., Cerruti C., "Is There a Need to Rethink the Supervisory Process?" Paper for the International Conference Reforming Financial Regulation and Supervision: Going Back to Basics, Madrid（15 June 2009）.

③ Financial Stability Board, *Intensity and Effectiveness of SIFI Supervision: Recommendations for Enhanced Supervision*, Financial Stability Board, Basel（2010）.

④ Plantin, Guillaume, Haresh Sapra, and Hyun Song Shin, "*Marking to Market, Liquidity and Financial Stability*", *Liquidity and Financial Stability*,（July 7, 2005）.

⑤ Levine, Ross, "The Governance of Financial Regulation: Reform Lessons From the Recent Crisis", *International Review of Finance*, 12.1, 2012: 39 - 56.

之前，我们需要了解金融体系的使命。① 亦即，明斯基一贯主张金融体系的正确角色是促进经济体的"资本发展"（capital development），但这并不简单意味着银行应当为实体经济提供融资。明斯基思想的真实含义是建立一个促进经济发展、提高生活水平的金融结构（financial structure）。

在此次应对危机的各项措施中，去杠杆化是应对金融危机以重构银行资产负债表、恢复银行体系稳健性的重要措施。然而，从系统的视角来看，去杠杆化可能会使流向实体经济的信贷萎缩，继而放大危机的负面影响。② 不仅如此，新资本制度对经济增长的长期影响也有待观察。更高的资本质量与水平要求会增加银行的放贷成本，如果这些成本全部由实体经济承担，必然带来长期增长率的下降。根据巴塞尔委员会的测算，资本充足率要求每上升1个百分点，长期经济增长将下降0.04个百分点。但巴塞尔委员会认为，强化资本要求会显著降低危机发生的概率，增强市场的信心，提升实体经济长期投资收益预期，反过来还会提高长期增长率，委员会的最终结论是获得的收益将大于产生的成本。然而，最终的净收益（或净成本）到底有多大还将取决于很多变量，特别取决于整个金融监管改革的实施成效如何。从成本角度看，金融机构的公司治理、内控制度和薪酬机制等改革措施将决定能否抑制过高的高管薪酬和股东分红，进而决定实体经济分担的经营成本比例，如果改革措施充分有效，所带来的放贷成本提高主要转化为减少金融机构股东分红和内部成本节约的压力，那么资本水平的提高就基本不会压低实体经济的长期增长率。从收益角度看，市场信心的恢复和增强、长期收益率的预期水平不仅仅取决于资本监管制度改革，还受到包括流动性监管、宏观审慎监管、影子银行监管等一系列改革措施的影响，收益水平是整个金融监管改革框架的变量。③ 因而，如何在经济金融稳定和社会福祉之间求得微妙的平衡，注定是金融监管改革贯穿始终的核心与难题。

---

① Wray, L. R., A Minskyan Road to Financial Reform, Working Paper, Levy Economics Institute, No. 655, 2011.

② Nouy, D., "Chapter 4 Unintended Consequences of Supervision", in *Financial Supervision in the* 21*st Century.* Ed. A. Joanne Kellermann, Jakob de Haan, and Femke de Vries, Springer - Verlag, 2013, 47 - 72.

③ 王兆星：《资本监管制度变革——国际金融监管改革系列谈之二》，《中国金融》2013年第13期。

附录

2007—2009 年金融危机之后系统性金融风险度量方法的新发展

当前金融监管的主要问题在于监管者寻求限制每一金融机构的风险。然而，除非系统性风险的外部成本为每一金融机构所内部化，金融机构就会有承担风险的诱因，而风险的代价不仅由机构承担，且对整个社会造成重负。换言之，单个金融机构会为防止倒闭而采取措施，却不会对整个金融体系的崩溃心怀忧虑。正因如此，金融机构的风险是金融体系的一个负外部性。为了治理金融机构"各人自扫门前雪，哪管他人瓦上霜"对金融体系造成的潜在危害，科学而准确地测度金融机构的社会成本，并通过庇古税的形式将之内化于金融机构运营之中，成为有效防范化解系统性风险以促进金融稳定的必要之举[①]。事实上，危机之后推行的宏观审慎监管改革举措，其目标——包括识别影响金融稳定的事件或活动的风险来源、消除市场参与者对政府救助的期望以更好地推行市场原则、有效应对金融体系稳定的威胁——的实现，无不以准确、及时地识别系统性金融风险为前提。Alexander（2010）列举了系统性风险测度的政策应用价值：（1）识别对金融稳定构成巨大威胁的机构（系统性重要金融机构，SIFIs），有助于瞄准并提高监管标准；（2）识别金融体系易受攻击的具体构面，帮助政策制定者调整监管措施；（3）识别金融体系稳定面临的潜在冲击（如资产价格偏离），以及时采取有效应对措施；（4）提供早期预警信号，显示潜在的金融不稳定状况，为政策制定者收紧宏观审慎政策提供决策

---

① Acharya, Viral V. and Matthew Richardson, "Causes of the Financial Crisis", *Critical Review* 21.2–3, 2009：195–210.

信息。[1]

　　然而，学术界对系统性风险的界定可谓仁者见仁、智者见智——欧洲央行[2]将之定义为金融不稳定风险，这一风险"影响范围之广，使其损害了金融体系的运作继而极大地削减了经济增长和福利"；Billio 等学者认为系统性风险是"威胁金融体系稳定或重创公众对金融体系信任的任何情形"[3]；大部分学者则更多地关注系统性金融风险的特定机制，包括失衡问题[4]、关联敞口[5]、向实体经济的溢出效应[6]、信息崩溃[7]、反馈行为[8]、资产泡沫[9]、传染[10]和负外部性等[11]。这一事实表明，单一的测度方法无法

---

[1]　Alexander, L., "Opening Remarks", Working Paper, Measuring Systemic Risk: A Conference Sponsored by the Milton Friedman Institute, the Chicago Fed, and the New York Fed, 2010.

[2]　European Central Bank (ECB), "Financial Networks and Financial Stability", *Financial Stability Review*, (2010): 155 – 160.

[3]　Billio, M., Getmansky, M., Lo, A. W., and Pelizzon, L. (2012), "Econometric Measures of Connectedness and Systemic Risk in the Finance and Insurance Sectors", *Journal of Financial Economics*, 104 (3), 535 – 559.

[4]　Caballero, Ricardo J., "Sudden Financial Arrest", Prepared for the Mundell - Fleming Lecture delivered at the Tenth Jacques Polak Annual Research Conference, IMF, November 8, 2009.

[5]　Acharya, V. V., L. H. Pedersen, T. Philippon, and M. P. Richardson, "Measuring Systemic Risk", Working Paper, New York University, 2010.

[6]　Group of Ten, Report on Consolidation in the Financial Sector, 2001. Case et al. Comparing Wealth Effects: The Stock Market versus the Housing Market. The B. E.

[7]　Mishkin, Frederic, "Systemic Risk and the International Lender of Last Resort", *BIS Review*, 109 (2007): 1 – 7.

[8]　Kapadia, S., M. Drehmann, J. Elliott, and G. Sterne, "Liquidity Risk, Cash Flow Constraints, and Systemic Feedbacks", Working Paper, Bank of England (2009).

[9]　Rosengren, E. S., "Asset Bubbles and Systemic Risk", Working paper, Federal Reserve Bank of Boston, Speech delivered at the Global Interdependence Center's Conference on "Financial Interdependence in the World's Post – Crisis Capital Markets", Philadelphia, March 3, 2010.

[10]　Moussa, A., "Contagion and Systemic Risk in Financial Networks", Ph. D. Thesis, Columbia University (2011).

[11]　Financial Stability Board, "International Monetary Fund Bank for International Settlements Guidance to Assess the Systemic Importance of Financial Institutions, Markets and Instruments: Initial Considerations", 2009.

满足系统性风险衡量的需要，如何及时、准确地测量系统性风险，仍然是金融监管当局和金融机构所面临的一大挑战。

根据 Acharya and Stefen（2012）[①]，金融企业的社会成本 = 企业有担保负债的违约预期损失 + 危机时单位资本短缺的预期系统成本 × 发生危机时企业的预算资本短缺。

其中：第一部分，预期系统成本，包括估计系统性危机的发生概率及这一危机的外部成本。尽管巨额救助成本及实体经济损失与银行危机相关的证据日益增多[②]，鲜有文献估计危机的发生概率。仅 Reinhart 和 Rogoff（2009）运用大型国际数据库所做的研究结论认为，系统性金融危机或通过资产价格泡沫、巨额资本流入和信贷泡沫加以预估[③]。他们发现，一些相互关联而不同的因素，即波动性的期限结构[④]，金融机构资产回报的平均方差及其杠杆水平，以及诸如金融机构关联程度、金融部门系统性风险部分持有的非流动性资产、对系统性风险融资的依赖程度等系统性风险特征，会影响到系统性金融危机发生的概率。第二部分，单个机构对系统性风险投资贡献，可公式化为金融部门崩溃时单个机构的成本贡献百分比，这部分是可以测度的，其关键要素在于测度危机中企业的预期资本短缺，有多种测度方法。例如，美国监管当局于 2009 年春开始采用的压力测试（stress tests），可以一种直截了当的方式估计金融机构的预期资本短缺。

---

① Acharya, V. V., R. F. Engle, and M. Richardson, "Capital Shortfall: A New Approach to Ranking and Regulating Systemic Risks", *American Economic Review*, 102. 3 (2012): 59 - 64.

② Caprio, Gerard, and Daniela Klingebiel, *Bank Insolvencies Cross - country Experience*, World Bank Publications, 1996. Honohan, Patrick, and Daniela Klingebiel. *Controlling the Fiscal Costs of Banking Crises*. Vol. 2441., World Bank Publications, 2000. Hoggarth, Glenn, Ricardo Reis, and Victoria Saporta. "Costs of Banking System Instability: Some Empirical Evidence", *Journal of Banking & Finance*, 26. 5 (2002): 825 - 855. Reinhart, C. M., and K. Rogoff, "This Time Is Different: Eight Centuries of Financial Folly", Princeton University Press, Princeton, NJ (2009). Borio, Claudio, and Mathias Drehmann. "Assessing the Risk of Banking Crises - revisited", *BIS Quarterly Review*, 29 (2009): 46.

③ Reinhart, C. M., and K. Rogoff, "This Time Is Different: Eight Centuries of Financial Folly", Princeton University Press, Princeton, NJ (2009).

④ 长期和短期波动性的差额。

但压力测试只能以周期为基础，因而往往需辅以统计分析工具。另一种可选择的方法则是或有资本保险（Contingent capital insurance），即为资本短缺设定经济价格，为监管者确定每一金融机构的相对系统性风险提供决策基础。据此，系统性金融风险度量的新方法主要体现为系统性风险贡献值的发展。

一　系统性金融风险度量方法的分类

测度某一特定金融机构对金融体系风险贡献值的方法，实践中主要有两种粗线条的分类：一种方法基于头寸及风险暴露信息，此类机密信息由金融机构提供给监管者[①]；第二种方法则仅依赖于公开市场数据，如股票收益、期权价格或 CDS 价差（假定这些价格反映了所有公开上市企业的所有信息），此种方法的四种典型代表是边际期望损失（Marginal Expected Shortfall，MES）、系统期望损失（Systemic Expected Shortfall，SES）[②]，系统性风险指标（Systemic Risk Measure，SRISK）[③]，以及条件

---

① Elsinger, Helmut, Alfred Lehar, and Martin Summer. "Systemically Important Banks: An Analysis for the European Banking System", *International Economics and Economic Policy*, 3. 1 (2006): 73 - 89. Basel Committee on Banking Supervision, "Global Systemically Important Banks: Assessment Methodology and the Additional Loss Absorbency Requirement", Bank for International Settlements (2011). Financial Stability Oversight Council, "Authority to Require Supervision and Regulation of Certain Nonbank Financial Companies", (2012). Gourieroux, C., J. - C. Heam, and A. Monfort, "Bilateral Exposures and Systemic Solvency Risk", Working Paper, CREST (2012). Greenwood, R., A. Landier, and D. Thesmar, "Vulnerable Banks", Working Paper, HBS and HEC Paris (2012). Young H. P. and Glasserman P., 2013, "How likely is Contagion in Financial Networks?", Economics Series Working Papers from University of Oxford, Department of Economics, No. 642.

② Acharya, V. V., L. H. Pedersen, T. Philippon, and M. P. Richardson, "Measuring Systemic Risk", Working Paper, New York University, 2010.

③ Acharya, V. V., R. F. Engle, and M. Richardson, "Capital Shortfall: A New Approach to Ranking and Regulating Systemic Risks", *American Economic Review*, 102. 3 (2012): 59 - 64.

在险值的 *Delta* 值[①]。

比较细致的划分是 Bisias 等（2012）对 31 种系统性风险的测度方法分别从数据要求、监管视角、决策时间、研究方法等不同角度所做的分类，如附表 1—附表 4 所示。

[①]　Adrian, T. and M. K. Brunnermeier, "CoVaR", Working Paper, Princeton University and Federal Reserve Bank of New York (2011). Huang, Xin, Hao Zhou, and Haibin Zhu, "A Framework for Assessing the Systemic Risk of Major Financial Institutions", *Journal of Banking & Finance*, 33.11 (2009): 2036 – 2049. Huang, Xin, Hao Zhou, and Haibin Zhu. "Assessing the Systemic Risk of a Heterogeneous Portfolio of Banks during the Recent Financial Crisis", *Journal of Financial Stability*, 8.3 (2012a): 193 – 205. Huang, Xin, Hao Zhou, and Haibin Zhu. "Systemic Risk Contributions", *Journal of Financial Services Research*, 42.1 – 2 (2012): 55 – 83. Drehmann, Mathias, and Nikola Tarashev. "Systemic Importance: Some Simple Indicators", *BIS Quarterly Review*, March (2011): 25 – 37. Gray, D., and A. Jobst. " Systemic CCA – A Model Approach to Systemic Risk", *Deutsche Bundesbank/Technische Universität Dresden Conference: Beyond the Financial Crisis: Systemic Risk, Spillovers and Regulation*, Dresden. 2010. Kritzman, Mark, et al. "Principal Components as a Measure of Systemic Risk", *The Journal of Portfolio Management*, 37.4 (2011): 112 – 126. Acharya, V. V. and S. Stefen," Analyzing Systemic Risk of the European Banking Sector", *Handbook on Systemic Risk*, ed. J. – P. Fouque and J. Langsam, *Cambridge University Press*, 2012. Billio, M., Getmansky, M., Lo, A. W., and Pelizzon, L. "Econometric Measures of Connectedness and Systemic Risk in the Finance and Insurance Sectors". *Journal of Financial Economics*, 2012, 104 (3), 535 – 559. Gauthier, Céline, Alfred Lehar, and Moez Souissi. "Macroprudential Capital Requirements and Systemic Risk", *Journal of Financial Intermediation*, 21.4 (2012): 594 – 618. Giglio, Stefano W., Credit Default Swap Spreads and Systemic Financial Risk, January 1, 2012. Chicago Booth Research Paper No. 12 – 45; Fama – Miller Working Paper. Available at SSRN: http: //ssrn. com/abstract = 2145986. White, H., Kim, T. H., & Manganelli, S. "VAR for VaR: Measuring Tail Dependence using Multivariate Regression Quantiles", *Journal of Econometrics*, 2015, 187 (1), 169 – 188. Oh, Dong Hwan, and Andrew J. Patton. "Time – varying Systemic Risk: Evidence from a Dynamic Copula Model of Ods Spreads", *Economic Research Initiatives at Duke (ERID) Working Paper*, 167 (2013). Yang, Jian, and Yinggang Zhou. "Credit Risk Spillovers among Financial Institutions around the Global Credit Crisis: Firm – level Evidence", *Management Science*, 59.10 (2013): 2343 – 2359.

附表 1　　　　　　　　**按数据要求所做的系统性风险指标分类**

类别	指标
宏观经济测度	高价资产价格繁荣/衰退周期 房地产价格、股价和信贷缺口指标 宏观审慎监管
粒状基础和网络指标	违约密度模型（The Default Intensity Model） 网络分析和系统性金融联结 模拟信贷情境 模拟信贷与融资冲击情境 格兰杰因果网络 银行融资风险和冲击传递 盯市会计计量与流动性定价
前瞻性风险指标	未定权益分析（Contingent Claims Analysis） 马氏距离（Mahalanobis Distance） 期权—隐含波动率方法（Option – implied Probability of Distress，Option – iPoD） 多元密度估计 模拟房产部门 消费信贷 主成分分析
压力测试	GDP 压力测试 监管资本评估项目（SCAP） 10 – by – 10 – by – 10 方法
跨部门测度	条件在险价值（CoVaR） 萧条保险费（Distressed Insurance Premium） 共同风险（Co – Risk） 边际及系统性预期损失（MES、SES）
非流动性及无法偿付指标	风险数值地形图（Risk Topography） 杠杆周期 非流动性信息之噪音 货币基金的拥挤交易 股票市场非流动性 对冲基金收益的序列相关及非流动性 更广义的、以对冲基金为基础的系统性风险指标

附表 2   监管视角的系统性风险指标分类

类别	指标
微观审慎测度：证券与商品市场	货币基金的拥挤交易 股票市场非流动性 对冲基金收益的序列相关及非流动性 更广义的、以对冲基金为基础的系统性风险指标
微观审慎测度：银行业与房屋市场	网络分析和系统性金融联结 模拟信贷情境 模拟信贷与融资冲击情境 银行融资风险和冲击传递 期权—隐含波动率方法（Option – implied Probability of Distress, Option – iPoD） 多元密度估计 模拟房产部门 消费信贷 监管资本评估项目（SCAP） 10 – by – 10 – by – 10 方法 萧条保险费（Distressed Insurance Premium）
微观审慎测度：保险与年金	格兰杰因果网络 盯市会计计量与流动性定价
微观审慎测度：一般性应用	违约密度模型（The Default Intensity Model） 未定权益分析（Contingent Claims Analysis） 马氏距离（Mahalanobis Distance） 条件在险价值（CoVaR） 共同风险（Co – Risk） 边际及系统性预期损失（MES、SES） 风险数值地形图（Risk Topography） 杠杆周期
宏观审慎测度	高价资产价格繁荣/衰退周期 房地产价格、股价和信贷缺口指标 宏观审慎监管 主成分分析 GDP 压力测试 非流动性信息之噪音

附表 3 **根据事件/决策时间所做的系统性风险指标分类**

类别	指标
事前测度：早期预警	高价资产价格繁荣/衰退周期 房地产价格、股价和信贷缺口指标 违约密度模型（The Default Intensity Model） 网络分析和系统性金融联结 模拟房产部门 消费信贷 GDP 压力测试 萧条保险费（Distressed Insurance Premium） 杠杆周期 对冲基金收益的序列相关及非流动性 更广义的、以对冲基金为基础的系统性风险指标
事前测度：反事实模拟与 压力测试	模拟信贷情境 模拟信贷与融资冲击情境 监管资本评估项目（SCAP） 10 – by – 10 – by – 10 方法 边际及系统性预期损失（MES、SES）
事中测度：脆弱性	格兰杰因果网络 未定权益分析（Contingent Claims Analysis） 期权—隐含波动率方法（Option – implied Probability of Distress，Option – iPoD） 多元密度估计 条件在险价值（CoVaR） 共同风险（Co – Risk）
事中测度：危机监测	银行融资风险和冲击传递 马氏距离（Mahalanobis Distance） 主成分分析 非流动性信息之噪音 股票市场非流动性
事后测度：取证分析 （forensic analysis）	宏观审慎监管 盯市会计计量与流动性定价
事后测度：有序解决方案 （orderly resolution）	风险数值地形图（Risk Topography）

附表4   **根据研究方法所做的系统性风险指标分类**

类别	指标
概率分布测度	马氏距离（Mahalanobis Distance） 多元密度估计 条件在险价值（CoVaR） 共同风险（Co-Risk） 边际及系统性预期损失（MES、SES）
未定权益与违约测度	违约密度模型（The Default Intensity Model） 未定权益分析（Contingent Claims Analysis） 期权—隐含波动率方法（Option-implied Probability of Distress, Option-iPoD） 模拟房产部门 消费信贷 萧条保险费（Distressed Insurance Premium）
非流动性测度	盯市会计计量与流动性定价 非流动性信息之噪音 货币基金的拥挤交易 股票市场非流动性 对冲基金收益的序列相关及非流动性 更广义的、以对冲基金为基础的系统性风险指标
网络分析测度	网络分析和系统性金融联结 格兰杰因果网络 银行融资风险和冲击传递 主成分分析
宏观经济测度	高价资产价格繁荣/衰退周期 房地产价格、股价和信贷缺口指标 宏观审慎监管 模拟信贷情境 模拟信贷与融资冲击情境 GDP压力测试 监管资本评估项目（SCAP） 10-by-10-by-10方法 风险数值地形图（Risk Topography） 杠杆周期

二 系统性金融风险的测度方法

以下根据 Bisias 等（2012）依据数据要求对 31 种系统性风险测度方法所做的分类，分别对各种测度方法的基本理念加以详述。

（一）高价资产价格繁荣/衰退周期

Alessi 和 Detken（2009）运用信号方法预测高价资产价格繁荣/衰退周期。[①] 具体而言，考虑监管者对 I 类及 II 类错误的相对规避程度，当指标超过门槛值时，就释放预警信号（界定为一个特定的分位数），如附表5 所示。

附表 5   信号"混乱"矩阵

	6 个季度内的高价繁荣/衰退周期	无 6 个季度内的高价繁荣/衰退周期
发出信号	A	B
未发出信号	C	D

分析指标效用的损失函数是：

$$L = \theta \, \frac{C}{(A+C)} + \frac{(1-\theta)\,B}{(B+D)}$$

其中，参数 θ 揭示了政策制定者于类型 I 及类型 II 错误的相对风险规避程度。因而，该指标的效用可定义为：min［θ；1－θ］－L。Alessi 和 Detken（2009）用于测试信号的变量如附表—6 所示。

---

① Alessi L. and C. Detken, "Real Time Early Warning Indicators for Costly Asset Price Boom/ Bust Cycles: A Role for Global Liquidity", ECB Working Paper, 1039 (2009), European Central Bank.

附表6　　　　　　　　　　　　作为指标测试的变量分类

变量种类	变量
经济变量	GDP，消费，投资，房屋投资，CPI
金融变量	CPI 平减股价，房屋价格，期限利差，真实汇率，真实及名义 3 月利率，真实及名义 10 年期债券收益，真实 M1，真实 M3，真实私人及国内信贷
GDP（PPP）加权	私人信贷与 GDP 之比，M1/GDP，M3/GDP，名义短期利率
全球变量	M1、M3、私人信贷增长的 VAR 冲击

值得注意的是，Alessi 和 Detken（2009）采用滞后一期的季度时间序列，除资产价格外的所有时间序列均经季节调整，且真实货币及信贷增长率经由内生商业周期修正，资产价格运用递归 VaR 模型加以修正。

（二）房地产价格、股价和信贷缺口指标

Borio（2009）[①] 在扩展 Borio 和 Lowe（2004）[②] 框架的基础上，构建了预测银行危机的宏观早期预警信号，其使用的三个指标是房价缺口、（真实）股价缺口和信贷缺口。该方法植根于金融不稳定的内生周期观，后者主张非正常的信贷及资产价格快速增长意味着金融失衡的累积，继而增大金融危机发生的概率。与 Alessi 和 Detken（2009）方法类似，其具体做法是，首先，对三个时间序列均使用单边滤波（λ = 1600）估计趋势项，在此基础上计算缺口，以预测 3 年内可能发生的金融危机。其次，运用两个目标函数定义最优门槛——一个目标是最小化信号噪音比率（noise-to-signal ratio，nts）：

---

① Borio, C., "The Macroprudential Approach to Regulation and Supervision", Working Paper (2009), VoxEU. org, 14 April 2009.

② Borio, Claudio EV, and Philip William Lowe, "Securing Sustainable Price Stability: Should Credit come back from the Wilderness?", 2004.

$$nts = \frac{第 \text{II} 类错误}{(1 - 第 \text{I} 类错误)}$$

第二个目标则是最大化所预测到的危机的数量。

在具体操作中，主要的输入变量包括：（1）一国年度股票市值缺口：去除趋势项后的所有上市公司全部资本市值；（2）一国年度信贷缺口：去除趋势项之后的私人信贷与 GDP 之比；（3）一国年度房产缺口：运用居民及商业房产价格，分配相应的权重，去除趋势项；（4）各国发生的危机。输出变量则是为每一组指标提供信号噪音比率（nts）门槛。

（三）宏观审慎监管

宏观审慎监管方法的最近目标是限制系统性金融困境的发生，最终目标是使金融机构承担其行为对实体经济产生的成本[1]。一般认为，宏观审慎管理方法可分为时间序列维度和跨部门维度两大类[2]。与此相对应，宏观审慎监管所涉及的方法十分庞杂。例如，根据巴塞尔协议 III，银行在信贷高速增长、系统性风险不断累积的情况下，计提逆周期资本缓冲（countercyclical capital buffer），逆周期资本缓冲水平为风险加权资产的 0 - 2.5%。巴塞尔委员会建议计算逆周期资本缓冲的核心挂钩变量为信贷余额/GDP，根据该指标对其长期趋势值的偏离度（GAP），确定是否计提逆周期资本缓冲及计提的数量。同时，增加了交易账户的资本要求，将交易账户的资本要求扩展至新增违约风险，规定市场风险内部模型法的资本要求应同时覆盖正常市场条件和压力条件下的 VaR 值，数据更新频率从 3 个月缩短为 1 个月；并要求在第二支柱下进一步强化风险治理框架的有效性、风险评估的全面性，确保资本应覆盖整个经济周期的风险，进一步完善和加强压力测试。新协议还要求，银行对多个经济体的信贷风险敞口使得银行需持有一定的缓冲，以反映其国内和国际风险敞口的加权平均情

---

① Borio, C. "Implementing a Macroprudential Framework: Blending Boldness and Realism", Keynote address for the BIS - HKMA Research Conference on Financial Stability: Towards a Macroprudential Approach, Honk Kong SAR, 5 - 6 July 2010.

② 李文泓：《银行业宏观审慎监管：思路和政策框架》，《中国金融》2010 年第 13 期。

况。更重要的是，缓冲应被东道国监管当局和包含互惠条款的协定所激活。再如，宏观审慎监管要求将债务期限和资产流动性纳入整合监管机制。主要内容至少包含在巴塞尔委员会发布的四份文件中：《流动性风险：管理和监管挑战（2008）》、《稳健的流动性风险管理和监管原则（2008）》、《巴Ⅲ：流动性风险计量、标准和监测的国际框架（2010）》、《巴Ⅲ：流动性覆盖比率和流动性风险监测工具（2013）》。前两份文件提出了一系列加强流动性管理和监管的定性要求，制定了关于流动性风险的17条原则；后两份文件提出一揽子全球统一的流动性指标，将其中的流动性覆盖比率和净稳定资金比率[①]作为强制性指标，并将合同期限错配、融资集中度、重要外币的流动性覆盖比率、无变现障碍资产以及与市场相关的几个指标作为建议参考的监测性指标。

截至目前，还没有单个的测度方法能同时涵盖逆周期和跨部门两项职责[②]。

（四）违约密度模型（The Default Intensity Model）

Giesecke 和 Kim（2011）提出了一个银行违约择时的简化形式模型，以捕捉金融机构直接及间接系统性联结的效应，以及其违约率的机制依赖（regime - dependent）行为[③]。该模型即根据违约率或"密度（intensity）"构建，即"违约密度模型"（DIM）。违约率在银行失败时跃升，反映了由于溢出效应导致的金融危机发生概率提高。

以 T_n 表示整体经济失败的次数，N_t 为时间 t 失败的数量，λ_t 为条件违约概率（按年测试），假定其按连贯时间方程随时间演进：

---

① 流动性覆盖率比用来确定在监管部门设定的短期严重压力情景下，一个机构所持有的无变现障碍的、优质的流动性资产的数量，以便应对此种情景下的资金净流出；净稳定资金比率衡量的是一家机构根据资产的流动性状况和其表外承诺及负债导致的流动性或有需求状况所使用的长期、稳定资金的数量。净稳定资金的数量是金融机构所持有资产的函数，类似于风险基础资本要求。

② Bisias, Dimitrios, et al. "A Survey of Systemic Risk Analytics", *Annual Review of Financial Economics*, 4.1 (2012): 255 – 296., 4 (1), 255 – 296.

③ Giesecke, Kay, and Baeho Kim. "Risk Analysis of Collateralized Debt Obligations", *Operations research*, 59.1 (2011): 32 – 49.

$$d\lambda_t = K_t \ (c_t - \lambda_t) \ dt + dJ_t$$

$\lambda_0 > 0$ 为样本期初密度值，$K_t = K\lambda_{T_{Nt}}$ 为密度回复到 $c_t = c\lambda_{TNt}$ 水平时的衰退率，J 是响应跳跃过程（response jump process）：

$$J_t = \sum_{n \geqslant 1} \max \ (\gamma, \ \delta\lambda_{T_{\bar{n}}}) \ I \ (T_n \leqslant t)$$

若 $T_n \leqslant t$，则 $I \ (T_n \leqslant t) = 1$，否则为 0。$K > 0$，$c \in (0, 1)$，$\delta > 0$，$\gamma > 0$ 均为常数比例项，满足 $c \ (1 + \delta) < 1$。以上方程式表明当发生违约时，违约率跃升，表明进一步违约概率增加。该界定考虑了违约通过直接和间接系统性联结对存活企业的影响。跃升的幅度取决于事实之前（just before）的密谋，后者使得事件的影响随着违约概率而增加。参数 γ 控制事件的最小影响。在事件发生、密度提高之后，γ 以 $K\lambda_{TN_t}$ 的速率成倍下降至水平 $c\lambda_{TN_t}$。由于回复比率与水平与前一事件的密度值呈比例关系，故其取决于时间 T_t，…，T_n，并随每一次违约而发生适应性改变。对于 $T_n \leqslant t \leqslant T_{n+1}$，密度行为可描述为：

$$\lambda_t = c\lambda_{T_n} + (1 - c) \ \lambda_{T_n} \exp \ [-K\lambda_{T_n} \ (t - T_n)]$$

向量参数 $\theta = (K, \ c, \ \delta, \ \gamma, \ \lambda_0)$，数据包括整体经济在观察期 $[0, \tau]$ 失败次数的观察值，违约率 $\lambda = \lambda^\theta$ 的极大似然问题可以表示为：

$$\max \int_0^\tau \ [\log\lambda_{s-}^{\theta(wi)} - (wi) \ dN_s \ (wi) - \lambda_{s-}^{\theta(wi)} \ (wi) \ ds]$$

其中，Θ 是容许参数向量集。上式的优化是通过仅使用参数值的 Nelder – Mead 算法实现。

在估计整体经济失败模型后，可通过蒙特卡罗模拟估计未来一段时间整体经济失败的分布。设 τ 为当前时间，H 为利率水平终端，$H > \tau$，蒙特卡罗模拟过程如下：

(1) 根据模型 $\lambda_t = c\lambda_{T_n} + (1-c) \lambda_{T_n} \exp [-K\lambda_{T_n} (t-T_n)]$，初始化时间 τ 参数 $(N_\tau, T_{N_\tau} \cdot \lambda_{T_{n\tau}})$；

(2) 设 $n = N_\tau$，$S = \tau$，$\lambda_S = c\lambda_{T_n} + (1-c) \lambda_{T_n} \exp [-K\lambda_{T_n} (S-T_n)]$；

(3) 开始循环；

(4) 引出 $\in \sim \exp (\lambda_s)$，设 $T = S + \in$；

(5) 如果 $T > H$，退出循环；

(6) 否则，若 $T \leqslant H$，设 $\lambda_t = c\lambda_{T_n} + (\lambda_S - c\lambda_{T_n}) \exp [-K\lambda_{T_n} (T-S)]$；

(7) 引出 $u \sim U (0, 1)$；

(8) 如果 $u \leqslant \lambda_T / \lambda_S$，则

(9) 设 $\lambda_T = \lambda_T + \max (\gamma, \delta\lambda_T)$，

(10) 设 $T = T_{n+1}$，更新 $n = n+1$；

(11) 结束如果 (if)；

(12) 设 $S = T$，$\lambda_S = \lambda_T$；

(13) 结束循环。

可通过多次运行上述循环，产生 $[0, \tau]$ 期整体经济失败的分布。最后一步估计金融部门失败概率的分布，向单个部门分配预估失败率。部门 $s \in S = \{1, 2, \cdots, 12\}$ 以概率 $\dfrac{Z(s)}{\sum_{s \in S} Z(s)}$ 选取：

$$Z(s) = \sum_{n=1}^{N_\tau} \frac{1}{1 + \tau - T_n} I (S_n = s)$$

其中，N_τ 是样本期观察到的失败数量，$S_n \in S$ 是第 n 个失败者的观察部门。对于近期的观察值赋予更多的权重。

在估计整体经济事件分布的基础上，系统性风险指标即其 95% 的在险价值（VaR），即 5% 概率发生的失败数量，使用期初企业数量标准化。这一方法的优点在于，其应用并不仅限于金融部门失败。

(五) 网络分析和系统性金融联结

Chan – Lau 等 (2009)[1] 和 IMF 2009 年发布的《全球金融稳定评论》(Global Financial Stability Review) 分别提出了使用银行间敞口数据评估一家银行倒闭的网络外部性估测模型。网络分析的起点是构建机构间敞口 (包含金融机构间的总敞口) 的矩阵。接下来，通过模拟来探讨单个金融机构失败的效应，及因该金融机构失败引发的多米诺骨牌效应。换言之，对于每一家银行，可计算 A 银行受到 B 银行倒闭多大程度的影响，辨析哪家银行会引起更多的银行失败。

该方法除了可辨析系统性重要机构及敏感性机构，还可以量化从银行层面到国家层面的潜在资本损失。不仅如此，网络方法使风险地图及传染效应更加可视化、清晰化。不足之处在于，该方法需要机构间敞口的数据，这些数据特别是表外项目数据难以获取；且该方法建模的隐含假设是金融机构行为是静态的。

(六) 模拟信贷情境

考虑一个 N 家机构组成的网络，估计银行间联结的潜在系统意涵，其分析的起点是金融机构 i 的资产负债表特征：

$$\sum_j x_{ji} + a_i = k_i + b_i + d_i + \sum_j x_{ij}$$

其中，x_{ji} 代表 i 银行向 j 银行贷款，a_i 表示银行 i 的其他资产，k_i 为银行资本，b_i 为长期和短期借款 (非银行间贷款)，x_{ij} 为银行 i 向银行 j 的借款，d_i 为银行 i 的存款。

要分析信贷冲击的效应，需模拟在网络中的单个机构违约，继而跟踪因单个银行失败所致的多米诺骨牌效应。特别地，对于违约损失率 (λ) 的不同假设，假定银行 i 的资本吸收了相应损失，而接下来导致违约事件

① Chan – Lau, J., M. Espinosa, and J. Sole, "On the Use of Network Analysis to Assess Systemic Financial Linkages", IMF working paper, International Monetary Fund, 2009.

的损失可加以追踪。例如，考虑了因机构 h 违约导致的初始信贷损失之后，银行 i 的资本负债表特征基准变成：

$$\sum_j x_{ji} - \lambda x_{hi} + a_i = (k_i - \lambda x_{hi}) + b_i + d_i + \sum_j x_{ij}$$

当银行 i 的资本不足以完全覆盖其损失，即 $k_i - \lambda x_{hi} < 0$ 时，银行 i 可视为失败。算法的随后"一轮"考虑该时点所有失败机构的损失。通常情况下，设定 λ 为 1，因为当信用违约事件发生时，银行无法覆盖其贷款，因其二级市场定价其近期违约需耗费时间。当 $\lambda = 1$ 时的模拟可解释的为系统性不稳定的"冲击"（on impact）传导。

（七）模拟信贷与融资冲击情境

假定金融机构无法重置此前发放给违约机构的融资，继而触发资产抛售。银行 i 只能重置一小部分（$1 - \rho$）源于银行 h 的损失融资，其资产折价出售，亦即，其市场价值低于其账面价值，i 银行被迫出售价值的（$1 + \delta$）ρx_{ih} 资产。因而，新的资产负债表特征由下式确定：

$$\sum_j x_{ji} - (1 + \delta) \rho x_{ih} - \lambda \rho x_{ih} + a_i$$
$$= (k_i - \delta \rho x_{ih} - \lambda \rho x_{ih}) + b_i + d_i + \sum_j x_{ij} - \rho x_{ih}$$

具体而言，输入变量包括银行体系双边敞口、每一家银行的违约损失率（λ_i）、资产抛售损失（δ）、流动性参数（ρ）。输出变量为因银行 i 失败所致的机构失败数量、银行 i 的危机比率、每一家银行的资本损失。

截至目前，使用网络模型对金融联结进行建模的文献日益增多，Upper（2007）① 对此进行了很好地综述。其理论基础或参见 Allen 和 Gale

---

① Upper, C., "Using Counterfactual Simulations to assess the Danger of Contagion in Interbank Markets", BIS Working Paper 234, Bank for International Settlements (2007).

（2000）、Freixas 等 （2000）[①]，模拟研究则可见于 Nier 等 （2008）[②]。

（八） 格兰杰因果网络

Billio 等 （2010） 基于主成分分析 （principal components analysis, PCA） 和格兰杰因果检验，提出了两个系统性风险的计量指标，以捕捉对冲基金、银行、经纪商和保险公司的月收益之间的关联。研究发现，过去十年中，四个部门高度关联，提高了金融保险业的系统性风险水平。他们所提出的指标可辨认及量化金融危机时期，对目前的金融危机有一定的预测能力，其基本逻辑是收益能反映系统性风险累积的有价值的间接信息。

对于银行、经纪商、保险公司、对冲基金之间日益增长的共性，使用主成分分析法分解四部门收益的协方差矩阵，以月度收益为基础：

$$\hat{\Sigma} \equiv \frac{1}{(T-4)} \sum_{t=1}^{T} (R_t - \overline{R})(R_t - \overline{R})'$$

其中，T 为估计所使用的月份数量，$\overline{R}$ 为平均收益率向量。给定协方差矩阵，可同时估计 4 个特征根及特征向量。

为了探析系统性风险的动态传染，Billio，Getmansky，Lo 和 Pelizzon （2012） 运用格兰杰因果检验测试机构间关系的方向：若 X 过去值包含有助于预测 Y 的信息，则 X 被称为 "格兰杰因"。数学式表达如下：

$$X_t = \sum_{j=1}^{m} a_j X_{(t-j)} + \sum_{j=1}^{m} b_j Y_{t-j} + \epsilon_t$$

$$Y_t = \sum_{j=1}^{m} a_j X_{(t-j)} + \sum_{j=1}^{m} d_j Y_{t-j} + \eta_t$$

① Allen, Franklin, and Douglas Gale. "Financial contagion", *Journal of political economy*, 108.1 (2000): 1–33. Xavier Freixas , Bruno M. Parigi and Jean – Charles Rochet, "Systemic Risk, Interbank Relations, and Liquidity Provision by the Central Bank", Social Science Electronic Publishing, Vol. 32 （3）: 611–638, 2000.

② Nier, E. , J. Yang, T. Yorulmazer, and A. Alentorn, "Network Models and Financial Stability," Working Paper 346 , Bank of England （2008） .

其中，ϵ_t 和 η_t 为两个不相关的白噪声过程，m 是考虑的最大滞后阶。该因果定义显示当 b_j 不为零时，Y 引发 X；而 c_j 不为零时，X 引发 Y。当这些表述为真时，时间序列之间存在反馈关系。滞后阶数的选择则基于贝叶斯信息准则（Bayesian Information Criterion）[1]。因果关系的判定基于 F 检验。采用 t 期和 t + 1 期的月度收益进行配对格兰杰因果检验，并计算 p 值以调整自相关和异方差。

通过上述步骤可得到静态的格兰杰因果，以此为基础，作 36 个月的滚动窗口分析，计算动态因果关系（dynamic causality index，DCI）：

$$DCI = \frac{\text{窗口中因果关系的数量}}{\text{可能因果关体系的总量}}$$

显然，DCI 的增加表明系统关联度处于一个较高的水平。

对上述格兰杰因果方法的扩展是考虑金融机构的均值和波动性，对其进行非线性分析，该方法可详见 Billio 和 Di Sanzo（2006）[2]。

对于给定一段时期、给定的一个机构 j，集合系统性风险指标可通过估算该机构对 9 种风险因素（risk factor）的 beta 值和杠杆加以构造，随后再估计总量：

$$I_j = \sum_{i \in \text{risk factors}} \beta_i \ (\text{risk factor i ranking of institution j})$$

支持以上研究的文献包括：Chan，Getmansky，Haas 和 Lo（2006）发现对冲基金与从事经纪业务的大型银行之间的关系增加了系统性风险[3]；

---

①　Schwarz, Gideon, "Estimating the Dimension of a Model", *The Annals of Statistics*, 6. 2 (1978)：461 – 464.

②　Billio, Monica, and Silvestro Di Sanzo. "Granger – causality in Markov Switching Models", Dept. of Economics Research Paper Series 20WP, University Ca' Foscari of Venice（2006）.

③　Chan, N., M. Getmansky, S. M. Haas, and A. W. Lo., "Systemic Risk and Hedge Funds", in *The Risks of Financial Institutions*, ed. by M. Carey, and R. Stulz., Chicago, IL: University of Chicago Press, 2006, 235 – 330.

King 和 Maier（2009）、Aragon 和 Strahan（2009）、Brunnermeier 和 Pedersen（2009）、Klaus 和 Rzepkowski（2009）则对经纪商和对冲基金之间的关系进行了研究[1]；Boyson，Stahel 和 Stulz（2010）则更进一步地讨论了银行与经纪商收益滞后项与对冲基金收益之间的传染关系[2]。

（九）银行融资风险和冲击传递

Fender 和 McGuire（2010）主张，关注银行群体层面的大型、国际化银行的资产负债表风险可能会忽视了单个机构层面的重要敞口，因为后者会在群体层面呈网络状发散，尤其在危机期间影响甚巨。[3] 因而，考察本地分支机构层面（local - office level）与风险之间的直接与间接关联至为重要。为此，他们提出，不仅要关注银行群体层面，而且要关注的分支机构层面南的融资缺口，唯有如此，才能更完整地理解金融危机的来源。

具体而言：美元融资缺口下限（USD Funding Gap Lower Bound）= 净银行间借款（美元）+净货币当局借款（美元）+净外汇掉期市场借款（美元）=向非银行金融机构的要求权（美元）- 对非银行金融机构的间负债（美元）。

对于上限的计算，则只需将下限加上对非银行金融机构的负债，换言之：美元融资缺口上限（USD Funding Gap Upper Bound）=向非银行金融机构的要求权（美元）。

---

① Khandani, A. E. , A. W. Lo, and R. C. Merton, "Systemic Risk and the Refinancing Ratchet Effect", MIT Sloan School Working Paper 4750 - 09, MIT（2009）. Aragon, George O. , and Philip E. Strahan. "Hedge funds as liquidity providers: Evidence from the Lehman bankruptcy", *Journal of Financial Economics*, 103. 3（2012）: 570 - 587. Brunnermeier, Markus K. , and Lasse Heje Pedersen. "Market liquidity and funding liquidity", *Review of Financial studies*, 22. 6（2009）: 2201 - 2238. Klaus, B. , and B. Rzepkowski, "Hedge Funds and Brokers", Goethe University Working Paper, Goethe University（2009）.

② Boyson, Nicole M. , Christof W. Stahel, and Rene M. Stulz. "Hedge Fund Contagion and LiquidityShocks", *The Journal of Finance*, 65. 5（2010）: 1789 - 1816.

③ Fender, Ingo, and Patrick McGuire. "Bank Structure, Funding Risk and the Transmission of Shocks across Countries: Concepts and Measurement", *BIS Quarterly Review*, 2010: 63 - 79.

附表 7　　　　　　　　程式化的资产负债表（以美元计价）

资产（美元）	负债（美元）
向非银行金融机构的要求权（假定长期）	对非银行金融机构的负债（短期或长期）
	净银行间借款（短期）
	净货币当局借款（短期）
	净外汇掉期市场借款（短期）

Fender 和 McGuire（2010）从银行群体层面及分支机构层面对上述融资缺口进行计算，并采用国际清算银行基于驻地的当地银行业统计数据（BIS Locational Banking Statistics by Residency）计算国与国之间的关联。[①] 基于驻地的当地银行业统计数据主要包括规模、现金、交易对手类型，特别是交易对手要求权及负债的地理位置。如此一来，即可得到一个资金流的地理图景。进一步地，为了得到一个更清晰的网状图，在空间维度上，网络每一个节点的规模由特定地理区域跨境要求权及负债决定，地区 A 和地区 B 之间线条的精细程度则取决于 A 地区银行对 B 地区所有居民的要求权，A 地区银行负债与 B 地区非银行金融机构之比，B 地区银行对 A 地区所有居民的要求权，B 地区银行负债与 A 地区非银行金融机构之比。在时间维度上，箭头的厚度由从 t1 期到 t2 期银行资金在地区间的净流量决定。

对于美元融资缺口的更详细的计算亦可参见 Fender 和 McGuire（2010）以及 Lee（2010）[②]。

（十）盯市会计计量与流动性定价

盯市会计制度（mark – to – market accounting）与系统性风险的最显著关联是抛售传染的可能性，因为被迫出售压低市场价格而进一步加剧去

---

① Fender, Ingo, and Patrick McGuire. "Bank Structure, Funding Risk and the Transmission of Shocks across Countries: Concepts and Measurement", *BIS Quarterly Review*, 2010: 63 – 79.

② Fender, Ingo, and Patrick McGuire. "European Banks' US Dollar Funding Pressures", *BIS Quarterly Review*, (2010): 57 – 64. Lee, S., "Measuring Systemic Funding Liquidity Risk in the Interbank Foreign Currency Ending Market", Bank of Korea Institute for Monetary and Economic Research Working Paper, 418, 2010.

杠杆化。Laux 和 Leuz（2010）对此进行了综述[1]。Adrian 和 Shin（2010）则为杠杆的顺周期性提供了实证支持，并发现回购市场担保借贷的增加对市场波动性有显著的预测能力[2]。Sapra（2008）认为，正是历史成本会计与盯市会计的权衡，及其与流动性定价（liquidity pricing）的交互，引发了金融风险传染[3]。

盯市会计准则主张，相较于历史成本计价，资产或负债的市场价格更能反映企业的风险。然而，不假思索，无视金融体系的缺陷而从历史成本范式转向盯市范式，不能保证实现福利改进，因为盯市会计造成了银行与保险部门的风险传染；在历史成本会计制度下，则不会引发传染。而引发金融体系传染的关键摩擦因素则是流动性定价——当流动性短期时，机构与市场的交互作用使得价格不再能反映基本要素，而是由市场中的卖者的流动性所决定。对于银行和保险公司而言，其资产负债表的相当大的一部分是非流动性要求权，后者难以标准化及在流动性市场交易。历史成本法基于过去交易的价格计价，不受现有价格信号的影响；而盯市会计准则则克服了这种价格不敏感性，但正因如此，加大了市场波动。存在流动性定价的情形下，Sapra 认为，传染成为不可避免的灾祸。

（十一）未定权益分析（Contingent Claims Analysis）

Gray 和 Jobst（2010）提出运用未定权益分析法（CCA），从市场暗含的预期损失来测度系统性风险，并可直接运用于分析政府隐性或有负债（即，担保）。不仅如此，该分析框架还有助于量化系统性危机事件中单个金融机构对所有或有负债的贡献值。

未定权益分析法基于 Merton（1973）[4] 的开创性工作，认为企业的股

---

① Laux, Christian, and Christian Leuz. "Did Fair – Value Accounting Contribute to the Financial Crisis Journal of Economic Perspectives", *Winter*, 20101. 24（2010）：93 – 118.

② Adrian, T. and H. S.（2010）：Changing Nature of Financial Intermediation and the Financial Crisis of 2007 – 2009, *Annual Review of Economics*, 2（1）：603 – 618.

③ Sapra, Haresh. "Do Accounting Measurement Regimes Matter? A Discussion of Mark – to – market Accounting and Liquidity Pricing", *Journal of Accounting and Economics*, 45.2（2008）：379 – 387.

④ Merton, R. C., "An Intertemporal Capital Asset Pricing Model", *Econometrica*, 41（1973）：867 – 887.

权可视为基于其资产的看涨期权（call option），负债则可视为买空无风险负债及卖空资产的看空期权（put option）。未定权益分析法基于资产负债表特征，确定企业的风险调整资产负债表，在每一时点，企业的资产 A_t 应等于其债务余额的市场价值（D_t）与股权余额 E_t 之和。即：

$$A_t = D_t + E_t$$

需要注意的是，债务余额的市场价值（D_t）不同于将于时间 T 到期的债务余额 B 的面值。为了能够评估企业债务价格的植入看空期权，需要估计资产价值及其波动性。此处的资产价值不是资产的账面价值，而是资产的"市场价值"，无法直接观察。但股票的市场价值 E_t 及其波动性 σ_E 是可以观测的。故在资产定价模型中，可推算出资产价值及其波动性的现有水平。Gray 和 Jobst（2010）采用 Black – Scholes – Merton（BSM）资产定价模型中运用的布朗漂移扩散（Brownian drift – diffusion）模型：

$$\frac{dA_t}{A_t} = rdt + \sigma_A \, dZ_t$$

其中，r 是 A_t 的（风险中立）漂移，σ_A 是波动性，Z_t 是标准的几何布朗运动。在风险中立的测度下，漂移与无风险利率相同。在上述资产定价模型中，股票价格被模型化为基于行权价为 B 的资产的欧式看涨期权：

$$E_t = A_t \phi \, (d_1) \, - B \exp \, [\, - r \, (T-t) \, \phi \, (d_2)]$$

$$d_1 = \frac{\ln \dfrac{A_t}{B} + \, (r + \dfrac{\sigma_A^2}{2}) \, (T-t)}{\sigma_A \, \sqrt{T-t}}$$

$$d_2 = 1 - \sigma_A \, \sqrt{T-t}$$

其中，ϕ（.）为标准正态密度函数的累积分布函数（cumulative distribution function，CDF）。进一步地，有以下关系：

$$E_t \, \sigma_E = A_t \, \sigma_A \, (d_1)$$

此时，可通过联立求解上式求出 A_t 和 σ_A。给定这些参数，可估算风险债务值：等于无损失（default-free）债务减去预期违约损失的现值，即，公司资产的看空期权的价格：

$$D_t = B \exp [-r(T-t)] - P_E(t)$$

看空期权可经由下式计算：

$$P_E(t) = B \exp [-r(T-t)] \phi(-d_2) - A_t \phi(-d_1)$$

运用未定权益分析法，基于股票市场及资产负债表信息计算而得的每一金融机构的隐含看空期权与信用违约掉期（CDS）市场信息相结合，可估计政府或有负债。如果政府担保并非影响股票价值的主要因素，CDS就只能捕捉金融机构在计算政府隐性担保之后的预期损失。这样一来，市场隐含的政府担保可定义为全部预期损失，即基于公司股价的看空期权 $P_E(t)$，与基于公司信用违约掉期差额的隐含看空期权的差额。信用违约掉期看空期权的价格可经由下式计算：

$$P_{CDS}(t) = \left\{ 1 - \exp \left[-\frac{S_{CDS}(t)}{10000} \right] \left[\frac{B}{D(t)} - 1 \right] (T-t) \right\} B \, e^{-r(T-t)}$$

给定信用违约掉期看空期权，可计算因隐性担保覆盖的损失压缩CDS价差而造成的潜在损失的分数（fraction）：

$$\alpha = 1 - \frac{P_{CDS}(t)}{P_E(t)}$$

换言之，$\alpha(t) P_E(t)$ 是被政府隐性担保覆盖的损失风险，而 $[1 - \alpha(t)] P_E(t)$ 则是为金融机构保留而反映在CDS价差中的风险。至此，政府或有负债的时间模式及金融保留的风险便可加以计算。

系统性风险的测度由样本中所有n家机构的担保之和确定：

$$\sum_{i=1}^{n} \alpha_i(t) P_E^i(t)$$

进一步地，Gray and Jobst（2010）应用极值理论的概念，将之扩散为"系统性CCA"。

（十二）马氏距离（Mahalanobis Distance）

马氏距离是由印度统计学家马哈拉诺比斯（P. C. Mahalanobis）提出的，表示数据的协方差距离。它是一种有效的计算两个未知样本集的相似度的方法。与欧氏距离不同的是它考虑到各种特性之间的联系（例如：一条关于身高的信息会带来一条关于体重的信息，因为两者是有关联的），并且是尺度无关的（scale - invariant），即独立于测量尺度。马氏距离不受量纲的影响，两点之间的马氏距离与原始数据的测量单位无关；由标准化数据和中心化数据（即原始数据与均值之差）计算出的二点之间的马氏距离相同。马氏距离还可以排除变量之间的相关性的干扰。它的缺点是夸大了变化微小的变量的作用。

Kritzman 和 Li（2010）将"金融动荡"（financial turbulence）定义为一种条件，在这种条件下，相对于历史行为模式，资产价格以一种非特征化的形式运动，包括极端价格运动，与相关资产脱钩（decoupling），与不相关资产收敛[①]。他们参照 Merton（1973），通过马氏距离对之加以量化，应用不同资产种类的时间序列收益数据，测度不同种类资产回报相对于其历史行为的统计异常。

具体而言，给定资产回报 n，可将金融动荡定义为平方后的马氏距离：

$$d_t = (y_t - m)' \Sigma^{-1} (y_t - m)$$

其中，d_t 为时间 t 的动荡；y_t 为资产回报的（n×1）向量；m 为资产回报的（n×1）样本平均向量；Σ 为资产回报的（n×n）样本协方差矩阵。

通过运行随时间推移的上述矩阵，可产生随时间推移的金融动荡的路径，将超过第 75 百分位的时间定义为"动荡的"（turbulent）［反之，则为"安静的"（quiet）］。

---

① Kritzman, Mark, and Yuanzhen Li. "Skulls, Financial Turbulence, and Risk Management.", *Financial Analysts Journal*, 2010：30 - 41.

　　这一系统性风险测度可运用于资产的压力测试组合。若估计组合的在险价值，作者建议仅使用动荡期的数据。如此，经动荡调整后的在险价值（turbulence - adjusted VaR）能更好地反映动荡状态下的资产相关性和回报，也因而是一个更加贴近现实的测试可能损失的有效方法。

（十三）期权—隐含波动率方法（Option - implied Probability of Distress，Option - iPoD）

　　Capuano（2008）[1] 运用最小交叉熵原理（principle of minimum cross - ntr opy）[2]，认为基于市场的违约概率可经由股票期权加以推断，提出了期权—隐含波动率方法（Option - implied Probab ility of Distress，Option - iPoD）。最大熵原理与相关的最小交叉熵使得复原一个随机变量的概率分布成为可能。据此，不需要设定资产分布假设，也不需要确定回收率的假设。不仅如此，违约界限（default barrier）由内生决定。该框架使用期权价格的完整信息，以捕捉波动率微笑与波动率偏离（volatility smile and skew），亦可借此获得股票的预期价值、杠杆以及期权价格敏感度（option Greeks）。

　　具体而言，违约概率（probability of default，PoD）定义为：

$$PoD\ (X)\ =\int_0^X f_v\ dv$$

　　其中，f_v 是资产价值的概率密度函数（probability density function，PDF），X 是违约率门槛。应用 Kullback 和 Leibler（1951）提出的交叉熵函数对 PoD 进行求解[3]。复原分布仅由研究者观察值驱动。除此之外，没有其他的假设。如此，只要真实分布反映在观察值中，最大熵分布就最贴

①　Capuano, C., "The Option - iPoD: The Probability of Default Implied by Option Prices Based on Entropy", IMF Working Paper 08/194, International Monetary Fund（2008）.

②　Cover, Thomas M., and Joy A. Thomas. "Elements of Information Theory", 2nd edition, 2006.

③　Kullback, Solomon, and Richard A. Leibler. "On Information and Sufficiency", *The Annals of Mathematical Statistics*, 1951: 79 - 86.

近真实分布。

要解决的问题是：

$$\min_{D} \int_{f(V_T)}^{\min} \int_{V_T=o}^{\infty} f(V_T) \log\left[\frac{f(V_T)}{f^0(V_T)}\right] dV_T \Bigg\}$$

其中，f^0（V_T）是时间 T 资产价值的先验概率密度函数，代表研究者对 f（V_T）的先验知识。被积函数是先验与后验之间的交叉熵，代表了后验的不确定性水平。上式的最小化受如下 3 项约束。

（1）资产负债表约束（Balance Sheet Constraint）：股票可视为资产的看涨期权。

$$E_0 = e^{-rT} \int_{V_T=D}^{\infty} (V_T - D)\ f\ (V_T)\ dV_T$$

（2）可观察期权定价约束［Observable Options Pricing Constraint(s)］：结果密度应能用于可观察期权定价。

$$C_0^{\ i} = e^{-rT} \int_{V_T=D+K_i}^{\infty} (V_T - D - K_i)\ f\ (V_T)\ dV_T$$

上式显示，到期看涨期权支付的现值必须对应于今日观察到的看涨期权价格，$C_0^{\ i}$，其中，i = 1，2，…，n 表示期权合约的数量。每一期权价格约束通过对相同股票和相同到期日期的期权合约数量占所有期权合约数量之比进行加权，权重为 w_i。

（3）归一化约束（Normalization Constraint）：概率密度函数（PDF）必须归一。

$$1 = \int_{V_T=0}^{\infty} f\ (V_T)\ dV_T$$

一般而言，这一问题通过拉格朗日 Frechét 导数求解。最终结果如下：

$$f \ (V_T, \ \lambda) \ = \frac{1}{\mu \ (\lambda)} \ f^0 \ (V_T) \ \cdot exp \ [\lambda_1 e^{-rT} 1_{V_T > D} \ (V_T - D) \ +$$

$$\sum_{i=1}^{n} \ w_i \lambda_{2,i} e^{-rT} 1_{V_T > D + K_i} \ (V_T - D - K_i)] \ \mu \ (\lambda) \ = \int_{V_T = 0}^{\infty} \ f^0 \ (V_T) \ \cdot exp$$

$$[\lambda_1 e^{-rT} 1_{V_T > D} \ (V_T - D) \ + \sum_{i=1}^{n} \ w_i \lambda_{2,i} e^{-rT} 1_{V_T > D + K_i} \ (V_T - D - K_i)] \ dV_T$$

其中，$1_{x > y}$ 对应取值为 1 时 $x > y$ 的显示函数，否则为 0。欲计算 f $(V_T, \ \lambda)$，需基于 3 项约束计算 λ_s，等价于：

$$\frac{1}{\mu \ (\lambda)} \frac{\partial \mu \ (\lambda)}{\partial \lambda_1} = E_0$$

$$\frac{1}{\mu \ (\lambda)} \frac{\partial \mu \ (\lambda)}{\partial \lambda_2} = C_0^i, \ i = 1, \ 2, \ \cdots, \ n.$$

这一系统高度非线性，通过牛顿最小化（Newton minimization）解决。

总体而言，要解决密度问题，至少需要两个期权合约。一个合约用于确定 D，而另一个则用于形成密度 f^* $(V_T, \ D)$。假定存在两个合约，且这两个合约用基于相同的股票、相同的到期日。实证策略是运用一个期权合约解决优化问题，第二个期权合约寻求可为第二个合约定价的 D。详细过程可参见 Capuano（2008）。

期权—隐含波动率方法中，输入量违约概率使用权益的期权收益，并假定波动杠杆率的违约边界（pre-specified threshold）固定，预测资产的市场价格。期权—隐含波动率模型可为主要金融机构提供危机预警信号，更具有前瞻性。在危机发生前，部分机构的期权—隐含波动率突然成倍增长。虽然并不是所有被考察机构都给出确切类似信号，但从期权—隐含波动率模型得出的杠杆率估计值表明危机发生前后该值迥然不同。可见，杠杆率估计在度量机构风险时比其他会计指标更为合适。此外，此方法检测股权价格的高阶矩对于考察违约风险的非线性变化至关重要，这为观察何时金融机构违约可能转化为系统性事件提供了有效工具。

（十四）多元密度估计（BSMD）

Segoviano 和 Goodhart（2009）提出了一个基于银行体系多元密度函数（banking system's multivariate density，BSMD）的系统性风险测度方法。[①] 他们将银行体系定义为银行组合，银行体系多元密度函数代表了从三个尽管不完整但不同的三个角度分析（界定）不稳定的一系列工具，允许量化体系中银行的"一般（common）"失败，特定银行间的失败，与一定特定银行关联的系统失败。这些指标将银行失败的线性及非线性关联结构内嵌于金融体系之中。不仅如此，由于银行失败概率（PoDs）改变，线性及非线性失败依赖结构发生内生改变，因而，他们提出的稳定性指标包含与经济周期一致的失败依赖改变。

具体而言，通过最小交叉熵方法测度银行体系的多元密度特征。假定有 n 家银行，每一银行的对数资产收益是 x_j。要解决的问题是：

$$\min_{p(x_1, x_{2,\cdots,x_n})} \iint \cdots \int p(x_1, x_{2,\cdots,x_n}) \log \left[\frac{p(x_1, x_{2,\cdots,x_n})}{q(x_1, x_{2,\cdots,x_n})} \right] dx_1 dx_2 \cdots dx_n$$

其中，$p(x_1, x_{2,\cdots,x_n})$ 是银行体系多元密度函数（banking system's multivariate density，BSMD），$q(x_1, x_{2,\cdots,x_n})$ 是先验联合概率密度函数，被积函数是先验与后验之间的交叉熵，代表了后验的不确定性水平。上式的最小化问题受到如下约束：

（1）违约概率约束（Probability of Default constraints，PoD）：对于时间 T 的每一家银行，BSMD 必须与实证检验的违约概率 PoD_t^i 保持一致。设银行 i 的违约界限为 x_i^d，其 PoD 可写成：

$$PoD_t^i = \iint \cdots \int p(x_1, x_{2,\cdots,x_n}) 1_{x_i < x_i^d} dx_1 dx_2 \cdots dx_n$$

其中，$1_{x_i < x_i}d$ 是当银行 i 的资产价值低于违约界限 x_i^d 时的非零显示

①　Segoviano, M. A., and C. Goodhart, "Banking Stability Measures, Financial Markets Group", Discussion paper 627, London School of Economics and Political Science (2009).

函数。拉格朗日乘数与 i 银行的违约概率约束的关联界定为 λ_i。

（2）归一化约束：BSMD 必须归一。

$$1 = \iint \cdots \int p\ (x_1,\ x_{2,\cdots,x_n})\ dx_1\ dx_2 \cdots dx_n$$

拉格朗日乘数与这一约束的关联界定为 μ。最终的拉格朗日函数是：

$$L = \iint \cdots \int p\ (x_1,\ x_{2,\cdots,x_n})\ \log\ \Big[\frac{p\ (x_1,\ x_{2,\cdots,x_n})}{q\ (x_1,\ x_{2,\cdots,x_n})}\Big]\ dx_1 dx_2 \cdots dx_n$$

$$+ \sum_{i=1}^{n} \lambda_i \Big[\iint \cdots \int p\ (x_1,\ x_{2,\cdots,x_n})\ 1_{x_i < x_i^d}\ dx_1\ dx_2 \cdots dx_n - PoD_t^i\Big]$$

$$+ \mu \Big[\iint \cdots \int p\ (x_1,\ x_{2,\cdots,x_n})\ dx_1\ dx_2 \cdots dx_n - 1\Big]$$

估计的 BSMD 显示为：

$$p\ (x_1,\ x_{2,\cdots,x_n}) = q\ (x_1,\ x_{2,\cdots,x_n})\ \exp\Big[-\Big(1 + \mu + \sum_{i=1}^{n} \lambda_i\ 1_{x_i < x_i^d}\Big)\Big]$$

为了估计上述表达式，需要估计拉格朗日乘数。可通过将 BSMD 表达式代入约束之中，为 n + 1 未知值解决 n + 1 等式体系。给定 BSMD，作者提出了如下系统性风险测度指标：

（1）联合违约概率（Joint Probability of Default，JPoD）：

$$JPoD = \int_0^{x_d^1} \int_0^{x_d^2} \cdots \int_0^{x_d^n} p\ (x_1,\ x_{2,\cdots,x_n})\ dx_1\ dx_2 \cdots dx_n$$

（2）银行稳定指数（Banking Stability Index，BSI）：数值越大，越不稳定。

$$BSI = \frac{\sum_{i=1}^{i=n} Pr\ (x_i < x_i^d)}{1 - Pr\ (x_1 > x_1^d,\ x_2 > x_2^d,\ \cdots,\ x_n > x_n^d)}$$

（3）失败依赖矩阵（Distress Dependence Matrix，DDM）：

$$\Pr\left(x_i < x_i^{\,d} \mid x_j < x_j^{\,d}\right) = \frac{\Pr\left(x_i < x_i^{\,d},\ x_j < x_j^{\,d}\right)}{\Pr\left(x_j < x_j^{\,d}\right)}$$

（4）瀑布效应概率（Probability of Cascade Effects，PCE）：

$$PCE = P(Y \mid X) + P(Z \mid X) + P(R \mid X) - [P(Y \cap R \mid X) + P(Y \cap Z \mid X) + P(Z \cap R \mid X)] + P(Y \cap R \cap Z \mid X)$$

银行体系多元密度函数（BSMD）被应用于 Basurto 和 Padilla（2006）对于单个银行组合的研究，进一步关于该方法的论述可参见 Segoviano 和 Goodhart（2009）与 Segoviano（2006）[①]。

（十五）模拟房产部门

Khandani 等（2009）认为，房价上升、利率下降、近乎无摩擦的再融资机会，会使金融体系系统性风险增大。上述因素同时出现，会进一步加强非合意的家庭杠杆的同步化，后者伴随着难以分割的房价下降及房屋所有者权益受损。为了测度这一棘轮效应，他们模拟在有资产萃取（equity extractions）及没有资产萃取的情况下的美国房屋市场，抵押借款人吸收的损失通过估计无追索权抵押的植入看跌期权加以估计。作者提出的房屋市场系统性风险指标即此植入看跌期权的 dollar - delta。

为了评估全部抵押贷款余额的看跌期权 delta，Khandani 等（2009）建立了一个模型，假定时间 t 的所有房屋价值是直接于时间 t 购买或早期购买且保存至 t - 1 期，因现金不足于时间 t 重新融资：

---

① Basurto, M. A. S and Padilla, P., "Portfolio Credit Risk and Macroeconomic Shocks: Applications to Stress Testing Under Data - Restricted Environments". IMF Working Paper WP/06/283, 2006. Segoviano, M. A., and C. Goodhart, "Banking Stability Measures. Financial Markets Group", Discussion paper 627, London School of Economics and Political Science, 2009. Segoviano, M., "The Consistent Information Multivariate Density Optimizing Methodology", Financial Markets Group Discussion Paper 557, London School of Economics, 2006.

$$TOTALV_t = NH_t \times VALUE_{i,t} + \sum_{i=1}^{t-1} TOTALV_i \times SURVIV_{i,t-1} \times REFI_{i,t} \times \frac{VALUE_{i,t}}{VALUE_{i,i}}$$

其中，NH_t 是 t 组进入到系统的新房屋数量，$SURVIV_{i,t-1}$ 是 t 组一座新房屋尚未于 t−1 期因现金不足重新融资的概率，$REFI_{i,t}$ 是 i 组房屋于 t 期进行系统经历现金不足所致之重新融资的概率，以其未于日期 t 重新融资为条件。$VALUE_{i,t}$ 是 t 组 i 期房屋的价值，$i \leqslant t$。因而，$VALUE_{i,t} = NHP_i$，NHP_i 是 i 组所售新房屋的平均价格，随后各期的价值以 HPI 的速度增长。乘数 $\frac{VALUE_{i,t}}{VALUE_{i,i}}$ 是反映房屋价格时变特征的调整因素。

为了评价房屋余额全部价值看跌期权的价值，需要确定一个房价的随机过程。假定房屋定价通过重合树（recombining tree）遵循一个离散时间几何随机漫步，且市场是动态完全的，故房屋价值期权可仅使用无套利定价。假定看跌期权是百慕大式（Bermudan），每个月执行一次在抵押贷款还款日期之前。执行价格是贷款本金余额，逐月递减。以 $GRTI_{i,t}$ 为 i 组一房屋 t 期的担保，即看跌期权的价值。则担保的总价值为：

$$TOTALGRT_t = \sum_{i=1}^{t} TOTALV_i \times SURVIV_{i,t} \times \frac{GRT_{i,t}}{VALUE_{i,t}}$$

令 $DLT_{i,t}$ 为担保价值 $GRT_{i,t}$ 的敏感度，则总敏感度 $TOTALDLT_{i,t}$ 为：

$$TOTALDLT_{i,t} = \sum_{i=1}^{t} TOTALV_i \times SURVIV_{i,t} \times \frac{DLT_{i,t}}{VALUE_{i,i}}$$

现金不足再融资的 $TOTALDLT_{i,t}$ 比率对比无现金不足再融资的模拟即系统性风险测度指标。

（十六）消费信贷（Consumer Credit）

Khandani，Kim 和 Lo（2010）应用机器学习（machine – learning）技

术，构建了消费信贷风险的非线性非参数预测模型。[①] 计算所得的预测拖欠人口占比即为消费信贷的系统性风险指标。输入变量如附表 8 所示。

附表 8　　　　　　　　消费信贷风险机器学习模型的输入变量

信用局数据	交易数据
交易额度（trade lines）总量	交易数量
开放式交易额度（open trade lines）数量	全部流入
封闭式交易额度（closed trade lines）数量	全部流出
车贷数量与余额	全部支付流入
信用卡数量与余额	全部食物相关支出
房屋授信额度数量与余额	全部杂货支出
房屋贷款数量与余额	全部餐馆支出
所有其他贷款数量与余额	全部快餐支出
所有其他授信额度数量与余额	全部酒吧支出
所有抵押贷款数量与余额	全部折扣店支出
汽车贷款余额占总债务之比	全部大型商店支出
信用卡贷款余额占总债务之比	全部娱乐支出
房屋授信额度余额占总债务之比	全部衣饰店支出
房屋贷款余额占总债务之比	全部百货公司支出
所有其他贷款余额占总债务之比	全部其他零售店支出
所有其他授信额度余额占总债务之比	
全部抵押贷款余额占总债务之比	全部旅行支出
全部信用卡余额与限额之比	全部信用卡支付
全部房屋授信额度与限额之比	全部抵押贷款支出
所有其他授信额度余额与限额之比	
	全部汽车及学生贷款支出

---

① Khandani, Amir E., Adlar J. Kim, and Andrew W. Lo. "Consumer Credit – risk Models via Machine – learning Algorithms", *Journal of Banking & Finance*, 34. 11 (2010): 2767 – 2787.

交易数据（续）	全部教育相关支出
全部水电气支出	
全部有线电视及互联网支出	存款数据
全部电话费支出	支票账户余额
全部经纪账户净流量	CD 账户余额
全部股息及年金净流量	经纪账户余额
全部加油支出	储蓄账户余额
全部汽车相关支出	
全部临时住宿支出	

作者采用分类与回归树（CART，Classification and Regression Trees）构建预测模型。假定有 N 个可观测的因变量 $\{y_1,\dots,y_N\}$，每一个 y_i 均为二值变量，如果顾客 i 在下一期（6 或 12 个月）违约，则为 1，否则为 0。并且，相应的 D 维特征向量为 $\{x_1,\dots,x_N\}$，其中 D 是表 8 中办入特征模型的数量。CART 模型参数以 $x\epsilon\{x_1,\dots,x_N\}$ 及最小化残差平方和的参数 $\{L_j\}$ 的递归选择特征所得的训练数据库为基础。停止分类与回归数扩展的"剪枝标准"（pruning criterion）是基尼指标：

$$G(\tau) = \sum_{k=1}^{k} P_r(k)[1 - P_r(k)]$$

其中，τ 指的是 CART 模型的叶结点，$P_r(k)$ 指分配给 k 级叶结点 τ 的训练数据比例。则 CART 的剪枝标准可定义为：

$$C(T) \equiv \sum_{\tau=1}^{|T|} G(\tau) + \lambda|T|$$

其中，$|T|$ 指的是 CART 模型 T 的叶结点数量，λ 指通过交叉验证（cross - validation）选择的正则化参数。一旦剪枝标准达到最小值，CART 算法将会停止扩展回归树。

为了提高 CART 模型的预测能力，作者采用了 Freund 和 Shapire

（1996）提出的"自适应增强"（adaptive boosting）方法。[1] 位于第 n 次
迭代的观察值 i 的权重由下式确定：

$$w_i^n = w_i^{n-1} \; esp \; \{ \alpha_{n-1} \; I \; [f_{n-1} \; (x_i) \; \neq y_i] \}$$

数据重新确定权重的系数定义为：

$$\alpha_{n-1} \equiv \ln \left(\frac{1 - \epsilon_{n-1}}{\epsilon_{n-1}} \right)$$

其中，$I(.)$ 是一个显示函数，显示给定输入向量 x_i，模型是否正确
地预测产出 y_i；ϵ_{n-1} 为第 $n-1$ 次迭代模型的加权平均误差。

（十七）主成分分析

Kritzman, Li, Page 和 Rigobon（2010）提出通过吸收比率（Absorp-
tion Ratio, AR）测度系统性风险，使用一定数量特征向量解释的资产收
益总体方差。[2] 吸收比率描述了市场是统一抑或紧紧联结。当市场紧密联
结时，负面冲击更快速、更广泛地传播，市场更为脆弱。作者通过吸收比
率转换的标准化测度，分析吸收比率转换与资产价格变化及金融不稳定之
间的关联。

为了计算给定时间的 AR，需要构建 N 个资产收益的 $N \times N$ 协方差矩
阵，AR 定义为：

$$AR = \frac{\sum_{i=1}^{n} \sigma_{E_i}^2}{\sum_{j=1}^{n} \sigma_{a_j}^2}$$

其中，n 为计算 AR 所使用的特征向量个数；$\sigma_{E_i}^2$ 为特征向量 i 的方

---

[1] Freund, Y. and Schapire, R. E., "Experiments with a New Boosting Algorithm", 1996, http：//www. research. att. com/orgs/ssr/people/yoav, schapire/.

[2] Mark Kritzman, Yuanzhen Li, Sebastien Page, Roberto Rigobon, "Principal Components as a Measure of Systemic Risk", Revere Street Working Paper, 2010.

差；$\sigma^2_{a_j}$ 为资产 j 的方差。

Kritzman，Li，Page 和 Rigobon（2010）还提出了一个 AR 运动的技术指标，其研究结果表明该指标是资产价格问题的一个领先指标：

$$\Delta AR = \frac{\overline{AR}_{15天} - \overline{AR}_{1年}}{\sigma AR_{1年}}$$

其中，ΔAR 为标准化的 AR 变换；$\overline{AR}_{15天}$ 为 15 天的移动平均 AR；$\overline{AR}_{1年}$ 为 1 年移动平均 AR；$\sigma AR_{1年}$ 为 1 年 AR 的标准差。

除 Kritzman，Li，Page 和 Rigobon（2010）外，Billio，Getmansky Lo 和 Pelizzon（2010）亦使用了主成分分析法作为其分析基础，关于该方法的数学基础可参见 Jolliffe（2002）。[①]

（十八）GDP 压力测试

Alfaro 和 Drehmann（2009）基于对过去行为的分析，运用一个简化的 GDP 增长的 AR 模型进行宏观经济压力测试[②]。其逻辑基础是，宏观经济变量往往在银行危机之前呈现走弱的态势；且一旦危机发生，产出就会急剧下降。

作者根据 Reinhart 和 Rogoff（2009）对危机进行界定，提出了一个 GDP 增长的 AR 模型：

$$y_t = p_1\, y_{t-1} + p_{21}\, y_{t-2} + c_t$$

其中，y_t 为时间 t 的真实 GDP 增长。对于每个国家，采用贝叶斯信息准则（Bayesian Information Criterion，BIC）确定使用滞后一期或滞后两期。作为一种压力情形，作者使用了上述 AR 模型的最坏负面预测误差，而不论是否符合发生银行危机的条件。随后，他们使用在危机发生之前四个季度的非常负面的 ϵ 冲击上述模型，比较压力测试中 GDP 增长的

---

① Jolliffe I. T. , Principal Component Analysis, 2002, Springer.

② Alfaro, Rodrigo, and Mathias Drehmann. "Macro Stress Tests and Crises: what can we Learn?", *BIS Quarterly Review*, 3（2009）: 1 - 14.

最大下滑幅度与真实的最大下降幅度。研究结果显示，当宏观经济处于较弱的状态时，压力测试被证明为是一种预测未来负面冲击潜在影响的有效工具。

对于宏观压力测试的详细论述，亦可参见 Drehmann（2009）。①

（十九）监管资本评估项目（SCAP）

Hirtle，Schuermann 和 Stiroh（2009）描述了监管资本评估项目（SCAP）或美联储 2009—2010 年对 19 家大型美国银行控股公司的压力测试的教训。② 监管资本评估项目是宏观审慎监管与微观审慎监管相结合的范例，有助于建立一个更为强有力的监管框架，解决更大范围内的监管问题。作者评论了监管资本评估项目的主要特征，并讨论了如何通过监管资本评估项目优化银行监管。

宏观审慎监管的目标是减少整个金融体系失败的概率，与包括大型金融机构通过清算结算体系的一系列潜在渠道、共同敞口、羊群行为，以及外部性或道德风险等市场失灵，这些因素均具有放大冲击并向实体经济外溢的可能。监管者因而有"逆风而行"的动机。监管资本评估项目（SCAP）兼具宏观审慎与微观审慎监管的特征——从宏观审慎视角来看，监管资本评估项目（SCAP）是对大型银行控股公司的一种自上而下的分析，应用一种具有共性及可能性的情境分析，超越传统的基于会计计量的方法确定所需的资本缓冲。然而，这一宏观目标的起点在微观审慎层面，是对每一参与市场的银行控股公司的风险及其敞口数据及异质性的分析。这一方法有助于采用差异化的监管措施，提高监管成效。

执行 SCAP 要求监管者搜集银行控股公司贷款、证券组合、交易账户、衍生品头寸、收入及支出来源等信息。运用这些数据，监管者可估计金融机构的损失与收入，并通过超过 150 名高级监管人员、经济学家、金融分析师、法律和会计等领域专家的评估和分析，预测损失、收入及所需

---

① Drehmann, M., "Macroeconomic Stress Testing Banks: A Survey of Methodologies", in *Stress Testing the Banking System: Methodologies and Applications*, ed. by M. Quagliariello., Cambridge, UK : Cambridge University Press, 2009, 37 - 67.

② Hirtle, B., Schuermann, T. and Stiroh, K., "Macroprudential Supervision of Financial Institutions: Lessons from the SCAP", Federal Reserve Bank of New York Staff Report, 2009.

的准备金。该方法最显著的优点在于，使监管政策明晰化且可计算，有助于市场参与者预先且更好地理解监管政策。

(二十) 10 – by – 10 – by – 10 方法

根据 Duffie（2013）的建议，监管者应当搜集及分析与 N 家"重要"机构在 M 种特定压力情形下的风险敞口。[①] 对于每一种压力情形，重要的金融机构必须报告其盈利或损失、每一合约头寸及敞口，通过压力加压力来测试交易对手。采用这种方法，可得出系统对特定压力测试及特定实体的联合敞口，而新的系统性重要机构也将因此而浮现出来。压力测试所涉及的资产分类足以包含在危机情境下跨资产收益关联的增长。

此类压力测试举例如下：

（1）单个实体的违约；

（2）所有信贷收益价差同时发生 4% 变化；

（3）美元收益曲线发生 4% 的变化；

（4）相对于一揽子或主要货币的美元价值变化 25%；

（5）相对于一揽子或主要货币的欧元价值变化 25%；

（6）主要房地产指数变化 25%；

（7）所有能源相关商品价值同时发生 50% 的变化；

（8）全球股票指数变化 50%。

如此考察的结果有助于增强对冲基金的透明度，洞察其如何影响金融体系的系统性风险。该方法的一大缺点是，它忽略了并不流经主要金融机构的、系统性风险的广泛来源。例如，美国储贷协会危机并不能通过对屈指可数的重要金融机构的测试来加以识别。

(二十一) 条件在险价值 (CoVaR)

该方法由 Adrian 和 Brumnnermeier（2011）提出，可以由以下几个步骤加以计算。

---

① Duffie, Darrell. "Systemic Risk Exposures: A 10 – by – 10 – by – 10 Approach", *Risk Topography: Systemic Risk and Macro Modeling*. University of Chicago Press, 2013.

第一步，计算每家商业银行的总资产市值回报率。

根据公式 $X_t^i = \dfrac{ME_t^i \cdot LEV_t^i - ME_{t-1}^i \cdot LEV_{t-1}^i}{ME_{t-1}^i \cdot LEV_{t-1}^i} = \dfrac{A_t^i - A_{t-1}^i}{A_{t-1}^i}$ 来计算每家银行的总资产市值回报率，其中 ME_t^i 是每家银行每天的股票市场市值，LEV_t^i 是每家银行的杠杆率，计算公式为：$LEV_t^i = \dfrac{BA_t^i}{BE_t^i}$。其中 BA_t^i 是每季度的商业银行账面总资产价值，是每季度的股权账面价值，也就是所有者权益。

第二步，计算整个样本系统的总资产回报率。整个样本的总资产等于样本所选的商业银行的总市值之和，即：$A_t^{system} = \sum_i A_t^i$，然后根据第一步的公式计算出系统整体的总资产市值回报率。

第三步，运用分位数回归计算系数。Adrian 和 Bmnnermeier（2011）所设计的分位数回归方法计算 ΔCoVaR，首先要运用分位数回归计算下列式中的系数。

$$X_t^i = \alpha^i + \gamma_1^i M_{t-1}^1 + \gamma_2^i M_{t-1}^2 + \varepsilon_t^i$$

$$X_t^{system} = \alpha^{system \mid i} + \beta^{system \mid i} X_t^i + \gamma_1^{system \mid i} M_{t-1}^1 + \gamma_2^{system \mid i} M_{t-1}^2 + \varepsilon_t^{system \mid i}$$

用 1% 的分位数回归估计出系数 α^i、γ_1^i、γ_2^i、$\alpha^{system \mid i}$、$\beta^{system \mid i}$、$\gamma_1^{system \mid i}$、$\gamma_2^{system \mid i}$。其中 M_{t-1} 是市场经济状态变量，表示前一期的市场状态对本期的影响。最后，还需要用 50% 分位数回归估计出正常经济状态下的系数，公式如下：

$$X_t^i = \alpha^{i \mid median} + \gamma_1^{i \mid median} M_{t-1}^1 + \gamma_2^{i \mid median} M_{t-1}^2 + \varepsilon_t^{i \mid median}$$

第四步，计算 VaR 和 CoVaR。通过前面几个式计算出系数后，代入以下三式，计算在 1% 风险水平下的 VaR 和 CoVaR，以及经济正常状态下的 VaR。

$$VaR_t^i(q) = \alpha_q^i + \gamma_1^i M_{t-1}^1 + \gamma_2^i M_{t-1}^2$$

$$CoVaR_t^i(q) = \alpha^{system \mid i} + \beta^{system \mid i} VaR_t^i(q) + \gamma_1^{system \mid i} M_{t-1}^1 + \gamma_2^{system \mid i} M_{t-1}^2$$

$$\mathrm{VaR}_t^{\,i}\ (50\%)\ =\alpha^{i\,|\,\mathrm{median}}+\gamma_1^{\,i\,|\,\mathrm{median}}\,M_{t-1}^1+\gamma_2^{\,i\,|\,\mathrm{median}}\,M_{t-1}^2$$

第五步，计算 $\Delta\mathrm{CoVaR}$。根据下式计算出系统性风险贡献指标 $\Delta\mathrm{CoVaR}_t^{\,i}$：

$$\Delta\mathrm{CoVaR}_t^{\,i}\ (q)\ =\mathrm{CoVaR}_t^{\,i}\ (q)\ -\mathrm{CoVaR}^{ti}\ (50\%)$$
$$=\beta^{\mathrm{system}\,|\,i}\left[\,\mathrm{VaR}^{ti}\ (q)\ -\mathrm{VaR}_t^{\,i}\ (50\%)\,\right]$$

计算 $\Delta\mathrm{CoVaR}$ 的主要 Matlab 程式编码如下：

```
function dcovar = delta_ co_ var (output_ returns,
input_ returns, lagged_ factors_ returns, quantile)
%
% Based on the paper "CoVar", Tobias Adrian and Markus
K. Brunnermeier.
% Calculates the delta_ covar of an output institution (or the system)
on
% another institution.
%
% PARAMETERS：
% output_ returns – The returns of the output institution or system.
% An (nx1) – vector.
% input_ returns – The returns of the input institution whose contri-
bution
% we want to quantify. An (nx1) – vector.
% lagged_ factors_ returns – The lagged returns (lag = 1) for the
factors as
% used in eq. 6 of the paper. An ( (n + 1) xk) – matrix.
% quantile – The quantile we want to use (0. 05 or 0. 01) in the
paper.
```

对于分位数回归方法，亦可参考 Koenker（2005）和 Koenker and Hallock（2001）。

（二十二）萧条保险费（Distressed Insurance Premium，DIP）

萧条保险费是 Huang，Zhou 和 Zhu（2009）提出的一个系统性风险的先行指标，代表了应对系统性金融失败（界定为全部损失超过既定门槛，如银行负债的 15%）的假设保险费用。该方法具有普适性，可应用任何预先选择的、有公开交易数据和信用违约掉期合约的公司。所有机构对系统性风险的边际贡献是其规模、违约概率及资产关联度的函数，后两者需要基于市场数据的估计。

具体而言，首先，违约率（PoD）使用 5 年期高级非担保、无重组条款的 CDS 报价，采用周末观察值来构建周 CDS 数据一年期的风险中立违约率为：

$$PoD_{i,t} = \frac{a_t\, s_{i,t}}{a_t\, LGD_{i,t} + b_t\, s_{i,t}}$$

其中，$a_t = \int_t^{t+T} e^{-rx}\, dx$，$b_t = \int_t^{t+T} xe^{-rx}\, dx$，LGD 为违约损失，$s_{i,t}$ 是银行 i 于时间 t 的 CDS 价差，r 是无风险利率。

其次，估计银行资产的相关系数。假定少于 12 周的频率，杠杆近似为常数，则资产相关性可使用股票相关性作为代理变量。Huang，Zhou 和 Zhu（2009）采用高频逐笔交易数据，通过以下步骤测度相关性：

（1）对于每一只股票，以 30 分钟为间隔，取最后成交价；

（2）对每一股票 i，计算 j 期间的 30 分钟几何回报，即 $r_{(j),t}$；

（3）定义估算关联度的水平（horizon）h，计算水平 h 的 30 分钟间隔的数量，股票 k 和 l 在间隔 h 的配对相关性可表示为：

$$\hat{p}_{k,1} = \frac{\sum_{j=1}^{M} r_{(j),k}\, r_{(j),1}}{\sqrt{\sum_{j=1}^{M} r_{(j),k}^2 \sum_{j=1}^{M} r_{(j),1}^2}}$$

（4）得到给定期间的配对相关，计算该期的平均相关 $p_{t,t+T}$；

（5）使用平均相关作为以下回归方程式的输入变量：

$$p_{t,t+12} = c + k_1\,\rho_{t-12,t} + \sum_{i=1}^{1} k_{2,i}\,\rho_{t-i,t-i+1} + \eta X_t + \upsilon_t$$

其中，下标指的是计算相关度的时间水平，X 则包括一系列金融市场变量，如标普 500 季度回报，芝加哥期权期货交易所使用的市场波动性（VIX）现值，联邦基金利率以及 10 年 – 3 个月期国库券价差。

（6）运用 Engle（2002）提出的动态条件相关测度精炼相关预测过程。[①]

基于单个违约概率及预测资产加报相关性，可计算系统性风险指标，即针对银行未来 3 个月内失败损失的保险的理论价格。为了计算这一指标，作者构建了一个假设的债务组合，该组合包括按每一银行负债规模进行加权的所有银行负债，萧条保险价格等等于组合信贷损失等于或超过预定门槛的信用损失期望值。在此基础上，作者运用 Tarashev 和 Zhu（2008）[②] 提出的蒙特卡罗模拟估算期望值，具体如下。

正如 Vasicek（1991）[③] 所提出的组合信用风险的渐进单风险因子模型（ASRF），假定 N 家银行资格价值具有共同因子及异质的组成部分。银行的 LGD 独立于其资产的随机过程且 LGD 的敞口分布相同。组合信用损失的模拟可分为两个部分：第一部分是计算联合违约概率分布；第二部分则引入 LGD 分布，计算组合损失的概率分布。

第一部分：（1）使用 PoD 的 N×1 向量，假设资产回报呈标准正态分布，得到违约门槛的 N×1 向量；（2）假设有 N 个标准正态随机变量，其配对相关系数等于 $p_{t,t+12} = c + k_1\,\rho_{t-12,t} + \sum_{i=1}^{1} k^{2,i}\,\rho_{t-i,t-i+1} + \eta X_t + \upsilon_t$ 估计的前瞻性平均相关系数，从中提取 N×1 个向量。此向量的进入数量小于相应的违约门槛；（3）重复上述步骤 500000 次，得到违约数量的概率分

①　Engle, Robert. "Dynamic Conditional Correlation: A Simple Class of Multivariate Generalized Autoregressive Conditional Heteroskedasticity Models" *Journal of Business & Economic Statistics*, 20.3（2002）: 339 – 350.

②　Tarashev, Nikola, and Haibin Zhu. "Specification and Calibration Errors in Measures of Portfolio Credit Risk: The Case of the ASRF Model", *International Journal of Central Banking*, 4.2（2008）: 129 – 173.

③　Vasicek, Oldrich, "Limiting loan loss probability distribution", Working Paper, KMV Corporation, 1991.

布，P_r（违约数量 = k），k = 0，1，…，N。

第二部分：（1）对于给定的违约 k，基于三角分布（巴塞尔协议 II 推荐中心点为 0.55，范围 [0.1，1]），计算条件损失分布 P_r（TL | k defaults）；（2）对 k = 1，…，N 运行上步骤，便可计算组合信用损失的非条件概率分布：

$$P_r（TL）= \sum_k（TL | k\ defaults）P_r（k\ defaults）$$

（3）得到非条件损失分布，便可计算全部损失超过银行部门所有负债之 15% 事件的发生概率。

（二十三）共同风险（Co - Risk）

IMF 最早在《全球金融稳定评论》（*Global Financial Stability Review*）提出共同风险这一指标，检测不同金融机构 CDS 价差的相互依赖性。相对于非条件风险指标，共同风险（Co - Risk）指标包含的信息更丰富，因其提供了一个由与其他企业直接或间接关联引发的信用风险增长比例的市场测度。[①] 该方法的基础与 CoVaR 相同，亦为分位数回归，后者使得对金融机构呈非线性相关的风险要素在危机状态下的共同运用进行更精确的评估成为可能。

作者使用 5 年期 CDS 价差的日数据作为样本。易知，当一个机构的 CDS 价差落实入第 5 个百分位（分布的左尾）时，表明这个机构正处于一个极佳的状态；而当 CDS 价差落入第 95 百分位（分布的右尾）时，表明该机构处于不幸的境地。作者所使用的日频分位数回归表达式是：

$$CDS_{i,t} = \alpha_q^i + \sum_{m=1}^k \beta_{q,m}^i R_{m,t} + \beta_{q,j}^i CDS_{j,t} + \epsilon_{i,t}$$

[①] International Monetary Fund, "Assessing the Systemic Implications of Financial Linkages", Global Financial Stability Review, Apr 09, 2009: 73 - 110.

其中，$CDS_{i,t}$ 是机构 i 于 t 日的 CDS 价差，$R_{m,t}$ 是风险因子 m 于时间 t 的价值，q 代表分位。估计的参数 $\beta_{q,j}^i$，则用于测度 j 企业在不同百分位如何直接或间接地影响 i 公司的信用风险。附表 9 显示了作者所使用的风险因子。

附表 9 在 Co - Risk 估计中所使用的日风险因子

风险因子	来源
市场波动性（VIX）	芝加哥期权交易所（CBOE）网站
3 个月回购利率 - 3 个月国库券利率	Bloomberg（回购利率） 纽约联邦储备银行（FRBNY）（T - bill 利率）
标普 500 收益 - 3 个月国库券利率	美国股市资料库 CRSP（标普），美央行利率（FRB H15）（3 个月国库券利率）
收益率曲线斜率 - 3 个月国库券利率（10 年 - 3 个月）	美央行利率（FRB H15）
LIBOR 价差 （1 年期 LIBOR—1 年美国国库券到期收益）	Bloomberg（LIBOR） 美央行利率（FRB H15）（国库券收益）

包含函数优化的分位数回归的数学表达式是：

$$\min_{\alpha_q^i, \beta_{q,m}^i, \beta_{q,j}^i} \sum_t \rho_q \left(CDS_{i,t} - \alpha_q^i - \sum_{m=1}^K \beta_{q,m}^i R_{m,t} - \beta_{q,j}^i CDS_{j,t} \right)$$

其中，

$$\rho_q(t) = \begin{cases} q|t| & \text{if } t \geq 0 \\ (1-q)|t| & \text{if } t < 0 \end{cases}$$

估算分位数回归系数之后，可将条件共同风险（CoRisk）定义为：

$$CoRisk_t^{i,j} = 100 \times \left[\frac{\alpha_{95}^i + \sum_{m=1}^K \beta_{95,m}^i R_{m,t} + \beta_{95,j}^i CDS_{j(95)}}{CDS_{i(95)}} - 1 \right]$$

其中，$CDS_{i(95)}$ 是机构 i 对应 95 百分位的 CDS 价差，α 和 β 值均可通过运行 q = 0.95 的分位数回归估算而得。共同风险（Co-Risk）增大，则表明机构 i 的信贷对机构 j 信贷失败的敏感度越高。

计算 Co-Risk 的 Matlab 程序的主要编码如下：

```
unction c = co_ risk (output_ cds_ spreads, input_ cds_ spreads,
risk_ factors_ series, q, risk_ factors_ values)
%
% Calculates the conditional co-risk between two institutions.
%
% PARAMETERS:
% output_ cds_ spreads - The cds-spreads time series for the output
put
% institution. An (nx1) - vector.
% input_ cds_ spreads - The cds-spreads time series for the input
institution.
% An (nx1) - vector.
% risk_ factors_ series - Risk-factors time series. An (nxk) - ma-
trix.
% q - The quantile. The paper uses q = 0.95.
% risk_ factors_ values - the values of the risk factors at the period
we
% calculate the co-risk. A (1xk) - vector.
```

对于共同风险（Co-Risk）测试的更详细阐述可参见 Chan-Lau（2009）。[1] 对分位数回归方法的论述可参见 Koenker（2005）、Koenker 和 Hallock（2001）。[2]

---

[1] Chan-Lau, J., "Co-risk Measures to assess Systemic Financial Linkages", IMF Working Paper, International Monetary Fund, 2009.

[2] Koenker, Roger. *Quantile Regression*, No. 38. Cambridge University Press, 2005. Koenker, Roger, and Kevin Hallock. "Quantile Regression: An Introduction", *Journal of Economic Perspectives*, 15.4 (2001): 43-56.

（二十四）边际及系统性预期损失（MES、SES）

Acharya 等（2010）提出，每一家金融机构对系统性金融风险的贡献可通过系统性预期损失（systemic expected shortfall，SES）加以测度。所谓系统性预期损失（SES），即当整个金融体系的损失无法被资本所覆盖时，金融机构损失无法被资本覆盖的倾向。SES 是一个理论框架，故作者使用三个指标来加以替代：（1）监管者压力测试结果；（2）危机期间大型金融机构股票估值；（3）大型金融机构信用违约掉期价差的扩大。在估计上述替代指标的基础上，作者提出了"预测"一家金融机构 SES 的指标，即 MES（边际预期损失）和杠杆（Leverage，LVG）。

MES 即整个市场轰然倒塌时银行股权价值的预期损失（Brownlees 和 Engle，2012）[1]，国内学者方意、赵胜民和王道平（2012）、赵进文和韦文彬（2012）均采取此法测度单个银行的系统性风险贡献值[2]，Acharya 等（2010）亦强调监管者可运用中等尾部事件信息预测银行对于更极端尾部事件的贡献值，故 MES 作为银行对系统性风险边际贡献的主要测度指标，MES 度量了尾部之外的情形，且数值具有可加性。具体而言，根据 Acharya 等（2010），假设金融系统有 N 家金融机构，则金融系统的收益率为每一机构收益率 r_i 的加权平均，即 $R = \sum \omega_i r_i$，其中 ω_i 为机构 i 的资产占整个系统总资产的权重。则整个系统在 $1 - \alpha$ 置信度下的期望损失为：$ES_\alpha = -\sum \omega_i E\left[r_i \mid R \leqslant -VaR_\alpha\right]$。

单个机构对系统性风险的边际贡献为：

$$MES_\alpha^i \equiv \frac{\partial ES_\alpha}{\partial \omega_i} = -E\left[r_i \mid R \leqslant -VaR_\alpha\right]$$

根据 Acharya 等（2010），先确定市场收益率最糟糕的 5% 的天数，再计算单一机构股票收益率（R^i）在这些天内的平均数，再取其相

---

① Brownlees, Christian T., and Robert F. Engle. "Volatility, Correlation and Tails for Systemic Risk Measurement", Available at SSRN 1611229 (2012).

② 方意、赵胜民、王道平：《我国金融机构系统性风险测度——基于 DGC - GARCH 模型的研究》，《金融监管研究》2012 年第 11 期。赵进文、韦文彬：《基于 MES 测度我国银行业系统性风险》，《金融监管研究》2012 年第 8 期。

反数：

$$MES_{5\%}^i = -\frac{1}{\#days} \sum_{t:system\ in\ its\ 5\%\ tail} R_t^i$$

计算 MES 的 Matlab 程序编码如下：

function mes ＝ marginal_ expected_ shortfall（firm_ returns, market _ returns）

%

% Calculates the marginal expected shortfall of a firm.

%

% PARAMETERS：

% firm_ returns － The time series of returns for the firm.

% market_ returns － The time series of returns for the market.

由于市场数据的限制，特别是表内、表外融资的崩溃，很难直接测试真实的杠杆，故作者采用杠杆的标准近似值：

$$LEV_b = \frac{资产的准市场价值}{股票的市场价值} = \frac{账面资产 - 账面权益 + 市场权益}{股票市场权益}$$

计算杠杆的 Matlab 程序编码如下：

function lvg ＝ leverage（book_ assets, book_ equity, market_ equity）

%

% Calculates the standard approximation of leverage for a firm.

%

% PARAMETERS：

% book_ assets － The book assets of the firm.

% book_ equity － The book equity of the firm.

% market_ equity － The market equity of the firm.

基于 MES 和 LVG 计算金融机构的 SES：

$$SES_i = a + bMES_i + cLVG_i + \iota_i$$

为了生成一个系统性风险指标，需为 SES 矩阵估计 a、b、c。机构 i 于未来时间 t 形成的系统性风险可计算为：

$$Systemic\ Risk\ of\ Firm_i = \frac{\hat{b}}{\hat{b} + \hat{c}} MES_t^i + \frac{\hat{c}}{\hat{b} + \hat{c}} LVG_t^i$$

计算 SES 的 Matlab 程序编码如下：

```
function ses = systemic_ expected_ shortfall (mes_ training_ sample,
lvg_ training_ sample, ses_ training_ sample, mes_ firm, lvg_ firm)
%
% Calculates the systemic expected shortfall for a firm.
%
% PARAMETERS：
% mes_ training_ sample - The marginal expected shortfalls for
the training
% sample of firms. An (nx1) - vector.
% lvg_ training_ sample - The leverages for the training sample of
firms.
% An (nx1) - vector.
% ses_ training_ sample - The systemic expected shortfalls for
the training
% sample of firms. An (nx1) - vector.
% mes_ firm - The marginal expected shortfall for the firm.
% lvg_ firm - The leverage for the firm.
```

(二十五) 风险数值地形图 (Risk Topography)

Brunnermeier, Gorton 和 Krishnamurthy (2010) 提出建立一个"风险数值地形图"(Risk Topography)，通过一个数据获取与扩散的过程，告

知政策制定者、研究人员、市场参与者关于系统性风险的信息。① 具体而言，包括两个步骤：第一，监管者从市场参与者（部分均衡）风险及对主要风险因子及流动性压力情境下的流动性敏感度获得决策参考信息，利用私人部门的内部风险模型获得一个有价值的面板数据库；第二，运用该面板数据识别校准一般均衡响应及整体经济体系效应。

要测量流动性，仅仅查勘诸如流动资产波性、流动性、价差等流动资产市场指标是不够的。更确切且更重要的是：（1）对市场参与者如何内生地响应（部分均衡的层面）负面冲击进行测度及建模；（2）确定反馈响应如何产生系统范围或总体的一般均衡错配。在报告风险及流动性敏感度之外，每一企业报告一个向量，因子运动方向指向具有最大敞口的企业。如果所有的企业报告的向量指向相似的方向，这一特别的跨情境（cross - scenario）必须添加到在下一季的调查之中。信息必须简单而直接，且持续一段时间，如此即可积累一个较大的数据面板。

为了解释这一关键，作者展示了一个简单的一期模型：有两个日期，期前为 0，资产和负债被选择；日期 1，面对系统性危机，处于 $\omega \epsilon \Omega$ 状态。在时间 0，公司 i 选择资产 A_i、负债 L_i。A_i 是现金、对其他公司的回购借贷、衍生品敞口、资产买断交易（outright asset purchase）的混合。L_i 包括短期债务、长期债务、担保债务、股票等。

企业在状态 ω 的股票价值由 $E_\omega^i = A_\omega^i - L_\omega^i$ 决定。此外，我们关注每一企业的流动性头寸。为便于数学处理，为每一资产负债表在每一种状态下分配一个流动性指标 λ_ω^i。资产具有正的 λ_S，负债的 λ_S 则为负。诸如银行准备金及国库券等超级流动性资产 $\lambda = 1$，隔夜借贷 $\lambda = -1$。而对于抵押支持证券（MBS），我们可通过 1 减去打折回购（repo haircut）来测度状态 ω 的 λ_ω^{MBS}；或通过企业为了变现而不得不接受的价格折扣来加以测度。资产面的整体流动性，得到企业 i 的市场流动性 $\Lambda_\omega^{A,i}$；负债面的整体流动性，得到企业 i 在经济体的不同状态度下的融资流动性 $\Lambda_\omega^{L,i}$。普通股 $\lambda = 0$。

因子中包括一些价格（风险因子）或流动性/融资状况（流动性因

① Brunnermeier, M. K., G. Gorton, and A. Krishnamurthy, "Risk Topography", Working Paper, Princeton University, 2010.

子）。例如，一个风险因子在房地产价格中意味着改变，而流动性因子在折扣和垫头交易中意味着改变。如此，企业报告一个"价值—流动性"向量，包含其对几项因素的估计：（1）全部资产价值；（2）股票价值；（3）资产流动性指数 $\Lambda_{\omega}^{A,i}$；（4）融资流动性指数 $\Lambda_{\omega}^{L,i}$。例如，如果 N 个房地产价值水平仅有一个风险因子，一个流动性因子，如 M 总体折扣水平，则状态空间可用 N×M 矩阵表示。企业必须报告其各种组合的预估价值—流动性指数。基于此，可沿着每一要素引出每一企业的部分敏感性。最终，企业分别报告其所经历的四种最高价值损失和流动性指标。只要企业选择不同的（n，m）组合，就会包含系统性风险。而许多企业开始选择相近的（n，m）组合时，也就意味着系统性风险的集中。

基于上述响应，可估计每 4 个"价值—流动性"要素组合的变化，包括风险因子、流动性因子，或者二者组合的变化，定义敏感性矩阵为 $\triangle_i$。如果每一季度均收集众多企业核心状态集的数据，则历经若干年，就会形成企业在不同价值—流动性向量、不同宏观市场状态下的风险敞口选择的数据，这一面板积累的数据可用于对企业 i 如何制定其投资组合决定进行建模和测试。

风险情境的例子包括资产（如股票、商品等）价格的变化，流动性情境的例子包括折扣增加、进入现金市场等，其他类型的因素则包括交易对手违约、企业评级下降等。

亦可集合企业的响应来测试对不同风险因子的净敞口。如，以 $\triangle A_i$ 表示企业的全部资产因房地产风险因子的改变，可集合企业间的资产改变：

$$\sum_{i=1}^{I} \triangle A_i$$

其中，I 是企业报告的全部数量，总和是所有测试的企业对房地产风险响应的敞口总和。显然，一些企业敞口较长（正值），而一些企业的敞口较短（负值）。在行业部门层面，风险总和无疑极具参考价值，因其揭露了风险的集中度，可用于诊断系统性风险。

流动性指标亦可集合，企业 i 的净流动性指数是 $\Lambda^i = \Lambda^{A,i} - \Lambda^{L,i}$，则所有企业的总和为：

$$\sum_{i=1}^{I} \Lambda^i$$

所有部门的流动性集合等于流动性资产的供给－λ加权的所有相关资产。值得注意的是，部门层面的集合，银行业流动性头寸为负，而其他公司部门流动性头寸为正。

(二十六) 杠杆周期

Geanakoplos (2010) 提出的"杠杆周期"指的是以下的现象：杠杆率很高时，人们和机构可以以很少的现金购买很多的资产；杠杆率很低的时候，要购买相同或相近的资产，购买者必须支付全款或大部分现款。[①] 当杠杆宽松时，购买者容易获得贷款，故资产价格上升；而当杠杆偏紧时，资产价格下降。政府长期监测和调整利率以确保信贷不至于冻结继而危及一国经济之稳定。然而，亦须监控及调整杠杆，以避免过大规模杠杆周期尾部带来的破坏。

Geanakoplos 强调，抵押率或杠杆，是截然不同于利率的均衡变量。抵押率的巨量变化，即"杠杆周期"，在美国金融史上屡见不鲜。这些周期终结的典型表现是：(1) 产生不确定性的坏消息；(2) 抵押率大幅上升；(3) 杠杆乐观者损失及破产。上述因素相互作用并相互强化，继而进一步加大了系统性风险。Geanakoplos 建议，应采取有效措施管理杠杆周期：(1) 美联储必须搜集投资者用于购买各种类别资产的杠杆信息，使之透明化；(2) 对个人安全层面的杠杆率提出限制；(3) 对过度借贷或过度抵押借贷的企业课税；(4) 要求借款者 (lenders) 只能非常缓慢地收紧其安全界限 (security margin)。

(二十七) 非流动性信息之噪音

Hu 等 (2013) 对美国国库券市场中套利资本的数量及其对价格偏差的潜在影响进行了考察，发现在市场危机期间，套利资本的短缺使得收益

---

① Geanakoplos, J. , "Solving the Present Crisis and Managing the Leverage Cycle," Federal Reserve Bank of New York Economic Policy Review, 16.1 (2010): 101 - 131.

相对于曲线更为自由地移动，导致更多的 "噪音"。[1] 如此一来，由于国库券市场的中心重要性及其内在低噪音（即高流动性和低信用风险），国库券的噪音对于广义市场中的流动性具有参考价值。故 Hu 等人（2013）使用逐日平滑零息票收益曲线来构造噪音指标，具体而言，使用特定日期的 1 年至 10 年期的所有债券。与每一债券的关联是其市场收益与模型收益的偏离。所有债券偏离的集合可通过平均平方根误差计算而得，得到噪音指标。

　　为了获得日平滑零息票收益曲线，作者基于 Svensson（1994）[2] 模型，假设瞬间远期利率（instantaneous forward rate）f 由下式决定：

$$f\ (m,\ b)\ =\beta_0+\beta_1\exp\left(-\frac{m}{\tau_1}\right)+\beta_2\frac{m}{\tau_1}\exp\left(-\frac{m}{\tau_1}\right)+\beta_3\frac{m}{\tau_2}\exp\left(-\frac{m}{\tau_2}\right)$$

其中，m 为到期时间，b =（β_1，β_2，β_3，τ_1，τ_2）为估计的模型参数，使用参数化的远期曲线，可得零息票收益曲线：

$$s\ (m,\ b)\ =\frac{1}{m}\int_0^m f\ (\tau,\ b)\ d\tau$$

　　因而，通过观察特定日期的息票债券，可得到每一到期债券的零息票收益。设 t 日 1 个月—10 年到期的债券数量为 N_t，令 P_t^i，i = 1，…，N_t 为相应的市场观察到的价格，模型参数 b_t 通过最小化实际价格与模型推算价格的平方离差和加以选择：

$$b_t=\underset{b_t}{\mathrm{argmin}}\sum_{i=1}^{N_t}\left[p^i\ (b_t)\ -P_t^i\right]^2$$

①　Hu, Grace Xing, Jun Pan, and Jiang Wang. "Noise as Information for Illiquidity", *The Journal of Finance*, 68. 6（2013）: 2341 – 2382.

②　Svensson, Lars E. O., "Estimating and Interpreting Forward Interest Rates: Sweden 1992 – 1994", No. w4871. National Bureau of Economic Research, 1994.

其中，P^i（b_t）是给定模型参数 b_t，模型推算出的债券 i 于 t 日的价格，这样，对于每一天 t，曲线匹配的最终产品即为模型参数 b_t 的向量。

为了构造特定一天的"噪音"，令 n_t 为 t 日债券数量，y_t^i 为债券 i 观察到的市场收益，则 $Noise_t$ 可定义为：

$$Noise_t = \frac{1}{n_t} \sum_{i=1}^{n_t} \left[y_t^i - y^i（b_t）\right]^2$$

Hu，Pan 和 Wang（2010）发现，流动性噪音指标有助于解释对冲基金收益和货币基金交易收益之间的行业差异，而这两个行业对市场流动性状态均表现得比较敏感。

（二十八）货币基金的拥挤交易

Pojarliev 和 Levich（2011）提出了一个探测货币基金"拥挤交易"的方法，但该方法亦可用于任一可辨认的时间序列收益的交易拥挤。[1]

作者使用 Pojarliev 和 Levich（2011）提出的四因素模型来估算 beta：

$$R_t = \alpha + \sum_i \beta_i F_{i,t} + \epsilon_t$$

其中，R_t 是由货币经理产生的超额周收益；$F_{i,t}$ 为时间 t 的 i 因子价值；β_i 为 i 因子的价值。

作者所使用的四因素是：（1）运输因子（Carry Factor），使用德意志银行货币收益 G10 指数（The Deutsche Bank Currency Harvest G10 Index）作为代理变量；（2）趋势因子：使用 AFX 货币管理指数（AFX Currency Management Index）作为代理变量；（3）价值因子：采用德意志银行 G10 估值指数（Deutsche Bank G10 Valuation Index）作为代理变量；（4）货币波动因子（Currency Volatility Factor）：使用德意志银行货币波动性（周）指数的一阶差分作为代理变量。

---

[1] Pojarliev, M., and R. M. Levich, "Detecting Crowded Trades in Currency Funds", *Financial Analysts Journal*, 67.1, 2011: 26 - 39.

对于给定的因子，作者提出了两个拥挤度的相近定义：

（1）定义 1

因子 F_i 在时间 t 的拥挤度 $C_{F_i,t}$ 被定义为：

$$C_{F_i,t} = a_{F_i,t} - b_{F_i,t}$$

其中，$a_{F_i,t}$ 是指在 t - 25 周至 t 周风险因子 F_i 具有统计显著正敞口的基金占比，b_{F_i}，t 是在 t - 25 周至 t 周风险因子 F_i 具有统计显著负敞口的基金占比。对于正敞口和负敞口，作者使用的是标准 95% 置信区间。

（2）定义 2

因子 F_i 在时间 t 的拥挤度 $C_{F_i,t}^*$ 被定义为：

$$C_{F_i,t}^* = a_{F_i,t}^* - b_{F_i,t}^*$$

其中，$a_{F\,i}^*$，t 是在 t - 25 周至 t 周 β_i 大于 X 的基金占比，$b_{F_i,t}^*$ 是在 t - 25 周至 t 周 β_i 小于 X 的基金占比，X 是投资者选择的界限。

Pojarliev 和 Levich（2011）发现，交易拥挤与因子绩效之间存在逆向关系，特别是在运输和价值模式下，更是如此。这一现象在股票市场中立的对冲基金情境下也得到了验证[①]。

（二十九）股票市场非流动性

Khandani 和 Lo（2011）提出两个测度股票市场流动性的指标。首先，他们分析了包含买入输（buying losers）和卖出赢（selling winners）的反向交易策略，这一策略通过提供流动性纠正了短期的供给—需求失衡。尽管这是一个有利可图的策略，但自从 20 世纪 90 年代以来，收益却在稳定下降，其可能原因是市场参与者增加，因而减少了交易的流动性溢价。通过观察这一交易策略的绩效（假定执行状况良好，市场中的流动性减少；

---

① Khandani, Amir E., and Andrew W. Lo, "What Happened to the Quants in August 2007? Evidence from Factors and Transactions Data", *Journal of Financial Markets*, 14.1 (2011): 1 - 46. Khandania, Amir E., and Andrew W. Lo, "What Happened to the Quants in August 2007?", *Journal of Investment Management*, 5.4 (2007): 5 - 54.

反之亦然），可得到股票市场的流动性指标。第二个指标与 Kyle（1985）的 "lambda" 相关，即使用股价变动—美元的交易量的线性回归估计。

（1）反向交易策略流动性指标（Contrarian Strategy Liquidity Measure）：作者采用 Lo 和 MacKinlay（1990a）提出的一个简单平均反向交易策略作为做市（流动性拨备）利润的代理变量。这一高频平均反向交易策略基于买入输与卖者赢滞后 m 分钟的收益，m 在 5—60 分钟之间波动。具体地，通过观察前 m 分钟样本股票的收益，在时间 t 形成买入与卖出组合。股票通过绩效分位数排序，交易策略是形成一个组合，组合中的股票在此前 m 分钟的间隔处于收益最低的十分位数，而卖出股票则在此前 m 分钟的间隔处于收益最高的十分位数。美元中立组合是持有 q 分钟，直至时间 t + q，在通过基于此前 m 分钟收益形成十分位数这一组合形成过程之后，即，间隔从 t + q - m 到 t + q，然后持有这些新头寸 q 分钟，即直至时间 t + 2q，依此类推。需要注意的是，买入及卖出组合均为等量加权，整个组合是美元中立的。

反向交易策略的 Matlab 程序主要代码如下：

```
function ret = contrarian_ trading_ strategy (input_ returns, realized
_ returns)
%
% Calculates the cumulative return of the contrarian trading strategy.
%
% PARAMETERS：
% input_ returns – The returns of the securities used to calculate the
weights
% of the strategy. Rows are the different periods. Columns are the
% different securities.
% realized_ returns – The realized returns of the securities to calcu-
late
% the performance of the strategy. Rows are the different periods.
% Columns are the different securities.
```

（2）价格影响流动性指标（Price Impact Liquidity Measure）：即 "Kyle's Lambda"，是一个流动性的反向替代变量，即 lambda 值越高，表

明流动性和市场深度越低。作者使用每天所有正常交易时间的日数据加以估计，给定证券 i 的日间回报序列 $[R_{i,1}, R_{i,2}, \cdots, R_{i,T}]$，价格序列 $[p_{i,1}, p_{i,2}, \cdots, p_{i,T}]$，交易量序列 $[v_{i,1}, v_{i,2}, \cdots, v_{i,T}]$，估计以下回归方程：

$$R_{i,t} = \hat{c}_i + \hat{\lambda}_i \cdot \text{Sgn}(t) \log(v_{i,t} p_{i,t}) + \epsilon_{i,t}$$

其中，Sgn (t) ≡ -1 或 1 取决于交易的方向，即"买"或"卖"，根据以下原则确定：如果 $R_{i,t}$ 为正，则对交易赋值 1（表明净买入）；如 $R_{i,t}$ 为负，则对交易赋值 -1（表明净卖出）。市场流动性的集合指标可通过估算估价影响系数的日跨部门平均值而得：

$$\text{MLI} = \frac{\sum_{i=1}^{N} \lambda_i}{N}$$

其中，N 是计算日股票的数量。

Matlab 程序主要代码如下：

```
function mli = kyles_ lambda (returns, prices, volumes)
%
% Calculates Kyle's lambda (price impact liquidity measure).
%
% PARAMETERS:
% returns - The returns of different securities. Rows are
different dates
% and columns are different securities.
% prices - The closing prices of the securities. Rows are
different dates
% and columns are different securities.
% voumes - The trading volumes of the securities. Rows are
different dates
% and columns are different securities.
```

（三十）对冲基金收益的序列相关及非流动性

有相当多的文献证明了对冲基金的收益与其他另类投资收前益之间高度序列相关，Getmansky，Lo 和 Makarov（2004）探讨了此类序列相关的根源，认为最具说服力的解释是非流动性敞口和平滑收益。作者提出了一个收益平滑相关系数的计量模型，发现对冲基金风格分类大不相同，于是认为这是量化非流动性指标的替代变量。其逻辑如下：对于非流动性证券，价格并不容易经常获得，且运用线性外推法定价，导致收益一致且平滑。即便从经纪商或交易商处获得报价，该现金依然存在，因为经纪商或交易商通常使用线性外推式定价方法，不仅如此，从多个经纪商或交易商处获得的平均报价更会使得收益平滑。因而，投资于更多非流动性证券/领域的对冲基金，其报告收益应当显示出更高的序列相关。

Getmansky，Lo 和 Makarov（2004）所展现的对冲基金收益的基本模型不同于真实收益 R_t 和观察到的收益 R_t^0，即对冲基金向其投资者报告的收益。

观察收益是随时间变化的加权平均基金真实收益：

$$R_t^0 = \theta_0 R_t + \theta_1 R_{t-1} + \cdots + \theta_k R_{t-k}, \; \theta_j \in [0, 1], \; j = 0, \cdots, k$$
$$1 = \theta_0 + \theta_1 + \cdots + \theta_k$$

上述模型被称为"平滑"（smoothing）模型，在上述界定下，可知：

$$E[R_t^0] = E[R_t]$$
$$Var[R_t^0] \leq Var[R_t]$$
$$Corr[R_t^0, R_{t-m}^0] = \frac{Corr[R_t^0, R_{t-m}^0]}{Var[R_t^0]} = \frac{\sum_{j=0}^{k-m} \theta_j \theta_{j-m}}{\sum_{j=0}^{k} \theta_j^2}$$

至此，尽管观察到的平均收益与真实的平均收益相同，平滑的结果导致较低的方差及较高的序列相关。具有 θ_s 的基金更有可能"扩展"（spread out）而介入更多的收益平滑。这一效应的测度如下：

$$\xi \equiv \sum_{j=0}^{k} \theta_j^2 \in [0, 1]$$

ξ 越小，则平滑程度越高。如此一来，问题转换为如何测度 θ_S。作者提出了两种方法：极大似然法（MLE）和回归法。

（1）极大似然法（MLE）

给定平滑过程 $R_t^0 = \theta_0 R_t + \theta_1 R_{t-1} + \cdots + \theta_k R_{t-k}$，$\theta_j \in [0, 1]$，$j = 0, \cdots, k$，$1 = \theta_0 + \theta_1 + \cdots + \theta_k$，可运用极大似然法对 θ_S 进行估计。该方法类似于 Brockwell 和 Davis（1991）提出的标准移动平均时间序列模型。令 X_t 为去均数的观察收益序列，有：

$$X_t = \theta_0 \eta_t + \theta_1 \eta_{t-1} + \cdots + \theta_k \eta_{t-k}$$
$$1 = \theta_0 + \theta_1 + \cdots + \theta_k$$
$$\eta_k \sim N(\theta, \sigma_\eta^2)$$

令实现的观察值的给定集为 $X = [X_1 \cdots X_T]'$，令 $\hat{X} = [\hat{X}_1 \cdots \hat{X}_T]'$，其中 $\hat{X}_1 = 0$，$\hat{X}_j = E[X_j | X_{j-1, \cdots}, X_1]$，$j \geqslant 2$，且定义 X_{t+1} 预测值的均方差 r_t 为：

$$r_t = \frac{E[(X_{t+1} - \hat{X}_{t+1})^2]}{(\sigma_\eta^2)}$$

给定上述符号，可知方差估计值为：

$$\widehat{\sigma_\eta^2} \equiv S(\theta) = \frac{\sum_{t=1}^{T} (X_t - \hat{X}_t)^2}{T r_{t-1}}$$

有了上述表达式，需要最大化 θ_S 的参数空间的似然函数是：

$$L(\theta) = \log[S(\theta)] + T^{-1} \sum_{t=1}^{T} \log(r_{t-1})$$

函数 L（θ）在以下约束下最大化：

第一，归一化约束：$\theta_0 + \theta_1 + \cdots + \theta_k = 1$

第二，可逆性约束：由于 X_t 过程可能是一个可逆的移动平均过程，估计的 θ_S 需要满足 $\theta_1 < (\frac{1}{2})$，$\theta_2 < (1 - \theta_1) / 2$ 等。

（2）回归法

如果在以下形式的真实回归过程加上一个线性因子模型：

$$R_t = \mu + \beta \Lambda_t + \epsilon_t, \quad E\left[\Lambda_t\right] = E\left[\epsilon_t\right] = 0, \quad \epsilon_t, \Lambda_t \sim IID$$

其中，真实收益取决于共同因子 Λ_t，均值为 μ，方差为 σ^2，则可对 θ_S 进行简化估计。将 $R_t = \mu + \beta \Lambda_t + \epsilon_t$，$E\left[\Lambda_t\right] = E\left[\epsilon_t\right] = 0$，$\epsilon_t, \Lambda_t \sim IID$ 代入 $R_t^0 = \theta_0 R_t + \theta_1 R_{t-1} + \cdots + \theta_k R_{t-k}$，$\theta_j \epsilon [0, 1]$，$j = 0, \cdots, k$，$1 = \theta_0 + \theta_1 + \cdots + \theta_k$，观察到的收益可写成滞后因子函数：

$$R_t^0 = \mu + \beta (\theta_0 \Lambda_{t-1} + \cdots + \theta_k \Lambda_{t-k}) + u_t = \mu + \gamma_0 \Lambda_{t-1} + \cdots + \gamma_k \Lambda_{t-k} + u_t$$

$$u_t = \theta_0 \epsilon_t + \theta_1 \epsilon_{t-1} + \cdots + \theta_k \epsilon_{t-k}$$

通过运行上述回归，可估计出 γ_S 继而 θ_S：

$$\hat{\beta} = \hat{\gamma}_0 + \hat{\gamma}_1 + \cdots + \hat{\gamma}_k, \quad \hat{\theta}_j = \hat{\gamma}_j / \hat{\beta}$$

相对而言，运用回归法估计 θ_S 更为简单，但极大似然法运用得更为广泛。

（三十一）更广义的、以对冲基金为基础的系统性风险指标

Chan 等（2006）通过检验个体层面与集合行业层面的对冲基金风险/收益，考察对冲基金对系统性风险的更广泛的影响，提出了三个新的对冲基金投资风险指标。第一个指标是基于自相关的测度，用作对冲基金非流

动性敞口的代理变量，与 Getmansky 等（2004）的研究类似。[①] 第二个指标是量化对冲基金的清偿概率，第三个指标是一个基于机制转换的模型，用以量化对冲基金行业的集体失败。上述指标的优点在于，它们是对风险的间接测度，只需要将对冲基金的收益和规模作为初始输入变量，从执行的角度来看更为简单。

（1）基于自相关基础的测度

给定一只对冲基金的月度收益序列，估计其前 6 个自相关系数，则可通过下式计算 Ljung 和 Box（1978）[②] 提出的 Q 统计量：

$$Q = T \ (T+2) \sum_{j=1}^{K} \hat{\rho}_j^2 \big/ \ (T-j)$$

Q 统计量是一个渐进分布，遵循不存在自相关的零假设。Q 统计量越大，基金自相关值为正且越大。

为了界定对冲基金的系统性风险（或非流动性）总体评价指标，作者提出了一个跨部门加权平均的对冲基金滚动一阶自相关。令为 t 月对冲基金 i 的一阶自相关，使用过去 36 个月的回报窗口。非流动性的集合测度：

$$\rho_t^* = \sum_{i=1}^{N_t} \omega_{it} \ \rho_{t,i}$$

其中，N_t 为时间 t 的对冲基金数量，ω_{it} 为对冲基金 i 的权重：

$$\omega_{it} \equiv \frac{AUM_{it}}{\sum_{j=1}^{N_t} AUM_{jt}}$$

---

① Getmansky, Mila, Andrew W. Lo, and Igor Makarov, "An Econometric Model of Serial Correlation and Illiquidity in Hedge Fund Returns", *Journal of Financial Economics*, 74.3 (2004): 529 – 609.

② Ljung, Greta M., and George EP Box, "On a Measure of Lack of Fit in Time Series Models", *Biometrika*, 65.2 (1978): 297 – 303.

AUM_{it} 是基金 j 于时间 t 管理的资产。

（2）对冲基金清偿概率

通过对驱动对冲基金绩效的一系列因素运行 logit 模型，计算对冲基金清偿概率。相关因素如附表 10 所示。

附表 10　　　　　　估计清偿概率所使用的解释变量

变量	定义
AGE	基金存续时间（月）
ASSETS	基金管理资产的对数
ASSETS $_{-1}$	基金上一年管理资产（截至 12 月 31 日）的对数
RETURN	基金年度累积收益
RETURN $_{-1}$	上年全部收益
RETURN $_{-2}$	两年前全部收益
FLOW	基金年度累积流入除以上一年管理资产，其中 k 月流入为：，是 k 月的收益
FLOW $_{-1}$	上年流入除以前年管理资产
FLOW $_{-2}$	两年前流入除以 3 年前管理资产

需要估计的 logit 模型是：

$$Z_{it} = G\ (\beta_0 + \beta_1\ AGE_{it} + \beta_2\ ASSETS_{it-1} + \beta_3\ RETURN_{it} + \beta_4\ RETURN_{it-1}$$
$$+ \beta_5\ RETURN_{it-2} + \beta_6\ FLOW_{it} + \beta_7\ FLOW_{it-1} + \beta_8\ FLOW_{it-2} + \epsilon_{it})$$

通过标准极大似然估计得到系数，继而估计对冲基金于时间 t 的清偿概率为：

$$\hat{p}_{it} = \frac{\exp\ (X'_{it}\hat{\beta})}{1 + \exp?\ (X'_{it}\hat{\beta})}$$

对冲基金行业的系统性风险即为每一基金 $\hat{p}_{it}$ 的均值或中值。

（3）基于机制转换的系统性风险测度

作者使用两种状态的机制转换模型，以 R_t 表示 t 期对冲基金系数收益，假设其满足以下条件：

$$R_t = I_{it} \times R_{1t} + (1 - I_t) \times R_{2t}, \ R_{it} \sim N (u_i, \sigma_i 2)$$

$$I_t = \begin{cases} 1 \ \text{若} \ I_{t-1} = 1, \ \text{概率为 p11} \\ 1 \ \text{若} \ I_{t-1} = 0, \ \text{概率为 p21} \\ 0 \ \text{若} \ I_{t-1} = 1, \ \text{概率为 p12} \\ 0 \ \text{若} \ I_{t-1} = 0, \ \text{概率为 p22} \end{cases}$$

转换概率 p_{ij} 以及 R_{1t}、R_{2t} 均通过对以上模型的极大似然估计而得，I_t 过程为马尔科夫链。由于马尔科夫链的 k – 步转换矩阵由 P^k 简单决定，给定时间 t，机制 I_{t+k} 的条件概率是：

$$\text{Prob} \ (I_{t+k} = 1 \mid R_t) = \pi_1 + (p11 - p21)^k [\text{Prob} \ (I_t = 1 \mid R_t) - \pi_1]$$

$$\pi_1 = \frac{p21}{p12 + p21}$$

其中，$\text{Prob} \ (I_t = 1 \mid R_t)$ 是给定历史数据，日期 t、机制为 1 的概率。采用相似的马尔科夫链递归，R_{t+k} 的条件预期为：

$$E \ (R_{t+k} \mid R_t) = a'_t P_k \mu$$

$$a_t = [\text{Prob} \ (I_t = 1 \mid R_t) \ \text{Prob} \ (I_t = 2 \mid R_t)]'$$

$$\mu = [\mu_1 \ \mu_2]'$$

如此，对上述模型进行估计，对冲基金的系统性风险指标（HFSRI_t）可通过下式计算（n 为对冲基金指数的数量）：

$$\text{HFSRI}_t = \sum_{i=1}^{n} \text{Prob} \ (I_t^i = \text{low mean of } i \mid R_t^i)$$